통합기본서

MG새마을금고 중앙회

시대에듀

2026 최신판 시대에듀 MG새마을금고중앙회
온라인 필기전형 통합기본서

Always with you

사람의 인연은 길에서 우연하게 만나거나 함께 살아가는 것만을 의미하지는 않습니다.
책을 펴내는 출판사와 그 책을 읽는 독자의 만남도 소중한 인연입니다.
시대에듀는 항상 독자의 마음을 헤아리기 위해 노력하고 있습니다. 늘 독자와 함께하겠습니다.

머리말 PREFACE

MG새마을금고는 우리 고유의 상부상조 정신을 바탕으로 1963년 설립된 이후 사람을 먼저 생각하는 따뜻한 금융으로 지역사회와 함께 성장하였다. 그 결과 오늘날 1,276개의 금고, 288조 원이 넘는 자산, 2,353만 명이 넘는 고객과 MG체크카드 1,578만 매를 보유한 대한민국 대표 종합금융 협동조합으로 거듭나고 있다.

MG새마을금고중앙회는 새마을금고의 건실한 발전을 위하여 새마을금고의 경영을 지원하고 감독하며 투명한 운영을 도모하고자 설립되었다. 새마을금고의 중앙은행으로써 민주적이고 합리적인 의사결정을 통해 전국의 새마을금고와 공동이익을 추구하며, 지속적인 성장을 위한 발전전략 계획 수립과 실행이 MG새마을금고중앙회의 역할이다.

MG새마을금고중앙회의 신입직원 채용 필기전형은 2024년부터 온라인으로 시행되었다. NCS 직업기초능력(의사소통 · 수리 · 문제해결)과 금융 · 경제 상식은 공통 과목이며, 직무전공의 경우 일반직은 경영 · 경제 · 민법을, IT직은 전산이론을 평가한다.

이에 시대에듀는 필기전형과 인성검사, 면접 등 채용 전반에 반드시 필요한 자료를 엄선해 다음과 같은 특징의 본서를 출간하였다.

도서의 특징

❶ 2025년 기출복원문제를 수록하여 최근 출제경향을 한눈에 파악할 수 있도록 하였다.

❷ NCS 직업기초능력 출제영역별 대표기출유형과 기출응용문제를 수록하여 체계적인 학습이 가능하도록 하였다.

❸ 금융 · 경제 상식 및 직무전공의 기출응용문제로 온라인 필기전형을 완벽하게 준비하도록 하였다.

❹ 최종점검 모의고사와 도서 동형 온라인 실전연습 서비스를 제공하여 마무리 연습이 가능하도록 하였다.

❺ MG새마을금고중앙회 인재상과의 적합 여부를 판별할 수 있는 인성검사와 실제 면접 기출질문을 수록하여 한 권으로 MG새마을금고중앙회 채용 전반에 대비할 수 있도록 하였다.

끝으로 본서가 MG새마을금고중앙회 채용을 준비하는 수험생 모두에게 합격의 기쁨을 전달하기를 진심으로 기원한다.

SDC(Sidae Data Center) 씀

MG새마을금고중앙회 기업분석

◇ **미션**

> 새마을금고의 업무를 지도 · 감독하여,
> 그 공동이익의 증진과 건전한 발전을 도모하고
> **국민의 행복과 국가 · 사회발전에 이바지**한다.

◇ **비전**

> **가치경영**으로 **동반성장**을 선도하는 **협동조합그룹**

가치경영 ▶ 국제협동조합연맹(ICA)의 협동조합 6대가치
(자조, 자기책임, 민주주의, 평등, 공정, 연대)
실현을 위한 전략경영

동반성장 ▶ 새마을금고와 회원(국민) 및 지역사회가
함께 더불어 성장할 수 있도록 선도하여
지역 및 국가경제발전에 기여

협동조합그룹 ▶ 새마을금고가 정체성을 유지하면서
지역금융의 허브역할을 수행할 수 있도록 지원하는
새마을금고 – 중앙회 – MG그룹의 상호협력 체계

◇ 핵심가치

> 미션과 비전 달성을 위해 조직 및 구성원이 반드시 지켜야 할 신념,
> 가치관으로 **업무의 일상에서 의사결정과 행동판단의 기준**

고객중심	신뢰경영	미래지향	상호협력
고객가치 창출	존경과 신뢰받는 조직 구축	지속성장을 위한 최선의 노력	협력을 통한 시너지 극대화

◇ 인재상

4C for Core Value

따뜻한 중앙회인
Coexistence
▶ 고객가치를 최우선으로 생각하고 행동하는 인재
▶ 고객의 동반성장을 지원하고 상생을 실천하는 인재

신뢰받는 중앙회인
Confidence
▶ 정직함과 성실함을 갖추고 윤리의식을 지닌 인재
▶ 사명감과 책임의식을 가지고 솔선수범하는 인재

창조적인 중앙회인
Creativity
▶ 적극적이고 진취적인 자세로 변화를 선도하는 인재
▶ 창의와 열정을 바탕으로 전문역량을 갖춘 인재

협력하는 중앙회인
Cooperation
▶ 존중과 배려를 통해 화합하는 인재
▶ 열린 마음과 생각으로 소통하는 인재

MG새마을금고중앙회 기업분석

◇ **Brand Concept**

공공의 가치가 기본이 되는 따뜻한 금융

풍요로운 생활공동체
나 – 이웃 – 지역 – 사회가 함께 성장 · 발전해 가는 따뜻한 철학

가족, 이웃 같은
사람 중심의 따뜻하고 풍요로운 이미지, 내 가족의 일처럼 마음을 다하는 서비스

신뢰할 수 있는
믿을 수 있는 금융 서비스, 체계적이고 앞서가는 새마을금고

◇ **Name Concept**

MG

Maeul Geumgo
마을금고

Make Good Life
더 멋지고 풍요로운 삶

Meet & Greet
만나면 반가운 이웃

◇ **주요업무**

지도 · 감독 사업

금고의 경영지원 및 감독 · 검사

신용사업

금고 운용자금 조절(중앙은행의 역할)

공제사업

금고 및 회원을 위한 공제사업

예금자보호 준비금 관리

예 · 적금 지급보장을 위한 예금사보호

조사 · 연구

금고 및 중앙회의 장기 발전을 위한 국내 · 외 조사

국제협력사업

국제기구 및 외국과의 지역개발 협력사업, 국제협동조합 기구와 우호 증진 및 협력 강화 등

교육 · 홍보 사업

금고 및 중앙회 임직원 교육훈련 및 대외 홍보

신입행원 채용 안내

◇ 지원방법

홈페이지(www.kfcc.co.kr)를 통한 온라인 접수

※ 우편접수, 방문접수, 이메일접수 불가

◇ 응시자격

① 해외여행 결격사유가 없는 자로 남성의 경우 병역필(전역 예정자 포함) 또는 면제자

② 본회 인사관리규정상 채용 결격사유에 해당하지 않는 자

　※ 홈페이지 입사지원 화면의「자주하는 질문」참조

③ 채용일자부터 합숙교육 및 전일 근무가 가능한 자

　※ 최종학력이 졸업예정인 경우 공고 내 기재된 일자까지 졸업을 완료하여야 함

◇ 채용절차

지원서 접수　　서류전형　　필기전형　　1차 / 2차면접　　최종면접 / 신체검사　　최종합격

◇ 채용일정

채용공고	접수기간	서류발표	필기전형	필기발표
2025.01.22	2025.01.22～02.10	2025.02.20	2025.02.22	2025.02.26
2024.03.22	2024.03.22～04.08	2024.04.18	2024.04.20	2024.04.24
2023.09.01	2023.09.01～09.18	2023.09.27	2023.10.07	2023.10.11
2023.03.31	2023.03.31～04.17	2023.04.27	2023.05.06	2023.05.10
2022.09.15	2022.09.15～09.27	2022.10.14	2022.10.22	2022.10.26

❖ 자세한 채용절차는 직무별 채용방침에 따라 변경될 수 있으니 반드시 채용공고를 확인하기 바랍니다.

2025년 기출분석

총평

2025년 MG새마을금고중앙회 필기전형은 예년과 같이 온라인으로 시행되었으며, 평이한 수준으로 출제되었다. 또한 NCS 직업기초능력의 비중이 직전 시험보다 커졌고, 온라인 시험인 만큼 지문의 가독성이 떨어진다는 후기가 많았다. NCS는 의사소통능력과 수리능력, 특히 자료해석의 비중이 컸으며, 세트문제가 많았다. 한편 금융·경제 상식에는 공고문에 안내되어있지 않은 디지털 상식에 관한 내용이 상당수 포함되어 수험생들이 곤란을 겪었다. 직무전공은 경영과 경제가 압도적인 비율을 차지했고, 무난하게 풀 수 있는 수준이었다. 직무전공에 대한 평가는 객관식뿐만 아니라 주관식으로도 이뤄지기에 명확한 답을 도출할 수 있는 노력이 필요했으리라 본다.

◇ 영역별 출제비중

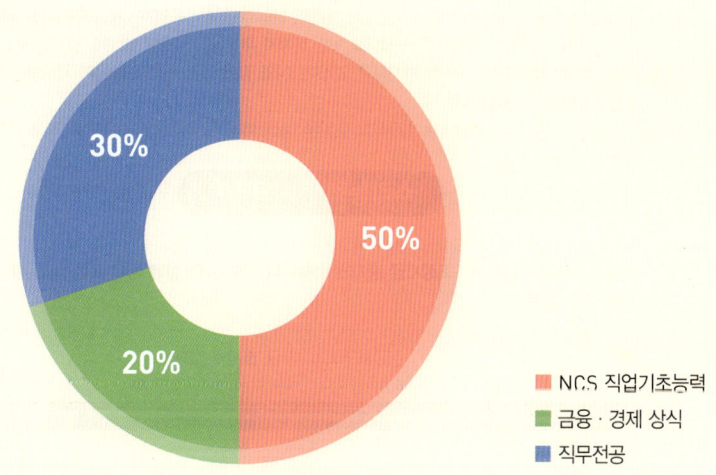

- NCS 직업기초능력 50%
- 금융·경제 상식 20%
- 직무전공 30%

◇ 영역별 출제특징

구분		출제특징
NCS 직업기초능력	의사소통능력	• 한국은행 자료의 발췌문을 활용한 문제 – 2024년 경제 동향 관련 지문
	수리능력	• 한국과 영국의 연금을 비교하는 문제 – 연도별 비교 + 증감량 구하기
	문제해결능력	• 세미나 홀 근무 인력을 구하고 배치하는 문제
금융·경제 상식		**키워드** 뱅크런, 대칭·비대칭·암호화, 블록체인, 알고리즘
직무전공	경영·경제·민법	**키워드** 할루시네이션 효과, 감가상각, 탄소배출권, 개인회생, 예금자보호한도 상향, 역선택 **주관식** WACC, CAPM, 통화승수, 현금보유율, 지급준비율
	전산이론	**키워드** 데이터베이스, 체크섬, 플립플롭

MG새마을금고중앙회

02 다음은 우리나라 예금의 역사에 대한 기사이다. 이에 대해 적절하지 않은 것은?

우리나라에서 예금업무를 보는 민족계 은행이 설립되기 시작한 것은 1894년(고종 31년)의 갑오경장 이후이다. 그런데 우리나라에서는 민족계 은행이 설립된 뒤에도 예금이라는 용어는 사용되지 않았으며, 그 대신 임치(任置)라는 말이 널리 쓰이고 있었다. 이를테면 1906년 3월에 우리나라에서 제정된 최초의 조례로 은행법의 모체가 되는 '은행 조례'가 공포되었다. 은행 조례에서 '임치'라는 말이 사용되었으며, 당시 예금자는 임주(任主)라고 불렀다.

1912년 3월 은행설립에 관한 법령을 일원화하기 위하여 '은행령'이 공포되었는데, 여기서 임치 대신 예금이라는 용어가 등장하게 되었다. 일제강점기에는 중앙은행격인 조선은행이나 장기신용은행이라 할 수 있는 조선식산은행도 일반은행과 예금수수에 있어 경쟁적인 관계에 있었다.

1939년 이후 통계는 작성되지 않았으나, 일반은행의 예금에서 동업자·공공예금을 뺀 일반예금에 있어 1910 ~ 1938년간의 평균구성비를 보면 대체로 우리나라 사람이 21.6%, 일본인이 74.4%, 그리고 기타 외국인이 4.0%를 차지하고 있었다. 이와 같이 우리 민족의 예금이 차지하는 구성비는 상대적으로 미약한 상태였다.

1945년 광복 이후 1950년대 초까지는 정치적·사회적 혼란과 경제적 무질서, 그리고 극심한 인플

17 다음은 A공사의 금융구조조정자금 총지원 현황이다. 〈보기〉의 설명 중 자료에 대한 설명으로 옳은 것을 모두 고르면?

〈금융구조조정자금 총지원 현황〉

(단위 : 억 원)

구분	은행	증권사	보험사	제2금융	저축은행	농협	소계
출자	222,039	99,769	159,198	26,931	1	0	507,938
출연	139,189	4,143	31,192	7,431	4,161	0	186,116
부실자산 매입	81,064	21,239	3,495	0	0	0	105,798
보험금 지급	0	113	0	182,718	72,892	47,402	303,125
대출	0	0	0	0	5,969	0	5,969
총계	442,292	125,264	193,885	217,080	83,023	47,402	1,108,946

32 M시에서 1박 2일 초등학생 독서 캠프를 열고자 한다. 충족되는 〈조건〉이 있어야 참가 신청이 가능할 때, 캠프에 참가할 수 있는 어린이는?

〈1박 2일 초등학생 독서 캠프 희망 어린이〉

(단위 : 권)

구분	성별	학년	M시 시립 어린이 도서관 대출 도서명	교내 도서관 대출 수
강지후	남	6학년	• 『열두 살 인생』 • 『아이 돌보는 고양이 고마워』	–
김바다	남	1학년	• 『아빠는 화만 내』 • 『나는 따로 할거야』	5
신예준	남	3학년	–	2
황윤하	여	2학년	• 『강아지똥』	3

하나은행

의사소통능력 ▶ 주제·제목찾기

10 다음 글의 중심 내용으로 가장 적절한 것은?

칸트는 인간이 이성을 부여받은 것은 욕망에 의해 움직이지 않게 하기 위함이라고 말하면서 자신의 행복을 우선시하기보다는 도덕적인 의무를 먼저 수행해야 한다고 주장했다. 칸트의 시각에서 볼 때 행동의 도덕적 가치를 결정하는 것은 어떠한 상황에서든 모든 사람이 그 행동을 했을 때에 아무런 모순이 생기지 않아야 한다는 보편주의이다. 내가 타인을 존중하지 않으면서 타인이 나를 존중하고 도와줄 것을 기대한다면, 이는 보편주의를 위배하는 것이다. 그러므로 남이 나에게 해주길 바라는 것을 실천하는 것이 바로 도덕적 행동이라는 것이다. 따라서 도덕적 행동이 나의 이익이나 본성과 일치하지 않더라도 나는 나의 의무를 수행해야 한다고 역설했다.

① 칸트의 도덕관에 대한 비판
② 칸트가 생각하는 도덕적 행동

수리능력 ▶ 도형

41 다음 삼각형의 면적은?

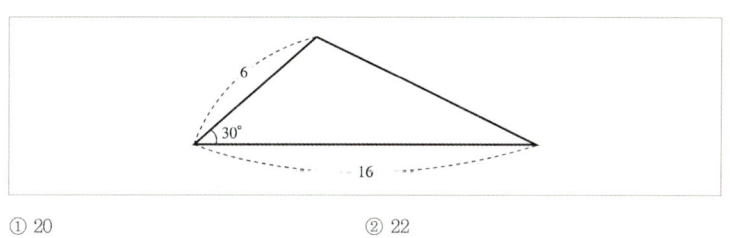

① 20 ② 22
③ 24 ④ 54

문제해결능력 ▶ 문제처리

62 H은행은 행원들의 체력증진 및 건강개선을 위해 운동 프로그램을 운영하고자 한다. 해당 프로그램을 운영할 업체는 행원들을 대상으로 한 사전조사 결과를 바탕으로 결정된다. 다음 〈조건〉에 따라 업체를 선정할 때, A~D업체 중 최종적으로 선정될 업체는?

〈후보 업체 사전조사 결과〉

구분	프로그램	흥미 점수	건강증진 점수
A업체	집중GX	5점	7점
B업체	필라테스	7점	6점
C업체	자율 웨이트	5점	5점
D업체	근력운동	6점	4점

조건

• H은행은 전 행원을 대상으로 후보 업체들에 대한 사전조사를 하였다. 각 후보 업체에 대한 흥미 점수와 건강증진 점수는 전 행원이 10점 만점으로 부여한 점수의 평균값이다.
• 흥미 점수와 건강증진 점수를 2:3의 가중치로 합산하여 1차 점수를 산정하고, 1차 점수가 높은 후보 업체 3개를 1차 선정한다.

KB국민은행

09 다음 중 ㉠의 입장에서 호메로스의 『일리아스』를 비판한 내용으로 적절하지 않은 것은?

> 기원전 5세기, 헤로도토스는 페르시아 전쟁에 대한 책을 쓰면서 『역사(Historiai)』라는 제목을 붙였다. 이 제목의 어원이 되는 'histor'는 원래 '목격자', '증인'이라는 뜻의 법정 용어였다. 이처럼 어원상 '역사'는 본래 '목격자의 증언'을 뜻했지만, 헤로도토스의 『역사』가 나타난 이후 '진실의 탐구' 혹은 '탐구한 결과의 이야기'라는 의미로 바뀌었다.
>
> 헤로도토스 이전에는 사실과 허구가 뒤섞인 신화와 전설, 혹은 종교를 통해 과거에 대한 지식이 전수되었다. 특히 고대 그리스인들이 주로 과거에 대한 지식의 원천으로 삼은 것은 『일리아스』였다. 『일리아스』는 기원전 9세기의 시인 호메로스가 오래전부터 구전되어 온 트로이 전쟁에 대해 읊은 서사시이다. 이 서사시에서는 전쟁을 통해 신들, 특히 제우스 신의 뜻이 이루어진다고 보았다. 헤로도토스는 바로 이런 신화적 세계관에 입각한 서사시와 구별되는 새로운 이야기 양식을 만들어 내고자 했다. 즉, 헤로도토스는 가까운 과거에 일어난 사건의 중요성을 인식하고, 이를 직접 확인 · 탐구하여 인과적 형식으로 서술함으로써 역사라는 새로운 분야를 개척한 것이다.
>
> 『역사』가 등장한 이후, 사람들은 역사 서술의 효용성이 과거를 통해 미래를 예측하게 하여 후세인(後世人)에게 교훈을 주는 데 있다고 인식하게 되었다. 이러한 인식에는 한 번 일어났던 일이 마치 계절처럼 되풀이하여 다시 나타난다는 순환 사관이 바탕에 깔려 있다. 그리하여 오랫동안 역사는 사람을 올바르고 지혜롭게 가르치는 '삶의 학교'로 인식되었다. 이렇게 교훈을 주기 위해서는 과거에 대한 서술이 정확하고 객관적이어야 했다.
>
> 물론 모든 역사가가 정확성과 객관성을 역사 서술의 우선적 원칙으로 앞세운 것은 아니다. 오히려 헬레니즘과 로마 시대의 역사가들 중 상당수는 수사학적인 표현으로 독자의 마음을 움직이는 것을 목표로 하는 역사 서술에 몰두하였고, 이런 경향은 중세 시대에도 어느 정도 지속되었다. 이들은 이야기를 감동적이고 설득력 있게 쓰는 것이 사실을 객관적으로 기록하는 것보다 더 중요하다고 보

16 제시된 명제가 모두 참일 때, 빈칸에 들어갈 명제로 가장 적절한 것은?

> • 어휘력이 좋지 않으면 책을 많이 읽지 않은 것이다.
> • 글쓰기 능력이 좋지 않으면 어휘력이 좋지 않은 것이다.
> • _____

① 글쓰기 능력이 좋으면 어휘력이 좋은 것이다.
② 책을 많이 읽지 않으면 어휘력이 좋지 않은 것이다.
③ 어휘력이 좋지 않으면 글쓰기 능력이 좋지 않은 것이다.
④ 글쓰기 능력이 좋지 않으면 책을 많이 읽지 않은 것이다.

32 일정한 속력으로 달리는 기차가 길이 480m인 터널을 완전히 통과하는 데 걸리는 시간이 36초이고 같은 속력으로 길이 600m인 철교를 완전히 통과하는 데 걸리는 시간이 44초일 때, 기차의 속력은?

① 15m/s
② 18m/s
③ 20m/s
④ 24m/s

IBK기업은행

의사소통능력 ▶ 내용일치

04 다음은 우리나라 국고제도에 대한 개요이다. 이에 대한 설명으로 적절하지 않은 것은?

〈우리나라 국고제도의 개요〉

- 국고금의 범위

  국고금에는 중앙정부가 징수하는 국세와 관련 법규에 따른 각종 범칙금, 과징금, 연금보험료, 고용보험료, 국유재산 등에 대한 점용료·사용료, 각종 벌금 등이 있으며, 지방자치단체가 징수하는 지방세(주민세, 재산세, 자동차세 등)나 공공기관이 부과하는 공과금(전기요금, 전화요금 등)은 포함되지 않는다.

- 국고금의 종류

  국고금이 효율적이고 투명하게 관리·운용되기 위해서는 국고관련 법령에 근거한 계획적인 수입 및 지출이 필요한데, 이를 위해 한국은행은 국고금을 그 성격 및 계리체계 등을 기준으로 '수입금과 지출금', '자금관리용 국고금' 그리고 '기타의 국고금'으로 구분하여 관리한다.

  ① 수입금과 지출금

  수입금은 법령 또는 계약 등에 의해 국가의 세입으로 납입되거나 기금에 납입되는 자금을 말하

자원관리능력 ▶ 비용계산

11 I컨벤션에서 회의실 예약 업무를 담당하고 있는 K씨는 2주 전 B기업으로부터 오전 10시 ~ 낮 12시에 35명, 오후 1시 ~ 오후 4시에 10명이 이용할 수 있는 회의실 예약문의를 받았다. K씨는 회의실 예약 설명서를 B기업으로 보냈고 B기업은 자료를 바탕으로 회의실을 선택하여 결제했다. 하지만 이용일 4일 전 B기업이 오후 회의실 사용을 취소하게 되었다고 할 때, 〈조건〉을 참고하여 B기업이 환불받게 될 금액은?(단, 회의에서는 노트북과 빔프로젝터를 이용하며, 부대장비 대여료도 환불규칙에 포함된다)

〈회의실 사용료(VAT 포함)〉

회의실	수용 인원(명)	면적(m²)	기본임대료(원)		추가임대료(원)	
			기본시간	임대료	추가시간	임대료
대회의실	90	184		240,000		120,000
별실	36	149		400,000		200,000
세미나 1	21	43	2시간	136,000	시간당	68,000
세미나 2						
세미나 3	10	19		74,000		37,000

수리능력 ▶ 금융상품 활용

20 최과장은 'N적금'에 가입하였다. 최과장에 대한 정보가 다음과 같을 때, 최과장이 만기에 수령할 원리금을 구하면?(단, 이자 소득에 대한 세금은 고려하지 않는다)

〈정보〉

- 최과장은 만 41세로, 2024년 11월부터 자신의 명의로 I은행의 적금 상품 중 하나에 가입하고자 하였다.
- 최과장은 2024년 12월 1일에 스마트뱅킹을 통하여 I은행의 N적금에 가입하였다.
- 최과장은 가입기간 동안 매월 1일마다 20만 원을 적립한다.
- 최과장은 2025년 1월부터 급여를 I은행 입출금계좌를 통하여 지급받고 있으며, 만기해지일까지 지속된다.
- 해당 적금 계좌에 대하여 질권설정을 하지 않았으며, 지급제한 사항도 해당되지 않는다.

도서 200% 활용하기

2025년 기출복원문제로 출제경향 파악

2025년 기출복원문제

※ 정답 및 해설은 기출복원문제 바로 뒤 p.022에 있습니다.

01　NCS 직업기초능력

01 다음 글의 주제로 가장 적절한 것은?

우리 사회는 타의 추종을 불허할 정도로 빠르게 변화하고 있다. 가족정책도 4인 중심에서 1～2인 가구 중심으로 변해야 하며, 청년실업율과 비정규직화, 독거노인의 증가를 더 이상 개인의 문제가 아닌 사회문제로 다뤄야 하는 시기이다. 여러 유형의 가구와 생애주기 변화, 다양해지는 수요에 맞춘 공동체 주택이야말로 최고의 주거복지 사업 들이 커뮤니티를 이뤄 사회문제에 공동으로 는 작업을 진행하고 있다.

임대료 부담으로 작품활동이나 생계에 어려움 위해 골몰하는 청년을 위한 주택, 지속적인 의 택은 모두 시민의 삶의 질을 높이고 선별적 복 혼자가 아닌 '함께 가는' 길에 더 나은 삶이 있 맞게 진화하고 있다.

① 주거난에 대비하는 주거복지 정책
② 4차 산업혁명과 주거복지
③ 선별적 복지 정책의 긍정적 결과
④ 다양성을 수용하는 주거복지 정책

2025년 기출복원문제 정답 및 해설

01　NCS 직업기초능력

01	02	03	04	05	06	07	08	09	10	11	12	13	14	15	16	17	18
④	②	③	③	③	④	④	③	④	④	①	②	③	①	④	③	③	④

01　　　　정답　④
제시문은 사회변화 속 다양해지는 수요에 맞춘 주거복지 정책의 예로 예술인을 위한 공동주택, 창업 및 취업자를 위한 주택, 의료안 심주택을 들고 있다. 따라서 글의 주제로 가장 적절한 것은 '다양성을 수용하는 주거복지 정책'이다.

02　　　　정답　②
제시문은 환율과 관련된 경제 현상을 설명하는 내용으로, 환율은 기초 경제 여건을 반영하여 수렴된다는 (가) 문단이 먼저 오는 것이 적절하다. '그러나' 환율이 예상과 다르게 움직이는 경우가 있다는 (라) 문단이 뒤따라 오는 것이 적절하며, 다음으로 이러한 경우를 오버슈팅으로 정의하는 (나) 문단이, 이어서 오버슈팅이 발생하는 원인인 (다) 문단이 오는 것이 적절하다.

03　　　　정답　③
제시문은 AI 기술을 자동화 시스템에 접목한 사례에 대해 설명하고 있다. 따라서 빈칸에는 이러한 기술을 더욱 강화하겠다는 내용이 들어가는 것이 가장 적절하다.

오답분석
①·② 수기로 확인하거나 인력을 동원하는 것은 자동화 시스템과 거리가 멀다.
④ 제시문에 따르면 A카드는 이미 AI 기술을 자동화 시스템에 접목하였다.

04　　　　정답　③
제시문을 통해 대면·비대면거래, 모바일기기, 실물카드의 상대적인 거래규모에 대해 알 수 있다. 하지만 거래방식과 거래수단에 따라 거래 횟수가 증가하였거나 감소하였는지, 그 사용률이 증가하였거나 감소하였는지에 대해서는 알 수 없다. 따라서 글의 주제로 가장 적절한 것은 '변화하는 거래방식과 거래수단'이다.

05　　　　정답　③
대면지급 방식이란 거래 현장에서 단말기에 직접적인 접촉을 통하여 거래가 이루어지는 지급 방식을 뜻한다. 따라서 모바일기기를 카드단말기에 접촉하여 결제할 경우 대면지급 방식에 해당한다.

오답분석
① 2024년 국내 비대면지급 이용규모의 전년 대비 증가율이 대면지급 이용규모의 전년 대비 증가율을 보다 클 뿐, 비대면지급 이용규 모는 전체 이용규모 중 40.8%에 해당해 대면지급 이용규모보다 작다.

▶ 2025년 2월 22일에 시행된 MG새마을금고중앙회 필기전형의 기출복원문제를 수록하였다.
▶ 'NCS 직업기초능력 + 금융·경제 상식 + 직무전공'의 최근 출제경향을 파악할 수 있도록 하였다.

대표기출유형 & 기출응용문제로 영역별 체계적 학습

대 표 기 출 유 형
01 주제 · 제목 찾기

| 유형분석 |

• 글의 목적이나 핵심 주장을 정확하게 구분할 수 있는지 평가한다.
• 문단별 주제 · 화제, 글쓴이의 주장 · 생각, 표제와 부제 등 다양한 유형으로 출제될 수 있다.

다음 글의 제목으로 가장 적절한 것은?

많은 경제학자는 제도의 발달이 경제 성장의 중요한 원
하면 투자나 혁신에 대한 보상이 잘 이루어져 경제 성장
쉽지 않다. 제도의 발달 수준과 소득 수준 사이에 상
줄 수 있지만 경제 성장으로부터 영향을 받을 수도 있

① 경제 성장과 소득 수준
③ 경제 성장과 투자 혁신

정답 ②

제시문은 재산권 제도의 발달에 따른 경제 성장을 예로 들어 제도
제도가 경제 성장에 영향을 줄 수는 있지만 동시에 경제 성장으
어렵다는 한계점을 제시하고 있다. 따라서 제목으로 가장 적절한

유형풀이 Tip

• 글의 중심이 되는 내용은 주로 글의 맨 앞이나 맨 뒤에 위치
• 첫 문단과 마지막 문단에서 실마리가 잡히지 않은 경우 그 문
나간다.

4 · MG새마을금고중앙회

대표기출유형 01 기출응용문제

※ 다음 글의 주제로 가장 적절한 것을 고르시오. [1~2]

01

의식주는 사람이 생활하는 데 필수적인 3가지 요소이다. 이 세 가지 요소는 경제 변동과 무관하게 항상 이루어져야 한다. 이 중에서 주는 항상 이루어져야 함에도 불구하고 많은 자본이 필요하며, 경제 변동에 매우 민감하게 반응하곤 한다.
최근 낮아진 금리로 인해 많은 사람들 특히 사회초년생인 20 · 30대는 여러 곳으로부터 돈을 최대한 빌리는 이른 바 '영끌'을 통해 집을 마련하였다. 낮은 금리로 인해 마땅히 투자를 할 곳이 없었기 때문에 부동산에 투자한 것일 수도 있지만, 대부분의 사회초년생들은 '렌트푸어'가 되느냐, '하우스푸어'가 되느냐 양자택일에 놓였기 때문에 영끌을 통해 집을 마련했다고 볼 수 있다.
렌트푸어란 급등하는 전셋값을 감당하기 위해 돈을 빌려 이를 상환하는 데 소득의 대부분을 지출하여 여유 없이 사는 사람들을 의미한다. 반면 하우스푸어는 집을 구매하기 위해 돈을 빌려 이를 상환하는 데 소득의 대부분을 지출하는 사람들이다. 비슷해 보이지만 렌트푸어는 집을 가지지 못해 가난하게 사는 사람이고, 하우스푸어는 집을 가져서 가난하게 사는 사람이다. 20 · 30 청년들 입장에서는 전세를 구하기 위해 돈을 빌리나, 집을 사기위해 돈을 빌리나 똑같이 많은 빚을 지게 되는 것이고, 당시에는 역전세나 전셋값이나 매매값이나 큰 차이가 나지 않았고, 부동산 가격이 계속 상승세였으며, 금리 또한 낮았기 때문에 많은 사람들이 영끌이라는 선택을 한 것이다.
그러나 최근 기준금리가 상승하면서 영끌을 했던 20 · 30 청년들은 그야말로 공포에 떨고 있다. 많은 돈을 빌려 산 집이 가격 떨어지고 있으며, 금리인상으로 인해 은행에 지불하는 이자는 천정부지로 뛰었기 때문이다. 집을 팔자니 이미 수억의 손해를 보았으며, 가만히 놔두자니 늘어난 이자가 거대한 부담으로 다가오고 있다. 이로 인해 청년 부채는 지속적으로 증가하고 있으며, 경제 주체로서 자산을 형성하는 데 큰 어려움을 겪고 있다.

① 사회초년생의 자산현황
② 부동산 시장의 변동 원인
③ 사람이 생활하는 데 필요한 필수적인 요소
④ 20 · 30 청년들의 영끌의 이유

▶ '의사소통능력 · 수리능력 · 문제해결능력'의 대표기출유형과 기출응용문제를 수록하였다.
▶ 출제영역별 유형분석과 유형풀이 Tip을 통해 체계적인 학습이 가능하도록 하였다.

도서 200% 활용하기

상식 및 직무전공까지 완벽 대비

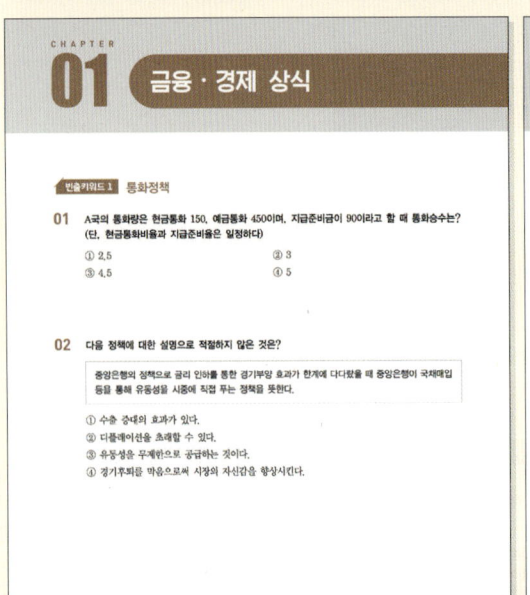

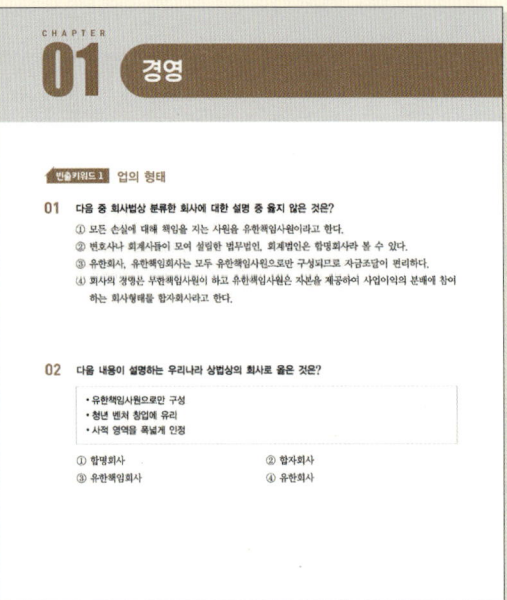

▶ 금융 · 경제 상식 및 직무전공(경영 · 경제 · 민법 · 전산이론)을 수록하여 필기전형을 완벽하게 준비하도록 하였다.

최종점검 모의고사로 실전 연습

온라인 실전연습 서비스는 도서의 표지 뒷장과 최종점검 모의고사 맨 앞장에 위치한 쿠폰번호를 시대에듀 홈페이지(www.sdedu.co.kr)에 등록한 후 이용할 수 있습니다.

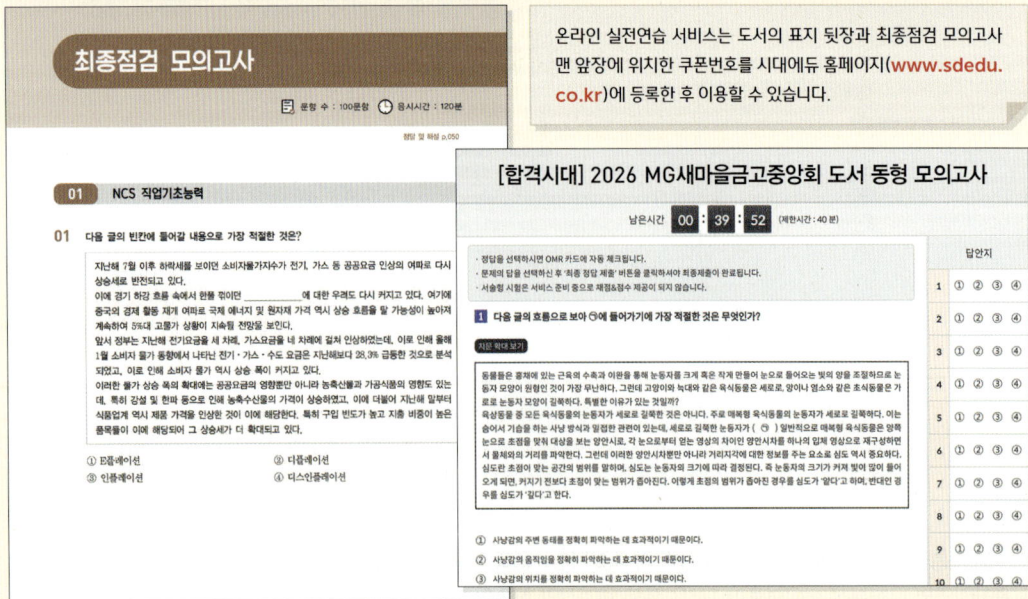

▶ 최종점검 모의고사와 도서 동형 온라인 실전연습 서비스로 최종 마무리 연습을 하도록 하였다.

Easy & Hard로 난이도별 시간 분배 연습

Easy 05

Hard 04

▶ Easy & Hard 표시로 문제별 난이도에 따라 시간을 적절하게 분배하여 풀이하는 연습이 가능하도록 하였다.

인성검사 + 면접까지 한 권으로 준비

PART 5 인성검사

01 인성검사의 개요

1. 인성검사란?

2. 인성검사 수검요령

CHAPTER 01 면접 유형 및 실전 대책

01 면접 주요사항

1. 자기소개

2. 1분 자기소개 시 주의사항

(1) 자기소개서와 자기소개가 똑같다면 감점일까?

▶ 인성검사 모의연습과 MG새마을금고중앙회 실제 면접 기출질문을 통해 한 권으로 채용 전반에 대비하도록 하였다.

학습플랜

1주 완성 학습플랜

본서에 수록된 전 영역을 단기간에 끝낼 수 있도록 구성한 학습플랜이다. 한 번에 전 영역을 공부하지 않고, 한 영역을 집중적으로 공부할 수 있도록 하였다. 필기시험에 대한 기초 학습은 되어 있으나, 학습 계획 세우기에 자신이 없는 분들이나 미리 시험에 대비하지 못해 단시간에 많은 분량을 봐야 하는 수험생에게 추천한다.

ONE WEEK STUDY PLAN

	1일 차 ☐	2일 차 ☐	3일 차 ☐
Start!	____월____일	____월____일	____월____일

4일 차 ☐	5일 차 ☐	6일 차 ☐	7일 차 ☐
____월____일	____월____일	____월____일	____월____일

STUDY CHECK BOX

구분	1일 차	2일 차	3일 차	4일 차	5일 차	6일 차	7일 차
기출복원문제							
PART 1							
PART 2							
PART 3							
최종점검 모의고사							
다회독							
오답분석							

스터디 체크박스 활용법

1주 완성 학습플랜에서 계획한 학습량을 어느 정도 실천하였는지 표시하여 자신의 학습량을 효율적으로 관리한다.

구분	1일 차	2일 차	3일 차	4일 차	5일 차	6일 차	7일 차
PART 1	의사소통 능력	X	X	완료			

CONTENTS
이 책의 차례

Add+

2025년 기출복원문제

01 NCS 직업기초능력

01 다음 글의 주제로 가장 적절한 것은?

> 우리 사회는 타의 추종을 불허할 정도로 빠르게 변화하고 있다. 가족정책도 4인 중심에서 1 ~ 2인 가구 중심으로 변해야 하며, 청년실업율과 비정규직화, 독거노인의 증가를 더 이상 개인의 문제가 아닌 사회문제로 다뤄야 하는 시기이다. 여러 유형의 가구와 생애주기 변화, 다양해지는 수요에 맞춘 공동체 주택이야말로 최고의 주거복지 사업이다. 공동체 주택은 공동의 목표와 가치를 가진 사람들이 커뮤니티를 이뤄 사회문제에 공동으로 대처해 나가도록 돕고, 나아가 지역사회와도 연결시키는 작업을 진행하고 있다.
>
> 임대료 부담으로 작품활동이나 생계에 어려움을 겪는 예술인을 위한 공동주택, 1인 창업과 취업을 위해 골몰하는 청년을 위한 주택, 지속적인 의료서비스가 필요한 환자나 고령자를 위한 의료안심주택은 모두 시민의 삶의 질을 높이고 선별적 복지가 아닌 복지사회를 이루기 위한 노력의 일환이다. 혼자가 아닌 '함께 가는' 길에 더 나은 삶이 있기 때문에 오늘도 수요자 맞춤형 공공주택은 수요자에 맞게 진화하고 있다.

① 주거난에 대비하는 주거복지 정책

② 4차 산업혁명과 주거복지

③ 선별적 복지 정책의 긍정적 결과

④ 다양성을 수용하는 주거복지 정책

02 다음 문단을 논리적 순서대로 바르게 나열한 것은?

(가) 정책 수단 선택의 사례로 환율과 관련된 경제 현상을 살펴보자. 외국 통화에 대한 자국 통화의 교환 비율을 의미하는 환율은 장기적으로 한 국가의 생산성과 물가 등 기초 경제 여건을 반영하는 수준으로 수렴된다.

(나) 이처럼 환율이나 주가 등 경제 변수가 단기에 지나치게 상승 또는 하락하는 현상을 오버슈팅(Overshooting)이라고 한다.

(다) 이러한 오버슈팅은 물가 경직성 또는 금융 시장 변동에 따른 불안 심리 등에 의해 촉발되는 것으로 알려져 있다. 여기서 물가 경직성은 시장에서 가격이 조정되기 어려운 정도를 의미한다.

(라) 그러나 단기적으로 환율은 이와 괴리되어 움직이는 경우가 있다. 만약 환율이 예상과는 다른 방향으로 움직이거나 또는 예상과 같은 방향으로 움직이더라도 변동 폭이 예상보다 크게 나타날 경우 경제 주체들은 과도한 위험에 노출될 수 있다.

① (가) – (나) – (다) – (라)
② (가) – (나) – (라) – (다)
③ (가) – (다) – (라) – (나)
④ (가) – (라) – (나) – (다)

03 다음 글의 빈칸에 들어갈 내용으로 가장 적절한 것은?

A카드가 자체 인공지능(AI) 기술을 로봇 프로세스 자동화 시스템에 접목해 고객 대응 역량을 대폭 강화했다고 밝혔다. A카드는 지난 2017년부터 '로봇 프로세스 자동화(RPA; Robotic Process Automation)' 활용을 금융업계에서 선도하며 카드 발급, 정산, 고객 상담, 데이터 분석 등 다양한 영역에서 단순·반복 업무를 자동화해왔다. 현재까지 총 135건의 RPA 과제를 수행하며 연간 약 7만 시간을 절감하는 성과를 거뒀다.

이번에는 단순 자동화를 넘어 AI를 접목한 '지능형 자동화(Intelligent Automation)' 시스템으로 고도화하고, 업무에 즉시 적용해 금융 디지털 혁신을 가속화하고 있다. 대표적인 예로 '금융당국 민원처리 시스템'을 들 수 있다. 해당 시스템은 금융당국에 접수된 A카드 접수 민원을 RPA가 자동 수집하고 자체 개발 AI기술을 통해 내용을 분류·요약한 뒤 즉시 관련 부서로 배정한다. 이를 통해 민원 해결 속도와 정확성이 크게 향상돼 소비자 보호 활동이 한층 강화됐다.

이뿐만 아니라 '가맹점 부실징후 사전감지 모니터링 시스템'도 구축했다. RPA가 인터넷 포털·뉴스 등 외부 정보를 자동 수집하면, AI가 이를 분석해 가맹점 위험 신호를 조기 포착하고 리포트 형태로 제공한다. 데이터 기반 의사결정을 지원함으로써 부실 가맹점에 대한 선제적 대응과 리스크 관리 혁신을 동시에 실현한 것이다.

A카드 K상무는 "AI와 RPA의 융합은 단순한 자동화를 넘어 디지털 혁신의 속도를 끌어올리는 핵심 동력"이라며 "앞으로도 A카드는 _____"라고 말했다.

① 인력을 총동원하여 수기로 확인하는 꼼꼼함을 더하겠다
② AI 남용 시대에 편승하지 않고 인재들의 능력을 믿겠다
③ 지능형 자동화를 확대해 차별화된 경쟁력을 만들어 나가겠다
④ 기술력 확보로 여태껏 이루지 못했던 자동화 시스템을 구축하겠다

※ 다음 글을 읽고 이어지는 질문에 답하시오. [4~5]

한국은행의 국내 지급결제 동향에 따르면, 2024년 국내 대면지급 이용규모는 전년 수준을 유지하고 있는 반면, 비대면지급 이용규모는 전년 대비 4.1% 증가해 전체 이용규모 중 40.8%를 차지하는 것으로 알려졌다.

여기서 비대면지급 방식에는 스마트폰과 같은 모바일기기, PC 등을 이용한 온라인쇼핑 등 비대면거래뿐만 아니라 택시호출 애플리케이션을 통한 자동지급 등과 같이 거래 현장에서 단말기에 직접적인 접촉 없이 거래가 이루어지는 지급도 포함된다.

또한 접근기기별로 살펴보면, 비대면 및 대면 방식을 모두 포함해 실물카드를 제외한 모바일기기 등을 이용한 지급규모는 전년 대비 5.5% 증가해 전체 이용규모 중 52.4%를 차지하였지만, 실물카드를 이용한 결제 지급규모는 2.3% 감소하는 모습을 보였다.

04 다음 중 윗글의 주제로 가장 적절한 것은?

① 감소하는 실물카드의 사용률
② 증가하는 모바일기기의 사용률
③ 변화하는 거래방식과 거래수단
④ 실물카드 등을 이용한 대면 거래의 감소

05 다음 중 윗글에 대해 추론한 내용으로 가장 적절한 것은?

① 2024년 국내 비대면지급 이용규모는 대면지급 이용규모보다 크다.
② 전체 이용규모 중 대면지급이 차지하는 비중은 전년 대비 증가하였다.
③ 모바일기기를 카드단말기에 접촉하여 결제하는 경우 대면지급 방식에 해당한다.
④ 2024년 국내 대면지급 이용규모는 비대면지급 이용규모보다 크지만 이용횟수는 비대면지급이 더 크다.

※ 다음 글을 읽고 이어지는 질문에 답하시오. [6~7]

예금보호한도 상향 조정에 대한 끊임없는 지적에 따라 2001년 이후 24년 만에 예금보호한도가 5천만 원에서 1억 원으로 상향 조정될 예정이다. 그동안 경제 규모가 성장하고 예금 자산이 증가함에도 불구하고 한국의 1인당 GDP 대비 예금보호한도는 1.2배에 그치는 반면, 미국은 3.1배, 영국은 2.2배, 일본은 2.1배 등 해외 주요국의 예금보호한도가 상대적으로 높았다.

이번 예금자보호법 개정은 예금보험공사가 보호하는 은행·저축은행·보험·금융투자 업계뿐 아니라 개별 법에 따라 각 중앙회가 보호하는 상호금융에도 적용되며, 사회보장적인 성격을 고려해 일반 예금과 별도로 보호 한도를 적용받고 있는 퇴직연금, 연금저축, 사고보험금도 포함된다. 또한 예·적금 등 원금보장형 상품은 가입한 시점에 제한 없이 원금과 이자가 1억 원까지 보호된다. 다만, 펀드 등 지급액이 운용실적에 연동되는 상품은 제외된다.

이번 법의 개정으로 금융회사가 파산하더라도 예금자들이 이전보다 더 많은 재산을 보호받을 수 있고, 또 여러 금융회사에 자산을 분산 예치해 온 예금자들의 번거로움도 해소될 것으로 기대하고 있다. 반면, 일각에서는 제1금융권 대비 예금 금리가 상대적으로 높은 제2금융권으로의 대규모 자금이동 현상인 '머니무브'로 인한 부작용도 우려하고 있다.

06 다음 중 윗글의 주제로 가장 적절한 것은?

① 예금보호한도 상향 조정의 필요성
② 예금보호한도 상향 한도와 적용 대상
③ 예금보호한도 상향 조정으로 인한 문제점
④ 예금보호한도 상향 조정으로 인한 기대와 우려

07 다음 중 윗글의 내용으로 가장 적절한 것은?

① 예금자보호법 개정 전, 예금보호한도액은 미국, 영국, 일본 등 해외 주요국보다 낮았다.
② 예금자보호법 개정 후, 원금보장형 상품의 경우 최대 1억 원의 원금만 보호받을 수 있다.
③ 원금보장형 펀드 상품의 경우 가입 시기에 상관없이 예금자보호법 개정 내용을 적용받을 수 있다.
④ 예금자보호법 개정으로 제2금융권으로의 자금 유입 현상에 대비한 건전성 관리가 필요할 것이다.

08 다음은 M은행의 적금상품설명서이다. 이를 읽고 이해한 내용으로 적절하지 않은 것은?

〈뛰어라정기적금〉

구분	세부내용
상품특징	• 꿈을 실현하기 위하여 출발하는 청・중년층을 가입대상으로 하며 계약기간 동안 매월 일정금액을 납입하고 만기일에 이자와 원금을 지급받는 정액적립식 예금
가입대상	• 만 19세 이상 만 50세 미만 개인으로, 전체 M은행 통합 1인 1계좌
계약기간	• 1년
불입한도	• 매월 30만 원 이하 1만 원 단위
이자지급	• 만기지급식
이율	• 기본이율 : 연 4% • 우대이율(모든 우대이율은 만기해지 시 적용)

구분	세부내용
일반 우대이율 (최대 연 0.5%p)	• 본인명의 당해 은행 요구불계좌로 만기자동이체를 등록한 후 만기자동이체 된 경우 : 연 0.3%p • 본인명의 당해 은행 요구불계좌에서 이 상품으로 가입 월부터 10개월간 5회차 이상 자동이체로 납입하는 경우 : 연 0.3%p
상생 우대이율 (최대 연 1.5%p)	• 가입연도 1월 1일부터 가입 시 정한 만기일까지 다음 중 하나에 해당하는 경우(중복적용 불가) : 연 1.5%p 1. 결혼(청첩장 또는 이에 준하는 서류로 증빙) 2. 신규 입사(재직증명서 또는 이에 준하는 서류로 증빙) 3. 신규 사업 개설(사업자등록증 또는 이에 준하는 서류로 증빙) 4. 농립수산업 신규 종사(농지원부 또는 이에 준하는 서류로 증빙) ※ 증빙자료를 만기일 전 1영업일까지 당행에 제출하여야 함

① 이 상품의 최대 적용금리는 6%이다.

② 이 상품에 납입 가능한 최대 금액은 360만 원이다.

③ 상생 우대이율을 적용받기 위해서는 만기일 전날까지 해당 증빙서류를 제출하여야 한다.

④ M은행에 본인명의의 요구불계좌가 없는 경우 일반 우대이율을 적용받을 수 없다.

09 A열차는 용산역에서 출발해 청량리역으로 가는 중이며 가는 길에는 440m 길이의 다리가 있다. A열차가 20m/s의 속력으로 다리를 완전히 통과하는 데 30초가 걸렸을 때, A열차의 길이는?

① 140m

② 150m

③ 160m

④ 170m

10 농도 9%의 소금물에 물을 200g 더 넣었더니 농도 6%의 소금물이 되었다. 처음의 농도 9% 소금물의 양은?

① 250g

② 300g

③ 350g

④ 400g

11 A고객은 M은행 정기예금을 만기 납입했다. A고객이 가입한 상품의 정보가 다음과 같을 때, A고객이 받을 이자 금액은?

〈M은행 정기예금〉

• 가입자 : A(본인)
• 계약기간 : 24개월(만기)
• 저축방법 : 거치식
• 저축금액 : 2,000만 원
• 기본금리 : 연 0.5%
• 우대금리 : 거치금액 1,000만 원 이상 시 0.3%p
• 이자지급방식 : 만기일시지급, 단리식

---

① 320,000원

② 325,000원

③ 328,500원

④ 330,000원

12 다음은 어느 지역의 주화 공급 현황에 대한 자료이다. 이에 대한 설명으로 옳은 것을 〈보기〉에서 모두 고르면?

〈주화 공급 현황〉

구분	액면가				합계
	10원	50원	100원	500원	
공급량(십만 개)	340	215	265	180	1,000
공급기관 수(개)	170	90	150	120	530

※ (평균 주화 공급량)=$\dfrac{\text{(주화 종류별 공급량의 합)}}{\text{(주화 종류 수)}}$

※ (주화 공급액)=(주화 공급량)×(액면가)

보기

ㄱ. 주화 공급량이 주화 종류별로 각각 20십만 개씩 증가한다면, 이 지역의 평균 주화 공급량은 270십만 개이다.

ㄴ. 주화 종류별 공급기관당 공급량은 10원 주화가 500원 주화보다 적다.

ㄷ. 10원과 500원 주화는 각각 10%씩, 50원과 100원 주화는 각각 20%씩 공급량이 증가한다면, 이 지역의 평균 주화 공급량의 증가율은 15% 이하이다.

ㄹ. 총주화 공급액 규모가 12% 증가해도 주화 종류별 주화 공급량의 비율은 변하지 않는다.

① ㄱ, ㄴ
② ㄱ, ㄷ
③ ㄷ, ㄹ
④ ㄱ, ㄷ, ㄹ

※ 다음은 2020 ~ 2024년 연도별 해양사고 발생 현황에 대한 자료이다. 이어지는 질문에 답하시오. **[13~14]**

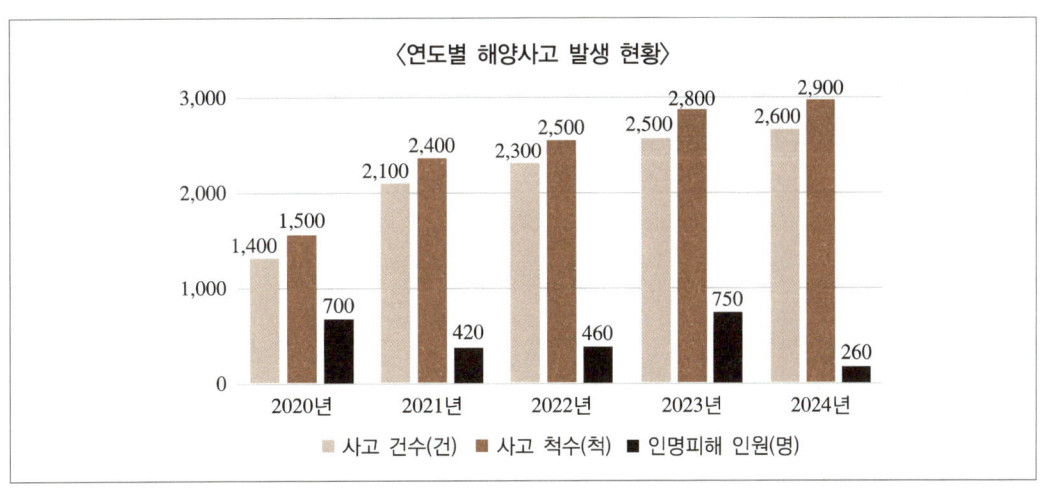

13 다음 중 2020년 대비 2021년 사고 척수의 증가율과 사고 건수의 증가율을 순서대로 바르게 나열한 것은?

① 40%, 45% ② 45%, 50%

③ 60%, 50% ④ 60%, 55%

14 다음 중 사고 건수당 인명피해의 인원수가 가장 많은 연도는?

① 2020년 ② 2021년

③ 2022년 ④ 2023년

15 다음은 국민연금 운용수익률 추이에 대한 자료이다. 이에 대한 설명으로 옳은 것은?

〈국민연금 운용수익률 추이〉

(단위 : %)

구분		11년 연평균 (2014 ~ 2024년)	5년 연평균 (2020 ~ 2024년)	3년 연평균 (2022 ~ 2024년)	2024년 (2024년 1년간)
전체		5.24	3.97	3.48	−0.92
금융부문		5.11	3.98	3.49	−0.93
	국내주식	4.72	1.30	3.07	−16.77
	해외주식	5.15	4.75	3.79	−6.19
	국내채권	4.84	3.60	2.45	4.85
	해외채권	4.37	3.58	2.77	4.21
	대체투자	8.75	9.87	8.75	11.80
	단기자금	4.08	1.58	1.59	2.43
공공부문		8.26	−	−	−
복지부문		6.34	−1.65	−1.51	−1.52
기타부문		1.69	0.84	0.73	0.96

① 2024년 운용수익률은 모든 부문에서 적자를 기록했다.

② 금융부문 운용수익률은 연평균기간이 짧을수록 꾸준히 증가하고 있다.

③ 공공부문은 조사기간 내내 운용수익률이 가장 높은 부문이다.

④ 국민연금 전체 운용수익률은 연평균기간이 짧을수록 점차 감소하고 있다.

16 M사의 가 ~ 라 직원 4명은 원형 탁자에 둘러앉아 인턴사원 교육 관련 회의를 진행하고 있다. 직원들은 인턴 A ~ D를 1명씩 맡아 교육하고 있다. 다음 〈조건〉에 따라 직원과 인턴이 바르게 짝지어진 것은?(단, 방향은 탁자를 바라보고 앉았을 때를 기준으로 한다)

조건

- B인턴을 맡은 직원은 다 직원의 왼편에 앉아 있다.
- A인턴을 맡은 직원의 맞은편에는 B인턴을 맡은 직원이 앉아 있다.
- 라 직원은 다 직원 옆에 앉아 있지 않으나, A인턴을 맡은 직원 옆에 앉아 있다.
- 나 직원은 가 직원 맞은편에 앉아 있으며, 나 직원의 오른편에는 라 직원이 앉아 있다.
- 시계 6시 방향에는 다 직원이 앉아 있으며, 맞은편에는 D인턴을 맡은 직원이 있다.

① 가 직원 – A인턴
② 나 직원 – D인턴
③ 다 직원 – C인턴
④ 라 직원 – B인턴

17 M기업에서는 신입사원 2명을 채용하기 위하여 서류전형과 필기전형을 통과한 갑 ~ 정 4명의 최종면접을 실시하였다. 다음과 같이 4개 부서의 팀장이 각각 4명을 모두 면접하여 채용 우선순위를 결정하였다고 할 때, 면접 결과에 대한 설명으로 옳은 것을 〈보기〉에서 모두 고르면?

〈면접 결과〉

면접관 순위	인사팀장	경영관리팀장	총무팀장	회계팀장
1순위	을	갑	을	병
2순위	정	을	병	정
3순위	갑	정	정	갑
4순위	병	병	갑	을

※ 우선순위가 높은 사람순으로 2명을 채용함
※ 동점자는 인사, 경영관리, 총무, 회계팀장 순서로 부여한 고순위자로 결정함
※ 각 팀장이 매긴 순위에 대한 가중치는 모두 동일함

보기

ㄱ. '을' 또는 '정' 중 1명이 입사를 포기하면 '갑'이 채용된다.
ㄴ. 인사팀장이 '을'과 '정'의 순위를 바꿨다면 '갑'이 채용된다.
ㄷ. 경영관리팀장이 '갑'과 '병'의 순위를 바꿨다면 '정'은 채용되지 못한다.

① ㄱ
② ㄱ, ㄴ
③ ㄱ, ㄷ
④ ㄴ, ㄷ

18 M사 재무팀에서는 주말 세미나 홀 관리 직원을 채용하기 위해 공고문을 게재하였으며, 지원자 명단은 다음과 같다. 최소비용으로 가능한 많은 인원을 채용하고자 한다면 모두 몇 명의 지원자를 채용할 수 있는가?(단, 급여는 지원자가 희망하는 금액으로 지급한다)

〈주말 세미나 홀 관리 직원 채용 공고문〉

- 업무내용 : 고객안내, 전화응대 등
- 지원자격 : 경력, 성별, 나이, 학력 무관
- 근무조건 : 장기(6개월 이상, 협의 불가) / 주말 11:00 ~ 22:00(협의 가능)
- 급여 : 협의 후 결정
- 연락처 : 02-000-0000

〈지원자 명단〉

구분	희망근무기간	근무가능시간	최소근무시간 (하루 기준)	희망임금 (시간당 / 원)
A지원자	10개월	11:00 ~ 18:00	3시간	10,500
B지원자	12개월	12:00 ~ 20:00	2시간	11,500
C지원자	8개월	18:00 ~ 22:00	2시간	10,500
D지원자	4개월	11:00 ~ 18:00	4시간	10,000
E지원자	6개월	15:00 ~ 20:00	3시간	10,000
F지원자	10개월	16:00 ~ 22:00	2시간	11,000
G지원자	8개월	11:00 ~ 18:00	3시간	10,000

※ 지원자 모두 주말 이틀 중 하루만 출근하기를 원함
※ 하루에 2회 이상 출근은 불가함

---

① 2명   ② 3명

③ 4명   ④ 5명

※ 2025년 2월 22일에 시행된 필기전형 후기를 바탕으로 '디지털 상식' 문제를 일부 복원하여 수록하였습니다.

01 다음 중 금융시장이 극도로 불안한 상황일 때 은행에 돈을 맡긴 사람들이 대규모로 예금을 인출하는 사태를 뜻하는 용어는?

① 더블딥(Double Dip)　　　　　　② 디폴트(Default)
③ 펀드런(Fund Run)　　　　　　　④ 뱅크런(Bank Run)

02 다음 중 환율제도에 대한 설명으로 옳지 않은 것은?

① 고정환율제 : 외환시세의 변동을 전혀 인정하지 않고 고정시켜 놓은 환율제도
② 시장평균환율제 : 외환시장의 수요와 공급에 따라 결정되는 환율제도
③ 복수통화바스켓 : 자국과 교역비중이 큰 복수국가의 통화들의 가중치에 따라 결정하는 환율제도
④ 공동변동환율제 : 역내에서는 변동환율제를 채택하고, 역외에서는 제한환율제를 택하는 환율제도

03 자산투자로부터의 수익 증대를 위해 차입자본(부채)을 끌어다가 자산매입에 나서는 투자전략을 총칭하는 말은?

① 상장지수펀드(ETF)　　　　　　② 상장지수증권(ETN)
③ 레버리지(Leverage)　　　　　　④ 인덱스펀드(Index Fund)

04 다음과 같이 SQL의 명령을 DDL, DML, DCL로 구분할 경우, 이를 바르게 짝지은 것은?

	DDL	DML	DCL
①	RENAME	SELECT	COMMIT
②	UPDATE	SELECT	GRANT
③	RENAME	ALTER	COMMIT
④	UPDATE	ALTER	GRANT

05 다음 중 암호화 기법인 RSA(공개키)의 특징으로 옳지 않은 것은?

① 암호키와 복호키 값이 서로 다르다.

② 키의 크기가 작고 알고리즘이 간단하여 경제적이다.

③ 적은 수의 키만으로 보안 유지가 가능하다.

④ 데이터 통신 시 암호키를 전송할 필요가 없고, 메시지 부인 방지 기능이 있다.

06 다음 중 페이지 교체 알고리즘 가운데 가장 오랫동안 사용되지 않고 있던 페이지를 교체하기 위하여 사용되는 것은?

① FIFO

② LRU

③ PR

④ NUR

| 객관식 |

01 다음 중 탄소배출권에 대한 설명으로 옳지 않은 것은?

① 관련된 국제제도로 파리협정이 있다.

② 환경보호와 시장경제를 결합하여 기업혁신을 유도할 수 있다.

③ 탄소배출량이 할당량 보다 많은 기업은 탄소배출권을 구매해야 한다.

④ 정부가 기업에게 유상 또는 무상으로 배분하며, 기업 간 거래는 불가하다.

02 다음 중 감가상각의 방법에 해당하지 않는 것은?

① 정액법

② 정률법

③ 총액법

④ 수요량비례법

03 다음 중 할루시네이션(Hallucination)에 대한 설명으로 옳지 않은 것은?

① 환각, 환영, 환청 등을 뜻하는 단어이다.

② AI를 통해 생성된 거짓 정보를 사실처럼 전달하는 현상이다.

③ AI가 현실에 존재하지 않는 허위 정보를 전달하는 것도 이에 포함된다.

④ AI가 데이터 학습 시 진위 여부를 정확히 판별하여 발생하는 현상이다.

04 다음 중 적대적 M&A에 대한 사전 방어 전략으로 옳지 않은 것은?

① 황금주
② 그린메일(Green Mail)
③ 황금낙하산
④ 포이즌 필(Poison Pill)

05 다음 중 목표설정이론 및 목표관리(MBO)에 대한 설명으로 옳지 않은 것은?

① 목표를 설정하는 과정에 부하직원이 함께 참여한다.
② 조직의 목표를 구체적인 부서별 목표로 전환하게 된다.
③ 성과는 경영진이 평가하여 부하직원 개개인에게 통보한다.
④ 목표는 구체적이고 도전적으로 설정하는 것이 바람직하다.

06 다음 중 앨더퍼(Alderfer)의 ERG 이론에 대한 설명으로 옳지 않은 것은?

① 인간의 욕구를 존재욕구, 관계욕구, 성장욕구로 나누었다.
② 하위욕구가 충족될수록 상위욕구에 대한 욕망이 커진다고 주장하였다.
③ 상위욕구의 행위에 영향을 미치기 전에 하위욕구가 먼저 충족되어야만 한다.
④ 매슬로(Maslow)의 욕구단계 이론의 한계점을 극복하고자 제시되었다.

07 다음 중 옵션거래에서 콜옵션에 대한 설명으로 옳지 않은 것은?

① 콜옵션의 매입자는 옵션의 만기 내에 약속된 가격으로 구매할 권리를 갖는다.
② 구입할 수 있는 자산의 종류에는 제한이 없다.
③ 콜옵션은 가격이 내릴 때 거래하는 것이다.
④ 콜옵션의 매도자는 매입자에게 기초자산을 인도해야 할 의무를 가진다.

08 다음 중 고압적 마케팅과 저압적 마케팅을 비교한 내용으로 옳지 않은 것은?

구분	고압적 마케팅	저압적 마케팅
① 마케팅 대상	판매자	소비자
② 마케팅 개념	선형	순환적
③ 마케팅 목적	제품 판매	소비자 만족
④ 마케팅 노력	선행적	후행적

09 다음 중 다른 조건이 일정할 때, 국내통화 가치를 하락시키는 요인으로 옳은 것은?

① 해외여행에 대한 수요가 급감한다.
② 한국은행이 기준금리 인상을 실시한다.
③ 외국 투자자들이 국내 주식을 매수한다.
④ 국내기업이 해외에 생산 공장을 건설한다.

10 다음 중 정부가 재정적자를 국채의 발행으로 조달할 경우 국채의 발행이 채권가격의 하락으로 이어져 시장이자율이 상승하고 투자에 부정적인 영향을 주는 것은?

① 피셔방정식   ② 구축효과
③ 유동성 함정   ④ 오쿤의 법칙

11 다음은 초콜릿과 커피의 수요를 분석한 결과이다. 이에 대한 설명으로 옳지 않은 것을 〈보기〉에서 모두 고르면?

구분	수요의 소득탄력성	수요의 교차탄력성
초콜릿	-0.4	-1.5
커피	1.2	-0.9

보기

ㄱ. 초콜릿은 정상재이다.   ㄴ. 커피는 사치재이다.
ㄷ. 초콜릿과 커피는 독립재이다.   ㄹ. 초콜릿과 커피는 보완재이다.

① ㄱ, ㄴ   ② ㄱ, ㄷ
③ ㄴ, ㄷ   ④ ㄴ, ㄹ

12 다음 중 정보의 비대칭하에서 발생하는 현상에 대한 설명으로 옳지 않은 것은?

① 기업이 우수한 인재를 채용하기 위해서 입사 시험을 치른다.
② 성과급 제도가 없는 회사의 경우 일부 직원들이 태만하게 근무한다.
③ 기업의 주주들이 CEO에게 스톡옵션을 보상으로 제공해 일할 의욕을 고취시킨다.
④ 정보를 많이 갖고 있는 사람은 정보를 덜 갖고 있는 사람에 비해 항상 피해의 규모가 작다.

13 다음 중 민법에 대한 설명으로 옳지 않은 것은?

① 민법은 실체법이다.

② 민법은 재산·신분에 관한 법이다.

③ 민법은 민간상호 간에 관한 법이다.

④ 민법은 특별사법이다.

14 다음 중 민법의 법원에 대한 설명으로 옳지 않은 것은?

① 성문법주의는 법의 통일정비가 용이하고 법적 안정성이 보장된다.

② 불문법주의는 사회의 변천에 적절한 적응성을 가진다.

③ 민사에 관하여는 민법, 관습법, 조리의 순으로 적용된다.

④ 건전가정의례준칙의 규정과 배치되는 관습법도 그 효력이 인정된다.

15 다음 중 민법에서 사용하는 법률용어에 대한 설명으로 옳지 않은 것은?

① 제3자는 원칙적으로 당사자 이외의 모든 자를 가리키나 때로는 그 범위가 제한될 수도 있다.

② 선의라 함은 어떤 사정을 알지 못하는 것이고, 악의는 이를 알고 있는 것이다.

③ 대항하지 못한다는 뜻은 법률행위의 당사자가 제3자에 대하여 법률행위의 효력을 주장하지는 못하나 제3자가 그 효력을 인정하는 것은 무관하다는 것이다.

④ 간주는 반대의 증거가 제출되면 규정의 적용을 면할 수 있는 것이며 민법은 간주조항을 '…으로 본다.'고 표현한다.

16 다음을 바탕으로 가중평균자본비용(WACC)을 구하면?

• 자기자본 : 300억 원	• 자기자본비용 : 10%
• 부채 : 200억 원	• 부채비용 : 5%
• 총자본 : 500억 원	• 법인세율 : 20%

(%)

17 다음을 바탕으로 CAPM 모형에 따른 자산의 기대수익률을 구하면?

- 무위험수익률 : 4%
- 시장기대수익률 : 10%
- 자산의 베타 : 1.2

(%)

18 다음을 바탕으로 통화승수를 구하면?

- 현금보유성향 : 0.2
- 법정지급준비율 : 0.3
- 초과지급준비율 : 0.1

(   )

01 다음 중 기존 관계형 데이터베이스의 한계를 벗어난 데이터베이스 NoSQL의 특징으로 옳지 않은 것은?

① 기존에 정의된 스키마 없이 데이터를 상대적으로 자유롭게 저장할 수 있다.

② 기존 관계형 데이터베이스의 SQL과 같은 질의 언어를 제공한다.

③ 데이터 항목을 클러스터 환경에 자동적으로 분할하여 적재한다.

④ PC 수준의 상용 하드웨어를 활용하여 데이터를 복제 또는 분산 저장할 수 있다.

02 다음 중 체크섬(Checksum)이 확인하고자 하는 것은 무엇인가?

① 데이터의 무결성　　　　　　　② 데이터의 압축률

③ 데이터의 복잡성　　　　　　　④ 데이터의 전송 속도

03 다음 〈조건〉에 따라 페이지 기반 메모리 관리시스템에서 LRU(Least Recently Used) 페이지 교체 알고리즘을 구현하였다. 주어진 참조열의 모든 참조가 끝났을 경우 최종 스택(stack)의 내용으로 옳은 것은?

> **조건**
> • LRU 구현 시 스택을 사용한다.
> • 프로세스에 할당된 페이지 프레임은 4개이다.
> • 메모리 참조열 : 1 2 3 4 5 3 4 2 5 4 6 7 2 4

①

스택 top	7
	6
	4
스택 bottom	5

②

스택 top	2
	7
	6
스택 bottom	4

③

스택 top	5
	4
	6
스택 bottom	2

④

스택 top	4
	2
	7
스택 bottom	6

01   NCS 직업기초능력

01	02	03	04	05	06	07	08	09	10	11	12	13	14	15	16	17	18		
④	④	③	③	③	④	④	③	③	④	①	②	③	①	④	③	③	④		

01
정답   ④

제시문은 사회변화 속 다양해지는 수요에 맞춘 주거복지 정책의 예로 예술인을 위한 공동주택, 창업 및 취업자를 위한 주택, 의료안심주택을 들고 있다. 따라서 글의 주제로 가장 적절한 것은 '다양성을 수용하는 주거복지 정책'이다.

02
정답   ④

제시문은 환율과 관련된 경제 현상을 설명하는 내용으로, 환율은 기초 경제 여건을 반영하여 수렴된다는 (가) 문단이 먼저 오는 것이 적절하다. '그러나' 환율이 예상과 다르게 움직이는 경우가 있다는 (라) 문단이 뒤따라 오는 것이 적절하며, 다음으로 이러한 경우를 오버슈팅으로 정의하는 (나) 문단이, 이어서 오버슈팅이 발생하는 원인인 (다) 문단이 오는 것이 적절하다.

03
정답   ③

제시문은 AI 기술을 자동화 시스템에 접목한 사례에 대해 설명하고 있다. 따라서 빈칸에는 이러한 기술을 더욱 강화하겠다는 내용이 들어가는 것이 가장 적절하다.

오답분석

①·② 수기로 확인하거나 인력을 동원하는 것은 자동화 시스템과 거리가 멀다.
④ 제시문에 따르면 A카드는 이미 AI 기술을 자동화 시스템에 접목하였다.

04
정답   ③

제시문을 통해 대면·비대면거래, 모바일기기, 실물카드의 상대적인 거래규모에 대해 알 수 있다. 하지만 거래방식과 거래수단에 따라 거래 횟수가 증가하였거나 감소하였는지, 그 사용률이 증가하였거나 감소하였는지에 대해서는 알 수 없다. 따라서 글의 주제로 가장 적절한 것은 '변화하는 거래방식과 거래수단'이다.

05
정답   ③

대면지급 방식이란 거래 현장에서 단말기에 직접적인 접촉을 통하여 거래가 이루어지는 지급 방식을 뜻한다. 따라서 모바일기기를 카드단말기에 접촉하여 결제할 경우 대면지급 방식에 해당한다.

오답분석

① 2024년 국내 비대면지급 이용규모의 전년 대비 증가율이 대면지급 이용규모의 전년 대비 증가율보다 클 뿐, 비대면지급 이용규모는 전체 이용규모 중 40.8%에 해당해 대면지급 이용규모보다 작다.

② 대면지급 이용규모는 전년 수준을 유지하는 반면, 비대면지급 이용규모는 전년 대비 증가하였다고 하였으므로, 전체 이용규모 중 대면지급이 차지하는 비중은 전년 대비 감소하였을 것이다.

④ 제시문에서는 대면지급 이용규모와 비대면지급 이용규모 및 전년 대비 증가율과 전체 이용규모 중 차지하는 비중만 알 수 있을 뿐, 대면지급 및 비대면지급의 정확한 이용횟수는 알 수 없다.

06

제시문은 예금자보호법 개정으로 예금보호한도의 상향과 적용 대상이 어디까지인지에 대해 설명하면서 이로 인해 기대되는 점과 우려되는 점에 대해 이야기하고 있다. 따라서 글의 주제로 가장 적절한 것은 '예금보호한도 상향 조정으로 인한 기대와 우려'이다.

07

제시문의 마지막 문단에 따르면 예금자보호법 개정으로 예금보호한도가 상향된 만큼 제1금융권과 제2금융권에 분산 예치해 온 예금자들이 상대적으로 금리가 높은 제2금융권으로 예금을 재배치할 것으로 예측된다고 하였다. 따라서 예금 재배치현상에 대비해 제1금융권은 자금 유출로 인한 유동성 관리가, 제2금융권은 자금 유입으로 인한 건전성 관리가 필요할 것으로 예측할 수 있다.

오답분석

① 개정 전에는 1인당 GDP 대비 예금보호한도가 미국, 영국, 일본 등 해외 주요국보다 낮았을 뿐, 한도액이 다른 나라와 비교할 때 절대적으로 낮은지에 대해서는 알 수 없다.

② 원금 1억 원이 아니라 원금과 이자를 합한 원리금에서 최대 1억 원까지 보호받을 수 있다.

③ 예·적금 등 원금보장형 상품의 경우 가입 시기에 상관없이 개정 내용을 적용받을 수 있지만, 펀드 등 지급액이 운용실적에 연동되는 상품은 제외되어 적용받을 수 없다.

08

상생 우대이율을 적용받기 위해서는 만기일 전날까지가 아니라 만기일 전 1영업일까지 증빙서류를 제출하여야 한다. 만약 만기일 전날이 주말 또는 공휴일이라면 이는 영업일에 해당하지 않으므로 만기일 전날까지라고 할 수 없다.

오답분석

① 최대 적용금리란 기본이율에 가능한 우대이율을 더한 것으로 4+0.5+1.5=연 6%이다.

② 상품의 계약기간은 1년이며, 매월 입금할 수 있는 최대 금액은 30만 원이다. 따라서 이 상품에 납입 가능한 최대 금액은 12×30 =360만 원이다.

④ 일반 우대이율을 적용받기 위해서는 M은행의 본인명의의 요구불계좌에 만기자동이체를 등록해 만기자동이체되거나, 가입 월부터 10개월간 5회차 이상 자동이체로 납입하여야 한다. 따라서 M은행에 본인명의의 요구불계좌가 없다면 두 경우 모두 불가하므로 적용받을 수 없다.

09

A열차가 다리를 완전히 통과할 때까지의 이동거리는 (열차의 길이)+(다리의 길이)이다.

A열차의 길이를 xm라고 하면 다음과 같은 식이 성립한다.

$x+440=20\times30$

$\rightarrow x=600-440$

$\therefore x=160$

따라서 A열차의 길이는 160m이다.

10

정답 ④

처음의 농도 9% 소금물의 양을 xg이라고 하면 다음과 같은 식이 성립한다.

$x \times \frac{9}{100} = (x+200) \times \frac{6}{100}$

→ $9x = 6x + 1,200$

→ $3x = 1,200$

∴ $x = 400$

따라서 처음의 농도 9% 소금물의 양은 400g이다.

11

정답 ①

단리 예금 이자는 (원금)×(기간)×$\frac{(이율)}{12}$이다.

따라서 만기 시 이자를 계산하면 $20,000,000 \times 24 \times \frac{0.008}{12} = 320,000$원이다.

12

정답 ②

ㄱ. 주화 공급량이 주화 종류별로 각각 20십만 개씩 증가한다면, 이 지역의 평균 주화 공급량은 $\frac{1,000 + 20 \times 4}{4} = \frac{1,080}{4} = 270$십만 개이다.

ㄷ. • 평균 주화 공급량 : $\frac{1,000}{4} = 250$십만 개

• 주화 공급량 증가량 : $340 \times 0.1 + 215 \times 0.2 + 265 \times 0.2 + 180 \times 0.1 = 148$십만 개

• 증가한 평균 주화 공급량 : $\frac{1,000 + 148}{4} = 287$십만 개

$250 \times 1.15 > 287$이므로, 증가율은 15% 이하이다.

오답분석

ㄴ. • 10원 주화의 공급기관당 공급량 : $\frac{340}{170} = 2$십만 개

• 500원 주화의 공급기관당 공급량 : $\frac{180}{120} = 1.5$십만 개

따라서 주화 종류별 공급기관당 공급량은 10원 주화가 500원 주화보다 많다.

ㄹ. 총주화 공급액이 변하면 주화 종류별 공급량 비율도 변한다.

13

정답 ③

• 2020년 대비 2021년 사고 척수의 증가율 : $\frac{2,400 - 1,500}{1,500} \times 100 = 60\%$

• 2020년 대비 2021년 사고 건수의 증가율 : $\frac{2,100 - 1,400}{1,400} \times 100 = 50\%$

14

정답 ①

제시된 연도의 사고 건수당 인명피해의 인원수를 구하면 다음과 같다.

- 2020년 : $\dfrac{700}{1,400}=0.5$명

- 2021년 : $\dfrac{420}{2,100}=0.2$명

- 2022년 : $\dfrac{460}{2,300}=0.2$명

- 2023년 : $\dfrac{750}{2,500}=0.3$명

따라서 사고 건수당 인명피해의 인원수가 가장 많은 연도는 2020년이다.

15

정답 ④

국민연금 전체 운용수익률은 연평균기간이 짧을수록 5.24% → 3.97% → 3.48% → −0.92%로 감소하고 있다.

오답분석
① 2024년 운용수익률에서 기타부문은 흑자를 기록했고, 공공부문은 알 수 없다.
② 금융부문 운용수익률은 연평균기간이 짧을수록 감소하고 있다.
③ 공공부문의 경우 11년의 연평균(2014 ~ 2024년) 수치만 있으므로 알 수 없다.

16

정답 ③

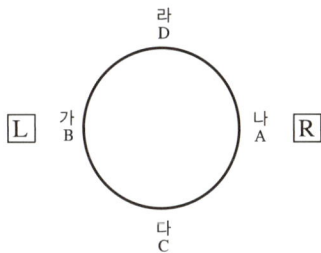

- 첫 번째 조건·다섯 번째 조건 : 다 직원의 위치는 시계 6시 방향이고, 9시 방향과 12시 방향은 각각 B인턴과 D인턴을 맡은 지원이 앉게 된다.
- 두 번째 조건 : A인턴을 맡은 직원은 3시 방향에 앉고, 세 번째 조건에 의하여 라 직원은 12시 방향에 앉아 있으므로 D인턴을 맡은 직원은 라 직원이다.
- 네 번째 조건 : 나 직원은 3시 방향에, 가 직원은 9시 방향에 앉아 있게 되므로 A인턴을 맡은 직원은 나 직원, B인턴을 맡은 직원은 가 직원이다. 즉, 남은 C인턴은 다 직원이 맡는다.

17

정답 ③

ㄱ. 각 팀장이 매긴 순위에 대한 가중치는 모두 동일하다고 했으므로 1, 2, 3, 4순위의 가중치를 각각 4, 3, 2, 1점으로 정해 4명의 면접점수를 산정하면 다음과 같다.
- 갑 : 2+4+1+2=9
- 을 : 4+3+4+1=12
- 병 : 1+1+3+4=9
- 정 : 3+2+2+3=10
면접점수가 높은 을과 정 중에 1명이 입사를 포기하면 갑과 병 중 1명이 채용된다. 따라서 갑과 병의 면접점수는 9점으로 동점이지만 조건에 따라 인사팀장이 부여한 순위가 높은 갑을 채용하게 된다.

ㄷ. 경영관리팀장이 갑과 병의 순위를 바꿨을 때, 4명의 면접점수를 산정하면 다음과 같다.
- 갑 : 2+1+1+2=6
- 을 : 4+3+4+1=12
- 병 : 1+4+3+4=12
- 정 : 3+2+2+3=10

따라서 을과 병이 채용되므로 정은 채용되지 못한다.

ㄴ. 인사팀장이 을과 정의 순위를 바꿨을 때, 4명의 면접점수를 산정하면 다음과 같다.
- 갑 : 2+4+1+2=9
- 을 : 3+3+4+1=11
- 병 : 1+1+3+4=9
- 정 : 4+2+2+3=11

따라서 을과 정이 채용되므로 갑은 채용되지 못한다.

18

제시된 조건을 정리하면 다음과 같다.
- 최소비용으로 가능한 많은 인원 채용
- 급여는 희망임금으로 지급
- 6개월 이상 근무하되, 주말 근무시간은 협의 가능
- 지원자들은 주말 이틀 중 하루만 출근하길 원함
- 하루 1회 출근만 가능

위 조건을 모두 고려하여 근무스케줄을 작성하면 다음과 같다.

근무시간	토요일	일요일
11:00 ~ 12:00	G지원자(10,000원) / 3시간	A지원자(10,500원) / 3시간
12:00 ~ 13:00		
13:00 ~ 14:00		
14:00 ~ 15:00		E지원자(10,000원) / 3시간
15:00 ~ 16:00		
16:00 ~ 17:00		
17:00 ~ 18:00		
18:00 ~ 19:00	C지원자(10,500원) / 2시간	
19:00 ~ 20:00		
20:00 ~ 21:00		F지원자(11,000원) / 2시간
21:00 ~ 22:00		

이때, D지원자의 경우에는 희망근무기간이 4개월이므로 채용하지 못한다. 따라서 총 5명의 직원을 채용할 수 있다.

01	02	03	04	05	06				
④	④	③	①	②	②				

01

정답 ④

뱅크런(Bank Run)은 대규모 예금 인출사태를 의미한다. 금융시장이 불안정하거나 거래은행의 재정상태가 좋지 않다고 판단할 때, 많은 사람들이 한꺼번에 예금을 인출하려고 하면서 은행은 위기를 맞게 된다.

오답분석

① 더블딥(Double Dip) : 경기침체 후 회복기에 접어들다가 다시 침체에 빠지는 이중침체 현상을 말한다.
② 디폴트(Default) : 채무에 대한 이자 지불 또는 채무원리금을 상환할 수 없는 상태를 의미한다.
③ 펀드런(Fund Run) : 펀드 수익률 악화를 우려한 펀드 투자자들이 투자한 돈을 회수하기 위해 한꺼번에 몰리는 대규모 환매사태를 가리키는 단어이다.

02

정답 ④

공동변동환율제란 역내에서는 제한환율제를 채택하고, 역외에서는 공동으로 변동환율제를 채택하는 환율제도이다.

03

정답 ③

오답분석

① 상장지수펀드(ETF) : 인덱스펀드를 거래소에 상장시켜 투자자들이 주식처럼 편리하게 거래할 수 있도록 만든 상품이다.
② 상장지수증권(ETN) : 상장지수펀드(ETF)와 마찬가지로 거래소에 상장돼 손쉽게 사고 팔 수 있는 채권이다.
④ 인덱스펀드 : 선정된 목표지수와 같은 수익을 올릴 수 있도록 하는 펀드이다.

04

정답 ①

- DDL : CREATE, ALTER, DROP, RENAME, TRUNCATE, COMMENT
- DML : SELECT, INSERT, UPDATE, DELETE, MERGE, CALL, EXPLAIN PLAN, LOCK TABLE
- DCL : GRANT, REVOKE, COMMIT, ROLLBACK

05

정답 ②

키의 크기가 작고 알고리즘이 간단하여 경제적인 것은 DES(대칭키)의 특징이다.

DES(대칭키)
- 암호키와 복호키 값이 서로 동일하며, 암호문 작성과 해독 과정에서 개인키를 사용한다.
- 여러 사람과 정보 교환 시 다수의 키를 유지하며, 사용자 증가에 따른 키의 수가 많다.
- 알고리즘이 간단하여 암호화 속도가 빠르고, 파일의 크기가 작아 경제적이다.

06

LRU(Least Recently Used) 알고리즘은 페이지 교체 알고리즘을 뜻하며, 페이징 기법으로 메모리를 관리하는 운영체제이다. 오류로 페이지 부재가 발생하면 새로운 페이지를 할당하기 위해 현재 할당된 페이지 중 어느 것과 교체할지를 결정한다.

오답분석

① FIFO(First-In First-Out) : 대기행렬에서의 선입선처리 제어방식으로, 처리의 우선순위를 붙이지 않고 먼저 도착한 순서로 처리하는 방식이다.
③ PR(Protective Ratio) : 보호 비율을 의미한다.
④ NUR(Not Used Recently page replacement) : 최근에 쓰이지 않은 페이지들을 자주 호출되는 페이지들과 교체하는 것으로, 적은 오버헤드로 LRU에 근사하며 실제로 자주 쓰이는 기법 중 하나이다.

---

03 직무전공(경영 · 경제 · 민법)

| 객관식 |

01	02	03	04	05	06	07	08	09	10	11	12	13	14	15					
④	④	④	②	③	③	③	④	④	②	②	④	④	④	④					

01

탄소배출권은 기업 간 거래가 가능하며, 탄소배출권 거래소도 존재한다.

오답분석

① 파리협정을 기반으로 국제 탄소시장이 구성되었다.
② 탄소배출권 제도는 환경규제와 시장경제 원리를 결합하여 기업이 자발적으로 온실가스를 감축하는 혁신을 유도할 수 있다.
③ 탄소배출량이 할당량보다 많으면 탄소배출권 구매, 적으면 남는 배출권을 판매할 수 있다.

02

수요량비례법이 아닌 생산량비례법이 감가상각 방법에 해당한다. 생산량비례법은 감가상각대상금액을 각 회계기간의 생산량에 비례하여 감가상각비로 배분하는 방법이다.

오답분석

① 정액법 : 매 기간 동일한 금액을 비용으로 인식하여 감가상각하는 방법이다.
② 정률법 : 장부가액에 일정 비율을 적용해 초기에 더 큰 비용을 인식시켜 감가상각하는 방법이다.
③ 총액법 : 유사자산을 묶어 평균내용연수로 감가상각하는 방법이다.

03

할루시네이션(Hallucination)은 생성형 AI 기술이 광범위하게 활용되는 중에 AI가 데이터의 진위 여부를 판별하지 못한 채 학습하여 발생하는 현상이다. 이 때문에 가짜뉴스를 생성하고 유포하는 등의 이차적인 문제가 생길 수 있으며, AI 시스템에 대한 사용자의 신뢰를 약화하는 원인이 되기도 한다.

04

정답 ②

그린메일(Green Mail)은 특정기업의 주식을 대량 매입한 뒤 경영진에게 적대적 M&A를 포기하는 대가로 매입한 주식을 시가보다 훨씬 높은 값에 되사도록 요구하는 행위로, 적대적 M&A 시도에 대한 사후 방어 전략에 해당한다.

오답분석
① 황금주 : 단 1주만으로도 주주총회 결의사항에 대해 거부권을 행사할 수 있는 권리를 가진 주식을 발행하는 전략이다.
③ 황금낙하산 : 기업임원이 적대적 M&A로 인해 퇴사하는 경우 거액의 퇴직위로금을 지급받도록 하는 전략이다.
④ 포이즌 필(Poison Pill) : 현재 주가 대비 현저히 낮은 가격에 신주를 발행하는 것을 허용하여 매수자가 적대적 M&A를 시도할 때 엄청난 비용이 들도록 하는 전략이다.

05

정답 ③

목표관리는 목표의 설정뿐 아니라 성과평가 과정에도 부하직원이 참여하는 관리기법이다.

오답분석
① 조직의 상·하 구성원이 모두 협의하여 목표를 설정한다.
② 조직의 목표를 부서별, 개인별 목표로 전환하여 조직구성원 각자의 책임을 정하고, 조직의 효율성을 향상시킬 수 있다.
④ 목표설정이론은 명확하고 도전적인 목표가 성과에 미치는 영향을 분석한다.

06

정답 ③

앨더퍼(Alderfer)의 ERG 이론은 매슬로(Maslow)의 욕구단계 이론을 발전시킨 이론이다. 이 이론은 상위욕구가 개인의 행동과 태도에 영향을 미치기 전에 하위욕구가 먼저 충족되어야 한다는 매슬로 이론의 가정을 배제한 것이 특징이다.

07

정답 ③

콜옵션은 가격이 오를 때 거래하는 것이고, 풋옵션은 가격이 내릴 때 거래하는 것이다.
풋옵션이란 미래 특정 시기에 미리 정한 가격으로 팔 수 있는 권리이며, 콜옵션이 저렴한 가격에 기초자산을 구입하는 것이라면 풋옵션은 비싼 가격에 기초자산을 판매하는 것을 의미한다.

08

정답 ④

고압적 마케팅은 판매, 촉진에 비중을 두는 후행적 마케팅 기법이나, 저압석 마케팅은 소사, 계획에 비중을 두는 선행적 미게팅 기법이다.

09

정답 ④

국내기업이 해외에 생산 공장을 건설하기 위해서는 해외에 필요한 자금을 가지고 나가야 하므로 외환에 대한 수요가 증가한다. 따라서 외환의 수요가 증가하면 환율이 상승하게 되므로 국내통화의 가치가 하락한다.

오답분석
① 수입 가전제품에 대한 관세가 인상되고 해외여행에 대한 수요가 급감하면 외환 수요가 감소한다. 따라서 환율이 하락한다.
②·③ 외국 투자자들이 국내주식을 매수하거나 기준금리가 인상되면 자본유입이 많아져서 외환의 공급이 증가하고, 이에 따라 환율이 하락한다.

10

정답 ②

구축효과에 대한 설명으로, 채권가격 변화에 의한 구축효과의 경로는 다음과 같다.
정부의 국공채 발행 → 채권의 공급 증가 → 채권가격 하락 → 이자율 상승(채권가격과 이자율은 음의 관계) → 투자 감소

11

정답 ②

• [수요의 소득탄력성(ε_M)] $= \dfrac{\text{(수요의 변화율)}}{\text{(소득의 변화율)}}$

• [수요의 교차탄력성(ε_{XY})] $= \dfrac{(X\text{재 수요의 변화율})}{(Y\text{재 가격의 변화율})}$

수요의 소득탄력성을 기준으로 열등재와 정상재를 구분할 수 있다. 소득탄력성이 0보다 작으면 열등재, 0보다 크면 정상재라고 한다. 또한, 소득탄력성이 0에서 1 사이면 필수재, 1보다 크면 사치재로 분류된다. 그리고 수요의 교차탄력성을 기준으로 대체재, 독립재, 보완재를 구분할 수 있다. 교차탄력성이 0보다 작으면 보완재, 0이면 독립재, 0보다 크면 대체재로 분류된다.
ㄱ. 초콜릿은 소득탄력성이 0보다 작으므로 열등재에 해당한다.
ㄷ. 초콜릿과 커피의 교차탄력성은 0보다 작으므로 두 재화는 보완재에 해당한다.

오답분석
ㄴ. 커피는 소득탄력성이 1보다 크므로 정상재이면서 사치재에 해당한다.

12

정답 ④

중고차 시장에서 차량의 성능을 알지 못하는 구매자들이 평균적인 품질을 기준으로 가격을 지불하려고 할 경우 좋은 차를 가진 판매자는 차를 팔 수 없거나, 굳이 팔려고 하면 자기 차의 품질에 해당하는 가격보다 더 낮은 가격을 받을 수밖에 없다. 따라서 정보를 많이 갖고 있는 사람이 정보를 덜 가진 사람에 비해 항상 피해 규모가 작은 것은 아니다.

13

정답 ④

법은 공법과 사법으로 나뉘며 공법에는 헌법, 형법, 행정법, 조세법 등이 있고 사법에는 민법과 상법 등이 있다. 민법은 사법의 기본법, 즉 '일반사법'이다. 일반사법은 다른 특별한 사법에 공통적으로 적용되는 기본원리가 되는 사법이다. '특별사법(상법, 보험법 등)'은 민법을 기본 원칙으로 삼아 그 위에 세부규정을 둔다.

14

정답 ④

건전가정의례준칙은 대통령령으로 제정된 법령이므로 관습법은 이에 대해서 보충적 효력을 가질 뿐이다.

15

정답 ④

간주는 법규에 의한 의제를 말하고, 반증을 들어서 번복하지 못한다는 의미에서 추정과 구별된다.

| 주관식 |

16	17	18		
7.6	11.2	2		

16

7.6

가중평균자본비용은 [(자기자본)÷(총자본)]×(자기자본비용)+[(부채)÷(총자본)]×(부채비용)×[1−(법인세율)]로 구하므로 제시된 자료를 바탕으로 WACC를 구하면 다음과 같다.

$(300÷500)×0.1+(200÷500)×0.05×(1−0.2)=0.076$

따라서 구하는 비율은 7.6%이다.

17

11.2

CAPM모형에 따른 자산의 기대수익률은 (무위험수익률)+(자산의 베타)×[(시장기대수익률)−(무위험수익률)]로 구하므로 제시된 자료를 바탕으로 기대수익률을 구하면 다음과 같다.

$4+1.2×(10−4)=11.2%$

따라서 구하는 비율은 11.2%이다.

18

2

통화승수는 본원통화가 시중통화로 얼마나 확대되는지를 나타내는 지표로 [1+(현금보유성향)]÷[(법정지급준비율)+(초과지급준비율)+(현금보유성향)]으로 구한다. 그러므로 제시된 자료를 바탕으로 통화승수를 구하면 다음과 같다.

$(1+0.2)÷(0.3+0.1+0.2)=2$

따라서 통화승수는 2이다.

01	02	03							
②	①	④							

01

정답 ②

NoSQL은 기존 관계형 데이터베이스의 SQL과 같은 질의 언어를 제공하지 않고, 간단한 API Call 또는 HTTP를 통한 단순한 접근 인터페이스의 CLI(Call Level Interface)를 제공한다.

NoSQL의 특징
- 유연한 스키마 사용
- 높은 가용성 제공
- 저렴한 클러스터 구성
- 대용량 데이터 처리

02

정답 ①

체크섬은 데이터의 정확성을 검증하기 위한 값으로, 데이터가 전송·저장되는 중에 손상되지 않았는지 확인하는 데 사용된다. 전송된 데이터의 끝에 특정값(체크섬)을 덧붙여, 수신 측에서 이 값을 통해 데이터의 무결성을 검사한다.

03

정답 ④

LRU 알고리즘
최근에 가장 오랫동안 사용하지 않은 페이지를 교체하는 기법이다. 페이지마다 계수기나 스택을 두어 현시점에서 가장 오랫동안 사용하지 않은, 즉 가장 오래 전에 사용된 페이지를 교체한다. 가장 최근에 사용한 페이지가 스택(후입선출구조)의 top에 위치하게 되고 나머지는 bottom 쪽으로 이동한다. 내부적으로 삽입 (push)과 삭제(pop) 동작이 이루어진다.

삽입	1	2	3	4	5	3	4	2	5	4	6	7	2	4
top				4	5	3	4	2	5	4	6	7	2	4
↑			3	3	4	5	3	4	2	5	4	6	7	2
		2	2	2	3	4	5	3	4	2	5	4	6	7
bottom	1	1	1	1	2	2	2	5	3	3	2	5	4	6

마지막으로 삽입된 데이터는 top에 위치하고 1 ~ 4까지는 그대로 입력되며 5를 삽입하기 위해서 가장 오래 전에 사용한 1을 교체한다. 4까지 입력된 상태에서 4, 3, 2, 1을 순서대로 출력하고 2, 3, 4, 5를 입력한다. 스택 구조는 후입선출구조로 마지막에 입력된 데이터가 가장 먼저 출력된다. top은 스택의 포인터로 삽입과 삭제가 이루어지는 곳을 말하며, 초기상태는 top과 bottom이 동일한 위치(0에 위치)이고 top 포인터를 1 증가시킨 후 데이터를 삽입할 수 있다.

PART 1

NCS 직업기초능력

의사소통능력

합격 CHEAT KEY

의사소통능력은 평가하지 않는 금융권이 없을 만큼 필기시험에서 중요도가 높은 영역이다. 또한 의사소통능력의 문제 출제 비중은 비교적 높은 편이다. 이러한 점을 봤을 때, 의사소통능력은 NCS를 준비하는 수험생이라면 반드시 정복해야 하는 과목이다.

국가직무능력표준에 따르면 의사소통능력의 세부 유형은 문서이해, 문서작성, 의사표현, 경청, 기초외국어로 나눌 수 있다. 문서이해・문서작성과 같은 지문에 대한 주제 찾기, 내용일치 문제의 출제 비중이 높으며, 공문서・기획서・보고서・설명서 등 문서의 특성을 파악하는 문제도 출제되고 있다. 따라서 이러한 분석을 바탕으로 전략을 세우는 것이 매우 중요하다.

01 문제에서 요구하는 바를 먼저 파악하라!

의사소통능력에서 가장 중요한 것은 제한된 시간 안에 빠르고 정확하게 답을 찾아내는 것이다. 그러기 위해서는 우리가 의사소통능력을 공부하는 이유를 잊지 말아야 한다. 우리는 지식을 쌓기 위해 의사소통능력 지문을 읽는 것이 아니다. 의사소통능력에서는 지문이 아니라 문제가 주인공이다. 지문을 읽기 전에 문제를 먼저 파악해야 한다. 주제 찾기 문제라면 첫 문장과 마지막 문장 또는 접속어에 주목하자. 내용일치 문제라면 지문과 문항의 일치 / 불일치 여부만 파악한 뒤 빠져나오자. 지문에 빠져드는 순간 소중한 시험 시간은 속절없이 흘러 버린다.

02 잠재되어 있는 언어능력을 발휘하라!

의사소통능력에는 끝이 없다. 의사소통의 방대함에 포기한 적이 있는가? 세상에 글은 많고 우리가 학습할 수 있는 시간은 한정적이다. 이를 극복할 수 있는 방법은 다양한 글을 접하는 것이다. 실제 시험장에서 어떤 내용의 지문이 나올지 아무도 예측할 수 없다. 따라서 평소에 신문, 소설, 보고서 등 여러 글을 접하는 것이 필요하다. 잠재되어 있는 안목이 시험장에서 빛을 발할 것이다.

03 상황을 가정하라!

업무 수행에 있어 상황에 따른 언어표현은 중요하다. 같은 말이라도 상황에 따라 다르게 해석될 수 있기 때문이다. 그런 의미에서 자신의 의견을 효과적으로 전달할 수 있는 능력을 평가하는 것은 당연하다. 따라서 다양한 상황에서의 언어표현능력을 함양하기 위한 연습의 과정이 요구된다. 업무를 수행하면서 발생할 수 있는 여러 상황을 가정하고 그에 따른 올바른 언어표현을 정리하는 것이 필요하다. 의사표현 영역의 경우 출제 빈도가 높지는 않지만 상황에 따른 판단력을 평가하는 문항인 만큼 대비하는 것이 필요하다.

04 말하는 이의 입장에서 생각하라!

잘 듣는 것 또한 하나의 능력이다. 상대방의 이야기에 귀 기울이고 공감하는 태도는 업무를 수행하는 관계 속에서 필요한 요소이다. 그런 의미에서 다양한 상황에서의 듣는 능력을 평가하는 것이다. 말하는 이가 요구하는 듣는 이의 태도를 파악하고, 이에 따른 판단을 할 수 있도록 언제나 말하는 사람의 입장이 되는 연습이 필요하다.

05 반복만이 살길이다!

학창 시절 외국어를 공부하던 때를 떠올려 보자. 셀 수 없이 많은 표현들을 익히기 위해 얼마나 많은 반복의 과정을 거쳤는가? 의사소통능력 역시 그러하다. 문제 유형을 마스터하기 위해 가장 중요한 것은 바로 반복하여 많이 풀어 보는 것이다.

주제 · 제목 찾기

| 유형분석 |

- 글의 목적이나 핵심 주장을 정확하게 구분할 수 있는지 평가한다.
- 문단별 주제·화제, 글쓴이의 주장·생각, 표제와 부제 등 다양한 유형으로 출제될 수 있다.

다음 글의 제목으로 가장 적절한 것은?

> 많은 경제학자는 제도의 발달이 경제 성장의 중요한 원인이라고 생각해 왔다. 예를 들어 재산권 제도가 발달하면 투자나 혁신에 대한 보상이 잘 이루어져 경제 성장에 도움이 된다는 것이다. 그러나 이를 입증하기는 쉽지 않다. 제도의 발달 수준과 소득 수준 사이에 상관관계가 있다 하더라도, 제도는 경제 성장에 영향을 줄 수 있지만 경제 성장으로부터 영향을 받을 수도 있으므로 그 인과관계를 판단하기 어렵기 때문이다.

① 경제 성장과 소득 수준   ② 경제 성장과 제도 발달

③ 경제 성장과 투자 혁신   ④ 소득 수준과 제도 발달

정답 ②

제시문은 재산권 제도의 발달에 따른 경제 성장을 예로 들어 제도의 발달과 경제 성장의 상관관계에 대해 설명하고 있다. 더불어 제도가 경제 성장에 영향을 줄 수는 있지만 동시에 경제 성장으로부터 영향을 받을 수도 있다는 점에서 그 인과관계를 판단하기 어렵다는 한계점을 제시하고 있다. 따라서 제목으로 가장 적절한 것은 '경제 성장과 제도 발달'이다.

유형풀이 Tip

- 글의 중심이 되는 내용은 주로 글의 맨 앞이나 맨 뒤에 위치한다. 따라서 글의 첫 문단과 마지막 문단을 먼저 확인한다.
- 첫 문단과 마지막 문단에서 실마리가 잡히지 않은 경우 그 문단을 뒷받침해주는 부분을 읽어가면서 제목이나 주제를 파악해 나간다.

대표기출유형 01 기출응용문제

※ 다음 글의 주제로 가장 적절한 것을 고르시오. [1~2]

Easy

01

의식주는 사람이 생활하는 데 필수적인 세 가지 요소이다. 이 세 요소는 경제 변동과 무관하게 항상 이루어져야 한다. 이 중에서 주(住)는 항상 이루어져야 함에도 불구하고 많은 자본이 필요하며, 경제 변동에 매우 민감하게 반응하곤 한다.

최근 낮아진 금리로 인해 많은 사람들 특히 사회초년생인 20 · 30대는 여러 곳으로부터 돈을 최대한 빌리는 이른 바 '영끌'을 통해 집을 마련하였다. 낮은 금리로 인해 마땅히 투자를 할 곳이 없었기 때문에 부동산에 투자한 것일 수도 있지만, 대부분의 사회초년생들은 '렌트푸어'가 되느냐, '하우스 푸어'가 되느냐 양자택일에 놓였기 때문에 영끌을 통해 집을 마련했다고 볼 수 있다.

렌트푸어란 급등하는 전셋값을 감당하기 위해 돈을 빌려 이를 상환하는 데 소득의 대부분을 지출하여 여유 없이 사는 사람들을 의미한다. 반면 하우스푸어는 집을 구매하기 위해 돈을 빌려 이를 상환하는 데 소득의 대부분을 지출하는 사람들이다. 비슷해 보이지만 렌트푸어는 집을 가지지 못해 가난하게 사는 사람이고, 하우스푸어는 집을 가져서 가난하게 사는 사람이다. 20 · 30 청년들 입장에서는 전세를 구하기 위해 돈을 빌리나, 집을 사기 위해 돈을 빌리나 똑같이 많은 빚을 지게 되는 것이고, 당시에는 역전세 등 전셋값이나 매매값이나 큰 차이가 나지 않았고, 부동산 가격이 계속 상승세였으며, 금리 또한 낮았기 때문에 많은 사람들이 영끌이라는 선택을 한 것이다.

그러나 최근 기준금리가 상승하면서 영끌을 했던 20 · 30 청년들은 그야말로 공포에 떨고 있다. 많은 돈을 빌려 산 집의 가격은 떨어지고 있으며, 금리인상으로 인해 은행에 지불하는 이자는 천정부지로 뛰었기 때문이다. 집을 팔자니 이미 수억의 손해를 보았으며, 가만히 놔두자니 늘어난 이자가 거대한 부담으로 다가오고 있다. 이로 인해 청년 부채는 지속적으로 증가하고 있으며, 경제 주체로서 자산을 형성하는 데 큰 어려움을 겪고 있다.

① 사회초년생의 자산현황
② 부동산 시장의 변동 원인
③ 사람이 생활하는 데 필요한 필수적인 요소
④ 20 · 30 청년들의 영끌의 이유

02

금융당국은 은행의 과점체제를 해소하고, 은행과 비은행의 경쟁을 촉진시키는 방안으로 은행의 고유 전유물이었던 통장을 보험 및 카드 업계로의 도입을 검토하겠다고 밝혔다.

이는 전자금융거래법을 개정해 대금결제업, 자금이체업, 결제대행업 등 모든 전자금융업 업무를 관리하는 종합 지급결제 사업자를 제도화하여 비은행에 도입한다는 것으로, 이를 통해 비은행권은 간편결제·송금 외에도 은행 수준의 보편적 지급결제 서비스가 가능해지는 것이다.

특히 금융당국이 은행업 경쟁촉진 방안으로 검토 중인 은행업 추가 인가나 소규모 특화은행 도입 등 여러 방안 중에서 종합 지급결제 사업자 제도를 중점으로 검토 중인 이유는 은행의 유효경쟁을 촉진시킴으로써 은행의 과점 이슈를 가장 빠르게 완화할 수 있을 것으로 판단되기 때문이다.

이는 소비자 측면에서도 기대효과가 있는데, 은행 계좌가 없는 금융소외계층은 종합 지급결제 사업자 제도를 통해 금융 서비스를 제공받을 수 있고, 기존 방식에서 각 은행에 지불하던 지급결제 수수료가 절약돼 그만큼 보험료가 인하될 가능성도 기대해 볼 수 있기 때문이다. 보험사 및 카드사 측면에서도 기존 방식에서는 은행을 통해 진행했던 방식이 해당 제도가 확립된다면 직접 처리할 수 있게 되어 방식이 간소화될 수 있다는 장점이 있다.

하지만 이 또한 현실적으로 많은 문제들이 제기되는데, 그중 하나가 소비자보호 사각지대의 발생이다. 비은행권은 은행권과 달리 예금보험제도가 적용되지 않을 뿐더러 은행권에 비해 규제 수준이 상대적으로 낮기 때문에 금융소비자 보호 등 리스크 관리가 우려되기 때문이다. 또한 종합 지급결제업 자체가 사실상 은행업과 크게 다르지 않기 때문에 은행권의 극심한 반발도 예상된다.

① 은행의 과점체제 해소를 위한 방안
② 종합 지급결제 사업자 제도의 득과 실
③ 은행의 권리를 침해하는 비은행 업계
④ 은행과 비은행 경쟁 속 소비자의 실익

03 다음 글의 제목으로 가장 적절한 것은?

요즘은 대체의학의 홍수시대라고 해도 지나친 표현이 아니다. 우리가 먹거나 마시는 대부분의 비타민제나 건강음료 및 건강보조식품 중 대체의학에서 나오지 않은 것이 없을 정도이니 말이다. 이러한 대체요법의 만연으로 한의학계를 비롯한 제도권 의료계는 많은 경제적 위협을 받고 있다.

대체의학에 대한 정의는 일반적으로 현대의학의 표준화된 치료 이외에 환자들이 이용하는 치료법으로써, 아직 증명되지 않았거나 일반 의료의 보조요법으로 과학자나 임상의사의 평가에 의해 증명되지는 않았으나 현재 예방, 진단, 치료에 사용되는 어떤 검사나 치료법 등을 통틀어 지칭하는 용어로 알려져 있다.

그러나 요즈음 우리나라에서는 전통적인 한의학과 서양의학이 아닌 그 외의 의학을 통틀어 대체의학이라고 부르고 있다. 원래는 1970년대 초반 동양의학의 침술이 미국의학계와 일반인들에게 유입되고 특별한 관심을 불러일으키면서 서양의학자들이 이들의 혼잡을 정리하기 위해 서양의학 이외의 다양한 전통의학과 민간요법을 통틀어 '대체의학'이라 부르기 시작했다. 그런 이유로 구미 각국에서는 한의학도 대체의학에 포함시키고 있으나 의료 이원화된 우리나라에서만은 한의학도 제도권 내의 공식 의학에 속하기 때문에 대체의학에서는 제외되고 있다.

서양에서 시작된 대체의학은 서양의 정통의학에서 부족한 부분을 보완하거나 대체할 새로운 치료의학에 대한 관심으로 시작하였으나 지금의 대체의학은 질병을 관찰함에 있어 부분적이기 보다는 전일(全一)적이며, 질병 중심적이기 보다는 환자 중심적이고, 인위적이기 보다는 자연적인 치료를 주장하는 인간 중심의 한의학에 관심을 갖고 있다. 또한 전반적인 상태나 영양 등은 물론 환자의 정신적·사회적·환경적인 부분까지 관찰하여 조화와 균형을 이루게 하는 치료법으로 거듭 진화하고 있으며 현재는 보완대체의학에서 보완통합의학으로, 다시 통합의학이라는 용어로 변모되어가고 있다.

대체의학을 분류하는 방법은 다양하지만 서양에서 분류한 세 가지 유형으로 구분하여 대표적인 것들을 소개하자면 다음과 같다. 첫째, 동양의학적 보완대체요법으로는 침술, 기공치료, 명상요법, 요가, 아유르베다 의학, 자연요법, 생약요법, 아로마요법, 반사요법, 봉침요법, 접촉요법, 심령치료법, 기도요법 등이 있다. 둘째, 서양의학적 보완대체요법으로는 최면요법, 신경 – 언어 프로그램 요법, 심상유도 요법, 바이오피드백 요법(생체되먹이 요법), 분자정형치료, 응용운동학, 중금속제거 요법, 해독요법, 영양보충 요법, 효소요법, 신소요법, 생물학적 치과치료법, 성골의학, 속부의학, 근자극요법, 두개천골자극 요법, 에너지의학, 롤핑요법, 세포치료법, 테이핑요법, 홍채진단학 등이 있다. 셋째, 동서의학 접목형 보완대체요법으로는 동종요법, 양자의학, 식이요법, 절식요법, 주스요법, 장요법, 수치료, 광선요법, 뇨요법 등의 치료법이 있다. 요즘은 여기에다 미술치료, 음악치료 등의 새로운 치료법이 대두되고 있으며 이미 일부의 양·한방 의료계에서는 이들 중의 일부를 임상에 접목시키고 있다.

그러나 한의학으로 모든 질병을 정복하려는 우를 범해서는 안 된다. 한의학으로 모든 질병이 정복되어진다면 서양의학이 존재할 수 없으며 대체의학이 새롭게 21세기를 지배할 이유가 없다. 한의학은 대체의학이 아니다. 마찬가지로 대체의학 역시 한의학이 아니며 서양의학도 아니다. 대체의학은 새로운 의학이다. 우리가 개척하고 정복해야 할 미지의 의학이다.

① 대체의학의 의미와 종류
② 대체의학이 지니는 문제점
③ 대체의학에 따른 부작용 사례
④ 대체의학의 한계와 개선방향

경제학에서는 한 재화나 서비스 등의 공급이 기업에 집중되는 양상에 따라 시장 구조를 크게 독점시장, 과점시장, 경쟁시장으로 구분하고 있다. 소수의 기업이 공급의 대부분을 차지할수록 독점시장에 가까워지고, 다수의 기업이 공급을 나누어 가질수록 경쟁시장에 가까워진다. 이렇게 시장 구조를 구분하기 위해서 사용하는 지표 중의 하나가 바로 '시장집중률'이다.

시장집중률을 이해하기 위해서는 먼저 '시장점유율'에 대한 이해가 있어야 한다. 시장점유율이란 시장 안에서 특정 기업이 차지하고 있는 비중을 의미하는데, 생산량·매출액 등을 기준으로 측정할 수 있다. Y기업의 시장점유율을 생산량 기준으로 측정한다면 '(Y기업의 생산량)÷(시장 내 모든 기업의 생산량의 총합)×100'으로 나타낼 수 있다.

시장점유율이 시장 내 한 기업의 비중을 나타내 주는 수치라면, 시장집중률은 시장 내 일정 수의 상위 기업들이 차지하는 비중을 나타내 주는 수치, 즉 일정 수의 상위 기업의 시장점유율을 합한 값이다. 몇 개의 상위 기업을 기준으로 삼느냐는 나라마다 자율적으로 결정하고 있는데, 우리나라에서는 상위 3대 기업의 시장점유율을 합한 값을, 미국에서는 상위 4대 기업의 시장점유율을 합한 값을 시장집중률로 채택하여 사용하고 있다.

이렇게 산출된 시장집중률을 통해 시장 구조를 구분해 볼 수 있는데, 시장집중률이 높으면 그 시장은 공급이 소수의 기업에 집중되어 있는 독점시장으로 구분하고, 시장집중률이 낮으면 공급이 다수의 기업에 의해 분산되어 있는 경쟁시장으로 구분한다. 한국개발연구원에서는 어떤 산업에서의 시장집중률이 80% 이상이면 독점시장, 60% 이상 80% 미만이면 과점시장, 60% 미만이면 경쟁시장으로 구분하고 있다.

시장집중률을 측정하는 기준에는 여러 가지가 있기 때문에 어느 것을 기준으로 삼느냐에 따라 측정 결과에 차이가 생기며, 이에 대한 경제학적인 해석도 달라진다. 어느 시장의 시장집중률을 '생산량' 기준으로 측정했을 때 A, B, C기업이 상위 3대 기업이고 시장집중률이 80%로 측정되었다고 하더라도, '매출액' 기준으로 측정했을 때는 D, E, F기업이 상위 3대 기업이 되고 시장집중률이 60%가 될 수도 있다. 이처럼 시장집중률은 시장 구조를 구분하는 데 매우 유용한 지표이며, 이를 통해 시장 내의 공급이 기업에 집중되는 양상을 파악해 볼 수 있다.

① 시장 구조의 변천사
② 시장집중률의 개념과 의의
③ 독점시장과 경쟁시장의 비교
④ 우리나라 시장점유율의 특성

Hard

05 다음 글의 중심 내용으로 가장 적절한 것은?

물리학의 근본 법칙들은 현실의 사실들을 정확하게 기술하는가? 이 질문에 확신을 가지고 그렇다고 대답할 사람은 많지 않을 것이다. 사실 다양한 물리 현상들을 설명하는 데 사용되는 물리학의 근본 법칙들은 모두 이상적인 상황만을 다루고 있는 것 같다. 정말로 물리학의 근본 법칙들이 이상적인 상황만을 다루고 있다면 이 법칙들이 실재 세계의 사실들을 정확히 기술한다는 생각에는 문제가 있는 듯하다.

가령 중력의 법칙을 생각해 보자. 중력의 법칙은 "두 개의 물체가 그들 사이의 거리의 제곱에 반비례하고 그 둘의 질량의 곱에 비례하는 힘으로 서로 당긴다."라는 것이다. 이 법칙은 두 물체의 운동을 정확하게 설명할 수 있는가? 그렇지 않다는 것은 분명하다. 만약 어떤 물체가 질량뿐만이 아니라 전하를 가지고 있다면 그 물체들 사이에 작용하는 힘은 중력의 법칙만으로 계산된 것과 다를 것이다. 즉, 위의 중력의 법칙은 전하를 가지고 있는 물체의 운동을 설명하지 못한다.

물론 사실을 정확하게 기술하는 형태로 중력의 법칙을 제시할 수 있다. 가령, 중력의 법칙은 "중력 이외의 다른 어떤 힘도 없다면, 두 개의 물체가 그들 사이의 거리의 제곱에 반비례하고 그 둘의 질량의 곱에 비례하는 힘으로 서로 당긴다."로 수정될 수 있다. 여기서 '중력 이외의 다른 어떤 힘도 없다면'이라는 구절이 추가된 것에 주목하자. 일단, 이렇게 바뀐 중력의 법칙이 참된 사실을 표현한다는 것은 분명해 보인다. 그러나 이렇게 바꾸면 한 가지 중요한 문제가 발생한다.

어떤 물리 법칙이 유용한 것은 물체에 작용하는 힘들을 통해 다양하고 복잡한 현상을 설명할 수 있기 때문이다. 물리 법칙은 어떤 특정한 방식으로 단순한 현상만을 설명하는 것을 목표로 하지 않는다. 중력의 법칙 역시 마찬가지다. 그것이 우리가 사는 세계를 지배하는 근본적인 법칙이라면 중력이 작용하는 다양한 현상들을 설명할 수 있어야 한다. 하지만 '중력 이외의 다른 어떤 힘도 없다면'이라는 구절이 삽입되었을 때, 중력의 법칙이 설명할 수 있는 영역은 무척 협소해진다. 즉, 그것은 오로지 중력만이 작용하는 아주 특수한 상황만을 설명할 수 있을 뿐이다. 결과적으로 참된 사실들을 진술하기 위해 삽입된 구절은 설명력을 현저히 감소시킨다. 거의 모든 물리학의 근본 법칙들이 이 문제를 가지고 있다.

① 물리학의 근본 법칙은 그 영역을 점점 확대하는 방식으로 발전해 왔다.

② 물리적 자연 현상이 점점 복잡하고 다양해짐에 따라 물리학의 근본 법칙도 점점 복잡해진다.

③ 더 많은 실재 세계의 사실들을 기술하는 물리학의 법칙이 그렇지 않은 법칙보다 뛰어난 설명력을 가진다.

④ 참된 사실을 정확하게 기술하려고 물리 법칙에 조건을 추가하면 설명 범위가 줄어 다양한 물리 현상을 설명하기 어려워진다.

유형분석

- 짧은 시간 안에 글의 내용을 정확하게 이해할 수 있는지 평가한다.
- 은행 금융상품 관련 글을 읽고 이해하기, 고객 문의에 답변하기 등의 유형이 빈번하게 출제된다.

다음 글의 내용으로 적절하지 않은 것은?

사람의 눈이 원래 하나였다면 세계를 입체적으로 지각할 수 있었을까? 입체 지각은 대상까지의 거리를 인식하여 세계를 3차원으로 파악하는 과정을 말한다. 입체 지각은 눈으로 들어오는 시각 정보로부터 다양한 단서를 얻어 이루어지는데 이를 양안 단서와 단안 단서로 구분할 수 있다.

양안 단서는 양쪽 눈이 함께 작용하여 얻어지는 것으로, 양쪽 눈에서 보내오는 시차(視差)가 있는 유사한 상이 대표적이다. 단안 단서는 한쪽 눈으로 얻을 수 있는 것인데, 사람은 단안 단서만으로도 이전의 경험으로부터 추론에 의하여 세계를 3차원으로 인식할 수 있다. 망막에 맺히는 상은 2차원이지만 그 상들 사이의 깊이의 차이를 인식하게 해주는 다양한 실마리들을 통해 입체 지각이 이루어진다.

동일한 물체의 크기가 다르게 시야에 들어오면 우리는 더 큰 시각(視角)을 가진 쪽이 더 가까이 있다고 인식한다. 이렇게 물체의 '상대적 크기'는 대표적인 단안 단서이다. 또 다른 단안 단서로는 '직선 원근'이 있다. 우리는 앞으로 뻗은 길이나 레일이 만들어내는 평행선의 폭이 좁은 쪽이 넓은 쪽보다 멀리 있다고 인식한다. 또 하나의 단안 단서인 '결 기울기'는 같은 대상이 집단적으로 어떤 면에 분포할 때, 시야에 동시에 나타나는 대상들의 연속적인 크기 변화로 얻어진다.

① 세계를 입체적으로 지각하기 위해서는 단서가 되는 다양한 시각 정보가 필요하다.
② 단안 단서에는 물체의 상대적 크기, 직선 원근, 결 기울기 등이 있다.
③ 사고로 한쪽 눈의 시력을 잃은 사람은 입체 지각이 불가능하다.
④ 대상까지의 거리를 인식할 수 있어야 세계를 입체적으로 지각할 수 있다.

정답 ③

제시문에 따르면 사람은 한쪽 눈으로 얻을 수 있는 단안 단서만으로도 이전의 경험으로부터 추론에 의하여 세계를 3차원으로 인식할 수 있다. 따라서 사고로 한쪽 눈의 시력을 잃어도 남은 한쪽 눈에 맺히는 2차원의 상들은 다양한 실마리를 통해 입체 지각이 가능하다.

오답분석

① 첫 번째 문단의 세 번째 문장에 따르면, 입체 지각은 눈으로 들어오는 시각 정보로부터 다양한 단서를 얻어 이루어진다.
② 마지막 문단에서 확인할 수 있다.
④ 첫 번째 문단의 두 번째 문장에 따르면, 입체 지각은 대상까지의 거리를 인식하여 세계를 3차원으로 파악하는 과정이다.

유형풀이 Tip

- 글을 읽기 전에 문제와 선택지를 먼저 읽어보고 글의 주제를 대략적으로 파악해야 한다.
- 선택지를 통해 글에서 찾아야 할 정보가 무엇인지 먼저 인지한 후 글을 읽어야 문제 풀이 시간을 단축할 수 있다.

01　다음 글을 읽고 이해한 내용으로 가장 적절한 것은?

> 핀테크(Fin-Tech)는 '금융(Finance)'과 '기술(Technology)'의 합성어로, 은행, 카드사 등의 금융
> 기관이 기존 금융서비스에 ICT를 결합한 것이며 금융 전반에 나타난 디지털 혁신이다. 은행에 직접
> 방문하지 않아도 스마트폰 등을 이용하여 은행 업무를 처리할 수 있는 것이 대표적이다.
> 테크핀(Tech-Fin)은 ICT 기업이 자신들의 기술을 통해 특색 있는 금융 서비스를 만드는 것으로,
> 핀테크보다 기술을 강조하는 점이 특징이다. ○○페이 등의 간편결제, 송금 서비스, 인터넷전문은
> 행 등이 대표적이다.
> 한국은 주로 금융기관이 주축이 되어 금융서비스를 개선하고 있었지만, 최근에는 비금융회사의 금
> 융업 진출이 확대되고 있다. 국내의 높은 IT 인프라와 전자상거래 확산으로 인해 소비자들이 현재보
> 다 편한 서비스를 필요로 하는 것이 원인이다. 또한 공인인증서 의무사용 폐지와 같은 규제 완화
> 또한 ICT 기업이 금융으로 진출할 수 있는 좋은 상황으로 평가된다.
> 테크핀의 발전은 핀테크의 발전 역시 야기하였다. 테크핀으로 인해 위기를 느낀 금융기관은 이와
> 경쟁하기 위해 서비스를 개선하고 있다. 금융기관도 공인인증서, 보안카드 등이 필요 없는 서비스를
> 개선하고 모바일 뱅킹도 더 편리하게 개선하고 있다.
> 핀테크와 테크핀이 긍정적인 영향만을 가진 것은 아니다. 금융서비스 이용실태 조사에 따르면 금융
> 혁신이 이루어지고 이에 혜택을 받는 사람이 저연령층과 고소득층에 높은 비율로 치중되어 있다.
> 따라서 핀테크와 테크핀을 발전시키는 동시에 모든 사람이 혜택을 누릴 수 있는 방안도 함께 찾아야
> 할 것이다.

① 핀테크가 발전하면 저소득층부터 고소득층 모두 혜택을 누린다.
② 핀테크는 비금융기관이 주도한 금융혁신이다.
③ 테크핀은 기술보다 금융을 강조한다.
④ IT 인프라가 높으면 테크핀이 발전하기 쉬워진다.

02 다음은 우리나라 예금의 역사에 대한 기사이다. 이에 대한 내용으로 적절하지 않은 것은?

> 우리나라에서 예금업무를 보는 민족계 은행이 설립되기 시작한 것은 1894년(고종 31년)의 갑오경장 이후이다. 그런데 우리나라에서는 민족계 은행이 설립된 뒤에도 예금이라는 용어는 사용되지 않았으며, 그 대신 임치(任置)라는 말이 널리 쓰이고 있었다. 이를테면 1906년 3월에 우리나라에서 제정된 최초의 조례로 은행법의 모체가 되는 '은행 조례'가 공포되었다. 은행 조례에서 '임치'라는 말이 사용되었으며, 당시 예금자는 임주(任主)라고 불렀다.
>
> 1912년 3월 은행설립에 관한 법령을 일원화하기 위하여 '은행령'이 공포되었는데, 여기서 임치 대신 예금이라는 용어가 등장하게 되었다. 일제강점기에는 중앙은행격인 조선은행이나 장기신용은행이라 할 수 있는 조선식산은행도 일반은행과 예금수수에 있어 경쟁적인 관계에 있었다.
>
> 1939년 이후 통계는 작성되지 않았으나, 일반은행의 예금에서 동업자·공공예금을 뺀 일반예금에 있어 1910 ~ 1938년간의 평균구성비를 보면 대체로 우리나라 사람이 21.6%, 일본인이 74.4%, 그리고 기타 외국인이 4.0%를 차지하고 있었다. 이와 같이 우리 민족의 예금이 차지하는 구성비는 상대적으로 미약한 상태였다.
>
> 1945년 광복 이후 1950년대 초까지는 정치적·사회적 혼란과 경제적 무질서, 그리고 극심한 인플레이션뿐만 아니라 일반 국민의 소득도 적었고 은행금리가 실세금리보다 낮았기 때문에 예금실적은 미미한 상태였다. 1954년 '은행법'이 시행되었으며 1961년 7월 예금금리의 인상과 예금이자에 대하여 면세조치가 이루어지고, 1965년 9월 금리기능의 회복을 도모하고 자금의 합리적인 배분을 도모하는 각종 조치가 수반됨에 따라 은행예금은 저축성예금을 위주로 증가하였다.
>
> 특히, 1960년대 경제개발계획의 추진으로 인하여 물자 동원에 예금이 중요한 비중을 차지한 관계로 각종 조치에 따라 1965년에 783억 원이던 예금은행의 총예금이 1970년에는 7,881억 원으로 증가하였다. 1970년대에는 통화 공급억제와 몇 차례의 금리인하로 증가세가 다소 둔화되었다. 그런데 1972년 8월 '경제의 안정과 성장에 관한 긴급명령'에 따른 8·3조처로 사채동결, 금리대폭인하, 특별금융조처 등 대폭적인 개혁이 이루어져 1974년과 1979년을 제외하고 대체로 30% 이상의 신장세를 유지하였다.
>
> 1980년대에는 물가안정과 각종 우대금리의 확대에 따라 예금은행의 총예금이 1980년에 12조 4,219억 원, 1985년에는 31조 226억 원, 그리고 1990년에는 84조 2,655억 원에 이르렀다. 1991년부터 4단계로 나누어 실시된 금리자유화 조치와 1992년에 실시된 금융실명제는 금융자산의 흐름을 비금융권으로부터 금융권으로 바꾸어 놓아 1995년에는 예금은행의 총예금이 154조 3,064억 원으로 크게 신장되었다.

① 예금 이전에 임치라는 용어가 은행 조례에서 사용되었다.

② 1945년 광복 이후 1950년대 초까지는 은행금리가 실세금리보다 낮았다.

③ 물가안정과 각종 우대금리 확대로 1980년대에는 총예금이 지속적으로 증가했다.

④ 1972년 8월 8·3조처로 1970년대에 총예금은 매년 30% 이상의 신장세를 유지하였다.

03 다음 글의 내용으로 적절하지 않은 것은?

> 물가 상승률은 일반적으로 가격 수준의 상승 속도를 나타내며 소비자 물가지수(CPI)와 같은 지표를 사용하여 측정된다. 높은 물가 상승률은 소비재와 서비스의 가격이 상승하고, 돈의 구매력이 감소한다. 이는 소비자들이 더 많은 돈을 지출하여 물가 상승에 따른 가격 상승을 감수해야 함을 의미한다. 물가 상승률은 경제에 다양한 영향을 미친다. 먼저 소비자들의 구매력이 저하되므로 가계소득의 실질 가치가 줄어든다. 이는 소비 지출의 감소와 경기 둔화를 초래할 수 있다. 또한 물가 상승률은 기업의 의사결정에도 영향을 준다. 예를 들어 높은 물가 상승률은 이자율의 상승과 함께 대출 조건을 악화시키므로 기업들은 생산 비용 상승과 이로 인한 이윤 감소에 직면하게 된다.
> 정부와 중앙은행은 물가 상승률을 통제하기 위해 다양한 금융 정책을 사용하며 대표적으로 세금 조정, 통화량 조절, 금리 조정 등이 있다.
> 물가 상승률은 경제 활동에 큰 영향을 주는 중요한 요소이므로 정부, 기업, 투자자 및 개인은 이를 주의 깊게 모니터링하고 전망을 평가하는 데 활용해야 한다. 또한 소비자의 구매력과 경기 상황에 직간접적인 영향을 주므로 경제 주체들은 물가 상승률의 변동에 대응하여 적절한 전략을 수립해야 한다.

① 지나친 물가 상승은 소비 심리를 위축시킨다.
② 중앙은행의 금리 조정으로 지나친 물가 상승을 진정시킬 수 있다.
③ 정부와 중앙은행이 실행하는 금융 정책의 목적은 물가 안정성을 유지하는 것이다.
④ 소비재와 서비스의 가격이 상승하므로 기업의 입장에서는 물가 상승률이 커질수록 이득이다.

다음 글을 근거로 판단할 때, 〈보기〉에서 옳은 것을 모두 고르면?

하와이 원주민들이 사용하던 토속어는 1898년 하와이가 미국에 병합된 후 미국이 하와이 학생들에게 사용을 금지하면서 급격히 소멸되었다. 그러나 하와이 원주민들이 소멸한 토속어를 부활시키기 위해 1983년 '아하 푸나나 레오'라는 기구를 설립하여 취학 전 아동부터 중학생까지의 원주민들을 대상으로 집중적으로 토속어를 교육한 결과 언어 복원에 성공했다.

이러한 언어의 다양성을 지키려는 노력뿐만 아니라 언어의 통일성을 추구하려는 노력도 있었다. 안과의사였던 자멘호프는 유태인, 폴란드인, 독일인, 러시아인들이 서로 다른 언어를 사용함으로써 갈등과 불화가 생긴다고 판단하고, 예외와 불규칙이 없는 문법과 알기 쉬운 어휘에 기초해 국제공통어 에스페란토를 만들어 1887년에 발표했다. 그의 구상은 '1민족 2언어주의'에 입각하여 같은 민족끼리는 모국어를, 다른 민족과는 중립적이고 배우기 쉬운 에스페란토를 사용하자는 것이었다.

에스페란토의 문자는 영어 알파벳 26개 문자에서 Q, W, X, Y의 4개 문자를 빼고 영어 알파벳에는 없는 Ĉ, Ĝ, Ĥ, Ĵ, Ŝ, Ŭ의 6개 문자를 추가하여 만들어졌다. 문법의 경우 가급적 불규칙 변화를 없애고 각 어간에 품사 고유의 어미를 붙여 명사는 −o, 형용사는 −a, 부사는 −e, 동사원형은 −i로 끝낸다. 예를 들어 '사랑'은 amo, '사랑의'는 ama, '사랑으로'는 ame, '사랑하다'는 ami이다. 시제의 경우 어간에 과거형은 −is, 현재형은 −as, 미래형은 −os를 붙여 표현한다.

또한 1자 1음의 원칙에 따라 하나의 문자는 하나의 소리만을 내고, 소리 나지 않는 문자는 없으며, 단어의 강세는 항상 뒤에서 두 번째 모음에 있기 때문에 사전 없이도 쉽게 읽을 수 있다. 특정한 의미를 갖는 접두사와 접미사를 활용하여 많은 단어를 파생시켜 사용하므로 단어 암기를 위한 노력이 크게 줄어드는 것도 중요한 특징이다. 아버지는 patro, 어머니는 patrino, 장인은 bopatro, 장모는 bopatrino인 것이 그 예이다.

※ 에스페란토에서 모음은 A, E, I, O, U이며 반모음은 Ŭ임

보기

ㄱ. 에스페란토의 문자는 모두 28개로 만들어졌다.
ㄴ. 미래형인 '사랑할 것이다.'는 에스페란토로 'amios'이다.
ㄷ. '어머니'와 '장모'를 에스페란토로 말할 때 강세가 있는 모음은 같다.
ㄹ. 자멘호프의 구상에 따르면 동일한 언어를 사용하는 하와이 원주민끼리도 에스페란토를 써야 한다.

① ㄱ, ㄷ   ② ㄱ, ㄹ

③ ㄴ, ㄹ   ④ ㄷ, ㄹ

※ 다음 글을 읽고 이어지는 질문에 답하시오. [5~6]

채권은 사업에 필요한 자금을 조달하기 위해 발행하는 유가증권으로, 국채나 회사채 등 발행 주체에 따라 그 종류가 다양하다. 채권의 액면금액, 액면이자율, 만기일 등의 지급 조건은 채권 발행 시 정해지며, 채권 소유자는 매입 후에 정기적으로 이자액을 받고 만기일에는 마지막 이자액과 액면금액을 지급 받는다. 이때 이자액은 액면이자율을 액면가액에 곱한 것으로 대개 연 단위로 지급된다. 채권은 만기일 전에 거래되기도 하는데, 이때 채권가격은 현재가치, 만기, 지급 불능 위험 등 여러 요인에 따라 결정된다.

채권 투자자는 정기적으로 받게 될 이자액과 액면금액을 각각 현재 시점에서 평가한 값들의 합계인 채권의 현재가치에서 채권의 매입가격을 뺀 순수익의 크기로 따진다. 채권 보유로 미래에 받을 수 있는 금액을 현재 가치로 환산하여 평가할 때는 금리를 반영한다. 가령 금리가 연 10%이고, 내년에 지급받게 될 금액이 110원 이라면, 110원의 현재가치는 100원이다. 즉, 금리는 현재가치에 반대 방향으로 영향을 준다. _____ 금리가 상승하면 채권의 현재가치가 하락하고, 이에 따라 채권의 가격도 하락하게 되는 결과로 이어진다. 이처럼 수시로 변동되는 시중 금리는 현재가치의 평가 구조상 채권가격의 변동에 영향을 주는 요인이 된다.

채권의 매입 시점부터 만기일까지의 기간인 만기도 채권의 가격에 영향을 준다. 일반적으로 다른 지급 조건 이 동일하다면 만기가 긴 채권일수록 가격은 금리 변화에 더 민감하므로 가격 변동의 위험이 크다. 채권은 발행된 이후에는 만기가 짧아지므로 만기일이 다가올수록 채권가격은 금리 변화에 덜 민감해진다. 따라서 투자자들은 만기가 긴 채권일수록 높은 순수익을 기대하므로 액면이자율이 더 높은 채권을 선호한다.

또 액면금액과 이자액을 약정된 일자에 지급할 수 없는 지급 불능 위험도 채권가격에 영향을 준다. 예를 들어 채권을 발행한 기업의 경영 환경이 악화될 경우, 그 기업은 지급 능력이 떨어질 수 있다. 이런 채권에 투자하는 사람들은 위험을 감수해야 하므로 이에 대한 보상을 요구하게 되고, 이에 따라 채권가격은 상대적으로 낮게 형성된다.

한편 채권은 서로 대체가 가능한 금융 자산의 하나이기 때문에, 다른 자산 시장의 상황에 따라 가격에 영향을 받기도 한다. 가령 주식 시장이 호황이어서 주식 투자를 통한 수익이 커지면 상대적으로 채권에 대한 수요가 줄어 채권가격이 하락할 수도 있다.

05 다음 중 채권가격이 높아지는 조건으로 옳지 않은 것은?

① 시중 금리가 낮아진다.
② 주식 시장이 불황을 겪는다.
③ 주식 투자를 통한 수익이 작아진다.
④ 채권을 발행한 기업의 경영 환경이 악화된다.

06 다음 중 윗글의 빈칸에 들어갈 접속어로 가장 적절한 것은?

① 따라서   ② 하지만
③ 또한   ④ 게다가

| 유형분석 |

- 글의 논리적인 전개 구조를 파악할 수 있는지 평가한다.
- 첫 문단이 제시되지 않은 문제가 출제될 가능성이 있다.

다음 문장을 논리적 순서대로 바르게 나열한 것은?

(가) 그렇기 때문에 남녀 고용 평등의 확대를 위해 채용 목표제를 강화할 필요가 있다.

(나) 우리나라 대졸 이상 여성의 고용 비율은 OECD 국가 중 최하위인데 이는 채용 과정에서 여성이 부당한 차별을 받는 경우가 많다는 것을 보여준다.

(다) 우리나라 남녀 전체의 평균 고용 비율 격차는 31.8%p로 남성에 비해 여성의 고용 비율이 현저히 낮다.

(라) 강화된 법규가 준수될 수 있도록 정부의 계도와 감독 기능을 강화해야 할 것이다.

(마) 고용 시 여성에게 일정 비율을 할애하는 것은 남성에 대한 역차별이라는 주장이 있기는 하지만, 남녀 고용 평등이 어느 정도 실현될 때까지 여성에 대한 배려는 불가피하다.

① (다) – (가) – (마) – (나) – (라)   ② (다) – (나) – (라) – (가) – (마)

③ (라) – (나) – (마) – (다) – (가)   ④ (라) – (다) – (가) – (나) – (마)

정답 ①

제시문은 우리나라 여성의 고용 비율이 남성보다 낮기 때문에 여성의 고용에 대한 배려가 필요하다는 내용이다. 따라서 (다) 우리나라 남성에 비해 여성의 고용 비율이 현저히 낮음 – (가) 남녀 고용 평등의 확대를 위한 채용 목표제의 강화 필요 – (마) 역차별이라는 주장과 현실적인 한계 – (나) 대졸 이상 여성의 고용 비율이 OECD 국가 중 최하위인 대한민국의 현실 – (라) 강화된 법규가 준수될 수 있도록 정부의 계도와 감독 기능이 강화의 순으로 나열하는 것이 적절하다.

유형풀이 Tip

- 각 문단에 위치한 지시어와 접속어를 살펴본다. 문두에 접속어가 오거나 문장 중간에 지시어가 나오는 경우 글의 첫 번째 문단이 될 수 없다.
- 각 문단의 첫 문장과 마지막 문장에 집중하면서 글의 순서를 하나씩 맞춰 나간다.
- 선택지를 참고하여 문단의 순서를 생각해 보는 것도 시간을 단축하는 좋은 방법이 될 수 있다.

대표기출유형 03 기출응용문제

※ 다음 문단을 논리적 순서대로 바르게 나열한 것을 고르시오. [1~3]

01

(가) 그렇다면 어떻게 블록체인 기술은 시스템 해킹 및 변조를 막을 수 있을까? 그 답은 블록체인의 이름에 있다. 블록체인 방식으로 거래를 하기 위해서는 먼저 네트워크에 포함된 모든 사람들이 똑같은 데이터를 가진 블록을 가지고 있어야 한다. 새로운 거래가 생길 경우 네트워크에 포함된 모든 사람들은 블록을 서로 비교하여 현재의 정보에 변조가 없는지 확인하게 된다. 무결성이 확인되었다면 새로운 거래가 담긴 블록을 기존의 블록과 연결하여 서로 체인을 이루게 된다. 이후 다른 거래가 생길 때마다 동일한 방식으로 네트워크 구성원 간 데이터를 비교하고, 새로운 블록을 쌓는 방식으로 진행된다.

(나) 이처럼 블록체인 기술은 거래를 할 때, 중앙은행의 중계 없이 사용자 간 직접 거래하면서 해킹이나 변조에서 비교적 안전하고, 거래자의 개인정보도 보호할 수 있어 다양한 장점을 지닌 기술이다. 하지만 탈중앙화라는 특징으로 인해 범죄와 연관될 가능성이 높으며, 금융사고로 인한 손실을 복구하기도 어렵다. 또한 해싱으로 인해 개인정보를 보호할 수 있지만, 로그 등의 데이터 자체는 여전히 모든 이용자에게 공개되므로 지나친 투명성에 의한 단점도 생길 수 있다.

(다) 데이터의 집합체인 블록에는 정보들이 해싱(Hashing)되어 저장된다. 해싱은 다양한 길이를 가진 데이터를 고정된 길이를 가진 데이터로 매핑하는 것으로 블록에 저장되는 데이터는 16진수 숫자($1 \sim F$)로 암호화된다. 해싱 이전의 데이터가 조금이라도 바뀔 경우, 해싱 이후의 데이터가 크게 변하는 특징이 있으므로 블록 간 데이터의 무결성을 비교할 때, 해시 데이터(Hash Data)를 비교하여 쉽게 판독할 수 있다. 또한 해시값을 기존의 데이터로 복구하는 것이 불가능하다는 특징이 있어 투명하면서 개인정보 또한 보호할 수 있다.

(라) 블록체인(Block Chain) 기술은 비트코인, 이더리움 등 암호화폐, 대체 불가능 토큰(NFT; Non Fungible Token)의 핵심 기술이다. 블록체인이란 P2P(Peer to Peer) 네트워크를 통해서 관리되는 분산 데이터베이스로 거래 정보를 중앙 서버 한 곳에 저장하는 것이 아니라 블록체인 네트워크에 연결된 여러 컴퓨터에 저장 및 보관하는 기술로 시스템을 해킹하거나 변조하는 것을 사실상 불가능하게 만드는 탈중앙화 방식으로 정보를 기록하는 디지털 장부이다.

① (다) – (나) – (가) – (라)　　　　② (다) – (라) – (가) – (나)
③ (라) – (가) – (나) – (다)　　　　④ (라) – (가) – (다) – (나)

(가) 개념사를 역사학의 한 분과로 발전시킨 독일의 역사학자 코젤렉은 '개념은 실재의 지표이자 요소'라고 하였다. 이 말은 실타래처럼 얽혀 있는 개념과 정치·사회적 실재, 개념과 역사적 실재의 관계를 정리하기 위한 중요한 지침으로 작용한다. 그에 의하면 개념은 정치적 사건이나 사회적 변화 등의 실재를 반영하는 거울인 동시에 정치·사회적 사건과 변화의 실제적 요소이다.

(나) 개념은 정치적 사건과 사회적 변화 등에 직접 관련되어 있거나 그것을 기록, 해석하는 다양한 주체들에 의해 사용된다. 이러한 주체들, 즉 '역사 행위자'들이 사용하는 개념은 여러 의미가 포개어진 층을 이룬다. 개념사에서는 사회·역사적 현실과 관련하여 이러한 층들을 파헤치면서 개념이 어떻게 사용되어 왔는가, 이 과정에서 그 의미가 어떻게 변화했는가, 어떤 함의들이 거기에 투영되었는가, 그 개념이 어떠한 방식으로 작동했는가 등에 대해 탐구한다.

(다) 이상에서 보듯이 개념사에서는 개념과 실재를 대조하고 과거와 현재의 개념을 대조함으로써, 그 개념이 대응하는 실재를 정확히 드러내고 있는가, 아니면 실재의 이해를 방해하고 더 나아가 왜곡하는가를 탐구한다. 이를 통해 코젤렉은 과거에 대한 '단 하나의 올바른 묘사'를 주장하는 근대 역사학의 방법을 비판하고, 과거의 역사 행위자가 구성한 역사적 실재와 현재 역사가가 만든 역사적 실재를 의미있게 소통시키고자 했다.

(라) 사람들이 '자유', '민주', '평화' 등과 같은 개념들을 사용할 때, 그 개념이 서로 같은 의미를 갖는 것은 아니다. '자유'의 경우, '구속받지 않는 상태'를 강조하는 개념으로 쓰이는가 하면, '자발성'이나 '적극적인 참여'를 강조하는 개념으로 쓰이기도 한다. 이러한 정의와 해석의 차이로 인해 개념에 대한 논란과 논쟁이 늘 있어 왔다. 바로 이러한 현상에 주목하여 출현한 것이 코젤렉의 '개념사'이다.

(마) 또한 개념사에서는 '무엇을 이야기 하는가.'보다는 '어떤 개념을 사용하면서 그것을 이야기하는가.'에 관심을 갖는다. 개념사에서는 과거의 역사 행위자가 자신이 경험한 '현재'를 서술할 때 사용한 개념과 오늘날의 입장에서 '과거'의 역사 서술을 이해하기 위해 사용한 개념의 차이를 밝힌다. 그리고 과거의 역사를 현재의 역사로 번역하면서 양자가 어떻게 수렴될 수 있는가를 밝히는 절차를 밟는다.

① (나) - (가) - (마) - (다) - (라)　　② (나) - (다) - (가) - (라) - (마)
③ (라) - (가) - (나) - (마) - (다)　　④ (라) - (나) - (가) - (다) - (마)

(가) 고전주의 예술관에 따르면 진리는 예술 작품 속에 이미 완성된 형태로 존재한다. 독자는 작가가 담아 놓은 진리를 '원형 그대로' 밝혀내야 하고, 작품에 대한 독자의 감상은 언제나 작가의 의도와 일치해야 한다. 결국 고전주의 예술관에서 독자는 작품의 의미를 수동적으로 받아들이는 존재일 뿐이다. 하지만 작품의 의미를 해석하고 작가의 의도를 파악하는 존재는 결국 독자이다. 특히 현대 예술에서는 독자에 따라 작품에 대한 다양한 해석이 가능하다고 여긴다. 바로 여기서 수용미학이 등장한다.

(나) 이저는 텍스트 속에 독자의 역할이 들어있다고 보았다. 그러나 독자가 어떠한 역할을 수행할지는 정해져 있지 않기 때문에 독자는 텍스트를 읽는 과정에서 텍스트의 내용과 형식에 끊임없이 반응한다. 이러한 상호작용 과정을 통해 독자는 작품을 재생산한다. 텍스트는 다양한 독자에 따라 다른 작품으로 태어날 수 있으며, 같은 독자라도 시간과 장소에 따라 다른 작품으로 생산될 수 있는 것이다. 이처럼 텍스트와 독자의 상호작용을 강조한 이저는 작품의 내재적 미학에서 탈피하여 작품에 대한 다양한 해석의 가능성을 열어주었다.

(다) 야우스에 의해 제기된 독자의 역할을 체계적으로 정리한 사람이 '이저'이다. 그는 독자의 능동적 역할을 밝히기 위해 '텍스트'와 '작품'을 구별했다. 텍스트는 독자와 만나기 전의 것을, 작품은 독자가 텍스트와의 상호작용을 통해 그 의미가 재생산된 것을 가리킨다. 그런데 이저는 텍스트에는 '빈틈'이 많다고 보았다. 이 빈틈으로 인해 텍스트는 '불명료성'을 가진다. 텍스트에 빈틈이 많다는 것은 부족하다는 의미가 아니라 독자의 개입에 의해 언제나 새롭게 해석될 수 있다는 것을 의미한다.

(라) 수용미학을 처음으로 제기한 사람은 야우스이다. 그는 "문학사는 작품과 독자 간의 대화의 역사로 쓰여야 한다."라고 주장했다. 이것은 작품의 의미는 작품 속에 갇혀 있는 것이 아니라 독자에 의해 재생산되는 것임을 말한 것이다. 이로부터 문학을 감상할 때 작품과 독자의 관계에서 독자의 능동성이 강조되었다.

① (가) - (다) - (라) - (나)　　　　② (가) - (라) - (다) - (나)
③ (다) - (가) - (나) - (라)　　　　④ (라) - (가) - (나) - (다)

04

> 우리는 자본주의라는 체제의 종말보다 세계의 종말을 상상하는 것이 더 쉬운 시대에 살고 있다고 할 만큼 현재 세계는 자본주의의 논리 아래에 굴러가고 있다. 이러한 자본주의는 어떻게 발생하였을까?

> (가) 그러나 1920년대에 몰아친 세계대공황은 자본주의가 완벽하지 않은 체제이며 수정이 필요함을 모든 사람에게 각인시켜줬다. 학문적으로 보자면 대표적으로 존 메이너드 케인스의『고용·이 자 및 화폐에 관한 일반이론』등의 저작을 통해 수정자본주의가 꾀해졌다.
>
> (나) 애덤 스미스로부터 학문화된 자본주의는 데이비드 리카도의 비교우위론 등의 이론을 포섭해 나가며 자신의 영역을 공고히 했다. 자본의 폐해에 대한 마르크스 등의 경고가 있었지만, 자본 주의는 그 위세를 계속 떨칠 것 같이 보였다.
>
> (다) 1950년대에는 중산층의 신화가 이루어지면서 수정자본주의 체제는 영원할 것처럼 보였지만, 오일 쇼크 등으로 인해서 수정자본주의 또한 그 한계를 보이게 되었고, 빈 학파로부터 파생된 신자유주의 이론이 가미되기 시작하였다.
>
> (라) 자본주의의 시작이라 하면 대부분 애덤 스미스의『국부론』을 떠올리겠지만, 역사학자인 페르 낭 브로델에 의하면 자본주의는 16세기 이탈리아에서부터 시작된 것이라고 한다. 이를 학문적 으로 정립한 최초의 저작이『국부론』이다.

① (나) – (라) – (가) – (다)　　　　② (나) – (라) – (다) – (가)

③ (라) – (가) – (나) – (다)　　　　④ (라) – (나) – (가) – (다)

05

고전학파에서는 시장에서 임금이나 물가 등의 가격 변수가 완전히 탄력적으로 작용하기 때문에 경기적 실업을 자연스럽게 해소될 수 있는 일시적 현상으로 본다.

(가) 이렇게 실질임금이 상승하게 되면 경기적 실업으로 인해 실업 상태에 있던 노동자들은 노동 시장에서 일자리를 적극적으로 찾으려고 하고, 이로 인해 노동의 초과공급이 발생하게 된다. 그래서 노동자들은 노동시장에서 경쟁하게 되고 이러한 경쟁으로 인해 명목임금은 탄력적으로 하락하게 된다. 명목임금의 하락은 실질임금의 하락으로 이어지게 되고 실질임금은 경기가 침체되기 이전과 동일한 수준으로 돌아간다.

(나) 이들에 의하면 노동자들이 받는 화폐의 액수를 의미하는 명목임금이 변하지 않은 상태에서, 경기 침체로 인해 물가가 하락하게 되면 명목임금을 물가로 나눈 값, 즉 임금의 실제 가치를 의미하는 실질임금은 상승하게 된다. 예를 들어 물가가 10% 정도 하락하게 되면 명목임금으로 구매할 수 있는 재화의 양이 10% 정도 늘어날 수 있고, 이는 물가가 하락하기 전보다 실질임금이 10% 정도 상승했다는 의미이다.

(다) 결국 기업에서는 명목임금이 하락한 만큼 노동의 수요량을 늘릴 수 있게 되므로 노동의 초과공급은 사라지고 실업이 자연스럽게 해소된다. 따라서 고전학파에서는 인위적 개입을 통해 경기적 실업을 감소시키려는 정부의 역할에 반대한다.

① (가) – (나) – (다) ② (가) – (다) – (나)
③ (나) – (가) – (다) ④ (다) – (나) – (가)

| 유형분석 |

- 논리적인 흐름에 따라 글을 이해할 수 있는지 평가한다.
- 한 문장뿐 아니라 여러 개의 문장이나 문단을 삽입하는 문제가 출제될 가능성이 있다.

다음 글에서 〈보기〉의 문장이 들어갈 위치로 가장 적절한 곳은?

스마트시티란 ICT를 기반으로 주거·교통·편의 인프라를 완벽히 갖추고, 그 안에 사는 모두가 편리하고 쾌적한 삶을 누릴 수 있는 똑똑한 도시를 말한다. (가) 최근 세계 각국에서는 각종 도시 문제를 해결하고 삶의 질을 개선할 수 있는 지속가능한 도시발전 모델로 스마트시티를 주목하고 있다. (나) 특히 IoT, 클라우드, 빅데이터, AI 등 4차 산업혁명 기술을 활용한 스마트시티 추진에 전방위적인 노력을 기울이고 있다. (다) M사는 행정중심복합도시 전체를 스마트시티로 조성하고자 다양한 시민 체감형 서비스를 도입하고 있으며, 특히 세종 합강리 일원 $2.7km^2$ 면적을 스마트시티 국가 시범도시로 조성하고 있다. (라) 각종 첨단 기술을 집약한 미래형 스마트시티 선도 모델인 세종 국가 시범도시는 스마트 모빌리티 등 7대 혁신 요소를 도입하여 도시 공간을 조성하고 혁신적인 스마트 인프라 및 서비스를 제공할 계획이다.

보기

이에 발맞춰 M사 역시 해외사업 지속 확대, 남북협력사업 수행 등과 함께 스마트시티를 주요 미래사업 분야로 정했다.

① (가) 　　　　　　　　　　② (나)
③ (다) 　　　　　　　　　　④ (라)

정답 ③

보기에서 M사는 '이에 발맞춰' 스마트시티를 주요 미래사업 분야로 정했다고 했으므로 '이'가 가리키는 내용은 스마트시티를 주요 미래사업 분야로 정하게 된 원인이 되어야 한다. 따라서 보기는 세계 각국에서 스마트시티 추진에 전방위적인 노력을 기울이고 있다는 내용의 뒤인 (다)에 들어가는 것이 가장 적절하다.

유형풀이 Tip

- 보기를 먼저 읽고, 선택지로 주어진 빈칸의 앞·뒤 문장을 읽어 본다. 그리고 빈칸에 보기를 넣었을 때 그 흐름이 어색하지 않은 위치를 찾는다.
- 보기 문장의 중심이 되는 단어가 빈칸의 앞·뒤에 언급되어 있는지 확인하도록 한다.

※ 다음 글에서 〈보기〉의 내용이 들어갈 위치로 가장 적절한 곳을 고르시오. [1~2]

01

휴대폰은 어린이들이 자신의 속마음을 고백하기도 하고, 그가 하는 말을 들어주기도 하며, 또 자신의 호주머니나 입 속에 다 쑤셔 넣기도 하는 곰돌이 인형과 유사하다. 다른 점이 있다면, 곰돌이 인형은 휴대폰과는 달리 말하는 사람에게 주의 깊게 귀를 기울여 준다는 것이다. (가)

휴대폰이 제기하는 핵심 문제는 바로 이러한 모순 가운데 있다. 곰돌이 인형과 달리 휴대폰을 통해 듣는 목소리는 우리가 듣기를 바라는 것과는 다른 대답을 자주 한다. 그것은 특히 우리가 대화 상대자와 다른 시간과 다른 장소 그리고 다른 정신상태에 처해 있기 때문이다. (나)

그리 오래 전 일도 아니지만, 우리가 시·공간적으로 떨어져 있는 상대와 대화를 나누고 싶을 때 할 수 있는 일이란 기껏해야 독백을 하거나 글쓰기에 호소하는 것밖에 없었다. 하지만 글을 써본 사람이라면 펜을 가지고 구어적 사고를 진행시킨다는 것이 얼마나 어려운 일인지 잘 안다. (다)

반면 우리가 머릿속에 떠오르는 말들에 따라, 그때그때 우리가 취하는 어조와 몸짓들은 얼마나 다양한가! 휴대폰으로 말미암아 우리는 혼자 말하는 행복을 되찾게 되었다. 더 이상 독백의 기쁨을 만끽하기 위해서 혼자 숨어들 필요가 없는 것이다. (라)

어린이에게 자신이 보호받고 있다는 느낌을 주기 위해 발명된 곰돌이 인형을 어린이는 가장 좋은 대화 상대자로 이용한다. 마찬가지로 통신 수단으로 발명된 휴대폰은 고독 속에서 우리를 안도시키는 절대적 수단이 될 것이다.

보기

곰돌이 인형에게 이야기하는 어린이가 곰돌이 인형이 자기 말을 듣고 있다고 믿는 이유는 곰돌이 인형이 결코 대답하는 법이 없기 때문이다. 만일 곰돌이 인형이 대답을 한다면 그것은 어린이가 자신의 마음속에서 듣는 말일 것이다.

---

① (가) ② (나)

③ (다) ④ (라)

02

(가) 나는 하나의 생각하는 것이다. 즉, 의심하고, 긍정하고, 부정하고, 약간의 것을 알고 많은 것을 모르며, 바라고 바라지 않으며, 또 상상하고, 감각하는 어떤 것이다. 왜냐하면 앞서 깨달은 바와 같이 설사 내가 감각하고 상상하는 것들이 나의 밖에서는 아마 무(無)라고 할지라도, 내가 감각 및 상상이라고 부르는 이 사고방식만큼은 그것이 하나의 사고방식인 한 확실히 내 안에 있음을 확신하기 때문이다. 그리고 이 몇 마디 말로써 나는 내가 참으로 알고 있는 것을, 혹은 지금까지 알고 있다고 생각한 모든 것을 요약했다고 믿는다.

(나) 하지만 일전에는 매우 확실하고 명백하다고 인정하였다가 그 후 의심스럽다고 새로이 느끼게 된 것들이 많다. 무엇이 이런 것들이었는가? 그것은 땅, 하늘, 별들, 이밖에 내가 감각을 통하여 알게 된 모든 것이었다. (다) 그러면 나는 이것들에 대해서 무엇을 명석하게 지각하고 있었는가? 물론 이것들의 관념 자체, 즉 이것들에 대한 생각이 내 정신에 나타났다고 하는 것이다. 그리고 나는 이러한 관념들이 내 속에 있다는 것에 대해서는 지금도 부정하지 않는다.

(라) 그러나 한편 나는, 내가 아주 명석하게 지각하는 것들을 바라볼 때마다 다음과 같이 외치지 않을 수 없다. 누구든지 나를 속일 수 있거든 속여 보라. 그러나 내가 나를 어떤 무엇이라고 생각하고 있는 동안은 결코 나를 무(無)이게끔 할 수는 없을 것이다. 혹은 내가 있다고 하는 것이 참이라고 할진대 내가 현존한 적이 없었다고 하는 것이 언젠가 참된 것이 될 수는 없을 것이다. 또 혹은 2에 3을 더할 때 5보다 크게 되거나 작게 될 수 없으며, 이 밖에 이와 비슷한 일, 즉 거기서 내가 명백한 모순을 볼 수 있는 일이 생길 수는 없을 것이라고. 그리고 확실히 나에게는 어떤 하느님이 기만자라고 보아야 할 아무 이유도 없고, 또 도대체 한 하느님이 있는지 없는지도 아직 충분히 알려져 있지 않으므로 그저 저러한 선입견에 기초를 둔 의심의 이유는 매우 박약하다.

> **보기**
>
> 그러나 산술이나 기하학에 관하여 아주 단순하고 쉬운 것, 가령 2에 3을 더하면 5가 된다고 하는 것 및 이와 비슷한 것을 내가 고찰하고 있었을 때, 나는 적어도 이것들을 참되다고 긍정할 만큼 명료하게 직관하고 있었던 것은 아닐까? 확실히 나는 나중에 이것들에 관해서도 의심할 수 있다고 판단하기는 했으나 그건 하느님과 같은 어떤 전능자라면, 다시없이 명백하다고 여겨지는 것들에 관해서도 속을 수 있는 본성을 나에게 줄 수 있었다고 하는 생각이 내 마음에 떠올랐기 때문일 따름이었다.

① (가)   ② (나)
③ (다)   ④ (라)

03 다음 빈칸 (가) ~ (다)에 들어갈 문장을 〈보기〉에서 골라 바르게 연결한 것은?

소리를 내는 것, 즉 음원의 위치를 판단하는 일은 복잡한 과정을 거친다. 사람의 청각은 '청자의 머리와 두 귀가 소리와 상호작용하는 방식'을 단서로 음원의 위치를 파악한다.

음원의 위치가 정중앙이 아니라 어느 한쪽으로 치우쳐 있으면, 소리가 두 귀 중에서 어느 한쪽에 먼저 도달한다. _____ (가) _____ 따라서 소리가 두 귀에 도달하는 데 걸리는 시간차를 이용하면 소리가 오는 방향을 알아낼 수 있다. 소리가 두 귀에 도달하는 시간의 차이는 음원이 정중앙에서 한쪽으로 치우칠수록 커진다.

양쪽 귀를 이용해 음원의 위치를 알 수 있는 또 다른 단서는 두 귀에 도달하는 소리의 크기 차이다. 왼쪽에서 나는 소리는 왼쪽 귀에 더 크게 들리고, 오른쪽에서 나는 소리는 오른쪽 귀에 더 크게 들린다. 이런 차이는 머리가 소리 전달을 막는 장애물로 작용하기 때문이다. _____ (나) _____ 따라서 소리가 저주파로만 구성되어 있는 경우 소리의 크기 차이를 이용한 위치 추적은 효과적이지 않다.

또 다른 단서는 음색의 차이이다. 고막에 도달하기 전에 소리는 머리와 귓바퀴를 지나는데, 이때 머리와 귓바퀴의 굴곡은 소리를 변형시키는 필터 역할을 한다. _____ (다) _____ 이러한 차이를 통해 음원의 위치를 파악할 수 있다.

보기

ㄱ. 이 때문에 두 고막에 도달하는 소리의 음색 차이가 생겨난다.

ㄴ. 하지만 이런 차이는 소리에 섞여 있는 여러 음파들 중 고주파에서만 일어나고 저주파에서는 일어나지 않는다.

ㄷ. 왼쪽에서 나는 소리는 왼쪽 귀가 먼저 듣고, 오른쪽에서 나는 소리는 오른쪽 귀가 먼저 듣는다.

	(가)	(나)	(다)		(가)	(나)	(다)
①	ㄱ	ㄴ	ㄷ	②	ㄴ	ㄱ	ㄷ
③	ㄴ	ㄷ	ㄱ	④	ㄷ	ㄴ	ㄱ

04

점탄성이란 무엇일까? 어떤 물체가 힘과 변형의 관계에서 탄성체가 가지고 있는 '즉각성(힘과 변형의 관계가 즉각적으로 형성되는 성질)'과 점성체가 가지고 있는 '시간 지연성(힘과 변형의 관계가 시간에 따라 서서히 변하는 성질)'을 모두 가지고 있을 때 점탄성을 가지고 있다고 하고, 그 물체를 점탄성체라 한다. (가) 이러한 점탄성을 잘 보여 주는 물리적 현상의 예로 응력 완화와 크리프(Creep)를 들 수 있다. 응력 완화는 변형된 상태가 고정되어 있을 때, 물체가 받는 힘인 응력이 시간에 따라 감소하는 현상이다. 그리고 크리프는 응력이 고정되어 있을 때 변형이 서서히 증가하는 현상이다. (나) 응력 완화를 이해하기 위해 고무줄에 힘을 주어 특정 길이만큼 당긴 후 이 길이를 유지하는 경우를 생각해 보자. 외부에서 힘을 주면 고무줄은 즉각적으로 늘어나게 된다. 힘과 변형의 관계가 탄성의 특성인 '즉각성'을 보여 주는 것이다. 그런데 이때 늘어난 고무줄의 길이를 그대로 고정해 놓으면, 시간이 지남에 따라 겉보기에는 아무 변화가 없지만 고무줄의 분자 배열 구조가 점차 변하며 응력이 서서히 감소하게 된다. 이는 점성체의 특성인 '시간 지연성'을 보여 주는 것이다. (다)

이제 고무줄에 추를 매달아 고무줄이 일정한 응력을 받도록 하는 경우를 살펴보자. 고무줄은 순간적으로 일정 길이만큼 늘어난다. 이는 탄성체가 가지고 있는 특성을 보여준다. 그러나 시간이 지남에 따라 점성체와 같이 분자들의 위치가 점차 변하며 고무줄이 서서히 늘어나게 되는데, 이러한 현상이 크리프이다. 세월이 지나면 유리창 유리의 아랫부분이 두꺼워지는 것도 이와 같은 현상이다. (라)

점탄성체의 변형에 걸리는 시간이 물질마다 다른 것은 분자나 원자 간의 결합 및 배열된 구조가 서로 다르기 때문이다. 나일론과 같은 물질의 응력 완화와 크리프는 상온(常溫)에서도 인지할 수 있지만, 금속의 경우 너무 느리게 일어나므로 상온에서는 관찰이 어렵다. 온도를 높이면 물질의 유동성이 증가하기 때문에, 나일론의 경우 온도를 높임에 따라 응력 완화와 크리프가 가속화되며, 금속도 고온에서는 응력 완화와 크리프를 인지할 수 있다. (마)

보기

ㄱ. 이처럼 점탄성체의 변형이 그대로 유지될 때, 응력이 시간에 따라 서서히 감소하는 현상이 바로 응력 완화이다.

ㄴ. 모든 물체는 본질적으로 점탄성체이며, 물체의 점탄성 현상이 우리가 인지할 정도로 빠르게 일어나는가 아닌가의 차이가 있을 뿐이다.

	ㄱ	ㄴ			ㄱ	ㄴ
①	(가)	(라)		②	(나)	(다)
③	(다)	(라)		④	(다)	(마)

05

(가) 다시 말해서 현상학적 측면에서 볼 때 철학도 지식의 내용이 존재하는 어떤 것이라는 점에서는 과학적 지식의 구조와 다를 바가 없다. 존재하는 것과 그 존재하는 무엇으로 의식되는 것과의 사이에는 근본적인 구별이 선다. 백두산의 금덩어리는 누가 그것을 의식하든 말든 그대로 있고, 화성에서 일어나는 여러 가지 물리적 현상도 누가 의식하든 말든 그대로 존재한다. 존재와 의식과의 위와 같은 관계를 우리는 존재차원과 의미차원이란 말로 구별할 수 있을 것이다. 여기서 차원이란 말을 붙인 까닭은 의식 이전의 백두산과 의식 이후의 백두산은 순전히 관점의 문제, 즉 백두산을 생각할 수 있는 차원의 문제이기 때문이다. 현상학적 사고를 존재차원에서 이루어지는 것이라고 말할 수 있다면 분석철학에서 주장하는 사고는 의미차원에서 이루어진다. 바꿔 말하자면 현상학적 측면에서 볼 때 철학은 아무래도 어떤 존재를 인식하는 데 그 근본적인 기능이 있다고 보아야 하는 데 반해서, 분석철학의 측면에서 볼 때의 철학은 존재와는 아무런 직접적인 관계 없이 존재에 대한 이야기, 서술을 대상으로 한다. 구체적으로 말해서 철학은 그것이 서술할 존재의 대상을 갖고 있지 않고, 오직 어떤 존재를 서술한 언어만을 갖고 있다. 그러나 철학이 언어를 사고의 대상으로 삼는다고 말은 하지만, 사실상 철학은 언어학과 다르다. (나) 그래서 언어학은 한 언어의 기원이라든지, 한 언어가 왜 그러한 특정한 기호, 발음 혹은 문법을 갖게 되었는가 또는 그것들이 각기 어떻게 체계화되는가 등을 알려고 한다. (다) 이에 반해서 분석철학은 언어를 대상으로 하되, 그 언어의 구체적인 면에는 근본적인 관심을 두지 않고 그와 같은 구체적인 언어가 가진 의미를 밝히고자 한다. 여기서 철학의 기능은 한 언어가 가진 개념을 해명하고 이해하는 데 있다. 바꿔 말해서 철학의 기능은 언어가 서술하는 어떤 존재를 인식하는 데 있지 않고, 그와는 관계없이 한 언어가 무엇인가를 서술하는 경우, 무엇인가의 느낌을 표현하는 경우 또는 그 밖의 경우에 그 언어가 정확히 어떻게 의미가 있는가를 이해하는 데 있다. (라) 개념은 어떤 존재하는 대상을 표상(表象)하는 경우도 많으므로 존재와 그것을 의미하는 개념과는 언뜻 보아서 어떤 인과적 관계가 있는 듯하다. (마)

> **보기**
>
> ㄱ. 과학에서 말하는 현상과 현상학에서 말하는 현상은 다른 내용을 가지고 있지만, 그것들은 다 같이 어떤 존재, 즉 우주 안에서 일어나는 사건을 가리킨다.
> ㄴ. 언어학은 과학의 한 분야로서 그 연구의 대상을 하나의 구체적 사물로 취급한다.

	ㄱ	ㄴ			ㄱ	ㄴ
①	(가)	(나)		②	(가)	(다)
③	(나)	(라)		④	(다)	(마)

05 빈칸추론

| 유형분석 |

- 글의 전반적인 흐름을 파악하고 있는지 평가한다.
- 첫 문장, 마지막 문장 또는 글의 중간 등 다양한 위치에 빈칸이 주어질 수 있다.

다음 글의 빈칸에 들어갈 내용으로 가장 적절한 것은?

아리스토텔레스는 인간은 스스로 결정하는 일에 참여할 뿐만 아니라 그런 기회를 가짐으로써 비로소 결정하는 법을 배우게 되는 사회적 동물이라고 했다. 따라서 도덕적 결정을 어떻게 하는지 알기 위해서는 _____ 훌륭한 시민은 태어나는 것이 아니다. 사회 교육적으로 만들어지는 것이다. 그리스 도시는 그리스 청소년에게 전인격적 인간을 만들어 주는 사회 교육의 장이었으며, 문명의 장이었던 것이다. 물론 도시를 학교화시키는 그리스의 사회 교육적 노력이 궁극적으로는 소수 시민이나 정치적 지배자를 양성하기 위한 정치 교육적 노력이었다는 점은 비판되어야 하지만, 사회가 교실이라는 논리만큼은 현대의 산업 사회에서도 적용될 수 있다고 판단된다.

① 그와 관계되는 교육적 프로그램을 다양하게 개발해야 한다.
② 그런 일에 직접 참여해 보는 경험보다 더 중요한 것은 없다.
③ 그 방면의 권위자의 견해를 학습하는 것이 선행되어야 한다.
④ 그와 관계되는 적절한 학습 동기를 부여하는 것이 중요하다.

정답 ②

제시문의 아리스토텔레스에 따르면 스스로 결정하는 일에 참여할 때 교육적 효과가 가장 두드러진다. 따라서 빈칸에는 도덕적 결정의 상황에 실제로 참여해 보는 직접적 경험이 중요하다는 내용이 들어가야 한다.

유형풀이 Tip

- 지문을 모두 읽고 풀기에는 시간이 부족하다. 따라서 빈칸의 앞·뒤 문장만을 통해 내용을 파악할 수 있어야 한다.
- 선택지의 문장을 각각 빈칸에 넣었을 때 그 흐름이 어색하지 않은지 확인하도록 한다.

PART 1

※ 다음 글의 빈칸에 들어갈 내용으로 가장 적절한 것을 고르시오. **[1~4]**

01

멋이라는 것도 일상생활의 단조로움이나 생활의 압박에서 해방되려는 노력의 하나일 것이다. 끊임없이 일상의 복장, 그 복장이 주는 압박감으로부터 벗어나기 위해 옷을 잘 차려 입는 사람은 그래도 멋쟁이다. 또는 삶을 공리적 계산으로서가 아니라 즐김의 대상으로 볼 수 있게 해 주는 활동, 가령 서도(書道)라든가 다도(茶道)라든가 꽃꽂이라든가 하는 일을 과외로 즐길 줄 아는 사람을 우리는 생활의 멋을 아는 사람이라고 말한다. 그러나 그렇다고 해서 값비싸고 화려한 복장, 어떠한 종류의 스타일과 수련을 전제하는 활동만이 멋을 나타내는 것이 아니다. 경우에 따라서는 털털한 옷차림, 아무런 세련도 거죽에 내세울 것이 없는 툭툭한 생활 태도가 멋있게 생각될 수도 있다. 기준적인 것에 변화를 더하는 것이 중요하다. 그러나 기준으로부터 편차가 너무 커서는 안 된다. 혐오감을 불러일으킬 정도의 몸가짐, 몸짓 또는 생활 태도는 멋이 있는 것으로 생각되지 않는다. 편차는 어디까지나 기준에 의해서만 존재하는 것이다. 따라서 _____

_____

① 멋은 어떤 의도가 결부되지 않았을 때 자연스럽게 창조되는 것이다.

② 멋은 다른 사람의 관점을 존중하며 사회적 관습에 맞게 창조해야 한다.

③ 멋은 일상적인 것을 뛰어넘는 비범성을 가장 본질적인 특징으로 삼는 것이다

④ 멋은 나와 남의 눈이 부딪치는 사회적 공간에서 형성되는 것이라고 할 수 있다.

02

세율에는 세액을 과세표준으로 나눈 값인 **평균세율**, 세액을 과세 이전 총소득으로 나눈 값인 실효세율 등이 있다. 다음 예를 통해 세율에 대해 이해해 보자. 소득세의 세율이 과세표준 금액 1,000만 원 이하는 10%, 1,000만 원 초과 4,000만 원 이하는 20%라 하자. 이처럼 과세표준을 몇 개의 구간으로 나누는 까닭은 소득에 대응하는 세율을 일일이 획정하는 것이 현실적으로 어렵기 때문이다. 과세표준 금액이 3,000만 원인 사람의 세액은 '$1,000 \times 10\% + 2,000 \times 20\% = 500$만 원'으로 계산된다. _____ 과세표준에 세율을 어떻게 적용할 것인지에 따라 세율 구조가 결정된다. 과세표준이 클수록 높은 세율로 과세하는 것을 누진세율 구조라고 한다. 그런데 누진세율 구조가 아니더라도 고소득일수록 세액이 증가할 수 있으므로 세율 구조는 평균세율의 증가 여부로 판단하는 것이 적절하다. 즉, 과세표준이 증가할 때 평균세율이 유지되면 비례세율 구조, 평균세율이 오히려 감소하면 역진세율 구조, 함께 증가하면 누진세율 구조이다.

① 이 경우 평균세율은 약 $500 \div 3,000 \times 100 ≒ 16.7\%$가 된다.

② 이 경우 평균세율은 약 $1,000 \div 3,000 \times 100 ≒ 33.3\%$가 된다.

③ 이 경우 평균세율은 약 $1,500 \div 3,000 \times 100 = 50\%$가 된다.

④ 이 경우 평균세율은 약 $2,000 \div 3,000 \times 100 ≒ 66.7\%$가 된다.

기분관리 이론은 사람들의 기분과 선택 행동의 관계에 대해 설명하기 위한 이론이다. 이 이론의 핵심은 사람들이 현재의 기분을 최적 상태로 유지하려고 한다는 것이다. 따라서 기분관리 이론은 흥분 수준이 최적 상태보다 높을 때는 사람들이 이를 낮출 수 있는 수단을 선택한다고 예측한다. 반면에 흥분 수준이 낮을 때는 이를 회복시킬 수 있는 수단을 선택한다고 예측한다. 예를 들어, 음악 선택의 상황에서 전자의 경우에는 차분한 음악을 선택하고 후자의 경우에는 흥겨운 음악을 선택한다는 것이다. 기분조정 이론은 기분관리 이론이 현재 시점에만 초점을 맞추고 있다는 점을 지적하고 이를 보완하고자 한다. 기분조정 이론을 음악 선택의 상황에 적용하면, ＿＿＿＿＿＿＿＿＿＿＿＿＿＿＿＿＿＿＿＿＿＿＿＿＿＿＿＿＿＿＿＿고 예측할 수 있다.

연구자 A는 음악 선택 상황을 통해 기분조정 이론을 검증하기 위한 실험을 했다. 그는 실험 참가자들을 두 집단으로 나누고 집단1에게는 한 시간 후 재미있는 놀이를 하게 된다고 말했고, 집단2에게는 한 시간 후 심각한 과제를 하게 된다고 말했다. 집단1은 최적 상태 수준에서 즐거워했고, 집단2는 최적 상태 수준을 벗어날 정도로 기분이 가라앉았다. 이때 연구자 A는 참가자들에게 기다리는 동안 음악을 선택하게 했다. 그랬더니 집단1은 다소 즐거운 음악을 선택한 반면, 집단2는 과도하게 흥겨운 음악을 선택했다. 그런데 30분이 지나고 각 집단이 기대하는 일을 하게 될 시간이 다가오자 두 집단 사이에는 뚜렷한 차이가 나타났다. 집단1의 선택에는 큰 변화가 없었으나, 집단2는 기분을 가라앉히는 차분한 음악을 선택하는 쪽으로 변하는 경향을 보인 것이다. 이러한 선택의 변화는 기분조정 이론을 뒷받침하는 것으로 간주되었다.

① 사람들은 현재의 기분을 지속하는 데 도움이 되는 음악을 선택한다
② 사람들은 다음에 올 상황을 고려해 흥분을 유발할 수 있는 음악을 선택한다
③ 사람들은 다음에 올 상황에 맞추어 현재의 기분을 조정하는 음악을 선택한다
④ 사람들은 현재의 기분과는 상관없이 자신이 평소 선호하는 음악을 선택한다

소독이란 물체의 표면 및 그 내부에 있는 병원균을 죽여 전파력 또는 감염력을 없애는 것이다. 소독의 가장 안전한 형태로는 멸균이 있다. 멸균이란 대상으로 하는 물체의 표면 또는 그 내부에 분포하는 모든 세균을 완전히 죽여 무균의 상태로 만드는 조작으로, 살아있는 세포뿐만 아니라 포자, 박테리아, 바이러스 등을 완전히 파괴하거나 제거하는 것이다.

물리적 멸균법은 열, 햇빛, 자외선, 초단파 따위를 이용하여 균을 죽여 없애는 방법이다. 열(Heat)에 의한 멸균에는 건열 방식과 습열 방식이 있는데, 건열 방식은 소각과 건식 오븐을 사용하여 멸균하는 방식이다. 건열 방식이 활용되는 예로는 미생물 실험실에서 사용하는 많은 종류의 기구를 물없이 멸균하는 것이 있다. 이는 습열 방식을 활용했을 때 유리를 포함하는 기구가 파손되거나 금속 재질로 이루어진 기구가 습기에 의해 부식할 가능성을 보완한 방법이다. 그러나 건열 멸균법은 습열 방식에 비해 멸균 속도가 느리고 효율이 떨어지며, 열에 약한 플라스틱이나 고무제품은 대상물의 변성이 이루어져 사용할 수 없다. 예를 들어 많은 세균의 내생포자는 습열 멸균 온도 조건(121℃)에서는 5분 이내에 사멸되나, 건열 멸균법을 활용할 경우 이보다 더 높은 온도(160℃)에서도 약 2시간 정도가 지나야 사멸되는 양상을 나타낸다. 반면, 습열 방식은 바이러스, 세균, 진균 등의 미생물들을 손쉽게 사멸시킨다. 습열은 효소 및 구조단백질 등의 필수 단백질의 변성을 유발하고, 핵산을 분해하며 세포막을 파괴하여 미생물을 사멸시킨다. 끓는 물에 약 10분간 노출하면 대개의 영양세포나 진핵포자를 충분히 죽일 수 있으나, 100℃의 끓는 물에서는 세균의 내생포자를 사멸시키지는 못한다. 따라서 물을 끓여서 하는 열처리는 _____ 멸균을 시키기 위해서는 100℃가 넘는 온도(일반적으로 121℃)에서 압력(약 1.1kg/cm²)을 가해 주는 고압증기멸균기를 이용한다. 고압증기멸균기는 물을 끓여 증기를 발생시키고 발생한 증기와 압력에 의해 멸균을 시키는 장치이다. 고압증기멸균기 내부가 적정 온도와 압력(121℃, 약 1.1kg/cm²)에 이를 때까지 뜨거운 포화 증기를 계속 유입시킨다. 해당 온도에서 포화 증기는 15분 이내에 모든 영양세포와 내생포자를 사멸시킨다. 고압증기멸균기에 의해 사멸되는 미생물은 고압에 의해서라기보다는 고압 하에서 수증기가 얻을 수 있는 높은 온도에 의해 사멸되는 것이다.

① 멸균 과정에서 더 많은 비용이 소요된다.
② 멸균 과정에서 더 많은 시간이 소요된다.
③ 소독을 시킬 수는 있으나, 멸균을 시킬 수는 없다.
④ 멸균을 시킬 수는 있으나, 소독을 시킬 수는 없다.

06 비판·반박하기

| 유형분석 |

- 글의 주장과 논점을 파악하고, 이에 대립하는 내용을 판단할 수 있는지 평가한다.
- 서로 상반되는 주장 두 개를 제시하고, 하나의 관점에서 다른 하나를 비판·반박하는 문제 유형이 출제될 수 있다.

다음 글에서 주장하는 정보화 사회의 문제점에 대한 반대 입장으로 적절하지 않은 것은?

> 정보화 사회에서 지식과 정보는 부가가치의 원천이다. 지식과 정보에 접근할 수 없는 사람들은 소득을 얻는데 불리할 수밖에 없다. 고급 정보에 대한 접근이 용이한 사람들은 부를 쉽게 축적하고, 그 부를 바탕으로 고급 정보 획득에 많은 비용을 투입할 수 있다. 이렇게 벌어진 정보 격차는 시간이 갈수록 심화될 가능성이 높아지고 있다. 정보나 지식이 독점되거나 진입 장벽을 통해 이용이 배제되는 경우도 문제이다. 특히 정보가 상품화됨에 따라 정보를 둘러싼 불평등은 더욱 심화될 것이다.

① 정보 기기의 보편화로 인한 정보 격차 완화
② 인터넷이나 컴퓨터 유지비 측면에서의 격차 발생
③ 인터넷의 발달에 따라 전 계층의 고급 정보 접근 용이
④ 정보의 확산으로 기존의 자본주의에 의한 격차 완화 가능성

정답 ②

제시문에서 정보화 사회의 문제점으로 다루고 있는 것은 '정보 격차'로, 지식과 정보에 접근할 수 없는 사람들이 소득을 얻는 데 불리할 수밖에 없다고 주장한다. 또한 정보가 상품화됨에 따라 정보를 둘러싼 불평등은 더욱 심화될 것이라고 전망하고 있다. 따라서 인터넷이나 컴퓨터 유지비 측면에서의 격차 발생은 제시문의 주장을 강화시키는 것으로, 이 문제에 대한 반대 입장이 될 수 없다.

유형풀이 Tip

- 대립하는 두 의견의 쟁점을 찾은 후, 제시문 또는 보기에서 양측 주장의 근거를 찾아 각 주장에 연결하며 답을 찾는다.
- 문제의 난이도를 높이기 위해 글의 후반부에 주장을 뒷받침할 수 있는 근거를 제시하고 선택지에 그 근거에 대한 반박을 실어 놓는 경우도 있다. 하지만 주의할 점은 제시문의 '주장'에 대한 반박을 찾는 것이지, 이를 뒷받침하기 위해 제시된 '근거'에 대한 반박을 찾는 것이 아니라는 것이다.

01   다음 글이 비판의 대상으로 삼는 주장으로 가장 적절한 것은?

> 경제 문제는 대개 해결이 가능하다. 대부분의 경제 문제에는 몇 개의 해결책이 있다. 그러나 모든 해결책은 누군가가 상당한 손실을 반드시 감수해야 한다는 특징을 갖고 있다. 하지만 누구도 이 손실을 자발적으로 감수하고자 하지 않으며, 우리의 정치제도는 누구에게도 이 짐을 짊어지라고 강요할 수 없다. 우리의 정치적·경제적 구조로는 실질적으로 제로섬(Zero-sum)적인 요소를 지니는 경제 문제에 전혀 대처할 수 없기 때문이다.
>
> 대개의 경제적 해결책은 대규모의 제로섬적인 요소를 갖기 때문에 큰 손실을 수반한다. 모든 제로섬 게임에는 승자가 있다면 반드시 패자가 있으며, 패자가 존재해야만 승자가 존재할 수 있다. 경제적 이득이 경제적 손실을 초과할 수도 있지만, 손실의 주체에게 손실의 의미란 상당한 크기의 경제적 이득을 부정할 수 있을 만큼 매우 중요하다. 어떤 해결책으로 인해 평균적으로 사회는 더 잘살게 될 수도 있지만, 이 평균이 훨씬 더 잘살게 된 수많은 사람과 훨씬 더 못살게 된 수많은 사람을 감춘다. 만약 당신이 더 못살게 된 사람 중 하나라면 내 수입이 줄어든 것보다 다른 누군가의 수입이 더 많이 늘었다고 해서 위안을 얻지는 않을 것이다. 결국 우리는 우리 자신의 수입을 보호하기 위해 경제적 변화가 일어나는 것을 막거나 혹은 사회가 우리에게 손해를 입히는 공공정책이 강제로 시행되는 것을 막기 위해 싸울 것이다.

① 빈부격차를 해소하는 것만큼 중요한 정책은 없다.
② 사회의 총생산량이 많아지게 하는 정책이 좋은 정책이다.
③ 경제문제에서 모두가 만족하는 해결책은 존재하지 않는다.
④ 경제적 변화에 대응하는 정치제도의 기능에는 한계가 존재한다.

다음 글의 주장에 대한 비판으로 가장 적절한 것은?

사회 현상을 볼 때는 돋보기로 세밀하게, 그리고 때로는 멀리 떨어져서 전체 속에 어떻게 위치하고 있는가를 동시에 봐야 한다. 숲과 나무는 서로 다르지만 따로 떼어 생각할 수 없기 때문이다. 현대 사회 현상의 최대 쟁점인 과학 기술에 대해 평가할 때도 마찬가지이다. 로봇 탄생의 숲을 보면, 그 로봇 개발에 투자한 사람과 로봇을 개발한 사람들의 의도가 드러난다. 그리고 나무인 로봇을 세밀히 보면, 그 로봇이 생산에 이용되는지 아니면 감옥의 죄수들을 감시하기 위한 것인지 그 용도를 알 수가 있다. 이 광범한 기술의 성격을 객관적이고 물질적이어서 가치관이 없다고 쉽게 생각하면 로봇에 당하기 십상이다.

자동화는 자본주의의 실업을 늘려 실업자에 대해 생계의 위협을 가하는 측면뿐 아니라, 기존 근로자에 대한 감시를 더욱 효율적으로 해내는 역할도 수행한다. 자동화를 적용하는 기업 측에서는 자동화가 인간의 삶을 증대시키는 이미지로 일반 사람들에게 인식되기를 바란다. 그래야 자동화 도입에 대한 노동자의 반발을 무마하고 기업가의 구상을 관철시킬 수 있기 때문이다. 그러나 자동화나 기계화 도입으로 인해 실업을 두려워하고, 업무 내용이 바뀌는 것을 탐탁해 하지 않았던 유럽의 노동자들은 자동화 도입에 대해 극렬히 반대했던 경험들을 갖고 있다.

지금도 자동화 · 기계화는 좋은 것이라는 고정관념을 가진 사람들이 많고, 현실에서 이러한 고정관념이 가져오는 파급 효과는 의외로 크다. 예를 들어 은행에 현금을 자동으로 세는 기계가 등장하면 은행원들이 현금을 세는 작업량은 줄어든다. 손님들도 기계가 현금을 재빨리 세는 것을 보고 감탄해 하면서 행원이 세는 것보다 더 많은 신뢰를 보낸다. 그러나 현금 세는 기계의 도입에는 이익 추구라는 의도가 숨어 있다. 현금 세는 기계는 행원의 수고를 덜어 준다. 그러나 현금 세는 기계를 들여옴으로써 실업자가 생기고 만다. 사람이 잘만 이용하면 잘 써먹을 수 있을 것만 같은 기계가 엄청나게 혹독한 성품을 지닌 프랑켄슈타인으로 돌변하는 것이다.

자동화와 정보화를 추진하는 핵심 조직이 기업이란 것에서도 알 수 있듯이 기업은 이윤 추구에 도움이 되지 않는 행위는 무가치하다고 판단한다. 그러므로 자동화는 그 계획 단계에서부터 기업의 의도가 스며들어가 탄생된다. 또한 그 의도대로 자동화나 정보화가 진행되면, 다른 한편으로 의도하지 않은 결과를 초래한다. 자동화와 같은 과학 기술이 풍요를 생산하는 수단이라고 생각하는 것은 하나의 고정관념에 불과하다.

찰리 채플린이 제작한 영화 〈모던 타임즈〉에 나타난 것처럼 초기 산업화 시대에는 기계에 종속된 인간의 모습이 가시적으로 드러날 수밖에 없었다. 그래서 이러한 종속에 저항하고자 하는 인간의 노력도 적극적인 모습을 보였다. 그러나 현대의 자동화기기는 그 첨병이 정보 통신기기로 바뀌면서 문제는 질적으로 달라진다. 무인 생산까지 진전된 자동화나 정보 통신화는 인간에게 단순 노동을 반복시키는 그런 모습을 보이지 않는다. 그래서인지는 몰라도 정보 통신은 별 무리 없이 어느 나라에서나 급격하게 개발 · 보급되고 보편화되어 있다. 그런데 문제는 이 자동화기기가 생산에만 이용되는 것이 아니라, 노동자를 감시하거나 관리하는 데도 이용될 수 있다는 것이다. 오히려 정보 통신의 발달로 이전보다 사람들은 더 많은 감시와 통제를 받게 되었다.

① 기업의 이윤 추구가 사회 복지 증진과 직결될 수 있음을 간과하고 있다.

② 기계화 · 정보화가 인간의 삶의 질 개선에 기여하고 있음을 경시하고 있다.

③ 기계화를 비판하는 주장만 되풀이할 뿐, 구체적인 근거를 제시하지 않고 있다.

④ 화제의 부분적 측면에 관계된 이론을 소개하여 편향적 시각을 갖게 하고 있다.

03 다음 글의 주장에 대한 반박으로 적절하지 않은 것은?

> 문화재 관리에서 중요한 개념이 복원과 보존이다. 복원은 훼손된 문화재를 원래대로 다시 만드는 것을, 보존은 더 이상 훼손되지 않도록 잘 간수하는 것을 의미한다. 이와 관련하여 훼손된 탑의 관리에 대한 논의가 한창이다.
>
> 나는 복원보다는 보존이 다음과 같은 근거에서 더 적절하다고 생각한다. 우선, 탑을 보존하면 탑에 담긴 역사적 의미를 온전하게 전달할 수 있어 진정한 역사 교육이 가능하다. 탑은 백성들의 평화로운 삶을 기원하기 위해 만들어졌고, 이후 역사의 흐름 속에서 전란을 겪으며 훼손된 흔적들이 더해져 지금 모습으로 남아 있다. 그런데 탑을 복원하면 이런 역사적 의미들이 사라져 그 의미를 온전하게 전달할 수 없다.
>
> 다음으로, 정확한 자료가 없이 탑을 복원하면 이는 결국 탑을 훼손하는 것이 될 수밖에 없다. 따라서 원래의 재료를 활용하지 못하고 과거의 건축 과정에 충실하게 탑을 복원하지 못하면 탑의 옛 모습을 온전하게 되살리는 것은 불가능하므로 탑을 보존하는 것이 더 바람직하다.
>
> 마지막으로, 탑을 보존하면 탑과 주변 공간의 조화가 유지된다. 전문가에 따르면 탑은 주변 산수는 물론 절 내부 건축물들과의 조화를 고려하여 세워졌다고 한다. 이런 점을 무시하고 탑을 복원한다면 탑과 기존 공간의 조화가 사라지기 때문에 보존하는 것이 적절하다.
>
> 따라서 탑은 보존하는 것이 복원하는 것보다 더 적절하다고 생각한다. 건축 문화재의 경우 복원보다는 보존을 중시하는 국제적인 흐름을 고려했을 때도, 탑이 더 훼손되지 않도록 지금의 모습을 유지하고 관리하는 것이 문화재로서의 가치를 지키고 계승할 수 있는 바람직한 방법이라고 생각한다.

① 탑을 복원하는 비용보다 보존하는 비용이 더 많이 든다.
② 탑을 복원하더라도 탑에 담긴 역사적 의미는 사라지지 않는다.
③ 주변 공간과의 조화를 유지하는 방법으로 탑을 복원할 수 있다.
④ 탑 복원에 필요한 자료를 충분히 수집하여 탑을 복원하면 탑의 옛 모습을 되살릴 수 있다.

04 다음 〈보기〉에 나타난 '노자'의 입장에서 '자산'을 비판한 것으로 가장 적절한 것은?

거센 바람이 불고 화재가 잇따르자 정(鄭)나라의 재상 자산(子産)에게 측근 인사가 하늘에 제사를 지내라고 요청했지만, 자산은 "천도(天道)는 멀고, 인도(人道)는 가깝다."라며 거절했다. 그가 보기에 인간에게 일어나는 일은 더 이상 하늘의 뜻이 아니었고, 자연 변화 또한 인간의 화복(禍福)과는 거리가 멀었다. 인간이 자연 변화를 파악하면 얼마든지 재난을 대비할 수 있고, 인간사는 인간 스스로 해결할 문제라 생각한 것이다. 이러한 생각에 기초하여 그는 인간의 문제 해결 범위를 확대했고, 정나라의 현실 문제를 극복하고자 하였다.

그는 귀족이 독점하던 토지를 백성들도 소유할 수 있게 하였고, 이것을 문서화하여 세금을 부과하였다. 이에 따라 백성들은 개간(開墾)을 통해 경작지를 늘려 생산을 증대하였고, 국가가 경작지를 계량하고 등록함으로써 민부(民富)를 국부(國富)로 연결시켰다. 아울러 그는 중간 계급도 정치 득실을 논할 수 있도록 하여 귀족들의 정치 기반을 약화시키는 한편, 중국 역사상 처음으로 형법을 성문화하여 정(鼎, 발이 셋이고 귀가 둘 달린 솥)에 새김으로써 모든 백성이 법을 알고 법에 따라 처신하게 하는 법치의 체계를 세웠다. 성문법 도입은 귀족의 임의적인 법 제정과 집행을 막아 그들의 지배력을 약화시키는 조치였으므로 당시 귀족들은 이 개혁 조치에 반발하였다.

> **보기**
>
> 노자(老子)는 만물의 생성과 변화는 자연스럽고 무의지적이지만, 스스로의 작용에 의해 극대화된다고 보았다. 인간도 이러한 자연의 원리에 따라 삶을 영위해야 한다고 보아 통치자의 무위(無爲)를 강조했다. 또한 사회의 도덕, 법률, 제도 등은 모두 인간의 삶을 인위적으로 규정하는 허위라 파악하고, 그것의 해체를 주장했다.

① 사회 규범의 법제화는 자발적인 도덕의 실현으로 이어질 것이다.
② 사회 제도에 의거하는 정치 개혁은 사회 발전을 극대화할 것이다.
③ 현실주의적 개혁은 궁극적으로 백성들에게 안정과 혜택을 줄 것이다.
④ 인간의 문제를 스스로 해결하려는 시도는 결국 현실 사회를 허위로 가득 차게 할 것이다.

05 다음 글에서 밑줄 친 ㉠에 대한 반박으로 가장 적절한 것은?

인간은 사회 속에서만 자신을 더 나은 존재로 느낄 수 있기 때문에 자신을 사회화하고자 한다. 인간은 사회 속에서만 자신의 자연적 소질을 실현할 수 있는 것이다. 그러나 인간은 자신을 개별화하거나 고립시키려는 강한 성향도 있다. 이는 자신의 의도에 따라서만 행동하려는 반사회적인 특성을 의미한다. 그리고 저항하려는 성향이 자신뿐만 아니라 다른 사람에게도 있다는 사실을 알기 때문에, 그 자신도 곳곳에서 저항에 부딪히게 되리라 예상한다.

이러한 저항을 통하여 인간은 모든 능력을 일깨우고 나태해지려는 성향을 극복하며, 명예욕이나 지배욕·소유욕 등에 따라 행동하게 된다. 그리하여 동시대인들 가운데에서 자신의 위치를 확보하게 된다. 이렇게 하여 인간은 야만의 상태에서 벗어나 문화를 이룩하기 위한 진정한 진보의 첫걸음을 내딛게 된다. 이때부터 모든 능력이 점차 계발되고 아름다움을 판정하는 능력도 형성된다. 나아가 자연적 소질에 의해 도덕성을 어렴풋하게 느끼기만 하던 상태에서 벗어나, 지속적인 계몽을 통하여 구체적인 실천 원리를 명료하게 인식할 수 있는 성숙한 단계로 접어든다. 그 결과 자연적인 감정을 기반으로 결합된 사회를 도덕적인 전체로 바꿀 수 있는 사유 방식이 확립된다.

㉠ 인간에게 이러한 반사회성이 없다면, 인간의 모든 재능은 꽃피지 못하고 만족감과 사랑으로 가득 찬 목가적인 삶 속에서 영원히 묻혀 버리고 말 것이다. 그리고 양처럼 선량한 기질의 사람들은 가축 이상의 가치를 자신의 삶에 부여하기 힘들 것이다. 자연 상태에 머물지 않고 스스로의 목적을 성취하기 위해 자연적 소질을 계발하여 창조의 공백을 메울 때, 인간의 가치는 상승되기 때문이다.

불화와 시기와 경쟁을 일삼는 허영심, 막힐 줄 모르는 소유욕과 지배욕 있게 한 자연에 감사하라! 인간은 조화를 원한다. 그러나 자연은 불화를 원한다. 자연은 무엇이 인간을 위해 좋은 것인지를 더 잘 알고 있기 때문이다. 인간은 안락하고 만족스럽게 살고자 한다. 그러나 자연은 인간이 나태와 수동적인 만족감으로부터 벗어나 노동과 고난 속으로 돌진하기를 원한다. 그렇게 함으로써 자연은 인간이 노동과 고난으로부터 현명하게 벗어날 수 있는 방법을 발견하게 한다.

– 칸트, 『세계 시민의 관점에서 본 보편사의 이념』

---

① 인간의 본성은 변할 수 없다.
② 동물도 사회성을 키울 수 있다.
③ 사회성만으로도 재능이 계발될 수 있다.
④ 반사회성만으로도 재능이 계발될 수 있다.

07 추론하기

| 유형분석 |

- 문맥을 통해 글에 명시적으로 드러나 있지 않은 내용을 유추할 수 있는지 평가한다.
- 글 뒤에 이어질 내용 찾기, 글을 뒷받침할 수 있는 근거 찾기 등 다양한 유형으로 출제될 수 있다.

다음 글의 밑줄 친 ⊙의 사례로 적절하지 않은 것은?

> ⊙ 닻내림 효과란 닻을 내린 배가 크게 움직이지 않듯 처음 접한 정보가 기준점이 돼 판단에 영향을 미치는 일종의 편향(왜곡) 현상을 말한다. 즉, 사람들이 어떤 판단을 하게 될 때 초기에 접한 정보에 집착해, 합리적 판단을 내리지 못하는 현상을 일컫는 행동경제학 용어이다. 대부분의 사람은 제시된 기준을 그대로 받아들이지 않고, 기준점을 토대로 약간의 조정과정을 거치기는 하나, 그런 조정과정이 불완전하므로 최초 기준점에 영향을 받는 경우가 많다.

① 연봉 협상 시 본인의 적정 기준보다 더 높은 금액을 제시한다.
② 원래 1만 원이던 상품에 2만 원의 가격표를 붙이고 50% 할인한 가격에 판매한다.
③ 홈쇼핑에서 '이번 시즌 마지막 세일', '오늘 방송만을 위한 한정 구성', '매진 임박' 등의 표현을 사용하여 판매한다.
④ 명품 매장에서 최고가 상품들의 가격표를 보이게 진열하여 다른 상품들이 그다지 비싸지 않은 것처럼 느끼게 만든다.

정답 ③

③은 밴드왜건 효과(편승 효과)의 사례이다.
밴드왜건 효과란 유행에 따라 상품을 구입하는 소비현상을 뜻하는 경제용어이다. 기업은 이러한 현상을 충동구매 유도 마케팅 전략으로 활용하고, 정치계에서는 특정 유력 후보를 위한 선전용으로 활용한다.

유형풀이 Tip

글에 명시적으로 드러나 있지 않은 부분을 추론하여 답을 도출해야 하는 유형이기 때문에 자신의 주관적인 판단보다는 제시된 글에 대한 이해를 기반으로 문제를 풀어야 한다.
추론하기 문제는 다음 두 가지 유형으로 구분할 수 있다.

- 세부적인 내용을 추론하는 유형 : 주어진 선택지를 먼저 읽고 지문을 읽으면서 답이 아닌 선택지를 지워나가는 방법이 효율적이다.
- 글쓴이의 주장 / 의도를 추론하는 유형 : 글에 나타난 주장·근거·논증 방식을 파악하는 유형으로, 주장의 타당성을 평가하여 글쓴이의 관점을 이해하며 읽는다.

※ 다음 글을 읽고 추론한 내용으로 가장 적절한 것을 고르시오. **[1~2]**

01

모필은 붓을 말한다. 이 붓은 종이, 먹과 함께 문인들이 인격화해 불렀던 문방사우(文房四友)에 속하는데, 문인들은 이것을 품성과 진리를 탐구하는 데에 없어서는 안 되는 중요한 벗으로 여기고 이것들로 글씨를 쓰거나 그림을 그렸다. 이렇게 그려진 그림을 동양에서는 문인화(文人畫)라 불렀으며 이 방면에 뛰어난 면모를 보인 이들을 문인화가라고 지칭했다. 그리고 문인들은 화공(畫工)과는 달리 그림을, 심성을 기르고 심의(心意)와 감흥을 표현하는 교양적 매체로 보고, 전문적이고 정교한 기법이나 기교에 바탕을 둔 장식적인 채색풍을 의식적으로 멀리했다. 또한 시나 서예와의 관계를 중시하여 시서화일치(詩書畫一致)의 경지를 지향하고, 대상물의 정신, 그리고 고매한 인품을 지닌 작가의 내면을 구현하는 것이 그림이라고 보았다. 이런 의미에서 모필로 대표되는 지·필·묵(紙·筆·墨, 종이·붓·먹)은 문인들이 자신의 세계를 표현하는 데 알맞은 매체가 되면서 동양의 문화 현상으로 자리 잡게 되었던 것이다.

중국 명나라 말기의 대표적 문인인 동기창(董其昌)은 정통적인 화공들의 그림보다 문인사대부들이 그린 그림을 더 높이 평가했다. 동양에서 전문적인 화공의 그림과 문인사대부들의 그림이 대립되는 양상을 형성한 것은 이에서 비롯되는데, 이처럼 두 개의 회화적 전통이 성립된 곳은 오로지 극동 문화권뿐이다. 전문 화가들의 그림보다 아마추어격인 문인사대부들의 그림을 더 높이 사는 이러한 풍조야말로 동양 특유의 문화 현상에서만 나타나는 것이다.

동양에서 지·필·묵은 단순한 그림의 매체라는 좁은 영역에 머무는 것이 아니라 동양의 문화를 대표한다는 보다 포괄적인 의미를 지닌다. 지·필·묵이 단순한 도구나 재료의 의미를 벗어나 그것을 통해 파생되는 모든 문화적 현상 자체를 대표하는 것이다. 나아가 수학(修學)의 도구로 사용되었던 지·필·묵이 점차 자신의 생각과 예술을 담아내는 매체로 발전하면서 이미 그것은 단순한 도구가 아니라 하나의 사유 매체로서 기능을 하게 되었다. 말하자면 종이와 붓과 먹을 통해 사유하게 되었다는 것이다.

① 동기창(董其昌)은 정교한 기법이나 기교에 바탕을 둔 그림을 높이 평가했을 것이다.
② 동양 문화와 같이 서양 문화에도 두 개의 회화적 전통이 성립되어 있었을 것이다.
③ 정통적인 화공(畫工)들은 주로 문인화(文人畫)를 그렸을 것이다.
④ 서양 문화에서는 문인사대부들보다 전문 화가들의 그림을 더 높게 평가할 것이다.

지식의 본성을 다루는 학문인 인식론은 흔히 지식의 유형을 나누는 데에서 이야기를 시작한다. 지식의 유형은 '안다'는 말의 다양한 용례들이 보여주는 의미 차이를 통해서 드러나기도 한다. 예컨대 '그는 자전거를 탈 줄 안다.'와 '그는 이 사과가 둥글다는 것을 안다.'에서 '안다'가 바로 그런 경우이다. 전자의 '안다'는 능력의 소유를 의미하는 것으로 '절차적 지식'이라 부르고, 후자의 '안다'는 정보의 소유를 의미하는 것으로 '표상적 지식'이라고 부른다.

어떤 사람이 자전거에 대해서 많은 정보를 갖고 있다고 해서 자전거를 탈 수 있게 되는 것은 아니며, 자전거를 탈 줄 알기 위해서 반드시 자전거에 대해서 많은 정보를 갖고 있어야 하는 것도 아니다. 아무 정보 없이 그저 넘어지거나 다치거나 하는 과정을 거쳐 자전거를 탈 줄 알게 될 수도 있다. 자전거 타기와 같은 절차적 지식을 갖기 위해서는 훈련을 통하여 몸과 마음을 특정한 방식으로 조직화해야 한다. 그러나 정보를 마음에 떠올릴 필요는 없다.

반면, '이 사과는 둥글다.'는 것을 알기 위해서는 둥근 사과의 이미지가 되었건 '이 사과는 둥글다.'는 명제가 되었건 어떤 정보를 마음속에 떠올려야 한다. '마음속에 떠올린 정보'를 표상이라고 할 수 있으므로, 이러한 지식을 표상적 지식이라고 부른다. 그런데 어떤 표상적 지식을 새로 얻게 됨으로써 이전에 할 수 없었던 어떤 것을 하게 될지는 분명하지 않다. 이런 점에서 표상적 지식은 절차적 지식과 달리 특정한 일을 수행하는 능력과 직접 연결되어 있지 않다.

① 절차적 지식은 정보가 없음에도 습득할 수 있다.
② '이 사과는 둥글다.'라는 지식은 이미지 정보에만 해당한다.
③ 표상적 지식은 특정 능력의 습득에 전혀 도움을 주지 못한다.
④ 인식론은 머릿속에서 처리되는 정보의 유형만을 다루는 학문이다.

※ 다음 글을 읽고 추론한 내용으로 적절하지 않은 것을 고르시오. [3~4]

03

태양 빛은 흰색으로 보이지만 실제로는 다양한 파장의 가시광선이 혼합되어 나타난 것이다. 프리즘을 통과시키면 흰색 가시광선은 파장에 따라 붉은빛부터 보랏빛까지의 무지갯빛으로 분해된다. 가시광선의 파장 범위는 390 ~ 780nm* 정도인데 보랏빛이 가장 짧고 붉은빛이 가장 길다. 빛의 진동수는 파장과 반비례하므로 진동수는 보랏빛이 가장 크고 붉은빛이 가장 작다. 태양 빛이 대기층에 입사하여 산소나 질소 분자와 같은 공기 입자(직경 0.1 ~ 1nm 정도), 먼지 미립자, 에어로졸**(직경 1 ~ 100,000nm 정도) 등과 부딪치면 여러 방향으로 흩어지는데 이러한 현상을 산란이라 한다. 산란은 입자의 직경과 빛의 파장에 따라 '레일리(Rayleigh) 산란'과 '미(Mie) 산란'으로 구분된다.

레일리 산란은 입자의 직경이 파장의 1/10보다 작은 경우에 일어나는 산란을 말하는데 그 세기는 파장의 네제곱에 반비례한다. 대기의 공기 입자는 직경이 매우 작아 가시광선 중 파장이 짧은 빛을 주로 산란시키며, 파장이 짧을수록 산란의 세기가 강하다. 따라서 맑은 날에는 주로 공기 입자에 의한 레일리 산란이 일어나서 보랏빛이나 파란빛이 강하게 산란되는 반면 붉은빛이나 노란빛은 약하게 산란된다. 산란되는 세기로는 보랏빛이 가장 강하겠지만, 우리 눈은 보랏빛보다 파란빛을 더 잘 감지하기 때문에 하늘은 파랗게 보이는 것이다. 만약 태양 빛이 공기 입자보다 큰 입자에 의해 레일리 산란이 일어나면 공기 입자만으로는 산란이 잘되지 않던 긴 파장의 빛까지 산란되어 하늘의 파란빛은 상대적으로 옅어진다.

미 산란은 입자의 직경이 파장의 1/10보다 큰 경우에 일어나는 산란을 말하는데 주로 에어로졸이나 구름 입자 등에 의해 일어난다. 이때 산란의 세기는 파장이나 입자 크기에 따른 차이가 거의 없다. 구름이 흰색으로 보이는 것은 미 산란으로 설명된다. 구름 입자(직경 20,000nm 정도)처럼 입자의 직경이 가시광선의 파장보다 매우 큰 경우에는 모든 파장의 빛이 고루 산란된다. 이 산란된 빛이 동시에 우리 눈에 들어오면 모든 무지갯빛이 혼합되어 구름이 하얗게 보인다. 이처럼 대기가 없는 달과 달리 지구는 산란 효과에 의해 파란 하늘과 흰 구름을 볼 수 있다.

*나노미터(nm) : 물리학적 계량 단위(1nm＝10^{-9}m)
**에어로졸 : 대기에 분산된 고체 또는 액체 입자

① 가시광선의 파란빛은 보랏빛보다 진동수가 작다.
② 프리즘으로 분해한 태양 빛을 다시 모으면 흰색이 된다.
③ 파란빛은 가시광선 중에서 레일리 산란의 세기가 가장 강하다.
④ 빛의 진동수가 2배가 되면 레일리 산란의 세기는 16배가 된다.

헤로도토스의 앤드로파기(＝식인종)나 신화나 전설적 존재들인 반인반양, 켄타우루스, 미노타우로스 등은 아무래도 역사적인 구체성이 크게 결여된 편이다. 반면에 르네상스의 야만인 담론에 등장하는 야만인들은 서구의 전통 야만인관에 의해 각색되는 것은 여전하지만 이전과는 달리 현실적 구체성을 띤다. 하지만 이때도 문명의 시각이 작동하기는 마찬가지며 야만인이 저질 인간으로 인식되는 것도 마찬가지다. 다만, 이제 이런 인식은 서구 중심의 세계체제 형성과 관련을 맺는다. 르네상스 야만인상은 서구인의 문명건설 과업과 관련하여 만들어진 것이다. '신대륙 발견'과 더불어 '문명'과 '야만'의 접촉이 빈번해지자 야만인은 더는 신화적·상징적·문화적 이해 대상이 아니게 되었다. 이제 그는 실제 경험의 대상으로서 서구인의 일상생활에까지 모습을 드러내는 존재이다.

특히 주목해야 할 점은 콜럼버스의 '신대륙 발견' 이후로 야만인 담론은 유럽인이 '발견'한 지역의 원주민들과 직접 그리고 집단으로 만나는 실제 체험과 관련되어 있다는 사실이다. 르네상스 이전이라고 해서 이방의 원주민들을 만나지 않았을 리 없겠지만, 그때에는 원주민에 관한 정보가 직접 경험에 의한 것이라기보다는 뜬소문에 근거하거나 아니면 순전히 상상의 산물인 경우가 많았다. 반면에 르네상스 시대 야만인은 그냥 원주민이 아니다. 이때 원주민은 식인종이며 바로 이 점 때문에 문명인의 교화를 받거나 정복과 절멸의 대상이 된다. 이 점은 코르테스가 정복한 아즈테카 제국인 멕시코를 생각하면 쉽게 이해할 수 있다. 멕시코는 당시 거대한 제국으로서 유럽에서도 유례를 찾아보기 힘들 정도로 거대한 인구 25만의 도시를 건설한 '문명국'이었지만, 코르테스를 수행하여 멕시코 정벌에 참여하고 나중에 이 경험에 관한 회고록으로 『뉴스페인 정복사』를 쓴 베르날 디아즈에 따르면 멕시코 원주민들은 지독한 식인습관을 가진 것으로 매도된다. 멕시코 원주민들이 식인종으로 규정되고 나면 그들이 아무리 스페인 정복군이 눈이 휘둥그레질 정도로 발달된 문화를 가지고 있어도 소용이 없다. 집단으로 '식인' 야만인으로 규정됨으로써 정복의 대상이 되고, 또 이로 말미암아 세계사의 흐름에 큰 변화가 오게 된다. 거대한 대륙의 주인이 바뀌는 것이다.

① 고대에 형성된 야만인 이미지들은 경험에 의한 것이기보다 허구의 산물이었다.
② 르네상스 이후 서구인의 야만인 담론은 전통적인 야만인관과 단절을 이루었다.
③ 르네상스 이후 야만인은 서구의 세계 제패 전략의 관점에서 인식되고 평가되었다.
④ 스페인 정복군에 의한 아즈테카 문명의 정복은 서구 야만인 담론을 통해 합리화되었다.

Easy

05 다음 글을 읽고 비효율적인 일중독자의 사례로 적절하지 않은 것을 고르면?

일중독자란 일을 하지 않으면 초조해하거나 불안해하는 증상이 있는 사람을 지칭한다. 이는 1980년 대 초부터 사용하기 시작한 용어로, 미국의 경제학자 W. 오츠의 저서 『워커홀릭』에서도 확인할 수 있다. 일중독에는 여러 원인이 있지만 보통 경제력에 대해 강박관념을 가지고 있는 사람, 완벽을 추구하거나 성취지향적인 사람, 자신의 능력을 과장되게 생각하는 사람, 배우자와 가정으로부터 도 피하려는 성향이 강한 사람, 외적인 억압으로 인하여 일을 해야만 한다고 정신이 변한 사람 등에게 나타나는 경향이 있다.

일중독 증상을 가진 사람들의 특징은 일을 하지 않으면 불안하고 외로움을 느끼며, 자신의 가치가 떨어진다고 생각한다는 것이다. 따라서 일에 지나치게 집착하는 모습을 보이며, 이로 인해 사랑하는 연인 또는 가족과 소원해지며 인간관계에 문제를 겪는 모습을 볼 수 있다. 하지만 모든 일중독이 이렇듯 부정적인 측면만 있는 것은 아니다. 노는 것보다 일하는 것이 더욱 즐겁다고 여기는 경우도 있다. 예를 들어, 자신의 관심사를 직업으로 삼은 사람들이 이에 해당한다. 이 경우 일 자체에 흥미를 느끼게 된다.

일중독에도 유형이 다양하다. 그중 계획적이고 합리적인 관점에서 업무를 수행하는 일중독자가 있는 반면 일명 '비효율적인 일중독자'라 일컬어지는 일중독자도 있다. 비효율적인 일중독자는 크게 '지속적인 일중독자', '주의결핍형 일중독자', '폭식적 일중독자', '배려적 일중독자' 네 가지로 나누어 설명할 수 있다. 첫 번째로 '지속적인 일중독자'는 매일 야근도 불사하고, 휴일이나 주말에도 일을 놓지 못하는 유형이다. 이러한 유형의 일중독자는 완벽에 대해 기준을 높게 잡고 있기 때문에 본인은 물론이고 주변 동료에게도 완벽을 강요한다. 두 번째로 '주의결핍형 일중독자'는 모두가 안 될 것 같다고 만류하는 일이나, 한 번에 소화할 수 없을 만큼 많은 업무를 담당하는 유형이다. 이러한 유형의 일중독자는 완벽하게 일을 해내고 싶다는 부담감 등으로 인해 결국 업무를 제대로 마무리하지 못하는 경우가 대부분이다. 세 번째로 '폭식적 일중독자'는 음식을 과다 섭취하는 폭식처럼 일을 한 번에 몰아서 하는 유형이다. 간단히 보면 이러한 유형은 일중독과는 거리가 멀다고 생각할 수 있지만, 일을 완벽하게 해내고 싶다는 사고에 사로잡혀 있으나 두려움에 선뜻 일을 시작하지 못한다는 점에서 일중독 중 하나로 간주한다. 마지막으로 '배려적 일중독자'는 다른 사람의 업무 등에 지나칠 정도로 책임감을 느끼는 유형이나.

이렇듯 일중독자란 일에 지나치게 집착하는 사람으로 생각할 수도 있지만 일중독인 사람들은 일로 인해 자신의 자존감이 올라가고, 가치가 매겨진다 생각하기도 한다. 그러나 이러한 일중독자가 다수히 업무에 많은 시간을 소요하는 사람이라는 인식은 재고할 필요가 있다.

① 장기적인 계획을 세워 업무를 수행하는 A사원
② 동료사원의 업무에 책임감을 느끼며 괴로워하는 B대리
③ 마감 3일 전에 한꺼번에 일을 몰아서 하는 C주임
④ 휴일이나 주말에도 집에서 업무를 수행하는 D사원

수리능력은 사칙연산·통계·확률의 의미를 정확하게 이해하고 이를 업무에 적용하는 능력으로, 기초연산과 기초통계, 도표분석 및 작성의 문제 유형으로 출제된다. 수리능력 역시 채택하지 않는 금융권이 거의 없을 만큼 필기시험에서 중요도가 높은 영역이다.

수리능력은 NCS 기반 채용을 진행한 거의 모든 기업에서 다루었다. 난이도가 높은 금융권의 시험에서는 자료해석 유형의 문제가 많이 출제되고 있고, 응용수리 역시 꾸준히 출제하는 기업이 많기 때문에 기초연산과 기초통계에 대한 공식의 암기와 자료해석능력을 기를 수 있는 꾸준한 연습이 필요하다.

01 응용수리능력의 공식은 반드시 암기하라!

응용수리능력은 지문이 짧지만, 풀이 과정은 긴 문제도 자주 볼 수 있다. 그렇기 때문에 응용수리능력의 공식을 반드시 암기하여 문제의 상황에 맞는 공식을 적절하게 적용하여 답을 도출해야 한다. 따라서 문제에서 묻는 것을 정확하게 파악하여 그에 맞는 공식을 적절하게 적용하는 꾸준한 노력과 공식을 암기하는 연습이 필요하다.

02 통계에서의 사건이 동시에 발생하는지 개별적으로 발생하는지 구분하라!

통계에서는 사건이 개별적으로 발생했을 때 경우의 수는 합의 법칙, 확률은 덧셈정리를 활용하여 계산하며, 사건이 동시에 발생했을 때 경우의 수는 곱의 법칙, 확률은 곱셈정리를 활용하여 계산한다. 특히 기초통계능력에서 출제되는 문제 중 순열과 조합의 계산 방법이 필요한 문제도 다수이므로, 순열(순서대로 나열)과 조합(순서에 상관없이 나열)의 차이점을 숙지하는 것 또한 중요하다. 통계 문제에서의 사건 발생 여부만 잘 판단하여도 계산과 공식을 적용하기가 수월하므로 문제의 의도를 잘 파악하는 것이 중요하다.

03 **자료해석은 자료에서 즉시 확인할 수 있는 지문부터 확인하라!**

대부분의 수험생들이 어려워하는 영역이 수리영역 중 자료해석능력이다. 자료는 표 또는 그래프로 제시된다. 증가 혹은 감소 추이, 간단한 사칙연산으로 풀이가 가능한 쉬운 문제들이 있고, 자료의 조사기간 동안 전년 대비 증가율 혹은 감소율이 가장 높은 기간을 찾는 문제들도 있다. 따라서 일단 증가·감소 추이와 같이 눈으로 확인이 가능한 지문을 먼저 확인한 후, 복잡한 계산이 필요한 지문을 확인하는 방법으로 문제를 풀이한다면 시간을 조금이라도 아낄 수 있다. 특히 그래프와 같은 경우에는 그래프에 대한 특징을 알고 있다면, 그래프의 길이 혹은 높낮이 등으로 대강의 수치를 빠르게 확인이 가능하므로 이에 대한 숙지도 필요하다. 또한, 여러 가지 보기가 주어진 문제 역시 지문을 잘 확인하고 문제를 풀이한다면 불필요한 계산을 생략할 수 있으므로 항상 지문부터 확인하는 습관을 들이기를 바란다.

04 **도표작성능력에서 지문에 작성된 도표의 제목을 반드시 확인하라!**

도표작성은 하나의 자료 혹은 보고서와 같은 수치가 표현된 자료를 도표로 작성하는 형식으로 출제되는데, 대체로 표보다는 그래프를 작성하는 형태로 많이 출제된다. 지문을 살펴보면 각 지문에서 주어진 도표에도 소제목이 있는 경우가 대부분이다. 이때, 자료의 수치와 도표의 제목이 일치하지 않는 경우 함정이 존재하는 문제일 가능성이 높으므로 도표의 제목을 반드시 확인하는 것이 중요하다. 도표작성의 경우 대부분 비율 계산이 많이 출제되는데, 도표의 제목과는 다른 수치로 작성된 도표가 존재하는 경우가 있다. 그렇기 때문에 지문에서 작성된 도표의 소제목을 먼저 확인하는 연습을 하여 간단하지 않은 비율 계산을 두 번 하는 일이 없도록 해야 한다.

01 거리 · 속력 · 시간

| 유형분석 |

- (거리)=(속력)×(시간), (속력)=$\dfrac{(거리)}{(시간)}$, (시간)=$\dfrac{(거리)}{(속력)}$
- 시간차를 두고 출발하는 경우, 마주 보고 걷거나 둘레를 도는 경우, 기차가 터널을 지나는 경우 등 추가적인 조건과 결합하여 문제가 출제될 수 있다.

A사원은 회사 근처 카페에서 거래처와 미팅을 갖기로 했다. 처음에는 6km/h로 걸어가다가, 약속 시간에 늦을 것 같아서 12km/h로 뛰어서 30분 만에 미팅 장소에 도착했다. 회사에서 카페까지의 거리가 5km일 때, A사원이 뛴 거리는?

① 1km

② 2km

③ 3km

④ 4km

정답 ④

A사원이 회사에서 카페까지 걸어간 거리를 $x$km, 뛴 거리를 $y$km라고 하자.

회사에서 카페까지의 거리는 5km이므로 걸어간 거리 $x$km와 뛴 거리 $y$km를 합하면 5km이다.

$x+y=5 \cdots$ ㉠

A사원이 회사에서 카페까지 30분이 걸렸으므로 걸어간 시간$\left(\dfrac{x}{6} \text{ 시간} \right)$과 뛰어간 시간$\left(\dfrac{y}{12} \text{ 시간} \right)$을 합치면 30분이다. 이때 속력은 시간 단위이므로 분으로 바꾸어 계산한다.

$\dfrac{x}{6} \times 60 + \dfrac{y}{12} \times 60 = 30 \rightarrow 2x+y=6 \cdots$ ㉡

㉡-㉠을 하면 $x=1$이고, 구한 x의 값을 ㉠에 대입하면 $y=4$이다.

따라서 A사원이 뛴 거리는 4km이다.

유형풀이 Tip

- 미지수를 정할 때에는 문제에서 묻는 것을 정확하게 파악해야 한다.
- 속력과 시간의 단위를 처음부터 정리하여 계산하면 실수 없이 풀이할 수 있다.
  - 예 1시간=60분=3,600초
  - 예 1km=1,000m=100,000cm

01 지원이는 집에서 4km 떨어진 학원까지 50m/min의 속력으로 걸어가다가 학교에 숙제한 것을 두고 온 것이 생각나서 학교에 잠시 들렀다. 그랬더니 수업에 늦을 것 같아서 학교 자전거를 빌려 타고 150m/min의 속력으로 학원에 갔다. 집에서 학원까지 도착하는 데 총 30분이 걸렸을 때, 지원이가 자전거를 탄 시간은 몇 분인가?(단, 학교에서 지체한 시간은 고려하지 않으며, 집, 학교, 학원 순서로 일직선 위에 위치한다)

① 10분 ② 15분
③ 20분 ④ 25분

02 비행기가 순항 중일 때에는 860km/h의 속력으로 날아가고, 기상이 악화되면 40km/h의 속력이 줄어든다. 비행기가 3시간 30분 동안 비행하는 데 15분 동안 기상이 악화되었다면 날아간 거리는 총 몇 km인가?

① 2,850km ② 2,900km
③ 2,950km ④ 3,000km

Hard

03 강변의 두 지점 A, B 사이는 10km 떨어져 있고, 두 지점을 왕복하는 배가 있다. 강을 거슬러 올라가는 데 걸리는 시간은 내려오는 데 걸리는 시간의 $\dfrac{5}{2}$ 배이고, 두 지점을 왕복하는 데 모두 1시간 45분이 걸렸다. 이때 정지한 물에서의 배의 속력은?(단, 배와 강물의 속력은 일정하다)

① 4km/h ② 7km/h
③ 11km/h ④ 14km/h

02 농도

| 유형분석 |

- (농도)$=\dfrac{(용질의\ 양)}{(용액의\ 양)}\times100$ 공식을 활용한 문제이다.
- (소금물의 양)=(물의 양)+(소금의 양)이라는 것에 유의하고, 더해지거나 없어진 것을 미지수로 두고 풀이한다.

소금물 500g이 있다. 이 소금물에 농도가 3%인 소금물 200g을 온전히 섞었더니 소금물의 농도는 7%가 되었다. 이때 500g의 소금물에 녹아 있던 소금의 양은?

① 31g
③ 43g

② 37g
④ 49g

정답 ③

500g의 소금물에 녹아 있던 소금의 양을 xg이라고 하자.

소금물 500g에 농도 3%인 소금물 200g을 섞었을 때 소금물의 농도가 주어졌으므로 농도를 기준으로 식을 세우면 다음과 같다.

$\dfrac{x+6}{500+200}\times100=7$

→ $(x+6)\times100=7\times(500+200)$

→ $(x+6)\times100=4,900$

→ $100x+600=4,900$

→ $100x=4,300$

∴ $x=43$

따라서 500g의 소금물에 녹아 있던 소금의 양은 43g이다.

유형풀이 Tip

- 숫자의 크기를 최대한 간소화해야 한다. 특히, 농도의 경우 분수와 정수가 같이 제시되고, 최근에는 비율을 활용한 문제가 많이 출제되고 있으므로 통분이나 약분을 통해 수를 간소화시켜 계산 실수를 줄일 수 있도록 한다.
- 항상 미지수를 구해서 그 값을 계산하여 풀이해야 하는 것은 아니다. 문제에서 원하는 값은 정확한 미지수를 구하지 않아도 풀이 과정에서 답이 제시되는 경우가 있으므로 문제에서 묻는 것을 명확히 해야 한다.

Easy

01 농도가 4%인 소금물 300g에 소금 100g을 추가로 넣었을 때, 소금물의 농도는?

① 24%   ② 26%

③ 28%   ④ 30%

02 농도가 12%인 A설탕물 200g, 농도가 15%인 B설탕물 300g, 농도가 17%인 C설탕물 100g이 있다. A와 B설탕물을 합친 후 300g만 남기고 버린 다음, 여기에 C설탕물을 합친 후 다시 300g만 남기고 버렸다. 이때 마지막으로 남은 300g의 설탕물에 녹아있는 설탕의 질량은?

① 41.5g   ② 42.7g

③ 43.8g   ④ 44.6g

03 농도가 7%인 소금물 300g과 농도가 8%인 소금물 500g을 모두 섞었다. 섞은 소금물의 물을 증발시켜 농도가 10% 이상인 소금물을 만들려고 할 때, 증발시켜야 하는 물의 양은 최소 몇 g 이상인가?

① 200g   ② 190g

③ 185g   ④ 175g

| 유형분석 |

- (일률)$=\dfrac{(작업량)}{(작업기간)}$, (작업기간)$=\dfrac{(작업량)}{(일률)}$, (작업량)$=$(일률)$\times$(작업기간)
- 전체 일의 양을 1로 두고 풀이하는 유형이다.
- 분이나 초 단위 계산이 가장 어려운 유형으로 출제되고 있다.

프로젝트를 대리 혼자서 진행하면 8일이 걸리고 사원 혼자서 진행하면 24일이 걸릴 때, 두 사람이 함께 프로젝트를 진행하는 데 소요되는 기간은?

① 6일   ② 7일

③ 8일   ④ 9일

정답 ①

두 사람이 함께 프로젝트를 진행하는 데 걸리는 기간을 x일이라고 하고 전체 일의 양을 1이라고 하면,

대리가 하루에 진행하는 일의 양은 $\dfrac{1}{8}$, 사원이 하루에 진행하는 일의 양은 $\dfrac{1}{24}$이므로 $\left(\dfrac{1}{8}+\dfrac{1}{24}\right)x=1$이다.

$\therefore\ x=6$

따라서 두 사람이 함께 프로젝트를 진행하는 데 걸리는 기간은 6일이다.

유형풀이 Tip

전체의 값을 모르는 상태에서 비율을 묻는 문제의 경우 전체를 1이라고 하면 쉽게 풀이할 수 있다.

예) S가 1개의 빵을 만드는 데 3시간이 걸린다. 1개의 빵을 만드는 일의 양을 1이라고 하면 S는 한 시간에 $\dfrac{1}{3}$만큼의 빵을 만든다.

01 어느 볼펜 조립 작업장에서 근무하는 갑, 을, 병의 6시간 동안 총작업량은 435개였다. 을의 작업속도가 갑의 1.2배이고, 병의 작업속도가 갑의 0.7배라면, 갑이 한 시간 동안 조립하는 볼펜의 개수는?(단, 각 작업자의 작업속도는 동일하다)

① 23개   ② 24개

③ 25개   ④ 26개

Easy

02 갑은 곰인형 100개를 만드는 데 4시간, 을은 25개를 만드는 데 10시간이 걸린다. 이들이 함께 일을 하면 각각 원래 능력보다 20% 효율이 떨어진다. 이들이 함께 곰인형 132개를 만드는 데 걸리는 시간은?

① 5시간   ② 6시간

③ 7시간   ④ 8시간

03 M공장에서는 기계 2대를 운용하고 있다. 전체 작업을 수행할 때 A기계로는 12시간이 걸리며, B기계로는 18시간이 걸린다. 이미 절반의 작업이 수행된 상태에서 A기계로 4시간 동안 작업하다가 이후로는 A, B 두 기계를 모두 동원해 작업을 수행했다면, A, B 두 기계를 모두 동원해 작업하는 데 소요되는 총시간은?

① 1시간   ② 1시간 12분

③ 1시간 20분   ④ 1시간 30분

| 유형분석 |

- (정가)=(원가)+(이익), (이익)=(정가)-(원가)

  a원에서 $b\%$ 할인한 가격$=a\times\left(1-\dfrac{b}{100}\right)$원
- 원가, 정가, 할인가, 판매가 등의 개념을 명확히 한다.

종욱이는 25,000원짜리 피자 2판과 8,000원짜리 샐러드 3개를 주문했다. 통신사 멤버십 혜택으로 피자는 15%, 샐러드는 25%를 할인 받을 수 있고, 이벤트로 통신사 멤버십 혜택을 적용한 금액의 10%를 추가 할인받았다고 한다. 종욱이가 할인받은 금액은?

① 12,150원

② 13,500원

③ 18,600원

④ 19,550원

정답 ④

할인받기 전 종욱이가 지불할 금액은 25,000×2+8,000×3=74,000원이다.

통신사 할인과 이벤트 할인을 적용한 금액은 (25,000×2×0.85+8,000×3×0.75)×0.9=54,450원이다.

따라서 종욱이가 할인받은 금액은 74,000-54,450=19,550원이다.

유형풀이 Tip

- 전체 금액을 구하는 것이 아니라 할인된 금액을 구하면, 수의 크기도 작아지고 풀이 과정을 단축시킬 수 있다.
- 난도가 높은 편은 아니지만, 비율을 활용한 계산 문제이기 때문에 실수하지 않도록 유의한다.

Easy

01 철수는 2,000원, 영희는 2,400원을 가지고 있었다. 같은 가격의 공책을 1권씩 사고 나니 영희가 가진 돈이 철수의 2배가 되었다. 공책의 가격은?

① 1,000원   ② 1,200원

③ 1,400원   ④ 1,600원

02 세희네 가족의 올해 여름휴가 비용은 작년 대비 교통비는 15%, 숙박비는 24% 증가하여 전체 휴가 비용이 20% 증가하였다. 작년 전체 휴가비용이 36만 원일 때, 올해 숙박비는?(단, 전체 휴가비용은 교통비와 숙박비의 합이다)

① 160,000원   ② 184,000원

③ 200,000원   ④ 248,000원

03 X커피 300g은 A원두와 B원두의 양을 1 : 2 비율로 배합하여 만들고, Y커피 300g은 A원두와 B원두의 양을 2 : 1 비율로 배합하여 만든다. 두 커피 300g의 판매 가격이 각각 3,000원, 2,850원일 때, B원두의 100g당 원가는?(단, 판매가격은 원가의 합의 1.5배이다)

① 500원   ② 600원

③ 700원   ④ 800원

| 유형분석 |

- 순열(P)과 조합(C)을 활용한 문제이다.

$$_n\mathrm{P}_m = n \times (n-1) \times \cdots \times (n-m+1)$$

$$_n\mathrm{C}_m = \frac{_n\mathrm{P}_m}{m!} = \frac{n \times (n-1) \times \cdots \times (n-m+1)}{m!}$$

- 벤 다이어그램을 활용한 문제가 출제되기도 한다.

M은행은 토요일에는 2명의 사원이 당직 근무를 서도록 사칙으로 규정하고 있다. M은행의 B팀에는 8명의 사원이 있다. B팀이 앞으로 3주 동안 토요일 당직 근무를 선다고 했을 때, 가능한 모든 경우의 수는?(단, 모든 사원은 당직 근무를 2번 이상 서지 않는다)

① 1,520가지

② 2,520가지

③ 5,040가지

④ 10,080가지

정답 ②

8명을 2명씩 3그룹으로 나누는 경우의 수는 $_8\mathrm{C}_2 \times _6\mathrm{C}_2 \times _4\mathrm{C}_2 \times \frac{1}{3!} = 28 \times 15 \times 6 \times \frac{1}{6} = 420$가지이다.

3개의 그룹을 각각 A, B, C라 하면, 3주 동안 토요일에 근무자를 배치하는 경우의 수는 A, B, C를 일렬로 배열하는 방법의 수와 동일하므로 3그룹을 일렬로 나열하는 경우의 수는 $3! = 3 \times 2 \times 1 = 6$가지이다.

따라서 모든 경우의 수는 $420 \times 6 = 2,520$가지이다.

유형풀이 Tip

경우의 수의 합의 법칙과 곱의 법칙 등에 관해 명확히 한다.
1) 합의 법칙
   ① 두 사건 A, B가 동시에 일어나지 않을 때, A가 일어나는 경우의 수를 m, B가 일어나는 경우의 수를 n이라고 하면, 사건 A 또는 B가 일어나는 경우의 수는 $m+n$이다.
   ② '또는', '~이거나'라는 말이 나오면 합의 법칙을 사용한다.
2) 곱의 법칙
   ① A가 일어나는 경우의 수를 m, B가 일어나는 경우의 수를 n이라고 하면, 사건 A와 B가 동시에 일어나는 경우의 수는 $m \times n$이다.
   ② '그리고', '동시에'라는 말이 나오면 곱의 법칙을 사용한다.

01 A ~ E 5명은 여름휴가를 떠나기 전 원피스를 사러 백화점에 갔다. 모두 마음에 드는 원피스 하나를 발견해 각자 원하는 색깔의 원피스를 고르기로 하였다. 원피스가 노란색 2벌, 파란색 2벌, 초록색 1벌이 있을 때, 5명이 각자 한 벌씩 고를 수 있는 경우의 수는 얼마인가?

① 28가지   ② 30가지

③ 32가지   ④ 34가지

02 고등학생 8명이 래프팅을 하러 여행을 떠났다. 보트는 3명, 5명 두 팀으로 나눠 타기로 했다. 이때 8명 중 반장, 부반장은 서로 다른 팀이 된다고 할 때, 가능한 경우의 수는 몇 가지인가?(단, 반장과 부반장은 각각 1명이다)

① 15가지   ② 18가지

③ 30가지   ④ 32가지

Hard

03 0 ~ 9가 적힌 카드가 1장씩 있다. 두 자리 짝수와 세 자리 홀수를 만들기 위해 한 번에 5장의 카드를 뽑는다고 할 때, 숫자를 만들 수 있는 경우의 수는?

① 5,580가지   ② 5,660가지

③ 5,810가지   ④ 6,720가지

| 유형분석 |

- 줄 세우기, 대표 뽑기, 경기 수, 최단 경로 수 등의 유형으로 출제될 가능성이 있다.
- 확률의 덧셈 법칙을 활용해야 하는 문제인지 곱셈 법칙을 활용해야 하는 문제인지 정확히 구분한다.
- 여사건 또는 조건부 확률 문제가 출제되기도 한다.

주머니에 1부터 10까지의 숫자가 적힌 카드 10장이 들어있다. 주머니에서 카드를 세 번 뽑는다고 할 때,
1, 2, 3이 적힌 카드 중 하나 이상을 뽑을 확률은?(단, 꺼낸 카드는 다시 넣지 않는다)

① $\dfrac{5}{8}$

② $\dfrac{7}{24}$

③ $\dfrac{17}{24}$

④ $\dfrac{7}{8}$

정답 ③

(1, 2, 3이 적힌 카드 중 하나 이상을 뽑을 확률)=1−(세 번 모두 4 ~ 10이 적힌 카드를 뽑을 확률)

- 세 번 모두 4 ~ 10이 적힌 카드를 뽑을 확률 : $\dfrac{7}{10} \times \dfrac{6}{9} \times \dfrac{5}{8} = \dfrac{7}{24}$

따라서 1, 2, 3이 적힌 카드 중 하나 이상을 뽑을 확률은 $1 - \dfrac{7}{24} = \dfrac{17}{24}$ 이다.

유형풀이 Tip

1) 확률의 덧셈
   두 사건 A, B가 동시에 일어나지 않을 때, A가 일어날 확률을 p, B가 일어날 확률을 q라고 하면, 사건 A 또는 B가 일어날 확률은 $p+q$이다.

2) 확률의 곱셈
   A가 일어날 확률을 p, B가 일어날 확률을 q라고 하면, 사건 A와 B가 동시에 일어날 확률은 $p \times q$이다.

3) 여사건 확률
   ① 사건 A가 일어날 확률이 p일 때, 사건 A가 일어나지 않을 확률은 $(1-p)$이다.
   ② '적어도'라는 말이 나오면 주로 사용한다.

4) 조건부 확률
   ① 확률이 0이 아닌 두 사건 A, B에 대하여 사건 A가 일어났다는 조건하에 사건 B가 일어날 확률로, A 중에서 B인 확률을 의미한다.
   ② $P(B \mid A) = \dfrac{P(A \cap B)}{P(A)}$ 또는 $P_A(B)$로 나타낸다.

01 두 개의 주사위가 있다. 주사위를 굴려서 눈의 합이 2 이하가 나올 확률은?

① $\dfrac{1}{36}$ ② $\dfrac{2}{36}$

③ $\dfrac{3}{36}$ ④ $\dfrac{4}{36}$

Easy
02 내일은 축구경기가 있는 날인데 비가 올 확률은 $\dfrac{2}{5}$ 이다. 비가 온다면 이길 확률이 $\dfrac{1}{3}$, 비가 오지

않는다면 이길 확률이 $\dfrac{1}{4}$ 일 때, 내일 이길 확률은?

① $\dfrac{4}{15}$ ② $\dfrac{17}{60}$

③ $\dfrac{3}{10}$ ④ $\dfrac{19}{60}$

03 같은 은행에 근무하는 A사원과 B사원이 건물 맨 꼭대기 층인 10층에서 엘리베이터를 함께 타고
내려갔다. 두 사원이 서로 다른 층에 내릴 확률은?(단, 두 사원 모두 지하에서는 내리지 않는다)

① $\dfrac{5}{27}$ ② $\dfrac{8}{27}$

③ $\dfrac{2}{3}$ ④ $\dfrac{8}{9}$

07 금융상품 활용

| 유형분석 |

- 금융상품을 정확하게 이해하고 문제에서 요구하는 답을 도출해낼 수 있는지 평가한다.
- 단리식, 복리식, 이율, 우대금리, 중도해지, 만기해지 등 조건에 유의해야 한다.

M은행은 '더 커지는 적금'을 새롭게 출시하였다. A씨는 이 적금의 모든 우대금리조건을 만족하여 이번 달부터 이 상품에 가입하려고 한다. 만기 시 A씨가 얻을 수 있는 이자는?(단, $1.024^{\frac{1}{12}}=1.0019$로 계산하고, 금액은 백의 자리에서 반올림한다)

〈더 커지는 적금〉

- 가입기간 : 12개월
- 가입금액 : 매월 초 200,000원 납입
- 적용금리 : 기본금리(연 2.1%)+우대금리(최대 연 0.4%p)
- 저축방법 : 정기적립식, 비과세
- 이자지급방식 : 만기일시지급식, 연복리식
- 우대금리조건
  - M은행 입출금통장 보유 : +0.1%p
  - 연 500만 원 이상의 M은행 예금상품 보유 : +0.1%p
  - 급여통장 지정 : +0.1%p
  - 이체실적 20만 원 이상 : +0.1%p

① 105,000원   ② 107,000원

③ 108,000원   ④ 111,000원

정답 ①

모든 우대금리조건을 만족하므로 최대 연 0.4%p가 기본금리에 적용되어 2.1+0.4=2.5%가 된다.

n개월 후 연복리 이자는 (월납입금)$\times\dfrac{(1+r)^{\frac{1}{12}}\left\{(1+r)^{\frac{n}{12}}-1\right\}}{(1+r)^{\frac{1}{12}}-1}$ $-$(적립원금)이므로, 이에 따른 식은 다음과 같다.

$200,000\times\dfrac{1.025^{\frac{1}{12}}(1.025-1)}{\left(1.025^{\frac{1}{12}}-1\right)}-200,000\times12=200,000\times1.002\times\dfrac{(1.025-1)}{0.002}-2,400,000$

$=2,505,000-2,400,000$

$=105,000$원

1) 단리
    ① 개념 : 원금에만 이자가 발생
    ② 계산 : 이율이 $r\%$인 상품에 원금 a를 총 n번 이자가 붙는 동안 예치한 경우 $a(1+nr)$
2) 복리
    ① 개념 : 원금과 이자에 모두 이자가 발생
    ② 계산 : 이율이 $r\%$인 상품에 원금 a를 총 n번 이자가 붙는 동안 예치한 경우 $a(1+r)^n$
3) 이율과 기간
    ① $(\text{월이율}) = \dfrac{(\text{연이율})}{12}$

    ② $n\text{개월} = \dfrac{n}{12}\text{년}$
4) 예치금의 원리합계
    원금 a원, 연이율 $r\%$, 예치기간 n개월일 때,
    • 단리 예금의 원리합계 : $a\left(1 + \dfrac{r}{12}n\right)$

    • 월복리 예금의 원리합계 : $a\left(1 + \dfrac{r}{12}\right)^n$

    • 연복리 예금의 원리합계 : $a(1+r)^{\frac{n}{12}}$
5) 적금의 원리합계
    월초 a원씩, 연이율 $r\%$일 때, n개월 동안 납입한다면
    • 단리 적금의 n개월 후 원리합계 : $an + a \times \dfrac{n(n+1)}{2} \times \dfrac{r}{12}$

    • 월복리 적금의 n개월 후 원리합계 : $\dfrac{a\left(1 + \dfrac{r}{12}\right)\left\{\left(1 + \dfrac{r}{12}\right)^n - 1\right\}}{\left(1 + \dfrac{r}{12}\right) - 1}$

    • 연복리 적금의 n개월 후 원리합계 : $\dfrac{a(1+r)^{\frac{1}{12}}\left\{(1+r)^{\frac{n}{12}} - 1\right\}}{(1+r)^{\frac{1}{12}} - 1} = \dfrac{a\left\{(1+r)^{\frac{n+1}{12}} - (1+r)^{\frac{1}{12}}\right\}}{(1+r)^{\frac{1}{12}} - 1}$

01   성호는 가격이 100만 원인 컴퓨터를 이달 초에 20만 원을 지불하고 구매했으며, 남은 금액은 6개월 할부로 지불하고자 한다. 이자는 월이율 3%로 1개월마다 복리로 적용할 때 남은 금액을 한 달 후부터 일정한 금액으로 갚는다면, 매달 얼마씩 갚아야 하는가?(단, $1.03^6 = 1.2$로 계산한다)

① 12.6만 원   ② 14.4만 원

③ 16.2만 원   ④ 18만 원

02   다음은 M은행 적금 상품의 내용이다. 다음과 같은 조건으로 정기적금을 가입할 때, 만기 시 받는 총액은?(단, 이자소득세와 우대이율은 계산하지 않는다)

〈스무살 우리 적금〉

• 가입기간 : 24개월
• 가입금액 : 매월 초 500,000원 납입
• 적용금리 : 연 2.4%
• 저축방법 : 정기적립식, 비과세
• 이자지급방식 : 만기일시지급, 단리식

① 12,300,000원   ② 12,350,000원

③ 12,400,000원   ④ 12,450,000원

03 M은행에서 근무하는 A사원은 고객 갑에게 적금 만기를 통보하고자 한다. 갑의 가입 상품 정보가 다음과 같을 때, A사원이 갑에게 안내할 금액은?

〈M은행 희망적금〉

• 가입자 : 갑(본인)
• 가입기간 : 24개월
• 가입금액 : 매월 초 200,000원 납입
• 적용금리 : 연 2.0%
• 저축방법 : 정기적립식, 비과세
• 이자지급방식 : 만기일시지급, 단리식

① 4,225,000원   ② 4,500,000원
③ 4,725,000원   ④ 4,900,000원

※ A씨는 올해 퇴직금 4,000만 원을 정산 받아 M은행에 예금하고자 한다. 다음은 M은행에서 제공하는 비과세 예금상품에 대한 자료이다. 이어지는 질문에 답하시오. **[4~5]**

〈M은행 예금상품〉

구분	기간	기본이율	앱 가입 시 이율
단리 예금상품	3년	연 7%	연 9%
복리 예금상품	3년	연 10%	연 12%

04 예금을 복리로 넣을 때와 단리로 넣을 때의 만기 시 수령 금액의 차이는?(단, 예금은 기본이율을 적용하고, $1.1^3 = 1.331$로 계산한다)

① 464만 원   ② 468만 원
③ 484만 원   ④ 489만 원

05 A씨는 단리 예금상품에 퇴직금을 예치하고자 한다. 앱을 통해 가입할 경우, 기본이율과 비교하여 만기 시 얼마의 이득을 더 얻을 수 있는가?

① 200만 원   ② 220만 원
③ 240만 원   ④ 260만 원

유형분석

- 문제에 주어진 조건과 정보를 활용하여 빈칸에 알맞은 수를 계산해낼 수 있는지 평가한다.
- 빈칸이 여러 개인 경우 계산이 간단한 한두 개의 빈칸의 값을 먼저 찾고, 역으로 대입하여 풀이 시간을 단축한다.
- 금융권 NCS 수리능력의 경우 마지막 자리까지 정확하게 계산하는 것을 요구한다. 어림값을 구하여 섣불리 오답을 선택하는 오류를 범하지 않도록 주의한다.

다음은 시·군 지역의 성별 비경제활동 인구에 관해 조사한 자료이다. 빈칸 (가), (다)에 들어갈 수가 바르게 연결된 것은?(단, 인구수는 백의 자리에서 반올림하고, 비중은 소수점 첫째 자리에서 반올림한다)

〈성별 비경제활동 인구〉

(단위 : 천 명, %)

구분	총계	남자	비중	여자	비중
시 지역	7,800	2,574	(가)	5,226	(나)
군 지역	1,149	(다)	33.5	(라)	66.5

	(가)	(다)			(가)	(다)
①	30	385		②	30	392
③	33	378		④	33	385

정답 ④

- (가) : $\dfrac{2,574}{7,800} \times 100 = 33\%$
- (다) : $1,149 \times 0.335 ≒ 385$천 명

유형풀이 Tip

주요 통계 용어
1) 평균 : 자료 전체의 합을 자료의 개수로 나눈 값
2) 분산 : 변량이 평균으로부터 떨어져 있는 정도를 나타낸 값
3) 표준편차 : 통계집단의 분배정도를 나타내는 수치, 자료의 값이 얼마나 흩어져 분포되어 있는지 나타내는 산포도 값의 한 종류
4) 상대도수 : 도수분포표에서 도수의 총합에 대한 각 계급의 도수의 비율
5) 최빈값 : 자료의 분포 중에서 가장 많은 빈도로 나타나는 변량
6) 중앙값 : 자료를 크기 순서대로 배열했을 때 중앙에 위치하게 되는 값

01 다음은 A ~ C학과의 입학 및 졸업자 인원 현황에 대한 자료이다. 빈칸에 들어갈 값으로 옳은 것은?(단, 각 수치는 매년 일정한 규칙으로 변화한다)

〈학과별 입학 및 졸업자 추이〉

(단위 : 명)

구분	A학과		B학과		C학과	
	입학	졸업	입학	졸업	입학	졸업
2020년	70	57	63	50	52	39
2021년	79	66	65	52	56	43
2022년	90	77	58		60	47
2023년	85	72	60	47	50	37
2024년	95	82	62	49	53	40

① 37 ② 45

③ 46 ④ 47

Easy

02 다음은 M기업의 신용등급이 변화될 가능성에 대한 자료이다. 2023년에 C등급을 받은 M기업이 2025년에도 C등급을 유지할 가능성은?

〈M기업 신용등급 변화 비율〉

구분		$n+1$년		
		A등급	B등급	C등급
n년	A등급	0.6	0.3	0.1
	B등급	0.2	0.47	0.33
	C등급	0.1	0.22	0.68

※ 신용등급은 매년 1월 1일 0시에 산정되며, 'A등급, B등급, C등급' 순으로 높은 등급임
※ 신용등급 변화 비율은 매년 동일함

① 0.532 ② 0.545

③ 0.584 ④ 0.622

03 다음은 M은행의 지역별 지점 수 증감에 대한 자료이다. 2021년에 지점 수가 두 번째로 많은 지역의 지점 수는?

〈지역별 지점 수 증감〉

(단위 : 개)

지역	2021년 대비 2022년 증감 수	2022년 대비 2023년 증감 수	2023년 대비 2024년 증감 수	2024년 지점 수
서울	2	2	−2	17
경기	2	1	−2	14
인천	−1	2	−5	10
부산	−2	−4	3	10

① 10개
③ 14개
② 12개
④ 16개

04 다음은 우리나라의 2020 ~ 2024년 부양인구비에 대한 자료이다. 2024년 15세 미만 인구 대비 65세 이상 인구의 비율은 얼마인가?(단, 비율은 소수점 둘째 자리에서 반올림한다)

〈부양인구비〉

(단위 : %)

구분	2020년	2021년	2022년	2023년	2024년
부양비	37.3	36.9	36.8	36.8	36.9
유소년부양비	22.2	21.4	20.7	20.1	19.5
노년부양비	15.2	15.6	16.1	16.7	17.3

※ (유소년부양비)$=\dfrac{(15세\ 미만\ 인구)}{(15 \sim 64세\ 인구)}\times 100$

※ (노년부양비)$=\dfrac{(65세\ 이상\ 인구)}{(15 \sim 64세\ 인구)}\times 100$

① 72.4%
③ 81.5%
② 77.6%
④ 88.7%

05 다음은 M은행의 어린이보험상품 '지킴이'에 대한 자료이다. 빈칸 (가) ~ (다)에 들어갈 수치가 바르게 연결된 것은?

〈지킴이〉

보험료 변동 없이 최대 100세까지 보장하는 상품으로, 다자녀·다문화 가정의 경우 최대 3%까지 할인 혜택이 적용됩니다. 이 외에도 부모가 3대 질병 진단 시 보험료 납입이 면제되는 어린이보험상품입니다.

• 해지환급금 예시
 – 보험가입금액 2,500만 원, 남자 5세, 30세 만기, 10년 납입 기준

(단위 : 만 원, %)

경과기간	순수보장형			환급형		
	납입보험료 누계액	해지 환급금	환급률	납입보험료 누계액	해지 환급금	환급률
1년	22	0	0	120	0	0
3년	(가)	9.2	14	360	162	45
5년	110	22	20	600	396	66
10년	220	143	65	1,200	1,056	88
20년	220	(나)	15	1,200	1,140	(다)
만기	220	0	0	1,200	1,200	100

※ 보험계약을 중도에 해지할 경우 해지환급금은 납입한 보험료에서 경과된 기간의 위험보험료 및 미상각계약 체결비용 등이 차감되므로 납입보험료보다 적거나 없을 수도 있음

	(가)	(나)	(다)
①	66	22	90
②	66	33	95
③	110	22	90
④	110	33	90

| 유형분석 |

- 문제에 주어진 상황과 정보를 적절하게 활용하여 잘못된 내용을 찾아낼 수 있는지 평가한다.
- 비율·증감폭·증감률·수익(손해)율 등의 계산을 요구하는 문제가 출제된다.

다음은 2022 ~ 2024년 전국 주택건설실적에 대한 자료이다. 이에 대한 설명으로 옳지 않은 것은?

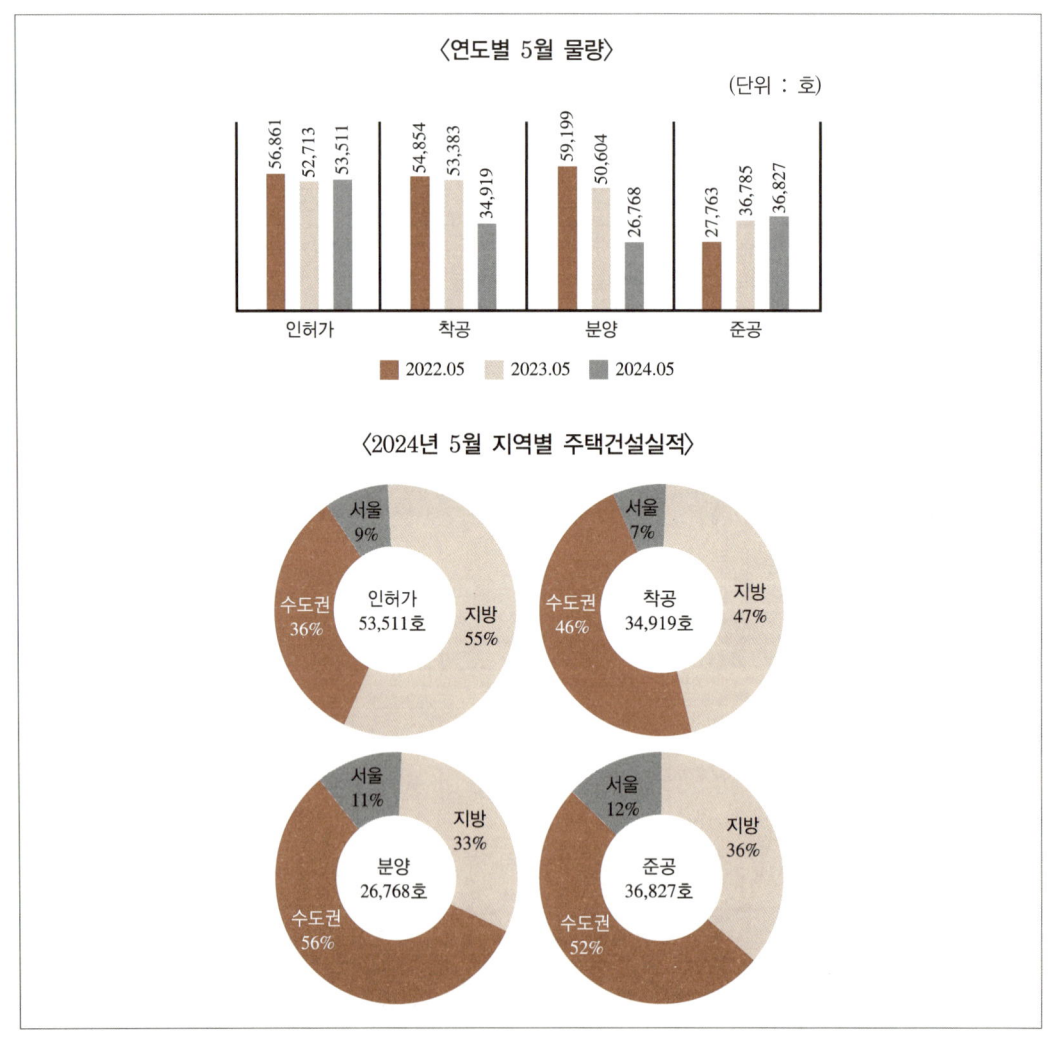

〈연도별 5월 물량〉

(단위 : 호)

〈2024년 5월 지역별 주택건설실적〉

① 2024년 5월 지방의 인허가 실적은 약 29,431호이다.

② 2024년 5월 지방의 준공 호수는 착공 호수보다 많다.

③ 2023년과 2024년 5월 지역별 전체 물량의 순위는 다르다.

④ 2024년 5월 분양 실적은 전년 동월 분양 실적보다 약 47.1% 감소하였다.

정답 ②

- 2024년 5월 지방의 준공 호수 : $36,827 \times \dfrac{36}{100} = 13,258$호

- 2024년 5월 지방의 착공 호수 : $34,919 \times \dfrac{47}{100} = 16,412$호

따라서 지방의 준공 호수는 착공 호수보다 적다.

오답분석

① 2024년 5월 인허가 실적은 53,511호이고, 전체 인허가 실적 중 지방이 차지하는 비율은 55%이다. 따라서 지방의 인허가 실적 수는 $53,511 \times \dfrac{55}{100} = 29,431$호이다.

③ 2023년과 2024년 5월의 지역별 전체 물량 호수를 크기가 큰 순서로 나열하면 다음과 같다.
  - 2023년 5월 : 착공 – 인허가 – 분양 – 준공
  - 2024년 5월 : 인허가 – 준공 – 착공 – 분양

④ 2024년 5월 분양 실적은 26,768호이고, 2023년 5월 분양 실적은 50,604호이므로 전년 동월 대비 2024년 5월 분양 실적의 증감률은 $\dfrac{26,768-50,604}{50,604} \times 100 = -47.1\%$이다. 따라서 2024년 5월의 분양 실적은 전년 동월 분양 실적보다 약 47.1% 감소하였다.

유형풀이 Tip

- [증감률(%)] : $\dfrac{(\text{비교값})-(\text{기준값})}{(\text{기준값})} \times 100$

  예 M은행의 작년 신입사원 수는 500명이고, 올해는 700명이다. M은행의 전년 대비 올해 신입사원 수의 증가율은?
  $\dfrac{700-500}{500} \times 100 = \dfrac{200}{500} \times 100 = 40\%$ → 전년 대비 40% 증가하였다.

  예 M은행의 올해 신입사원 수는 700명이고, 내년에는 350명을 채용할 예정이다. M은행의 올해 대비 내년 신입사원 수의 감소율은?
  $\dfrac{350-700}{700} \times 100 = -\dfrac{350}{700} \times 100 = 50\%$ → 올해 대비 50% 감소할 것이다.

01 다음은 2024년 경제자유구역 입주 사업체 투자재원조달 실태조사에 대한 자료이다. 이에 대한 〈보기〉의 설명 중 옳은 것을 모두 고르면?

〈2024년 경제자유구역 입주 사업체 투자재원조달 실태조사〉

(단위 : 백만 원, %)

구분		전체		국내투자		해외투자	
		금액	비중	금액	비중	금액	비중
국내재원	자체	4,025	57.2	2,682	52.6	1,343	69.3
	정부	2,288	32.5	2,138	42.0	150	7.7
	기타	356	5.0	276	5.4	80	4.2
	소계	6,669	94.7	5,096	100.0	1,573	81.2
해외재원	소계	365	5.3	–	–	365	18.8
합계		7,034	100.0	5,096	100.0	1,938	100.0

보기

ㄱ. 자체 재원조달금액 중 국내투자에 사용되는 금액이 차지하는 비중은 60%를 초과한다.
ㄴ. 해외재원은 모두 해외투자에 사용되고 있다.
ㄷ. 국내재원 중 정부조달금액이 차지하는 비중은 40%를 초과한다.
ㄹ. 국내재원 중 국내투자금액은 해외투자금액의 3배 미만이다.

① ㄱ, ㄴ
② ㄱ, ㄷ
③ ㄴ, ㄷ
④ ㄴ, ㄹ

02 다음은 국민연금 수급자 급여실적에 대한 자료이다. 이에 대한 설명으로 옳은 것은?

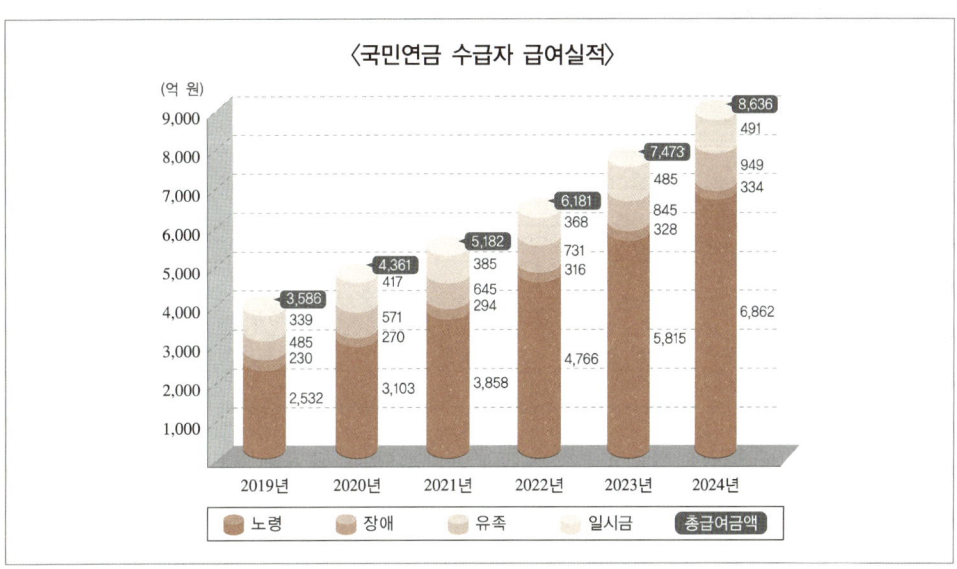

① 유족연금 지급액은 매년 가장 낮다.

② 2019 ~ 2024년까지 모든 항목의 연금 지급액은 매년 증가하고 있다.

③ 2019년 대비 지급총액이 처음으로 2배를 넘어선 해는 2021년이다.

④ 노령연금 대비 유족연금의 비율은 2019년이 2020년보다 높다.

03 다음은 연대별로 정리한 유지관리 도로 거리 변천에 대한 자료이다. 이에 대한 설명으로 옳지 않은 것은?(단, 비중은 소수점 둘째 자리에서 반올림한다)

〈연대별 유지관리 도로 거리〉

(단위 : km)

구분	2차로	4차로	6차로	8차로	10차로	비고
1960년대	–	304.7	–	–	–	–
1970년대	761.0	471.8	–	–	–	–
1980년대	667.7	869.5	21.7	–	–	–
1990년대	367.5	1,322.6	194.5	175.7	–	–
2000년대	155.0		450.0	342.0	–	27개 노선
현재	–	3,130.0	508.0	434.0	41.0	29개 노선

〈연대별 유지관리 도로 총거리〉

(단위 : km)

① 1960년대부터 유지관리하는 4차로 도로의 거리는 현재까지 계속 증가했다.
② 현재 유지관리하는 도로 한 노선의 평균거리는 120km 이상이다.
③ 현재 유지관리하는 도로의 총거리는 1990년대보다 1,950km 미만으로 길어졌다.
④ 차선이 만들어진 순서는 4차로 – 2차로 – 6차로 – 8차로 – 10차로이다.

04 다음은 M기업의 금융 구조조정 자금 총지원 현황에 대한 자료이다. 이에 대한 설명으로 옳은 것을 〈보기〉에서 모두 고르면?

〈금융 구조조정 자금 총지원 현황〉

(단위 : 억 원)

구분	은행	증권사	보험사	제2금융	저축은행	협동조합	소계
출자	222,039	99,769	159,198	26,931	1	0	507,938
출연	139,189	4,143	31,192	7,431	4,161	0	186,116
부실자산 매입	81,064	21,239	3,495	0	0	0	105,798
보험금 지급	0	113	0	182,718	72,892	47,402	303,125
대출	0	0	0	0	5,969	0	5,969
총계	442,292	125,264	193,885	217,080	83,023	47,402	1,108,946

보기

ㄱ. 출자 부문에서 은행이 지원받은 금융 구조조정 자금은 증권사가 지원받은 금융 구조조정 자금의 3배 이상이다.

ㄴ. 보험금 지급 부문에서 지원된 금융 구조조정 자금 중 저축은행이 지원받은 금액의 비중은 20%를 초과한다.

ㄷ. 제2금융에서 지원받은 금융 구조조정 자금 중 보험금 지급 부문으로 지원받은 금액이 차지하는 비중은 80% 이상이다.

ㄹ. 부실자산 매입 부문에서 지원된 금융 구조조정 자금 중 은행이 지급받은 금액의 비중은 보험사가 지급받은 금액 비중의 20배 이상이다.

① ㄱ

② ㄴ, ㄹ

③ ㄱ, ㄴ, ㄷ

④ ㄴ, ㄷ, ㄹ

| 유형분석 |

- 그래프의 형태별 특징을 파악하고, 다양한 종류로 변환하여 표현할 수 있는지 평가한다.
- 수치를 일일이 확인하기보다 증감 추이를 먼저 판단한 후 그래프 모양이 크게 차이 나는 곳의 수치를 확인하는 것이 효율적이다.

다음은 2020 ~ 2024년 M기업의 매출표에 대한 자료이다. 이를 변환한 그래프로 옳은 것은?(단, 비율은 소수점 둘째 자리에서 반올림한다)

〈M기업 매출표〉

(단위 : 억 원)

구분	2020년	2021년	2022년	2023년	2024년
매출액	1,485	1,630	1,410	1,860	2,055
매출원가	1,360	1,515	1,280	1,675	1,810
판관비	30	34	41	62	38

※ (영업이익)＝(매출액)－[(매출원가)＋(판관비)]
※ (영업이익률)＝(영업이익)÷(매출액)×100

① 2020 ~ 2024년 영업이익

(억 원)

```
250 ┤
200 ┤                          207
150 ┤
100 ┤  95                 123
 50 ┤      81      55
  0 ┼───────────────────────────
     2020년 2021년 2022년 2023년 2024년
```

② 2020 ~ 2024년 영업이익

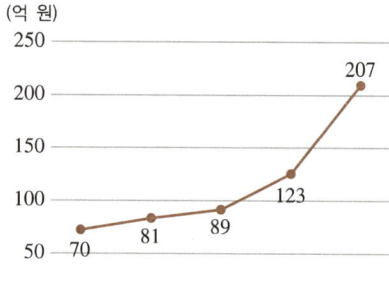

(억 원)

```
250 ┤
200 ┤                          207
150 ┤
100 ┤              89     123
 50 ┤  70   81
  0 ┼───────────────────────────
     2020년 2021년 2022년 2023년 2024년
```

③ 2020 ~ 2024년 영업이익률

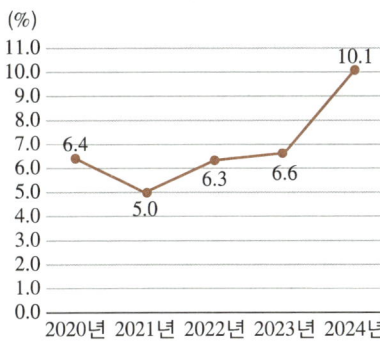

④ 2020 ~ 2024년 영업이익률

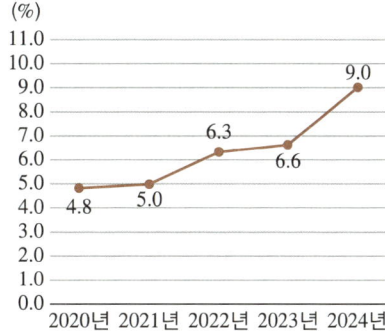

정답 ③

연도별 영업이익과 영업이익률은 각각 다음과 같다.

(단위 : 억 원)

구분	2020년	2021년	2022년	2023년	2024년
매출액	1,485	1,630	1,410	1,860	2,055
매출원가	1,360	1,515	1,280	1,675	1,810
판관비	30	34	41	62	38
영업이익	95	81	89	123	207
영업이익률	6.4%	5.0%	6.3%	6.6%	10.1%

따라서 제시된 자료를 옳게 변환한 그래프는 ③이다.

유형풀이 Tip

도표의 종류

구분	내용
선 그래프	시간적 추이(시계열 변화)를 표시하고자 할 때 적합 예 연도별 매출액 추이 변화
막대 그래프	수량 간의 대소관계를 비교하고자 할 때 적합 예 영업소별 매출액
원 그래프	내용의 구성비를 분할하여 나타내고자 할 때 적합 예 제품별 매출액 구성비
층별 그래프	합계와 각 부분의 크기를 백분율로 나타내고 시간적 변화를 보고자 할 때 적합 예 상품별 매출액 추이
점 그래프	지역분포를 비롯한 기업 등의 평가나 위치, 성격을 표시하고자 할 때 적합 예 광고비율과 이익률의 관계
방사형 그래프	다양한 요소를 비교하고자 할 때 적합 예 매출액의 계절변동

01 다음은 M국의 2014년부터 2024년까지 주식시장의 현황에 대한 자료이다. 이를 바탕으로 종목당 평균 주식 수를 바르게 변환한 그래프는?

〈주식시장 현황〉

구분	2014년	2015년	2016년	2017년	2018년	2019년	2020년	2021년	2022년	2023년	2024년
종목 수 (종목)	958	925	916	902	884	861	856	844	858	885	906
주식 수 (억 주)	90	114	193	196	196	265	237	234	232	250	282

※ (종목당 평균 주식 수) = $\dfrac{(주식\ 수)}{(종목\ 수)}$

① (백만 주)

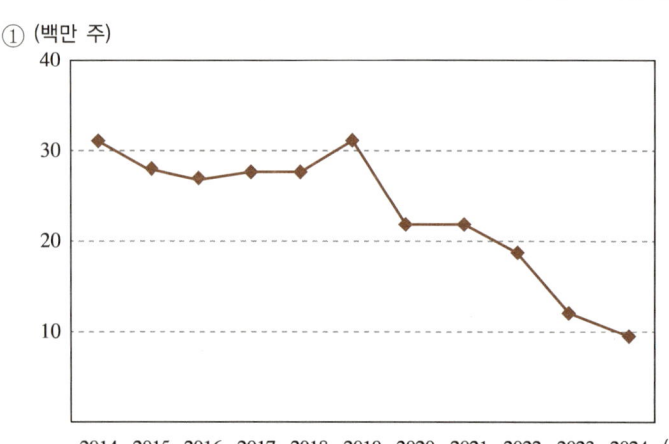

② (백만 주)

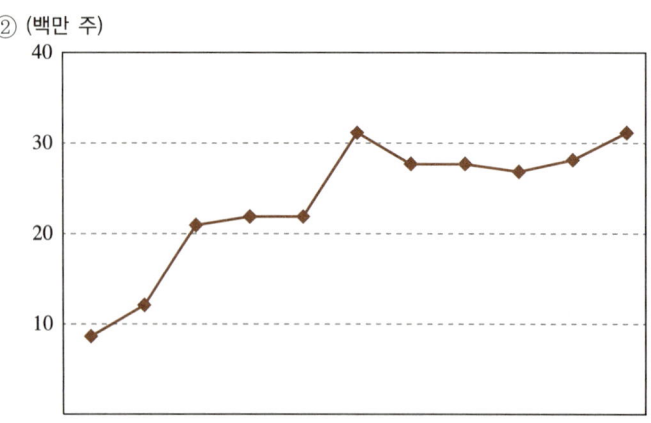

③ (백만 주)

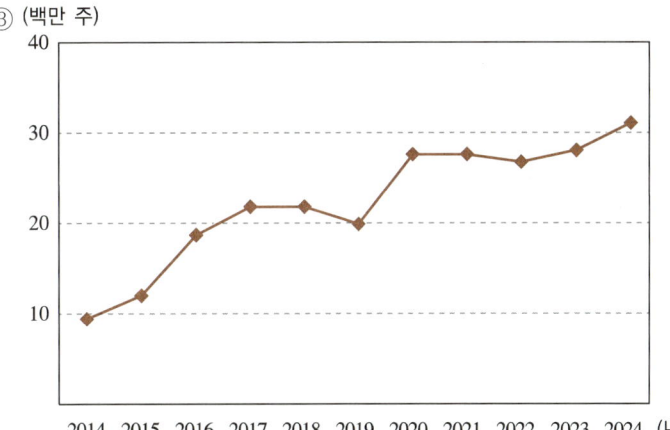

④ (백만 주)

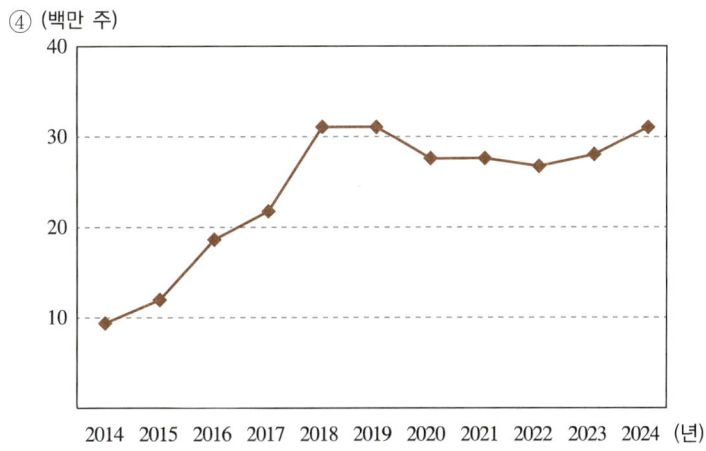

02 다음은 2015 ~ 2024년 동안 국내 여성 취업자 수를 연령대별로 정리한 그래프이다. 이를 변환한 그래프로 옳은 것은?

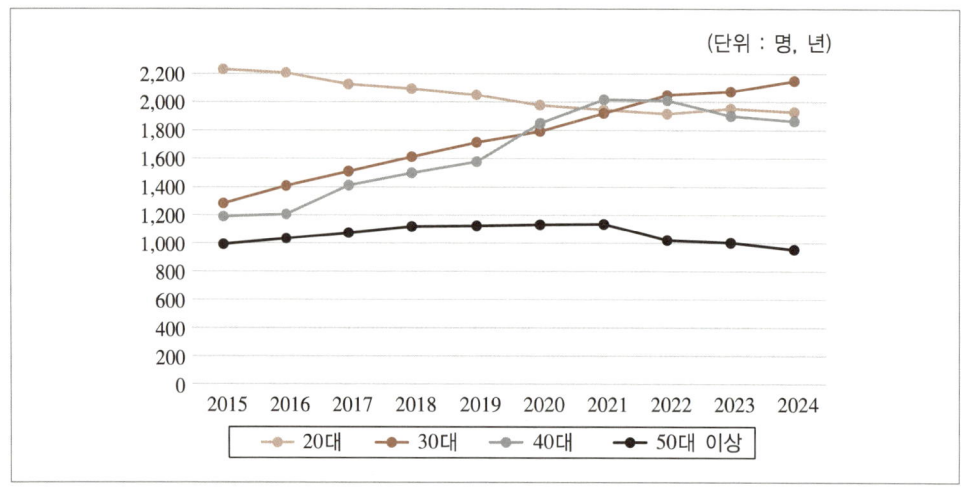

①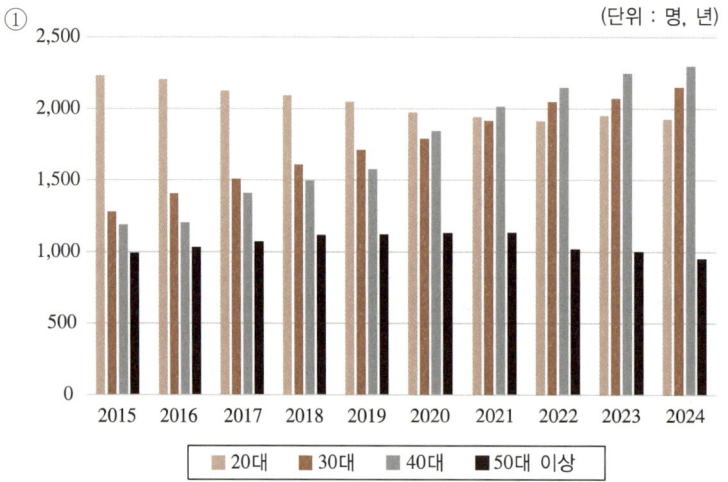

②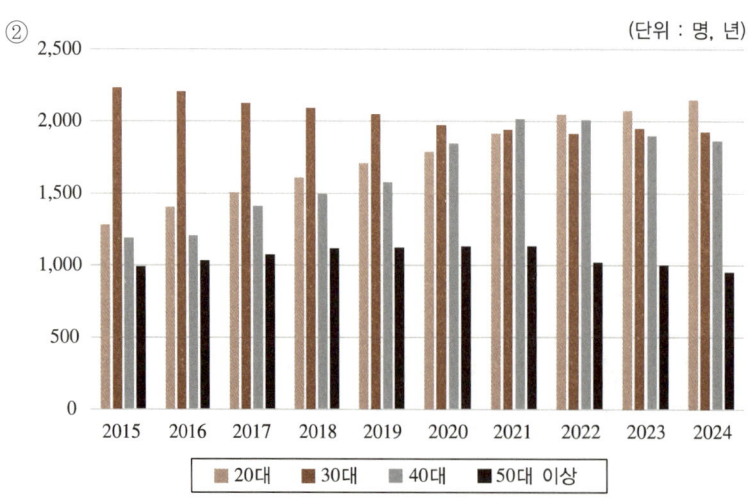

③

(단위 : 명, 년)

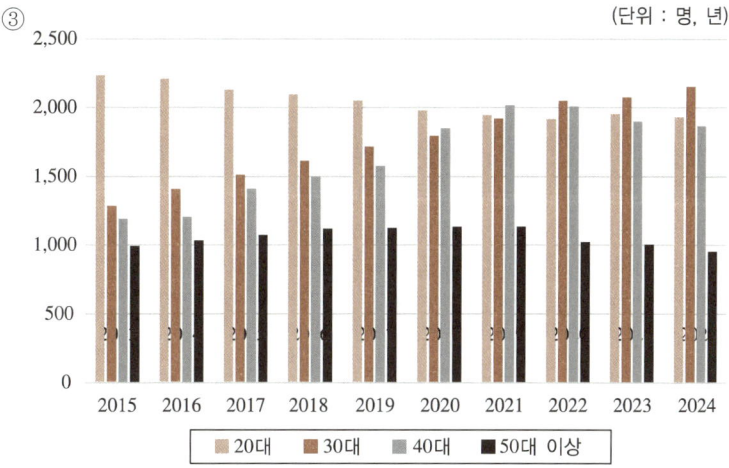

4

(단위 : 명, 년)

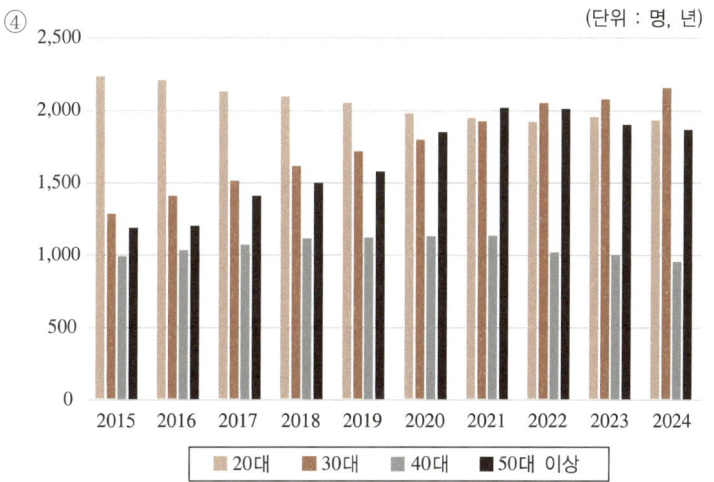

03 다음 보고서의 내용을 바탕으로 작성한 그래프로 옳지 않은 것은?

〈보고서〉

2020년부터 2024년까지 시도별 등록된 자동차의 제반사항을 파악하여 교통행정의 기초자료로 쓰기 위해 매년 전국을 대상으로 자동차 등록 통계를 시행하고 있다. 자동차 종류는 승용차, 승합차, 화물차, 특수차이며, 등록할 때 사용목적에 따라 자가용, 영업용, 관용차로 분류된다. 그중 관용차는 정부(중앙, 지방)기관이나 국립 공공기관 등에 소속되어 운행되는 자동차를 말한다.
자가용으로 등록한 자동차 종류 중에서 매년 승용차의 수가 가장 많았으며, 2020년 16.5백만 대, 2021년 17.1백만 대, 2022년 17.6백만 대, 2023년 18백만 대, 2024년 18.1백만 대로 2021년부터 전년 대비 증가하는 추세이다. 다음으로 화물차가 많았고, 승합차, 특수차 순으로 등록 수가 많았다. 가장 등록 수가 적은 특수차의 경우 2020년에 2만 대였고, 2022년까지 4천 대씩 증가했으며, 2023년 3만 대, 2024년에는 전년 대비 700대가 많아졌다.
관용차로 등록된 승용차 및 화물차 수는 각각 2021년부터 3만 대를 초과했으며, 승합차의 경우 2020년 20,260대, 2021년 21,556대, 2022년 22,540대, 2023년 23,014대, 2024년에 22,954대가 등록되었고, 특수차는 매년 2,500대 이상 등록되고 있는 현황이다.
특수차가 가장 많이 등록되는 영업용에서 2020년 57,277대, 2021년 59,281대로 6만 대 미만이었지만, 2022년에는 60,902대, 2023년 62,554대, 2024년에 62,946대였으며, 승합차는 매년 약 12.5만 대를 유지하고 있다. 승용차와 화물차는 2021년부터 2024년까지 전년 대비 영업용으로 등록되는 자동차 수가 계속 증가하는 추세이다.

① 자가용으로 등록된 연도별 특수차 수

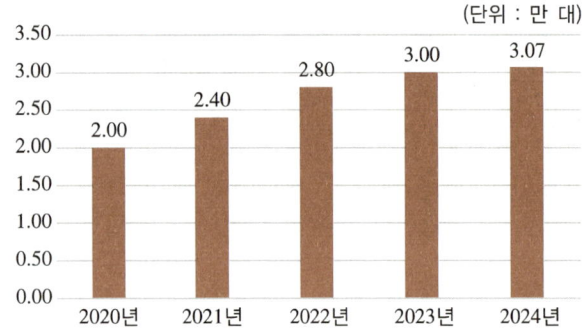

(단위 : 만 대)

② 자가용으로 등록된 연도별 승용차 수

(단위 : 백만 대)

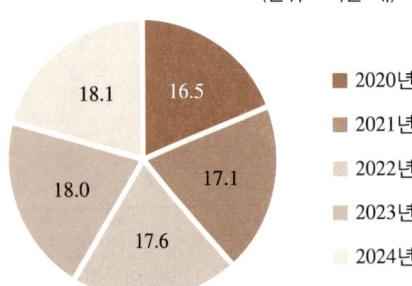

③ 영업용으로 등록된 연도별 특수차 수

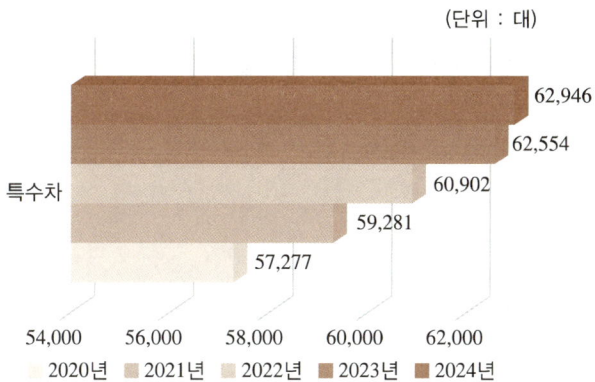

(단위 : 대)

62,946	
62,554	
60,902	
59,281	
57,277	

특수차

54,000 56,000 58,000 60,000 62,000

2020년 2021년 2022년 2023년 2024년

④ 2021 ~ 2024년 영업용으로 등록된 특수차의 전년 대비 증가량

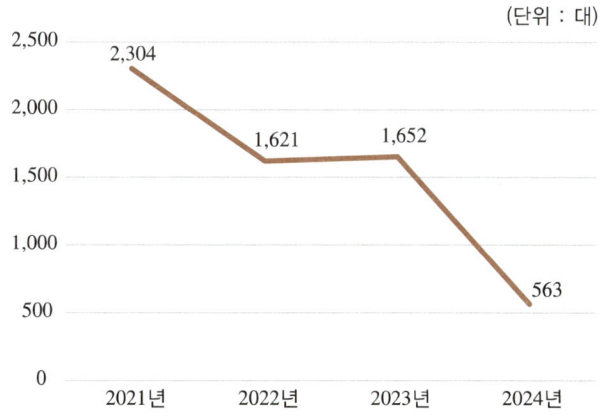

(단위 : 대)

CHAPTER 03
문제해결능력

합격 CHEAT KEY

문제해결능력은 업무를 수행하면서 여러 가지 문제 상황이 발생하였을 때, 창의적이고 논리적인 사고를 통해 이를 올바르게 인식하고 적절히 해결하는 능력을 말한다. 하위능력으로는 사고력과 문제처리능력이 있다.

문제해결능력은 NCS 기반 채용을 진행하는 대다수의 금융권에서 채택하고 있으며, 문항 수는 평균 24% 정도로 상당히 많이 출제되고 있다. 하지만 많은 수험생들은 더 많이 출제되는 다른 영역에 몰입하고 문제해결능력에는 집중하지 않는 실수를 하고 있다. 다른 영역보다 더 많은 노력이 필요할 수는 있지만 그렇기에 차별화를 할 수 있는 득점 영역이므로 포기하지 말고 꾸준하게 노력해야 한다.

01 질문의 의도를 정확하게 파악하라!

문제해결능력은 문제에서 무엇을 묻고 있는지 정확하게 파악하여 먼저 풀이 방향을 설정하는 것이 가장 효율적인 방법이다. 특히, 조건이 주어지고 답을 찾는 창의적·분석적인 문제가 주로 출제되고 있기 때문에 처음에 정확한 풀이 방향이 설정되지 않는다면 시간만 허비하고 결국 문제도 풀지 못하게 되므로 첫 번째로 출제의도 파악에 집중해야 한다.

02 중요한 정보는 반드시 표시하라!

위에서 말한 출제의도를 정확히 파악하기 위해서는 문제의 중요한 정보는 반드시 표시나 메모를 하여 하나의 조건, 단서도 잊고 넘어가는 일이 없도록 해야 한다. 실제 시험에서는 시간의 압박과 긴장감으로 정보를 잘못 적용하거나 잊어버리는 실수가 많이 발생하므로 사전에 충분한 연습이 필요하다.

가령 명제 문제의 경우 주어진 명제와 그 명제의 대우를 본인이 한눈에 파악할 수 있도록 기호화, 도식화하여 메모하면 흐름을 이해하기가 더 수월하다. 이를 통해 자신만의 풀이 순서와 방향, 기준 또한 생길 것이다.

03 반복 풀이를 통해 취약 유형을 파악하라!

길지 않은 한정된 시간 동안 모든 문제를 다 푸는 것은 조금은 어려울 수도 있다. 따라서 고득점을 할 수 있는 효율적인 문제 풀이 방법을 찾아야 한다. 이때, 반복적인 문제 풀이를 통해 자신이 취약한 유형을 파악하는 것이 중요하다. 취약 유형 파악은 종료 시간이 임박했을 때 빛을 발할 것이다. 풀 수 있는 문제부터 빠르게 풀고 취약한 유형은 나중에 푸는 효율적인 문제 풀이를 통해 최대한의 고득점을 하는 것이 중요하다. 그러므로 본인의 취약 유형을 파악하기 위해서는 많은 문제를 풀어 봐야 한다.

04 타고나는 것이 아니므로 열심히 노력하라!

대부분의 수험생들이 문제해결능력은 공부해도 실력이 늘지 않는 영역이라고 생각한다. 하지만 그렇지 않다. 문제해결능력이야말로 노력을 통해 충분히 고득점이 가능한 영역이다. 정확한 질문 의도 파악, 취약한 유형의 반복적인 풀이, 빈출유형 파악 등의 방법으로 충분히 실력을 향상시킬 수 있다. 자신감을 갖고 공부하기 바란다.

명제

| 유형분석 |

- 연역추론을 활용해 주어진 문장을 치환하여 성립하지 않는 내용을 찾는 문제이다.

다음 명제가 모두 참일 때, 반드시 참인 것은?

- 재현이가 춤을 추면 서현이나 지훈이가 춤을 춘다.
- 재현이가 춤을 추지 않으면 종열이가 춤을 춘다.
- 종열이가 춤을 추지 않으면 지훈이도 춤을 추지 않는다.
- 종열이는 춤을 추지 않았다.

① 재현이만 춤을 추었다.   ② 서현이만 춤을 추었다.

③ 지훈이만 춤을 추었다.   ④ 재현이와 서현이 모두 춤을 추었다.

정답 ④

먼저 이름의 첫 글자만 이용하여 명제를 도식화한다(재 ○ → 서 or 지 ○, 재 × → 종 ○, 종 × → 지 ×, 종 ×).

세 번째, 네 번째 명제에 의해 종열이와 지훈이는 춤을 추지 않았다(종 × → 지 ×).

또한 두 번째 명제의 대우(종 × → 재 ○)에 의해 재현이가 춤을 추었다.

마지막으로 첫 번째 명제에 따라 서현이가 춤을 추었다. 따라서 재현이와 서현이 모두 춤을 추었다.

유형풀이 Tip

- 명제 유형의 문제에서는 항상 '명제의 역은 성립하지 않지만, 대우는 항상 성립'한다는 것을 기억한다.
- 단어의 첫 글자나 알파벳을 이용하여 명제를 도식화한 후 명제의 대우를 활용하여 각 명제들을 연결하여 답을 찾는다.

  [예] 채식주의자라면 고기를 먹지 않을 것이다.
  - → (역) 고기를 먹지 않으면 채식주의자이다.
  - → (이) 채식주의자가 아니라면 고기를 먹을 것이다.
  - → (대우) 고기를 먹는다면 채식주의자가 아닐 것이다.

명제의 역, 이, 대우

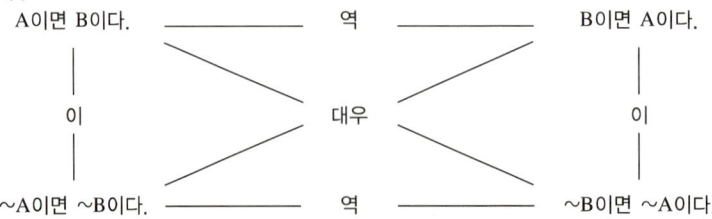

01 다음 명제가 모두 참일 때 항상 참이 아닌 것은?

> • 적극적인 사람은 활동량이 많다.
> • 잘 다치지 않는 사람은 활동량이 많지 않다.
> • 활동량이 많으면 면역력이 강화된다.
> • 적극적이지 않은 사람은 영양제를 챙겨먹는다.

① 적극적인 사람은 잘 다친다.
② 적극적인 사람은 면역력이 강화된다.
③ 잘 다치지 않는 사람은 영양제를 챙겨먹는다.
④ 영양제를 챙겨먹으면 면역력이 강화된다.

02 다음 명제가 모두 참일 때, 빈칸에 들어갈 명제로 옳은 것은?

> • 야근을 하는 모든 사람은 X분야의 업무를 한다.
> • 야근을 하는 모든 사람은 Y분야의 업무를 한다.
> • _____

① X분야의 업무를 하는 모든 사람은 야근을 한다.
② Y분야의 업무를 하는 모든 사람은 야근을 한다.
③ 야근을 하는 어떤 사람은 X분야의 업무를 하지 않는다.
④ Y분야의 업무를 하는 어떤 사람은 X분야의 업무를 한다.

※ 다음 명제가 모두 참일 때 반드시 참인 것을 고르시오. [3~4]

03

> - 김팀장이 이번 주 금요일에 월차를 쓴다면, 최대리는 이번 주 금요일에 월차를 쓰지 못한다.
> - 최대리가 이번 주 금요일에 월차를 쓰지 못한다면, 강사원의 프로젝트 마감일은 이번 주 금요일이다.

① 강사원의 프로젝트 마감일이 이번 주 금요일이 아니라면 김팀장은 이번 주 금요일에 월차를 쓰지 않을 것이다.

② 강사원의 프로젝트 마감일이 금요일이라면 최대리는 이번 주 금요일에 월차를 쓰지 않을 것이다.

③ 강사원의 프로젝트 마감일이 금요일이라면 김팀장은 이번 주 금요일에 월차를 쓰지 않을 것이다.

④ 최대리가 이번 주 금요일에 월차를 쓰지 않는다면 김팀장은 이번 주 금요일에 월차를 쓸 것이다.

04

> - 등산을 하는 사람은 심폐지구력이 좋다.
> - 심폐지구력이 좋은 어떤 사람은 마라톤 대회에 출전한다.
> - 자전거를 타는 사람은 심폐지구력이 좋다.
> - 자전거를 타는 어떤 사람은 등산을 한다.

① 등산을 하는 어떤 사람은 마라톤 대회에 출전한다.

② 자전거를 타는 어떤 사람은 마라톤 대회에 출전한다.

③ 마라톤 대회에 출전하는 사람은 등산을 하지 않는다.

④ 심폐지구력이 좋은 어떤 사람은 등산을 하고 자전거도 탄다.

05 M기업은 봉사활동의 일환으로 홀로 사는 노인들에게 아침 식사를 제공하기 위해 일일 식당을 운영하기로 했다. 다음 내용이 모두 참일 때 항상 참인 것은?

- 음식을 요리하는 사람은 설거지를 하지 않는다.
- 주문을 받는 사람은 음식 서빙을 함께 담당한다.
- 음식 서빙을 담당하는 사람은 요리를 하지 않는다.
- 음식 서빙을 담당하는 사람은 설거지를 한다.

① A사원은 설거지를 하면서 음식 서빙도 한다.
② B사원이 설거지를 하지 않으면 음식을 요리한다.
③ C사원이 음식 주문을 받으면 설거지는 하지 않는다.
④ D사원이 설거지를 하지 않으면 음식 주문도 받지 않는다.

06 재은이는 얼마 전부터 건강을 위해 매주 아침마다 달리기를 하기로 했다. 다음 내용이 모두 참일 때, 반드시 참인 것은?

- 재은이는 화요일에 월요일보다 50m 더 달려 200m를 달렸다.
- 재은이는 수요일에 화요일보다 30m 적게 달렸다.
- 재은이는 목요일에 수요일보다 10m 더 달렸다.

① 재은이는 목요일에 가장 많이 달렸다.
② 재은이는 목요일에 화요일보다 20m 적게 달렸다.
③ 재은이는 월요일에 수요일보다 50m 적게 달렸다.
④ 재은이는 목요일에 가장 적게 달렸다.

02 참·거짓

| 유형분석 |

> • 주어진 문장을 토대로 논리적으로 추론하여 참 또는 거짓을 구분하는 문제이다.

어느 호텔 라운지에 둔 화분이 투숙자 중 1명에 의하여 깨진 사건이 발생했다. 이 호텔에는 A ~ D 4명의 투숙자가 있었으며, 각 투숙자는 다음과 같이 진술하였다. 4명의 투숙자 중 3명은 진실을 말하고, 1명이 거짓을 말하고 있다면 화분을 깬 사람은?

> • A : 나는 깨지 않았다. B도 깨지 않았다. C가 깨뜨렸다.
> • B : 나는 깨지 않았다. C도 깨지 않았다. D도 깨지 않았다.
> • C : 나는 깨지 않았다. D도 깨지 않았다. A가 깨뜨렸다.
> • D : 나는 깨지 않았다. B도 깨지 않았다. C도 깨지 않았다.

① A ② B
③ C ④ D

정답 ①

• A가 거짓말을 한다면 A가 깨뜨린 것이 된다.
• B가 거짓말을 한다면 1명은 C가 깼다고 말하고, 2명은 C가 깨지 않았다고 말한 것이 된다.
• C가 거짓말을 한다면 1명은 C가 깼다고 말하고, 2명은 C가 깨지 않았다고 말한 것이 된다.
• D가 거짓말을 한다면 1명은 C가 깼다고 말하고, 2명은 C가 깨지 않았다고 말한 것이 된다.
따라서 A가 거짓말을 하였고, A가 화분을 깨뜨렸다.

유형풀이 Tip

참·거짓 유형의 90% 이상은 다음 두 가지 방법으로 풀 수 있다.
주어진 진술을 빠르게 훑으며 다음 두 가지 중 어떤 경우에 해당하는지 확인한 후 문제를 풀어나간다.
1) 2명 이상의 발언 중 한쪽이 진실이면 다른 한쪽이 거짓인 경우
  ① A가 진실이고 B가 거짓인 경우, B가 진실이고 A가 거짓인 경우 두 가지로 나눌 수 있다.
  ② 두 가지 경우에서 각 발언의 진위 여부를 판단한다.
  ③ 주어진 조건과 비교한다(범인의 숫자가 맞는지, 진실 또는 거짓을 말한 인원수가 조건과 맞는지 등).
2) 2명 이상의 발언 중 한쪽이 진실이면 다른 한쪽도 진실인 경우와 한쪽이 거짓이면 다른 한쪽도 거짓인 경우
  ① A와 B가 모두 진실인 경우, A와 B가 모두 거짓인 경우 두 가지로 나눌 수 있다.
  ② 두 가지 경우에서 각 발언의 진위 여부를 판단한다.
  ③ 주어진 조건과 비교한다(범인의 숫자가 맞는지, 진실 또는 거짓을 말한 인원수가 조건과 맞는지 등).

01 M사의 기획팀에서 근무하고 있는 직원 A ~ D 4명은 서로의 프로젝트 참여 여부에 대해 다음과 같이 진술하였고, 이들 중 단 1명만이 진실을 말하였다. 이들 가운데 반드시 프로젝트에 참여하는 사람은 누구인가?

- A : 나는 프로젝트에 참여하거나, B가 프로젝트에 참여하지 않는다.
- B : A와 C 중 적어도 1명은 프로젝트에 참여한다.
- C : 나와 B 중 적어도 1명은 프로젝트에 참여하지 않는다.
- D : B와 C 중 1명이라도 프로젝트에 참여한다면, 나도 프로젝트에 참여한다.

① A
② B
③ C
④ D

Easy

02 A ~ D 4명은 각각 1명의 자녀를 두고 있는 아버지이다. 4명의 아이 중 2명은 아들이고, 2명은 딸이다. 아들의 아버지인 2명만 진실을 말할 때, 항상 참인 것은?

- A : B와 C의 아이는 아들이다.
- B : C의 아이는 딸이다.
- C : D의 아이는 딸이다.
- D : A와 C의 아이는 딸이다.

① A의 아이는 아들이다.
② B의 아이는 딸이다.
③ C의 아이는 아들이다.
④ D의 아이는 아들이다.

03 다음 중 1명만 거짓말을 할 때, 항상 옳은 것은?(단, 한 층에 1명만 내린다)

- A : B는 1층에서 내렸다.
- B : C는 1층에서 내렸다.
- C : D는 적어도 3층에서 내리지 않았다.
- D : A는 4층에서 내렸다.
- E : A는 4층에서 내리고 나는 5층에 내렸다.

① C는 1층에서 내렸다.

② D는 3층에서 내렸다.

③ A는 4층에서 내리지 않았다.

④ A는 D보다 높은 층에서 내렸다.

Hard

04 M은행 사무실에 도둑이 들었다. 범인은 2명이고, 용의자로 지목된 A ~ E 5명은 다음과 같이 진술했다. 이 중 2명이 거짓말을 하고 있다고 할 때, 동시에 범인이 될 수 있는 사람으로 짝지어진 것은?

- A : B나 C 중에 1명만 범인이에요.
- B : 저는 확실히 범인이 아닙니다.
- C : 제가 봤는데 E가 범인이에요.
- D : A가 범인이 확실해요.
- E : 사실은 제가 범인이에요.

① A, B   ② B, C

③ C, D   ④ D, E

05 A ~ E 5명의 사원이 강남, 여의도, 상암, 잠실, 광화문 5개의 지역에 각각 출장을 간다. 다음 대화에서 A ~ E 중 1명은 거짓말을 하고 나머지 4명은 진실을 말하고 있을 때, 반드시 거짓인 것은?

- A : B는 상암으로 출장을 가지 않는다.
- B : D는 강남으로 출장을 간다.
- C : B는 진실을 말하고 있다.
- D : C는 거짓말을 하고 있다.
- E : C는 여의도, A는 잠실로 출장을 간다.

① A는 광화문으로 출장을 가지 않는다.
② B는 여의도로 출장을 가지 않는다.
③ C는 강남으로 출장을 가지 않는다.
④ E는 상암으로 출장을 가지 않는다.

PART 1

06 체육 수업으로 인해 한 학급의 학생들이 모두 교실을 비운 사이 도난 사건이 발생했다. 담임 선생님은 체육 수업에 참여하지 않은 A ~ E 5명과 상담을 진행하였고, 이들은 다음과 같이 진술하였다. 이 중 2명의 학생은 거짓말을 하고 있으며, 거짓말을 하는 학생 중 1명이 범인이다. 범인은 누구인가?

- A : 저는 그 시간에 교실에 간 적이 없어요. 저는 머리가 아파 양호실에 누워있었어요.
- B : A의 말은 사실이에요. 제가 넘어져서 양호실에 갔었는데, A가 누워있는 것을 봤어요.
- C : 저는 정말 범인이 아니에요. A가 범인이에요.
- D : B의 말은 모두 거짓이에요. B는 양호실에 가지 않았어요.
- E : 사실 저는 C가 다른 학생의 가방을 열어 물건을 훔치는 것을 봤어요.

① A   ② B
③ C   ④ D

| 유형분석 |

- 조건을 토대로 순서·위치 등을 추론하여 배열·배치하는 문제이다.
- 방·숙소 배정하기, 부서 찾기, 날짜 찾기, 테이블 위치 찾기 등 다양한 유형의 문제가 출제된다.

A ~ E 5명이 다음 〈조건〉과 같이 일렬로 나란히 자리에 앉는다고 할 때, 바르게 추론한 것은?

조건

- 자리의 순서는 왼쪽을 기준으로 첫 번째 자리로 한다.
- D는 A의 바로 왼쪽에 있다.
- B와 D 사이에 C가 있다.
- A는 마지막 자리가 아니다.
- A와 B 사이에 C가 있다.
- B는 E의 바로 오른쪽에 앉는다.

① D는 두 번째 자리에 앉을 수 있다.　　　　② E는 네 번째 자리에 앉을 수 있다.

③ C는 두 번째 자리에 앉을 수 있다.　　　　④ C는 E의 오른쪽에 앉을 수 있다.

정답　②

두 번째 조건에서 D는 A의 바로 왼쪽에 앉으며, 마지막 조건에서 B는 E의 바로 오른쪽에 앉으므로 'D-A', 'E-B'를 각각 한 묶음으로 생각할 수 있다. 세 번째 조건에서 C는 세 번째 자리에 앉아야 하며, 네 번째 조건에 의해 'D-A'는 각각 첫 번째, 두 번째 자리에 앉아야 한다. 이를 표로 정리하면 다음과 같다.

첫 번째 자리	두 번째 자리	세 번째 자리	네 번째 자리	다섯 번째 자리
D	A	C	E	B

따라서 'E는 네 번째 자리에 앉을 수 있다.'는 참이다.

오답분석

① D는 첫 번째 자리에 앉는다.

③ C는 세 번째 자리에 앉는다.

④ C는 E의 왼쪽에 앉는다.

유형풀이 Tip

- 주어진 명제를 자신만의 방법으로 도식화하여 빠르게 문제를 해결한다.
- 경우의 수가 여러 개인 명제보다 1 ~ 2개인 명제를 먼저 도식화하면, 그만큼 경우의 수가 줄어들어 문제를 빠르게 해결할 수 있다.

01 M은행에서 10명의 행원 가 ~ 차를 차례로 한 줄로 세우려고 한다. 다음 〈조건〉을 바탕으로 7번째에 오는 사람이 사 행원일 때, 3번째에 올 행원은 누구인가?

> **조건**
> • 자 행원과 차 행원은 결석하여 줄을 서지 못했다.
> • 가 행원보다 다 행원이 먼저 서 있다.
> • 마 행원은 다 행원과 아 행원보다 먼저 서 있다.
> • 아 행원은 가 행원과 바 행원 사이에 서 있다.
> • 바 행원은 나 행원보다는 먼저 서 있지만, 가 행원보다는 뒤에 있다.
> • 라 행원은 사 행원과 나 행원의 뒤에 서 있다.

① 가 행원   ② 나 행원
③ 마 행원   ④ 바 행원

Easy

02 M은행의 직원 A ~ D 4명은 각각 다른 팀에 근무하는데, 각 팀은 2층, 3층, 4층, 5층에 위치하고 있다. 다음 〈조건〉을 참고할 때, 항상 참인 것은?

> **조건**
> • A, B, C, D 중 2명은 부장, 1명은 과장, 1명은 대리이다.
> • 대리의 사무실은 B보다 높은 층에 있다.
> • B는 과장이다.
> • A는 대리가 아니다.
> • A의 사무실이 가장 높다.

① 부장 중 1명은 반드시 2층에 근무한다.
② A는 부장이다.
③ 대리는 4층에 근무한다.
④ B는 2층에 근무한다.

03 M은행의 사내 체육대회에서 A ~ F 6명은 키가 큰 순서에 따라 2명씩 1팀, 2팀, 3팀으로 나뉘어 배치된다. 다음 〈조건〉에 따라 배치된다고 할 때, 가장 키가 큰 사람은?

> **조건**
> • A, B, C, D, E, F의 키는 서로 다르다.
> • 2팀의 B는 A보다 키가 작다.
> • D보다 키가 작은 사람은 4명이다.
> • A는 1팀에 배치되지 않는다.
> • E와 F는 한 팀에 배치된다.

① A   ② B
③ C   ④ D

Hard

04 M회사는 A ~ E팀이 사용하는 사무실을 회사 건물의 1층부터 5층에 배치하고 있다. 각 부서의 배치는 2년에 한 번씩 새롭게 변경하며, 올해 새롭게 배치할 예정이다. 다음 〈조건〉을 참고할 때, 반드시 참인 것은?(단, 한 층에는 한 팀만 배치된다)

> **조건**
> • 한 번 배치된 층에는 다시 배치되지 않는다.
> • A팀과 C팀은 1층과 3층을 사용한 적이 있다.
> • B팀과 D팀은 2층과 4층을 사용한 적이 있다.
> • E팀은 2층을 사용한 적이 있고, 5층에 배정되었다.
> • B팀은 1층에 배정되었다.

① E팀은 3층을 사용한 적이 있을 것이다.
② A팀은 2층을 사용한 적이 있을 것이다.
③ D팀은 이번에 확실히 3층에 배정될 것이다.
④ 2층을 쓸 가능성이 있는 것은 총 세 팀이다.

05 다음은 M사의 사무실 배치도이다. 회장실, 응접실, 탕비실과 재무회계팀, 홍보팀, 법무팀, 연구개발팀, 인사팀의 위치가 다음 〈조건〉에 따를 때, 인사팀의 위치는?

출입문	A	B	C	D	회의실 1
	복도				
	E	F	G	H	회의실 2

조건

- A ~ H에는 빈 곳 없이 회장실, 응접실, 탕비실, 모든 팀 중 하나가 위치해 있다.
- 회장실은 출입문과 가장 가까운 위치에 있다.
- 회장실 맞은편은 응접실이다.
- 재무회계팀은 회장실 옆에 있고, 응접실 옆에는 홍보팀이 있다.
- 법무팀은 항상 홍보팀 옆에 있다.
- 연구개발팀은 회의실 2와 같은 줄에 있다.
- 탕비실은 법무팀 맞은편에 있다.

① B　　　　　　　　　　　② C

③ D　　　　　　　　　　　④ G

| 유형분석 |

- 상황과 정보를 토대로 조건에 적절한 것을 찾는 문제이다.
- 자원관리능력 영역과 결합한 계산 문제가 출제될 가능성이 있다.

다음은 M은행에서 진행하고 있는 이벤트 포스터이다. M은행의 행원인 귀하가 해당 이벤트를 고객에게 추천하기 전에 확인해야 할 사항으로 적절하지 않은 것은?

〈M은행 가족사랑 패키지 출시 기념 이벤트〉

▲ 이벤트 기간 : 2025년 3월 1일(토) ~ 31일(월)
▲ 세부내용

대상	응모요건	경품
가족사랑 통장·적금·대출 신규 가입 고객	① 가족사랑 통장 신규 ② 가족사랑 적금 신규 ③ 가족사랑 대출 신규	가입 고객 모두에게 OTP 또는 보안카드 무료 발급
가족사랑 고객	가족사랑 통장 가입 후 다음 중 1가지 이상 충족 ① 급여이체 신규 ② 가맹점 결제대금 이체 신규 ③ 신용(체크)카드 결제금액 20만 원 이상 ④ 가족사랑 대출 신규(1천만 원 이상)	• 여행상품권(200만 원, 1명) • 최신 핸드폰(3명) • 한우세트(300명) • 연극 티켓 2매(전 고객)
국민행복카드 가입 고객	국민행복카드 신규+당행 결제계좌 등록 (동 카드로 임신 출산 바우처 결제 1회 이상 사용)	어쩌다 엄마(도서, 500명)

▲ 당첨자 발표 : 2025년 4월 중순, 홈페이지 공지 및 영업점 통보
  - 제세공과금은 M은행이 부담하며 본 이벤트는 당행의 사정으로 변경 또는 중단될 수 있습니다.
  - 당첨 고객은 추첨일 현재 대상상품 유지 고객에 한하며, 당첨자 명단은 추첨일 기준 금월 중 M은행 홈페이지에서 확인하실 수 있습니다.
  - 기타 자세한 내용은 인터넷 홈페이지(www.Mbank.com)를 참고하시거나 가까운 영업점, 고객센터 (0000-0000)에 문의하시기 바랍니다.
※ 유의사항 : 상기이벤트 당첨자 중 연락 불능, 수령 거절 등의 고객 사유로 1개월 이상 경품 미수령 시 당첨이 취소될 수 있음

① 가족사랑 패키지 출시 기념 이벤트는 3월 한 달 동안 진행되는구나.

② 가족사랑 대출을 신규로 가입했을 경우에 OTP나 보안카드를 무료로 발급받을 수 있구나.

③ 2025년 4월에 이벤트 당첨자를 발표하는데, 별도의 통보가 없으니 영업점을 방문하시라고 설명해야겠 구나.

④ 가족사랑 통장을 신규로 가입한 후 급여이체를 설정하면 OTP가 무료로 발급되고 연극 티켓도 받을 수 있구나.

정답 ③

이벤트 포스터에 당첨자 명단은 홈페이지에서 확인할 수 있다고 명시되어 있다.

오답분석

① '이벤트 기간'에서 확인할 수 있다.

② '세부내용' 내 '가족사랑 통장·적금·대출 신규 가입 고객'의 '경품'란에서 확인할 수 있다.

④ '세부내용' 내 '가족사랑 통장·적금·대출 신규 가입 고객'과 '가족사랑 고객'의 '경품'란에서 확인할 수 있다.

유형풀이 Tip

- 문제에서 묻는 것을 파악한 후, 필요한 상황과 정보를 활용하여 풀이한다.
- 전체적으로 적용되는 공통 조건과 추가로 적용되는 조건이 동시에 제시될 수 있다. 따라서 공통 조건이 무엇인지 먼저 판단한 후 경우에 따라 추가 조건을 고려하여 풀이한다.
- 추가 조건은 표 하단에 작은 글자로 제시될 수 있으며, 문제를 해결하는 데 중요한 변수가 될 수 있으므로 유의한다.

01 같은 해 M은행에 입사한 동기 A ~ E는 서로 다른 부서에서 일하고 있다. 이들이 근무하는 부서와 해당 부서의 성과급은 다음과 같다. 부서배치와 휴가에 대한 조건들을 참고할 때, 항상 옳은 것은?

〈부서별 성과급〉

비서실	영업부	인사부	총무부	홍보부
60만 원	20만 원	40만 원	60만 원	60만 원

※ 각 사원은 모두 각 부서의 성과급을 동일하게 받음

〈부서배치 조건〉

• A는 성과급이 평균보다 적은 부서에서 일한다.
• B와 D의 성과급을 더하면 나머지 3명의 성과급 합과 같다.
• C의 성과급은 총무부보다는 적지만 A보다는 많이 받는다.
• C와 D 중 1명은 비서실에서 일한다.
• E는 홍보부에서 일한다.

〈휴가 조건〉

• 영업부 직원은 비서실 직원보다 휴가를 더 늦게 가야 한다.
• 인사부 직원은 첫 번째 또는 제일 마지막으로 휴가를 가야 한다.
• B의 휴가 순서는 이들 중 세 번째이다.
• E는 휴가를 반납하고 성과급을 두 배로 받는다.

① D가 C보다 성과급이 많다.
② B는 A보다 휴가를 먼저 출발한다.
③ A의 3개월 치 성과급은 C의 2개월 치 성과급보다 많다.
④ C가 맨 먼저 휴가를 갈 경우, B가 맨 마지막으로 휴가를 가게 된다.

02 M동 주민센터에서는 임신한 주민에게 출산장려금을 지원하고자 한다. 출산장려금 지급 기준 및 M동에 거주하는 임산부에 대한 정보가 다음과 같을 때, 출산장려금을 가장 먼저 받을 수 있는 사람은?

〈M동 출산장려금 지급 기준〉

- 출산장려금 지급액은 모두 같으나, 지급 시기는 모두 다르다.
- 지급 순서 기준은 임신일, 자녀 수, 소득 수준 순서이다.
- 임신일이 길수록, 자녀가 많을수록, 소득 수준이 낮을수록 먼저 받는다(단, 자녀는 만 19세 미만의 아동 및 청소년으로 제한한다).
- 임신일, 자녀 수, 소득 수준이 모두 같으면 같은 날에 지급한다.

〈M동 거주 임산부 정보〉

구분	임신일	자녀	소득 수준
A임산부	150일	만 1세	하
B임산부	200일	만 3세	상
C임산부	100일	만 10세, 만 6세, 만 5세, 만 4세	상
D임산부	200일	만 7세, 만 5세, 만 3세	중
E임산부	200일	만 20세, 만 16세, 만 14세, 만 10세	상

---

① A임산부   ② B임산부

③ C임산부   ④ D임산부

03 S통신사, L통신사, K통신사 3사는 모두 A~G카드사와의 제휴를 통해 전월에 일정 금액 이상 카드 사용 시 통신비를 할인해주고 있다. 통신비의 최대 할인금액과 할인조건이 다음과 같을 때, 자료를 해석한 내용으로 옳은 것은?

〈통신사별 최대 할인금액 및 할인조건〉

구분	통신사	최대 할인금액	할인조건
A카드사	S통신사	20,000원	• 전월 카드 사용 100만 원 이상 시 2만 원 할인 • 전월 카드 사용 50만 원 이상 시 1만 원 할인
	L통신사	9,000원	• 전월 카드 사용 30만 원 이상 시 할인
	K통신사	8,000원	• 전월 카드 사용 30만 원 이상 시 할인
B카드사	S통신사	20,000원	• 전월 카드 사용 100만 원 이상 시 2만 원 할인 • 전월 카드 사용 50만 원 이상 시 1만 원 할인
	L통신사	9,000원	• 전월 카드 사용 30만 원 이상 시 할인
	K통신사	9,000원	• 전월 카드 사용 50만 원 이상 시 9천 원 할인 • 전월 카드 사용 30만 원 이상 시 6천 원 할인
C카드사	S통신사	22,000원	• 전월 카드 사용 100만 원 이상 시 2.2만 원 할인 • 전월 카드 사용 50만 원 이상 시 1만 원 할인 • 전월 카드 1회 사용 시 5천 원 할인
D카드사	L통신사	9,000원	• 전월 카드 사용 30만 원 이상 시 할인
	K통신사	9,000원	• 전월 카드 사용 30만 원 이상 시 할인
E카드사	K통신사	8,000원	• 전월 카드 사용 30만 원 이상 시 할인
F카드사	K통신사	15,000원	• 전월 카드 사용 50만 원 이상 시 할인
G카드사	L통신사	15,000원	• 전월 카드 사용 70만 원 이상 시 1.5만 원 할인 • 전월 카드 사용 30만 원 이상 시 1만 원 할인

① S통신사의 모든 제휴카드사는 전월 실적이 50만 원 이상이어야 통신비 할인이 가능하다.

② S통신사를 이용할 경우 가장 많은 통신비를 할인받을 수 있는 제휴카드는 A카드사이다.

③ 전월에 33만 원을 사용했을 경우 L통신사에 대한 할인금액은 G카드사보다 D카드사가 더 많다.

④ 전월에 52만 원을 사용했을 경우 K통신사에 대한 할인금액이 가장 많은 제휴카드사는 F카드사이다.

04 다음은 M사에서 진행하는 산재보험패널 학술대회의 프로그램 시간표이다. 이를 이해한 내용으로 옳지 않은 것은?

〈산재보험패널 학술대회 안내〉

시간	프로그램	
13:00 ~ 13:30	학술대회 등록	
13:30 ~ 14:00	• 학술대회 개회식 및 내·외빈 소개 • 대학원생 학술논문 경진대회 우수논문 시상	
14:00 ~ 14:20	(기조발표) 산재보험패널조사로 살펴본 산재근로자의 모습	
14:20 ~ 14:30	휴식	
14:30 ~ 16:00	주제 : 산재근로자의 노동시장 참여(1) [장소 : A중회의실] 1. 산업재해 근로자의 직장복귀 요인 분석 2. 산재 후 원직장복귀 근로자의 원직장 이탈 결정요인 분석 3. 머신 러닝 기법을 이용한 산재요양종결자의 4년 후 원직복귀 예측 요인	주제 : 산재근로자의 일과 생활 [장소 : B중회의실] 1. 산재장해인 재활서비스가 직업복귀 촉진에 미치는 효과성 분석 2. 산재근로자의 이직의사에 영향을 미치는 요인 3. 산재요양종결자의 가구 빈곤 현황 및 추이 분석
16:00 ~ 16:10	휴식	
16:10 ~ 17:40	주제 : 산재근로자의 노동시장 참여(2) [장소 : A중회의실] 1. 산재근로자의 원직복귀와 장해등급에 영향을 미치는 요인 분석 2. 산재근로자 직업복귀 시 '고용의 질'에 영향을 미치는 요인 연구 3. 산재근로자의 직장복귀 형태에 영향을 미치는 요인 분석 및 자아존중감, 자기효능감, 일자리 만족도 비교	주제 : 대학원생 학술논문 경진대회 [장소 : B중회의실] 1. 재발사건 생존 분석을 활용한 산재근로자의 직업복귀 이후 고용 유지에 미치는 영향 2. 산재 근로자의 직업 만족도에 따른 잠재계층 분류와 영향 요인 검증

① 산재근로자가 이직을 하는 이유를 알고 싶다면 B중회의실에 참석해야겠다.

② A중회의실에서 산재요양종결자의 원직복귀 예측 요인에 대한 설명을 들을 수 있겠구나.

③ 대학원생 학술논문 경진대회를 통해 재발사건 생존 분석을 어떻게 활용하는지 알 수 있겠군.

④ 산재근로자의 일과 생활을 다룬 프로그램에 참석하면 산재근로자의 장해등급은 어떻게 구분되는지 알 수 있겠어.

| 유형분석 |

- 상황에 대한 환경분석을 통해 주요 과제 및 해결 방안을 도출하는 문제이다.
- SWOT 분석뿐 아니라 3C 분석을 활용하는 문제가 출제될 수 있으므로, 해당 분석 도구에 대한 사전 학습이 요구된다.

국내 M금융그룹의 SWOT 분석 결과가 다음과 같을 때, 분석 결과에 대응하는 전략과 그 내용이 바르게 짝지어진 것은?

국내 M금융그룹 SWOT 분석	
S(강점)	W(약점)
• 탄탄한 국내시장 지배력 • 뛰어난 위기관리 역량 • 우수한 자산건전성 지표 • 수준 높은 금융 서비스	• 은행과 이자수익에 편중된 수익구조 • 취약한 해외 비즈니스와 글로벌 경쟁력 • 낙하산식 경영진 교체와 관치금융 우려 • 외화 자금 조달 리스크
O(기회)	T(위협)
• 해외 금융시장 진출 확대 • 기술 발달에 따른 핀테크의 등장 • IT 인프라를 활용한 새로운 수익 창출 • 계열사 간 협업을 통한 금융 서비스	• 새로운 금융 서비스의 등장 • 은행의 영향력 약화 가속화 • 글로벌 금융사와의 경쟁 심화 • 비용 합리화에 따른 고객 신뢰 저하

① SO전략 : 해외 비즈니스TF팀 신설로 상반기 해외 금융시장 진출 대비

② ST전략 : 금융 서비스를 다방면으로 확대해 글로벌 경쟁사와의 경쟁에서 우위 차지

③ WO전략 : 국내의 탄탄한 시장점유율을 기반으로 핀테크 사업 진출

④ WT전략 : 국내 금융사의 우수한 자산건전성 지표를 홍보하여 고객 신뢰 회복

정답 ②

수준 높은 금융 서비스를 통해 글로벌 경쟁에서 우위를 차지하는 것은 강점을 이용해 글로벌 금융사와의 경쟁 심화라는 위협을 극복하는 ST전략이다.

오답분석

① 해외 비즈니스TF팀을 신설해 해외 금융시장 진출을 확대하는 것은 글로벌 경쟁력이 낮다는 약점을 극복하고 해외 금융시장 진출 확대라는 기회를 활용하는 WO전략이다.
③ 탄탄한 국내 시장점유율이 국내 금융그룹의 핀테크 사업 진출의 기반이 되는 것은 강점을 통해 기회를 살리는 SO전략이다.
④ 우수한 자산건전성 지표를 홍보하여 고객 신뢰를 회복하는 것은 강점으로 위협을 극복하는 ST전략이다.

유형풀이 Tip

SWOT 분석

기업의 내부환경과 외부환경을 분석하여 강점(Strength), 약점(Weakness), 기회(Opportunity), 위협(Threat) 요인을 규정하고 이를 토대로 경영전략을 수립하는 기법으로, 미국의 경영컨설턴트인 알버트 험프리(Albert Humphrey)에 의해 고안되었다. SWOT 분석의 가장 큰 장점은 기업의 내·외부환경 변화를 동시에 파악할 수 있다는 것이다. 기업의 내부환경을 분석하여 강점과 약점을 찾아내며, 외부환경 분석을 통해서는 기회와 위협을 찾아낸다. SWOT 분석은 외부로부터의 기회는 최대한 살리고 위협은 회피하는 방향으로 자신의 강점은 최대한 활용하고 약점은 보완한다는 논리에 기초를 두고 있다. SWOT 분석에 의한 경영전략은 다음과 같이 정리할 수 있다.

Strength 강점 기업 내부환경에서의 강점	S	W	Weakness 약점 기업 내부환경에서의 약점
Opportunity 기회 기업 외부환경으로부터의 기회	O	T	Threat 위협 기업 외부환경으로부터의 위협

3C 분석

자사(Company)	고객(Customer)	경쟁사(Competitor)
• 자사의 핵심역량은 무엇인가? • 자사의 장단점은 무엇인가? • 자사의 다른 사업과 연계되는가?	• 주 고객군은 누구인가? • 그들은 무엇에 열광하는가? • 그들의 정보 습득/교환은 어디에서 일어나는가?	• 경쟁사는 어떤 회사가 있는가? • 경쟁사의 핵심역량은 무엇인가? • 잠재적인 경쟁사는 어디인가?

01 다음은 기업 분석 도구인 VRIO 분석과 SWOT 분석에 대한 설명이다. 이에 대한 내용으로 옳지 않은 것은?

> VRIO 분석은 자원 기반 관점의 분석 도구로서, 기업 내부 보유 가치(Value), 희소성(Rarity), 모방 가능성 정도(Imitability), 조직(Organization)의 4가지 기준으로 기업이 보유한 유형·무형의 내부 자원(자산)·능력(역량)을 평가해 기업의 경쟁력을 분석하고, 이를 바탕으로 기업이 지속적인 경쟁우위를 확보할 수 있는 잠재력이 있는가를 판단하는 도구이다. 즉, 기업의 내부 자원·능력이 지속적인 경쟁우위를 구축하려면 가치가 있어야 하고, 희소해야 하며, 모방 가능성이 낮아야 하고, 조직화가 될 수 있어야 한다는 것이다.
> SWOT 분석은 기업 내부의 강점(Strength)과 약점(Weakness), 기업 외부의 기회(Opportunity)와 위협(Threat) 등의 요인을 분석한 결과를 토대로 적절한 마케팅 전략을 수립하도록 돕는 수단으로서, 경쟁 기업과의 비교를 통해 자사의 핵심 역량을 발견하는 것을 목적으로 한다.

① VRIO 분석과 SWOT 분석의 공통점은 기업의 경쟁력 보유 현황을 분석한 결과에 따라 적절한 경영 전략을 도출할 수 있게 돕는 분석 도구라는 점이다.

② 기업이 그 내부에 보유하고 있는 어떤 자원·능력이 시장에서의 기회를 잡고 위험 회피(타파·완화)가 가능할 만큼의 가치가 있는지 분석한다는 점은 VRIO 분석과 SWOT 분석의 공통점이다.

③ VRIO 분석이 SWOT 분석보다 그 분석 범위가 더 넓은데, SWOT 분석이 기업 내부의 자원·능력의 분석에 초점을 둔다면, VRIO 분석은 기업 내부(강점·약점)와 외부(기회·위협) 요인을 광범위하게 분석한다고 볼 수 있다.

④ VRIO 분석의 목표가 가치를 창출할 수 있고 희소하고 모방하기 어려우며 체계적으로 구성된 자원·능력을 식별하는 것이라면, SWOT 분석의 목표는 기업의 성과 달성에 긍정적 또는 부정적인 영향을 끼칠 수 있는 요인을 식별하는 것이다.

02 다음은 M은행의 2024년 기반 SWOT 분석 결과에 대한 자료이다. 다음을 바탕으로 판단할 때, 빈칸에 들어갈 전략이 잘못 연결된 것은?

〈2024년 SWOT 분석 결과〉

구분	분석 결과
강점(Strength)	• 대중적으로 알려진 인지도 • 안정적인 자금력
약점(Weakness)	• 자산이 많은 부유층 고객수가 적음
기회(Opportunity)	• 다른 은행들의 부유층 고객들이 최근 주거래 은행을 옮기는 현상 발생 • 최근 정부의 금융상품에 대한 규제가 완화
위협(Threat)	• 신규 온라인 은행들의 설립과 관련 정책 활성화 • 기업인, 농・어업인 등 특정 단체를 위한 은행 출범

〈2025년 전략〉

구분	강점(Strength)	약점(Weakness)
기회 (Opportunity)	안정적인 자금력은 대중들에게 홍보하여 부유한 고객을 영업한다.	㉠
위협 (Threat)	㉡	㉢

① ㉠ : 다양한 국민들이 이용할 수 있는 새로운 금융 상품을 만들어 판매한다.

② ㉠ : 규제 전에 할 수 없던 고금리 금융 상품을 만들어 부유층 고객에게 어필한다.

③ ㉡ : 안정적인 자금력을 어필하여 부유층 고객이 안심할 수 있다는 점을 중점으로 광고한다.

④ ㉢ : 신규 온라인 은행과 특정인을 위한 은행의 상품보다 혜택이 좋은 금융상품 개발로 선제적인 시장을 선점한다.

03 컨설팅 회사에 근무 중인 A사원은 최근 컨설팅 의뢰를 받은 B사진관에 대해 SWOT 분석을 진행하기로 하였다. 다음 ㉠ ~ ㉣ 중 SWOT 분석에 들어갈 내용으로 옳지 않은 것은?

〈B사진관 SWOT 분석 결과〉

강점(Strength)	• ㉠ 넓은 촬영 공간(야외 촬영장 보유) • 백화점 인근의 높은 접근성 • ㉡ 다양한 채널을 통한 홍보로 높은 인지도 확보
약점(Weakness)	• ㉢ 직원들의 높은 이직률 • 회원 관리 능력 부족 • 내부 회계 능력 부족
기회(Opportunity)	• 사진 시장의 규모 확대 • 오프라인 사진 인화 시장의 성장 • ㉣ 전문가용 카메라의 일반화
위협(Threat)	• 저가 전략 위주의 경쟁 업체 증가 • 온라인 사진 저장 서비스에 대한 수요 증가

① ㉠
② ㉡
③ ㉢
④ ㉣

04 M은행에 근무 중인 L사원은 국내 금융 시장에 대한 보고서를 작성하면서 M은행에 대한 SWOT 분석을 진행하였다. 다음 중 L사원이 작성한 SWOT 분석의 위협 요인에 들어갈 내용으로 옳지 않은 것은?

〈M은행 SWOT 분석 결과〉

강점(Strength)	약점(Weakness)
• 지속적 혁신에 대한 경영자의 긍정적 마인드 • 고객만족도 1위의 높은 고객 충성도 • 다양한 투자 상품 개발	• 해외 투자 경험 부족으로 취약한 글로벌 경쟁력 • 소매 금융에 비해 부족한 기업 금융
기회(Opportunity)	위협(Threat)
• 국내 유동자금의 증가 • 해외 금융 시장 진출 확대 • 정부의 규제 완화 정책	

① 정부의 정책 노선 혼란 등으로 인한 시장의 불확실성 증가

② 경기 침체 장기화

③ 부족한 리스크 관리 능력

④ 금융업의 경계 파괴에 따른 경쟁 심화

05 다음은 국내 화장품 제조 회사에 대한 SWOT 분석 자료이다. 분석에 따른 대응 전략으로 옳은 것을 〈보기〉에서 모두 고르면?

〈국내 화장품 제조 회사 SWOT 분석 결과〉

강점(Strength)	약점(Weakness)
• 신속한 제품 개발 시스템 • 차별화된 제조 기술 보유	• 신규 생산 설비 투자 미흡 • 낮은 브랜드 인지도
기회(Opportunity)	위협(Threat)
• 해외시장에서의 한국 제품 선호 증가 • 새로운 해외시장의 출현	• 해외 저가 제품의 공격적 마케팅 • 저임금의 개발도상국과 경쟁 심화

보기

ㄱ. 새로운 해외시장의 소비자 기호를 반영한 제품을 개발하여 출시한다.
ㄴ. 국내에 화장품 생산 공장을 추가로 건설하여 제품 생산량을 획기적으로 증가시킨다.
ㄷ. 차별화된 제조 기술을 통해 품질 향상과 고급화 전략을 추구한다.
ㄹ. 브랜드 인지도가 낮으므로 해외 현지 기업과의 인수·합병을 통해 해당 회사의 브랜드로 제품을 출시한다.

① ㄱ, ㄴ
② ㄱ, ㄷ
③ ㄴ, ㄷ
④ ㄴ, ㄹ

06 M사는 보조배터리를 개발하여 중국 시장에 진출하고자 한다. 다음과 같이 3C 분석 결과를 사업 계획에 반영하고, 향후 해결해야 할 회사의 전략 과제가 무엇인지 정리했다. 이때 M사에서 해결해야 할 전략 과제로 옳지 않은 것은?

〈보조배터리 사업 3C 분석 결과〉

Customer	Competitor	Company
• 전반적인 중국 시장은 매년 10% 성장 • 중국 시장 내 보조배터리 제품의 규모는 급성장 중임 • 20 ~ 30대 젊은 층이 중심 • 온라인 구매가 약 80% 이상 • 인간공학 지향	• 중국 기업들의 압도적인 시장점유 • 중국 기업들 간의 치열한 가격경쟁 • A/S 및 사후관리 취약 • 생산 및 유통망 노하우 보유	• 국내시장 점유율 1위 • A/S 등 고객서비스 부문 우수 • 해외 판매망 취약 • 온라인 구매시스템 미흡(보안, 편의 등) • 높은 생산원가 구조 • 높은 기술개발력

① 중국 시장의 판매유통망 구축
② 온라인 구매시스템 강화
③ 고객서비스 부문 강화
④ 원가 절감을 통한 가격경쟁력 강화

PART 2

금융 · 경제 상식

※ 실제 수험생들의 2025년 상반기 필기전형 후기를 바탕으로 〈디지털 상식〉 내용을 수록하였습니다.

CHAPTER 01 금융·경제 상식

빈출키워드 1 통화정책

01 A국의 통화량은 현금통화 150, 예금통화 450이며, 지급준비금이 90이라고 할 때 통화승수는?
(단, 현금통화비율과 지급준비율은 일정하다)

① 2.5

② 3

③ 4.5

④ 5

02 다음 정책에 대한 설명으로 적절하지 않은 것은?

> 중앙은행의 정책으로 금리 인하를 통한 경기부양 효과가 한계에 다다랐을 때 중앙은행이 국채매입
> 등을 통해 유동성을 시중에 직접 푸는 정책을 뜻한다.

① 수출 증대의 효과가 있다.

② 디플레이션을 초래할 수 있다.

③ 유동성을 무제한으로 공급하는 것이다.

④ 경기후퇴를 막음으로써 시장의 자신감을 향상시킨다.

01

정답 ①

현금통화비율(c), 지급준비율(γ), 본원통화(B), 통화량(M)

$$M = \frac{1}{c + \gamma(1-c)} B$$

여기서 $c = \dfrac{150}{600} = 0.25$, $\gamma = \dfrac{90}{450} = 0.2$이므로, 통화승수는 $\dfrac{1}{c + \gamma(1-c)} = \dfrac{1}{0.25 + 0.2(1-0.25)} = 2.5$이다.

한편, (통화량)=(현금통화)+(예금통화)=150+450=600, (본원통화)=(현금통화)+(지급준비금)=150+90=240이다.

따라서 (통화승수)=$\dfrac{(통화량)}{(본원통화)} = \dfrac{600}{240} = 2.5$이다.

02

정답 ②

제시된 정책은 양적완화로, 경기 부양에는 효과적이지만 지나치면 인플레이션을 일으킬 수 있다.

> **양적완화**
> • 금리중시 통화정책을 시행하는 중앙은행이 정책금리가 0%에 근접하거나, 혹은 다른 이유로 시장경제의 흐름을 정책금리로 제어할 수 없는 이른바 유동성 저하 상황하에서 유동성을 충분히 공급함으로써 중앙은행의 거래량을 확대하는 정책이다.
> • 수출 증대의 효과가 있는 반면, 인플레이션을 초래할 수도 있다.
> • 자국의 경제에는 소기의 목적을 달성하더라도 타국의 경제에 영향을 미쳐 자산 가격을 급등시킬 수도 있다.

이론 더하기

중앙은행

① 중앙은행의 역할
- 화폐를 발행하는 발권은행으로서의 기능을 한다.
- 은행의 은행으로서의 기능을 한다.
- 통화가치의 안정과 국민경제의 발전을 위한 통화금융정책을 집행하는 기능을 한다.
- 국제수지 불균형의 조정, 환율의 안정을 위하여 외환관리업무를 한다.
- 국고금 관리 등의 업무를 수행하며 정부의 은행으로서의 기능을 한다.

② 중앙은행의 통화정책 운영체계
   한국은행은 통화정책 운영체계로서 물가안정목표제(Inflation Targeting)를 채택하고 있다.

③ 물가안정목표제란 '통화량' 또는 '환율' 등 중간목표를 정하고 이에 영향을 미쳐 최종목표인 물가안정을 달성하는 것이 아니라, 최종목표인 '물가' 자체에 목표치를 정하고 중기적 시기에 이를 달성하려는 방식이다.

금융정책

정책수단		운용목표		중간목표		최종목표
공개시장조작 지급준비율	→	콜금리 본원통화 재할인율	→	통화량 이자율	→	완전고용 물가안정 국제수지균형

① 공개시장조작정책
- 중앙은행이 직접 채권시장에 참여하여 금융기관을 상대로 채권을 매입하거나 매각하여 통화량을 조절하는 통화정책수단을 의미한다.
- 중앙은행이 시중의 금융기관을 상대로 채권을 매입하는 경우 경제 전체의 통화량은 증가하게 되고, 이는 실질이자율을 낮춰 총수요를 증가시킨다.
- 중앙은행이 시중의 금융기관을 상대로 채권을 매각하는 경우 경제 전체의 통화량은 감소하게 되고, 이는 실질이자율을 상승과 투자의 감소로 이어져 총수요가 감소하게 된다.

② 지급준비율정책
- 법정지급준비율이란 중앙은행이 예금은행으로 하여금 예금자 예금인출요구에 대비하여 총예금액의 일정비율 이상을 대출할 수 없도록 규정한 것을 말한다.
- 지급준비율정책이란 법정지급준비율을 변경시킴으로써 통화량을 조절하는 것을 말한다.
- 지급준비율이 인상되면 통화량이 감소하고 실질이자율을 높여 총수요를 억제한다.

③ 재할인율정책
- 재할인율정책이란 일반은행이 중앙은행으로부터 자금을 차입할 때 차입규모를 조절하여 통화량을 조절하는 통화정책수단을 말한다.
- 재할인율 상승은 실질이자율을 높여 경제 전체의 통화량을 줄이고자 할 때 사용하는 통화정책의 수단이다.
- 재할인율 인하는 실질이자율을 낮춰 경제 전체의 통화량을 늘리고자 할 때 사용하는 통화정책의 수단이다.

다음은 경제 지표 추이에 대한 그래프이다. 이와 같은 추이가 계속된다고 할 때, 나타날 수 있는 현상으로 옳은 것을 〈보기〉에서 모두 고르면?(단, 지표 외 다른 요인은 고려하지 않는다)

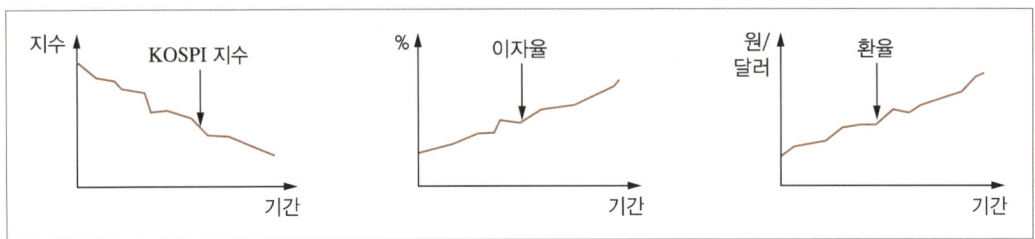

보기
ㄱ. KOSPI 지수 추이를 볼 때, 기업은 주식시장을 통한 자본 조달이 어려워질 것이다.
ㄴ. 이자율 추이를 볼 때, 은행을 통한 기업의 대출 수요가 증가할 것이다.
ㄷ. 환율 추이를 볼 때, 수출제품의 가격 경쟁력이 강화될 것이다.

① ㄱ

② ㄴ

③ ㄱ, ㄷ

④ ㄴ, ㄷ

정답 ③
ㄱ. KOSPI 지수가 지속적으로 하락하고 있기 때문에 주식시장이 매우 침체되어 있다고 볼 수 있다. 이 경우 주식에 대한 수요와 증권시장의 약세 장세 때문에 주식 발행을 통한 자본 조달은 매우 어려워진다.
ㄷ. 원/달러 환율이 지속적으로 상승하게 되면 원화의 약세로 수출제품의 외국에서의 가격은 달러화에 비해 훨씬 저렴하게 된다. 따라서 상대적으로 외국제품에 비하여 가격 경쟁력이 강화되는 효과가 발생한다.

오답분석
ㄴ. 이자율이 지속적으로 상승하면 대출 금리도 따라 상승하게 되어 기업의 부담이 커지게 되고 이에 따라 기업의 대출 수요는 감소하게 된다.

금리

① 개념 : 원금에 지급되는 이자를 비율로 나타낸 것으로 '이자율'이라는 표현을 사용하기도 한다.

② 특징

- 자금에 대한 수요와 공급이 변하면 금리가 변동한다. 즉, 자금의 수요가 증가하면 금리가 올라가고, 자금의 공급이 증가하면 금리는 하락한다.
- 중앙은행이 금리를 낮추겠다는 정책목표를 설정하면 금융시장의 국채를 매입하게 되고 금리에 영향을 준다.
- 가계 : 금리가 상승하면 소비보다는 저축이 증가하고, 금리가 하락하면 저축보다는 소비가 증가한다.
- 기업 : 금리가 상승하면 투자비용이 증가하므로 투자가 줄어들고, 금리가 하락하면 투자가 증가한다.
- 국가 간 자본의 이동 : 본국과 외국의 금리 차이를 보고 상대적으로 외국의 금리가 높다고 판단되면 자금은 해외로 이동하고, 그 반대의 경우 국내로 이동한다.

③ 금리의 종류

- 기준금리 : 중앙은행이 경제활동 상황을 판단하여 정책적으로 결정하는 금리로, 경제가 과열되거나 물가상승이 예상되면 기준금리를 올리고, 경제가 침체되고 있다고 판단되면 기준금리를 하락시킨다.
- 시장금리 : 개인의 신용도나 기간에 따라 달라지는 금리이다.

1년 미만 단기 금리	콜금리	영업활동 과정에서 남거나 모자라는 초단기자금(콜)에 대한 금리이다.
	환매조건부채권(RP)	일정 기간이 지난 후에 다시 매입하는 조건으로 채권을 매도함으로써 수요자가 단기자금을 조달하는 금융거래방식의 하나이다.
	양도성예금증서(CD)	은행이 발행하고 금융시장에서 자유로운 매매가 가능한 무기명의 정기예금증서이다.
1년 이상 장기 금리	국채, 회사채, 금융채	

환율

국가 간 화폐의 교환비율로, 우리나라에서 환율을 표시할 때에는 외국화폐 1단위당 원화의 금액으로 나타낸다.

예 1,193.80원/$, 170.76원/¥

주식과 주가

① 주식 : 주식회사의 자본을 이루는 단위로서 금액 및 이를 전제한 주주의 권리와 의무단위이다.

② 주가 : 주식의 시장가격으로, 주식시장의 수요와 공급에 의해 결정된다.

01　다음 중 변동환율제도에 대한 설명으로 옳지 않은 것은?

① 원화 환율이 오르면 물가가 상승하기 쉽다.

② 원화 환율이 오르면 수출업자가 유리해진다.

③ 원화 환율이 오르면 외국인의 국내 여행이 많아진다.

④ 국가 간 자본거래가 활발하게 이루어진다면 독자적인 통화정책을 운용할 수 없다.

02　다음 중 빈칸 ㉠~㉢에 들어갈 경제 용어가 바르게 짝지어진 것은?

구매력평가 이론(Purchasing Power Parity Theory)은 모든 나라의 통화 한 단위의 구매력이 같도록 환율이 결정되어야 한다는 것이다. 구매력평가 이론에 따르면 양국통화의 　㉠　은 양국의 　㉡　에 의해 결정되며, 구매력평가 이론이 성립하면 　㉢　은 불변이다.

	㉠	㉡	㉢
①	실질환율	물가수준	명목환율
②	실질환율	자본수지	명목환율
③	명목환율	물가수준	실질환율
④	명목환율	경상수지	실질환율

01

 ④

변동환율제도에서는 중앙은행이 외환시장에 개입하여 환율을 유지할 필요가 없고, 외환시장의 수급 상황이 국내 통화량에 영향을 미치지 않으므로 독자적인 통화정책의 운용이 가능하다.

02

정답 ③

일물일가의 법칙을 가정하는 구매력평가 이론에 따르면 두 나라에서 생산된 재화의 가격이 동일하므로 명목환율은 두 나라의 물가수준의 비율로 나타낼 수 있다. 한편, 구매력평가 이론이 성립하면 실질환율은 불변한다.

환율

① 개념 : 국내화폐와 외국화폐가 교환되는 시장을 외환시장(Foreign Exchange Market)이라고 한다. 그리고 여기서 결정되는 두 나라 화폐의 교환비율을 환율이라고 한다. 즉, 환율이란 자국화폐단위로 표시한 외국화폐 1단위의 가격이다.

② 환율의 변화

환율의 상승을 환율 인상(Depreciation), 환율의 하락을 환율 인하(Appreciation)라고 한다. 환율이 인상되는 경우 자국화폐의 가치가 하락하는 것을 의미하며, 환율이 인하되는 경우는 자국화폐가치가 상승하는 것을 의미한다.

평가절상 (＝환율 인하, 자국화폐 가치 상승)	평가절하 (＝환율 인상, 자국화폐 가치 하락)
• 수출 감소 • 수입 증가 • 경상수지 악화 • 외채부담 감소	• 수출 증가 • 수입 감소 • 경상수지 개선 • 외채부담 증가

③ 환율제도

구분	고정환율제도	변동환율제도
국제수지 불균형의 조정	정부개입에 의한 해결(평가절하, 평가절상)과 역외국에 대해서는 독자관세 유지	시장에서 환율의 변화에 따라 자동적으로 조정
환위험	적음	환율의 변동성에 기인하여 환위험에 크게 노출되어 있음
환투기의 위험	적음	높음(이에 대해 프리드먼은 환투기는 환율을 오히려 안정시키는 효과가 존재한다고 주장)
해외교란요인의 파급 여부	국내로 쉽게 전파됨	환율의 변화가 해외교란요인의 전파를 차단(차단효과)
금융정책의 자율성 여부	자율성 상실(불가능성 정리)	자율성 유지
정책의 유효성	금융정책 무력	재정정책 무력

01 다음 중 서킷 브레이커(Circuit Breakers)에 대한 설명으로 옳지 않은 것은?

① 1~3단계별로 2번씩 발동할 수 있다.

② 거래를 중단한 지 20분이 지나면 10분간 호가를 접수해서 매매를 재개시킨다.

③ 주식시장에서 주가가 급등 또는 급락하는 경우 주식매매를 일시 정지하는 제도이다.

④ 2단계 서킷 브레이커는 1일 1회 주식시장 개장 5분 후부터 장이 끝나기 40분 전까지 발동할 수 있다.

02 다음 중 주가가 떨어질 것을 예측해 주식을 빌려 파는 공매도를 했으나, 반등이 예상되면서 빌린 주식을 되갚자 주가가 오르는 현상은?

① 사이드카   ② 디노미네이션

③ 서킷브레이커   ④ 숏커버링

01

정답 ①

서킷 브레이커

• 원래 전기 회로에 과부하가 걸렸을 때 자동으로 회로를 차단하는 장치를 말하는데, 주식시장에서 주가가 급등 또는 급락하는 경우 주식매매를 일시 정지하는 제도이다. 서킷 브레이커가 발동되면 매매가 20분간 정지되고, 20분이 지나면 10분간 동시호가, 단일가매매 전환이 이루어진다.

• 서킷 브레이커 발동조건

 – 1단계 : 종합주가지수가 전 거래일보다 8% 이상 하락하여 1분 이상 지속되는 경우

 – 2단계 : 종합주가지수가 전 거래일보다 15% 이상 하락하여 1분 이상 지속되는 경우

 – 3단계 : 종합주가지수가 전 거래일보다 20% 이상 하락하여 1분 이상 지속되는 경우

• 서킷 브레이커 유의사항

 – 총 3단계로 이루어진 서킷 브레이커의 각 단계는 하루에 한 번만 발동할 수 있다.

 – 1~2단계는 주식시장 개장 5분 후부터 장 종료 40분 전까지만 발동한다. 단, 3단계 서킷 브레이커는 장 종료 40분 전 이후에도 발동될 수 있고, 3단계 서킷 브레이커가 발동하면 장이 종료된다.

02

정답 ④

없는 주식이나 채권을 판 후 보다 싼 값으로 주식이나 그 채권을 구해 매입자에게 넘기는데, 예상을 깨고 강세장이 되어 해당 주식이 오를 것 같으면 손해를 보기 전에 빌린 주식을 되갚게 된다. 이때 주가가 오르는 현상을 숏커버링이라 한다.

주가지수

① 개념 : 주식가격의 상승과 하락을 판단하기 위한 지표(Index)가 필요하므로 특정 종목의 주식을 대상으로 평균적으로 가격이 상승했는지 하락했는지를 판단한다. 때문에 주가지수의 변동은 경제상황을 판단하게 해주는 지표가 될 수 있다.

② 주가지수 계산 : $\dfrac{(\text{비교시점의 시가총액})}{(\text{기준시점의 시가총액})} \times 100$

③ 주요국의 종합주가지수

구분	지수명	기준시점	기준지수
한국	코스피	1980년	100
	코스닥	1996년	1,000
미국	다우존스 산업평균지수	1896년	100
	나스닥	1971년	100
	S&P 500	1941년	10
일본	니케이 225	1949년	50
중국	상하이종합	1990년	100
홍콩	항셍지수	1964년	100
영국	FTSE 100지수	1984년	1,000
프랑스	CAC 40지수	1987년	1,000

주가와 경기 변동

① 주식의 가격은 장기적으로 기업의 가치에 따라 변동한다.
② 주가는 경제성장률이나 이자율, 통화량과 같은 경제변수에 영향을 받는다.
③ 통화공급의 증가와 이자율이 하락하면 소비와 투자가 늘어나서 기업의 이익이 커지므로 주가는 상승한다.

주식관련 용어

① 서킷브레이커(CB) : 주식시장에서 주가가 급등 또는 급락하는 경우 주식매매를 일시 정지하는 제도이다.
② 사이드카 : 선물가격이 전일 종가 대비 5%(코스피), 6%(코스닥) 이상 급등 또는 급락 상태가 1분간 지속될 경우 주식시장의 프로그램 매매 호가를 5분간 정지시키는 것을 의미한다.
③ 네 마녀의 날 : 주가지수 선물과 옵션, 개별 주식 선물과 옵션 등 네 가지 파생상품 만기일이 겹치는 날이다. '쿼드러플워칭 데이'라고도 한다.
④ 레드칩 : 중국 정부와 국영기업이 최대주주로 참여해 홍콩에 설립한 우량 중국 기업들의 주식을 일컫는 말이다.
⑤ 블루칩 : 오래 시간 동안 안정적인 이익을 창출하고 배당을 지급해온 수익성과 재무구조가 건전한 기업의 주식으로 대형 우량주를 의미한다.
⑥ 숏커버링 : 외국인 등이 공매도한 주식을 되갚기 위해 시장에서 주식을 다시 사들이는 것으로, 주가 상승 요인으로 작용한다.
⑦ 공매도 : 주식을 가지고 있지 않은 상태에서 매도 주문을 내는 것이다. 3일 안에 해당 주식이나 채권을 구해 매입자에게 돌려주면 되기 때문에, 약세장이 예상되는 경우 시세차익을 노리는 투자자가 주로 활용한다.

다음 중 유로채와 외국채에 대한 설명으로 옳지 않은 것은?

① 유로채는 채권의 표시통화 국가에서 발행되는 채권이다.

② 유로채는 이자소득세를 내지 않는다.

③ 외국채는 감독 당국의 규제를 받는다.

④ 외국채는 신용 평가가 필요하다.

정답 ①

외국채는 채권의 표시통화 국가에서 발행되는 채권이고, 유로채는 채권의 표시통화 국가 이외의 국가에서 발행되는 채권이다.

오답분석

② 외국채는 이자소득세를 내야 하지만, 유로채는 세금을 매기지 않는다.

③ 외국채는 감독 당국의 규제를 받지만, 유로채는 규제를 받지 않는다.

④ 외국채는 신용 평가가 필요하지만, 유로채는 필요하지 않다.

채권

정부, 공공기관, 특수법인과 주식회사 형태를 갖춘 사기업이 일반 대중 투자자들로부터 비교적 장기의 자금을 조달하기 위해 발행하는 일종의 차용증서로, 채권을 발행한 기관은 채무자, 채권의 소유자는 채권자가 된다.

발행주체에 따른 채권의 분류

국채	• 국가가 발행하는 채권으로 세금과 함께 국가의 중요한 재원 중 하나이다. • 국고채, 국민주택채권, 국채관리기금채권, 외국환평형기금채권 등이 있다.
지방채	• 지방자치단체가 지방재정의 건전한 운영과 공공의 목적을 위해 재정상의 필요에 따라 발행하는 채권이다. • 지하철공채, 상수도공채, 도로공채 등이 있다.
특수채	• 공사와 같이 특별법에 따라 설립된 법인이 자금조달을 목적으로 발행하는 채권으로 공채와 사채의 성격을 모두 가지고 있다. • 예금보험공사 채권, 한국전력공사 채권, 리스회사의 무보증 리스채, 신용카드회사의 카드채 등이 있다.
금융채	• 금융회사가 발행하는 채권으로 발생은 특정한 금융회사의 중요한 자금조달수단 중 하나이다. • 산업금융채, 장기신용채, 중소기업금융채 등이 있다.
회사채	• 상법상의 주식회사가 발행하는 채권으로 채권자는 주주들의 배당에 우선하여 이자를 지급받게 되며 기업이 도산하는 경우에도 주주들을 우선하여 기업자산에 대한 청구권을 갖는다. • 전환사채(CB), 신주인수권부사채(BW), 교환사채(EB) 등이 있다.

이자지급방법에 따른 채권의 분류

이표채	액면가로 채권을 발행하고, 이자지급일이 되면 발행할 때 약정한 대로 이자를 지급하는 채권이다.
할인채	이자가 붙지는 않지만, 이자 상당액을 미리 액면가격에서 차감하여 발행가격이 상환가격보다 낮은 채권이다.
복리채(단리채)	정기적으로 이자가 지급되는 대신에 복리(단리) 이자로 재투자되어 만기상환 시에 원금과 이자를 지급하는 채권이다.
거치채	이자가 발생한 이후에 일정기간이 지난 후부터 지급되는 채권이다.

상환기간에 따른 채권의 분류

단기채	통상적으로 상환기간이 1년 미만인 채권으로, 통화안정증권, 양곡기금증권 등이 있다.
중기채	상환기간이 1 ~ 5년인 채권으로 우리나라의 대부분의 회사채 및 금융채가 만기 3년으로 발행된다.
장기채	상환기간이 5년 초과인 채권으로 국채가 이에 해당한다.

특수한 형태의 채권

일반사채와 달리 계약 조건이 다양하게 변형된 특수한 형태의 채권으로 다양한 목적에 따라 발행된 채권이다.

전환사채 (CB; Convertible Bond)	발행을 할 때에는 순수한 회사채로 발행되지만, 일정기간이 경과한 후에는 보유자의 청구에 의해 발행회사의 주식으로 전환될 수 있는 사채이다.
신주인수권부사채 (BW; Bond with Warrant)	발행 이후에 일정기간 내에 미리 약정된 가격으로 발행회사에 일정한 금액에 해당하는 주식을 매입할 수 있는 권리가 부여된 사채이다.
교환사채 (EB; Exchangeable Bond)	투자자가 보유한 채권을 일정 기간이 지난 후 발행회사가 보유 중인 다른 회사 유가증권으로 교환할 수 있는 권리가 있는 사채이다.
옵션부사채	• 콜옵션과 풋옵션이 부여되는 사채이다. • 콜옵션은 발행회사가 만기 전 조기상환을 할 수 있는 권리이고, 풋옵션은 사채권자가 만기중도상환을 청구할 수 있는 권리이다.
변동금리부채권 (FRN; Floating Rate Note)	• 채권 지급 이자율이 변동되는 금리에 따라 달라지는 채권이다. • 변동금리부채권의 지급이자율은 기준금리에 가산금리를 합하여 산정한다.
자산유동화증권 (ABS; Asset Backed Security)	유동성이 없는 자산을 증권으로 전환하여 자본시장에서 현금화하는 일련의 행위를 자산유동화라고 하는데, 기업 등이 보유하고 있는 대출채권이나 매출채권, 부동산 자산을 담보로 발행하여 제3자에게 매각하는 증권이다.

PART 2

01 다음 중 주가지수 상승률이 미리 정해놓은 수준에 단 한 번이라도 도달하면 만기 수익률이 미리 정한 수준으로 확정되는 ELS 상품은?

① 디지털형(Digital)
② 녹아웃형(Knock-out)
③ 불스프레드형(Bull-spread)
④ 리버스컨버터블형(Reverse Convertible)

02 주식이나 ELW를 매매할 때 보유시간을 통상적으로 2 ～ 3분 단위로 짧게 잡아 하루에 수십 번 또는 수백 번씩 거래를 하며 박리다매식으로 매매차익을 얻는 초단기매매자들이 있다. 다음 중 이들을 지칭하는 용어는?

① 스캘퍼(Scalper)
② 데이트레이더(Day Trader)
③ 스윙트레이더(Swing Trader)
④ 포지션트레이더(Position Trader)

01

정답 ②

주가연계증권(ELS)의 유형
• 녹아웃형(Knock-out) : 주가지수 상승률이 미리 정해놓은 수준에 단 한 번이라도 도달하면 만기 수익률이 미리 정한 수준으로 확정되는 상품
• 불스프레드형(Bull-spread) : 만기 때 주가지수 상승률에 따라 수익률이 결정되는 상품
• 리버스컨버터블형(Reverse Convertible) : 미리 정해 놓은 하락폭 밑으로만 빠지지 않는다면 주가지수가 일정부분 하락해도 약속한 수익률을 지급하는 상품
• 디지털형(Digital) : 만기일의 주가지수가 사전에 약정한 수준 이상 또는 이하에 도달하면 확정 수익을 지급하고 그렇지 못하면 원금만 지급하는 상품

02

정답 ①

스캘퍼(Scalper)는 ELW시장 등에서 거액의 자금을 갖고 몇 분 이내의 초단타 매매인 스캘핑(Scalping)을 구사하는 초단타 매매자를 말한다. 속칭 '슈퍼 메뚜기'로 불린다.

오답분석
② 데이트레이더(Day Trader) : 주가의 움직임만 보고 차익을 노리는 주식투자자
③ 스윙트레이더(Swing Trader) : 선물시장에서 통상 2 ～ 3일 간격으로 매매 포지션을 바꾸는 투자자
④ 포지션트레이더(Position Trader) : 몇 주간 또는 몇 개월 동안 지속될 가격 변동에 관심을 갖고 거래하는 자로서 비회원거래자

ELS(주가연계증권) / ELF(주가연계펀드)

① 개념 : 파생상품 펀드의 일종으로 국공채 등과 같은 안전자산에 투자하여 안전성을 추구하면서 확정금리 상품 대비 고수익을 추구하는 상품이다.

② 특징

ELS (주가연계증권)	• 개별 주식의 가격이나 주가지수에 연계되어 투자수익이 결정되는 유가증권이다. • 사전에 정한 2 ~ 3개 기초자산 가격이 만기 때까지 계약 시점보다 40 ~ 50% 가량 떨어지지 않으면 약속된 수익을 지급하는 형식이 일반적이다. • 다른 채권과 마찬가지로 증권사가 부도나거나 파산하면 투자자는 원금을 제대로 건질 수 없다. • 상품마다 상환조건이 다양하지만 만기 3년에 6개월마다 조기상환 기회가 있는 게 일반적이다. 수익이 발생해서 조기상환 또는 만기상환되거나, 손실을 본채로 만기상환된다. • 녹아웃형, 불스프레드형, 리버스컨버터블형, 디지털형 등이 있다.
ELF (주가연계펀드)	• 투자신탁회사들이 ELS 상품을 펀드에 편입하거나 자체적으로 원금보존 추구형 펀드를 구성해 판매하는 형태의 상품이다. • ELF는 펀드의 수익률이 주가나 주가지수 움직임에 의해 결정되는 구조화된 수익구조를 갖는다. • 베리어형, 디지털형, 조기상환형 등이 있다.

ELW(주식워런트증권)

① 개념 : 자산을 미리 정한 만기에 미리 정해진 가격에 사거나(콜) 팔 수 있는 권리(풋)를 나타내는 증권이다.

② 특징

- 주식워런트증권은 상품특성이 주식옵션과 유사하나 법적 구조, 시장구조, 발행주체와 발행조건 등에 차이가 있다.
- 주식처럼 거래가 이루어지며, 만기 시 최종보유자가 권리를 행사하게 된다.
- ELW 시장에서는 투자자의 환금성을 보장할 수 있도록 호가를 의무적으로 제시하는 유동성공급자(LP; Liquidity Provider) 제도가 운영된다.

PART 2

빈출키워드 1 **디지털**

01 다음 중 28GHz(39GHz)의 초고대역 주파수를 사용하여 무선으로 통신 서비스를 제공하는 이동통신 기술은?

① 2G
② 3G
③ 4G
④ 5G

02 다음 중 통신망 제공사업자는 모든 콘텐츠를 동등하고 차별 없이 다루어야 한다는 원칙을 뜻하는 용어는?

① 제로 레이팅
② 망 중립성
③ MARC
④ 멀티 캐리어

01

정답 ④

5G FWA는 유선 대신 무선으로 각 가정에 초고속 통신 서비스를 제공하는 기술이다. 2018년 삼성전자는 미국 최대 이동통신 사업자인 버라이즌과 5G 기술을 활용한 통신 장비 공급 계약을 체결하였다.

02

정답 ②

망 중립성(Network Neutrality)은 통신사 등 인터넷서비스사업자(ISP)가 특정 콘텐츠나 인터넷 기업을 차별·차단하는 것을 금지하는 정책으로, 인터넷 기업인 구글, 페이스북, 아마존, 넷플릭스 등이 거대 기업으로 성장할 수 있었던 주된 배경 중 하나이다.

오답분석

① 제로 레이팅(Zero Rating) : 콘텐츠 사업자가 이용자의 데이터 이용료를 면제 또는 할인해 주는 제도
③ MARC(MAchine Readable Cataloging) : 컴퓨터가 목록 데이터를 식별하여 축적·유통할 수 있도록 코드화한 일련의 메타데이터 표준 형식
④ 멀티 캐리어(Multi Carrier) : 2개 주파수를 모두 사용해 통신 속도를 높이는 서비스

4차 산업혁명

2010년대부터 물리적 세계, 디지털 및 생물학적 세계가 융합되어 모든 학문·경제·산업 등에 전반적으로 충격을 주게 된 새로운 기술 영역의 등장을 뜻하는 4차 산업혁명은 독일의 경제학 박사이자 세계경제포럼(WEF)의 회장인 클라우스 슈밥이 2016년 다보스 포럼(WEF)에서 제시한 개념이다.

클라우스 슈밥은 인공지능, 로봇공학, 사물인터넷, 3D프린팅, 자율주행 자동차, 양자 컴퓨팅, 클라우드 컴퓨팅, 나노테크, 빅데이터 등의 영역에서 이루어지는 혁명적 기술 혁신을 4차 산업혁명의 특징으로 보았다. 4차 산업혁명은 초연결성·초지능, 더 빠른 속도, 더 많은 데이터 처리 능력, 더 넓은 파급 범위 등의 특성을 지니는 '초연결 지능 혁명'으로 볼 수 있다. 그러나 인공지능 로봇의 작업 대체로 인한 인간의 일자리 감소, 인간과 인공지능(로봇)의 공존, 개인정보·사생활 보호, 유전자 조작에 따른 생명윤리 등 여러 과제가 사회적 문제로 떠오르고 있다.

빅데이터(Big Data)

빅데이터는 다양하고 복잡한 대규모의 데이터 세트 자체는 물론, 이러한 데이터 세트로부터 정보를 추출한 결과를 분석하여 더 큰 가치를 창출하는 기술을 뜻한다. 기존의 정형화된 정보뿐만 아니라 이미지, 오디오, 동영상 등 여러 유형의 비정형 정보를 데이터로 활용한다. 저장 매체의 가격 하락, 데이터 관리 비용의 감소, 클라우드 컴퓨팅의 발전 등으로 인해 데이터 처리·분석 기술 또한 진보함에 따라 빅데이터의 활용 범위와 환경이 꾸준히 개선되고 있다.

빅데이터의 특징으로 제시되는 3V는 데이터의 'Volume(크기), Velocity(속도), Variety(다양성)'이다. 여기에 'Value(가치)' 또는 'Veracity(정확성)' 중 하나를 더해 4V로 보기도 하고, 둘 다 더해 5V로 보기도 한다. 또한 5V에 'Variability(가변성)'을 더해 6V로 정리하기도 한다. 한편 기술의 진보에 따라 빅데이터의 특징을 규명하는 'V'는 더욱 늘어날 수 있다.

합성데이터(Synthetic Data)

합성데이터는 실제 수집·측정으로 데이터를 획득하는 것이 아니라 시뮬레이션·알고리즘 등을 이용해 인공적으로 생성한 인공의 가상 데이터를 뜻한다. 즉, 현실의 데이터가 아니라 인공지능(AI)을 교육하기 위해 통계적 방법이나 기계학습 방법을 이용해 생성한 가상 데이터를 말한다.

고품질의 실제 데이터 수집이 어렵거나 불가능, AI 시스템 개발에 필수적인 대규모 데이터 확보의 어려움, 인공지능 훈련에 드는 높은 수준의 기술·비용, 실제 데이터의 이용에 수반되는 개인정보·저작권 보호 및 윤리적 문제 등에 대한 해결 대안으로 등장한 것이 합성데이터이다.

임베디드 금융(Embedded Finance)

비금융기업이 금융기업의 금융 상품을 중개·재판매하는 것을 넘어 IT·디지털 기술을 활용해 자체 플랫폼에 결제·대출 등의 비대면 금융 서비스(핀테크) 기능을 내재화(Embed)하는 것을 뜻한다. 은행이 제휴를 통해 금융 서비스의 일부를 비금융 기업에서 제공하는 시비스형 은행(BaaS; Banking as a Service)도 임베디드 금융의 한 형태로 볼 수 있다.

사물인터넷(IoT; Internet of Things)

사물에 센서와 통신 프로세서를 장착해 실시간으로 정보를 수집·교환하고 제어·관리할 수 있도록 인터넷 등 다양한 방식의 네트워크로 연결되어 있는 시스템을 뜻한다. 이때 '사물인터넷'에서 말하는 '사물'은 인간을 포함한 모든 가시적인 물리적 대상은 물론 어떠한 패턴 등의 무형·가상의 대상을 아우르는 광범위한 개념이다.

딥페이크(Deepfake)

인공지능이 축적된 자료를 바탕으로 스스로 학습하는 '딥러닝(Deep Learning)' 기술과 'Fake(가짜, 속임수)'의 조합어로, 인공지능을 통해 만들어낸 가짜 이미지·영상, 오디오성 기술을 뜻한다.

핀테크(Fin-Tech)

모바일, 소셜네트워크서비스(SNS), 빅데이터 등의 첨단 정보 기술(Technology)을 기반으로 한 금융(Finance) 서비스 또는 그러한 서비스를 제공하는 회사를 뜻한다. 핀테크를 통해 예금, 대출, 자산 관리, 결제, 송금 등 다양한 금융 서비스가 정보통신 및 모바일 기술과 결합되어 혁신적인 유형의 금융 서비스가 가능하다.

디지털 뉴딜(Digital New Deal)

2020년 7월 14일에 확정한 정부의 한국판 뉴딜 정책 중 하나이다. 핵심내용은 현재 세계 최고 수준인 전자정부 인프라나 서비스 등의 ICT를 기반으로 디지털 초격차를 확대하는 것이다. 디지털 뉴딜의 내용으로는 DNA(Data, Network, AI) 생태계 강화, 교육인프라 디지털 전환, 비대면 사업 육성, SOC 디지털화가 있다.

VR, AR, MR, XR, SR

- VR(Virtual Reality, 가상현실) : 어떤 특정한 상황·환경을 컴퓨터로 만들어 이용자가 실제 주변 상황·환경과 상호작용하고 있는 것처럼 느끼게 하는 인간과 컴퓨터 사이의 인터페이스이다. 즉, VR은 실존하지 않지만 컴퓨터 기술로 이용자의 시각·촉각·청각을 자극해 실제로 있는 것처럼 느끼게 하는 가상의 현실을 말한다.
- AR(Augmented Reality, 증강현실) : 머리에 착용하는 방식의 컴퓨터 디스플레이 장치는 인간이 보는 현실 환경에 컴퓨터 그래픽 등을 겹쳐 실시간으로 시각화함으로써 AR을 구현한다. AR이 실제의 이미지·배경에 3차원의 가상 이미지를 겹쳐서 하나의 영상으로 보여주는 것이라면, VR은 자신(객체)과 환경·배경 모두 허구의 이미지를 사용하는 것이다.
- MR(Mixed Reality, 혼합현실) : VR과 AR이 전적으로 시각에 의존한다면, MR은 시각에 청각·후각·촉각 등 인간의 감각을 접목할 수 있다. VR과 AR의 장점을 융합함으로써 한 단계 더 진보한 기술로 평가받는다.
- XR(eXtended Reality, 확장현실) : VR, AR, MR 등을 아우르는 확장된 개념으로, 가상과 현실이 매우 밀접하게 연결되어 있고, 현실 공간에 배치된 가상의 물체를 손으로 만질 수 있는 등 극도의 몰입감을 느낄 수 있는 환경 혹은 기술을 뜻한다.
- SR(Substitutional Reality, 대체현실) : VR, AR, MR과 달리 하드웨어가 필요 없으며, 스마트 기기에 광범위하고 자유롭게 적용될 수 있다. SR은 가상현실과 인지 뇌과학이 융합된 한 단계 업그레이드된 기술이라는 점에서 VR의 연장선상에 있는 기술로 볼 수 있다.

스니핑(Sniffing)

'Sniffing'은 '코를 킁킁거리기, 냄새 맡기'라는 뜻으로, 네트워크 통신망에서 오가는 패킷(Packet)을 가로채 사용자의 계정과 암호 등을 알아내는 해킹 수법이다. 즉, 스니핑은 네트워크 트래픽을 도청하는 행위로서, 사이버 보안의 기밀성을 침해하는 대표적인 해킹 수법이다. 그리고 이러한 스니핑을 하기 위해 쓰이는 각종 프로그램 등의 도구를 '스니퍼'라 부른다.

원래는 네트워크 상태를 체크하는 데 사용되었으나, 해커들은 원격에서 로그인하는 사용자들이 입력하는 개인정보를 중간에서 가로채는 수법으로 악용한다. 즉, 네트워크에 접속하는 시스템의 상대방 식별 방식의 취약점을 악용하는 것이다. 네트워크에 접속하는 모든 시스템에는 설정된 IP 주소와 고유한 MAC 주소가 있으며, 통신을 할 때 네트워크 카드는 IP 주소와 MAC 주소를 이용해 수신하고 저장할 신호를 선별한다. 스니핑 공격은 이러한 선별 장치를 해체해 타인의 신호까지 수신할 수 있는 환경을 구성하는 방식으로 구현된다. 이러한 원리를 통해 해커는 이메일 트래픽, 웹 트래픽, FTP 비밀번호, 텔넷 비밀번호, 공유기 구성, 채팅 세션, DNS 트래픽 등을 스니핑할 수 있다.

한편, 스니핑이 다른 사람의 대화를 도청·염탐하는 소극적 공격이라면, '스푸핑'은 다른 사람으로 위장해 정보를 탈취하는 적극적 공격이다. 즉, 스니핑은 시스템 자체를 훼손·왜곡할 수 없는 수동적 공격이고, 스푸핑은 시스템을 훼손·왜곡할 수 있는 능동적 공격이다.

스테이블 코인(Stable Coin)

법정화폐와 일대일(1코인＝1달러)로 가치가 고정되게 하거나(법정화폐 담보 스테이블 코인) 다른 암호화폐와 연동하는(가상자산 담보 스테이블 코인) 등의 담보 방식 또는 알고리즘을 통한 수요 – 공급 조절(알고리즘 기반 스테이블 코인)로 가격 변동성이 최소화되도록 설계된 암호화폐(가상자산)이다. 다른 가상화폐와 달리 변동성이 낮기 때문에 다른 가상화폐 거래, 탈중앙화 금융(De-Fi) 등에 이용되므로 '기축코인'이라고 볼 수 있다. 우리나라와 달리 대부분 해외 가상자산 거래소에서는 법정화폐가 아닌 스테이블 코인으로 가상화폐를 거래하는데, 이렇게 하면 다른 나라의 화폐로 환전해 다시 가상화폐를 구매하는 불편을 해소하고, 환율의 차이에 따른 가격의 변동으로부터 자유롭다. 아울러 디파이를 통해 이자 보상을 받을 수 있으며, 계좌를 따로 개설할 필요가 없고, 휴일에도 송금이 가능하며 송금의 속도 또한 빠르고, 수수료도 거의 없다. 스테이블 코인은 기본적으로 가격이 안정되어 있기 때문에 안정적인 투자 수익을 얻을 수 있으나 단기적인 매매 차익을 기대하기 어렵다. 아울러 자금세탁이나 사이버 보안 등의 문제점을 보완하기 위한 법적 규제와 기술적 장치가 반드시 필요하다.

디파이(De-Fi)

디파이는 '금융(Finance)의 탈중앙화(Decentralized)'라는 뜻으로, 기존의 정부·은행 같은 중앙기관의 개입·중재·통제를 배제하고 거래 당사자들끼리 송금·예금·대출·결제·투자 등의 금융 거래를 하자는 게 주요 개념이다. 디파이는 거래의 신뢰를 담보하기 위해 높은 보안성, 비용 절감 효과, 넓은 활용 범위를 자랑하는 블록체인 기술을 기반으로 한다.

디파이는 서비스를 안정적으로 제공하기 위해 기존의 법정화폐에 연동되거나 비트코인 같은 가상자산을 담보로 발행된 스테이블 코인(가격 변동성을 최소화하도록 설계된 암호화폐)을 거래 수단으로 주로 사용한다. 디파이는 거래의 속도를 크게 높일 수 있고, 거래 수수료 등 부대비용이 거의 들지 않기 때문에 비용을 절감할 수 있다는 것이 가장 큰 특징이다.

디파이는 블록체인 자체에 거래 정보를 기록하기 때문에 중개자가 필요 없을 뿐만 아니라 위조·변조 우려가 없어 신원 인증 같은 복잡한 절차도 없고, 휴대전화 등으로 인터넷에 연결되기만 하면 언제든지, 어디든지, 누구든지 디파이에 접근할 수 있으며, 응용성·결합성이 우수해 새로운 금융 서비스를 빠르게 개발할 수 있다. 다만, 디파이는 아직 법적 규제와 이용자 보호장치가 미비하여 금융사고 발생 가능성이 있고 상품 안정성 또한 높지 않다는 한계가 있다.

인터넷 전문은행(Direct Bank, Internet-only Bank)
영업점을 통해 대면거래를 하지 않고, 금융자동화기기(ATM)나 인터넷·모바일 응용프로그램(앱) 같은 전자매체를 통해 온라인으로 사업을 벌이는 은행이다.

서비스형 블록체인(BaaS; Blockchain as a Service)
서비스형 블록체인은 개발 환경을 클라우드로 서비스하는 개념이다. 블록체인 네트워크에 노드를 추가하고 제거하는 일이 간단해져서 블록체인 개발 및 구축을 쉽고 빠르게 할 수 있다. 현재 마이크로소프트나 IBM, 아마존, 오라클 등에서 도입하여 활용하고 있으며, 우리나라의 경우 KT, 삼성 SDS, LG CNS에서 자체적인 BaaS를 구축하고 있다.

데이터 리터러시(Data Literacy)
정보활용 능력을 일컫는 용어로 빅데이터 속에서 목적에 맞게 필요한 정보를 취합하고 해석하여 적절하게 활용할 수 있는 능력을 말한다.

데이터 레이블링(Data Labeling)
인공지능을 만드는 데 필요한 데이터를 입력하는 작업이다. 높은 작업 수준을 요구하지는 않으며, 각 영상에서 객체를 구분하고, 객체의 위치와 크기 등을 기록해야 한다. 인공지능이 쉽게 사물을 알아볼 수 있도록 영상 속의 사물에 일일이 명칭을 달아주는 작업이다.

이노드비(eNodB; Evolved Node B)
이동통신 사실 표준화 기구인 3GPP에서 사용하는 공식 명칭으로, 기존 3세대(3G) 이동통신 기지국의 이름 'Node B'와 구별하여 LTE의 무선 접속망 E-UTRAN(Evolved UTRAN) 기지국을 'E-UTRAN Node B' 또는 'Evolved Node B'라 한다. 모바일 헤드셋(UE)과 직접 무선으로 통신하는 휴대전화망에 연결되는 하드웨어이며, 주로 줄임말 eNodeB(eNB)로 사용한다.

5세대 이동통신(5G; 5th Generation Mobile Communication)
국제전기통신연합(ITU)이 정의한 5G는 최대 다운로드 속도가 20Gbps, 최저 다운로드 속도가 100Mbps인 이동통신 기술이다. 4세대 이동통신에 비해 속도가 20배가량 빠르고 처리 용량은 100배가 많아져 4차 산업혁명의 핵심 기술인 가상현실(VR·AR), 자율주행, 사물인터넷(IoT) 기술 등을 구현할 수 있다.

만리방화벽(GFW; Great Firewall of China)
만리방화벽(GFW)은 만리장성(Great Wall)과 컴퓨터 방화벽(Firewall)의 합성어로, 중국 정부의 인터넷 감시·검열 시스템을 의미한다. 중국 내에서 일부 외국 사이트에 접속할 수 없도록 하여 사회 안정을 이루는 것이 목적이다.

와이선(Wi-SUN)
사물인터넷(IoT)의 서비스 범위가 확대되면서 블루투스나 와이파이 등 근거리 무선통신을 넘어선 저전력 장거리(LPWA; Low-Power Wide Area) IoT 기술이다.

라이파이(Li-Fi; Light-Fidelity)
무선랜인 와이파이(초속 100Mb)의 100배, 무선통신 중 가장 빠르다는 LTE-A(초속 150Mb)보다 66배나 빠른 속도를 자랑하는 무선통신기술이다.

디지털세(Digital Tax)
구글이나 페이스북, 아마존과 같이 국경을 초월해 사업하는 인터넷 기반 글로벌 기업에 부과하는 세금을 지칭한다. 유럽연합(EU)이 2018월 3월 디지털세를 공동으로 도입하는 방안을 제안했지만 합의가 이루어지지 않자 회원국인 프랑스가 2019년 7월 독자적으로 부과하기로 했다. 프랑스는 글로벌 IT 기업들이 실질적으로 유럽 각국에서 이윤을 창출하면서도 세율이 가장 낮은 아일랜드 등에 법인을 두는 방식으로 조세를 회피한다는 지적이 계속되자 프랑스 내에서 2,500만 유로(약 330억 원) 이상의 수익을 내는 기업에 연간 총매출의 3%를 과세하는 디지털 서비스 세금(DST)법을 발효했다. 이에 미국은 자국 기업이 주요 표적이라며 강하게 반발했다. 영국과 스페인이 DST법과 거의 같은 내용의 법안을 추진하고 나서면서 유럽 대(對) 미국의 대립 구도가 굳어졌다.

프롭테크(Proptech)
부동산(Property)과 기술(Technology)의 합성어로, 기존 부동산 산업과 IT의 결합으로 볼 수 있다. 프롭테크의 산업 분야는 크게 중개 및 임대, 부동산 관리, 프로젝트 개발, 투자 및 자금조달 부분으로 구분할 수 있다. 프롭테크 산업 성장을 통해 부동산 자산의 고도화와 신기술 접목으로 편리성이 확대되고, 이를 통한 삶의 질이 향상될 전망이다. 무엇보다 공급자 중심의 기존 부동산 시장을 넘어 정보 비대칭이 해소되어 고객 중심의 부동산 시장이 형성될 것으로 보인다.

바이오컴퓨터(Biocomputer)
생물의 세포에 들어 있는 단백질이나 효소를 사용한 바이오칩을 컴퓨터 내부 반도체 소자와 교체하여 조립한다. 인간의 뇌와 유사한 기능을 하도록 설계되어 최종적으로 인간의 두뇌 기능을 구현하기 위한 목적을 갖는다.

다크 데이터(Dark Data)
정보를 수집한 후 저장만 하고 분석에 활용하고 있지 않은 다량의 데이터로, 처리되지 않은 채 미래에 사용할 가능성이 있다는 이유로 삭제되지 않고 방치되고 있었다. 하지만 최근 빅데이터와 인공지능이 발달하면서 방대한 양의 자료가 필요해졌고, 이에 유의미한 정보를 추출하고 분석할 수 있게 되면서 다양한 분야에 활용될 전망이다.

무어의 법칙(Moore's Law)
반도체 집적회로의 성능이 18개월마다 2배씩 증가한다는 법칙이다. 인텔 및 페어 차일드 반도체의 창업자인 고든 무어가 1965년에 설명한 것이다. 당시에는 일시적일 것이라 무시당하기도 했으나, 30년 간 비교적 정확하게 그의 예측이 맞아 떨어지면서 오늘날 반도체 산업의 중요한 지침이 되고 있다. 이와 함께 언급되는 규칙으로 '황의 법칙(반도체 메모리의 용량이 1년마다 2배씩 증가한다는 이론)'이 있다.

튜링 테스트(Turing Test)
기계가 인공지능을 갖추었는지를 판별하는 실험으로 1950년에 영국의 수학자인 앨런 튜링이 제안한 인공지능 판별법이다. 기계의 지능이 인간처럼 독자적인 사고를 하거나 의식을 가졌는지 인간과의 대화를 통해 확인할 수 있는데, 아직 튜링 테스트를 통과한 인공지능이 드문 것으로 알려져 있다.

메칼프의 법칙(Metcalfe's Law)
인터넷 통신망이 지니는 가치는 망에 가입한 사용자 수의 제곱에 비례한다는 법칙이다. 1970년대 네트워크 기술인 이더넷을 개발한 로버트 메칼프에 의해 처음 언급되었다. 예를 들어 사용자 수가 2명인 A통신망의 가치는 2의 제곱인 4인 반면, 사용자 수가 4명인 B통신망의 가치는 4의 제곱인 16인 것이다. 이는 통신망을 이용하는 개개인이 정보의 연결을 통해 향상된 능력을 발휘할 수 있게 되면서 네트워크의 효과가 증폭되기 때문이다.

PBV(Purpose Built Vehicle)
우리말로는 '목적 기반 모빌리티'라고 부른다. 2020년 열린 세계 최대 소비자 가전·IT(정보기술) 전시회인 미국 CES(Consumer Electronics Show)에서 발표됐다. 차량이 단순한 이동수단 역할을 넘어서 승객이 필요한 서비스를 누릴 수 있는 공간으로 확장된 것이다. 개인화 설계 기반의 친환경 이동수단으로, 식당, 카페, 호텔 등 여가 공간부터 병원, 약국 등 사회 필수 시설까지 다양한 공간으로 연출돼 고객이 맞춤형 서비스를 누릴 수 있도록 해준다.

클라우드 컴퓨팅(Cloud Computing)
정보처리를 자신의 컴퓨터가 아닌 인터넷으로 연결된 다른 컴퓨터로 처리할 수 있는 기술을 말한다. 클라우드 컴퓨팅의 핵심 기술은 가상화와 분산처리로 어떠한 요소를 기반으로 하느냐에 따라 소프트웨어 서비스, 플랫폼 서비스, 인프라 서비스로 구분한다.

SOAR(Security Orchestration, Automation and Response)
가트너가 2017년에 발표한 용어로 보안 오케스트레이션 및 자동화(SOA; Security Orchestration and Automation), 보안 사고 대응 플랫폼(SIRP; Security Incident Response Platforms), 위협 인텔리전스 플랫폼(TIP; Threat Intelligence Platforms)의 세 기능을 통합한 개념이다. 보안 사고 대응 플랫폼은 보안 이벤트별 업무 프로세스를 정의하고, 보안 오케스트레이션 및 자동화는 다양한 IT 보안 시스템을 통합하고 자동화하여 업무 프로세스 실행의 효율성을 높일 수 있다. 마지막으로 위협 인텔리전스 플랫폼은 보안 위협을 판단해 분석가의 판단을 보조할 수 있다.

다음 중 회원(회원번호, 이름, 나이, 주소) 테이블에서 주소가 '인천'인 회원의 이름, 나이 필드만 검색하되 나이가 많은 순으로 검색하는 질의문으로 옳은 것은?

① SELECT 이름, 나이 FROM 회원 ORDER BY 나이 WHERE 주소='인천'

② SELECT 이름, 나이 FROM 회원 WHERE 주소='인천' ORDER BY 나이 ASC

③ SELECT 이름, 나이 FROM 회원 WHERE 주소='인천' ORDER BY 나이 DESC

④ SELECT 이름, 나이 FROM 회원 ORDER BY 나이 DESC WHERE 주소='인천'

정답 ③

• SELECT 이름, 나이 : 이름과 나이를 검색한다.

• FROM 회원 : 회원 테이블에서 검색한다.

• WHERE 주소='인천' : 주소가 인천인 레코드를 검색한다.

• ORDER BY 나이 DESC : 나이가 많은 순으로 검색한다.

DDL(데이터 정의어)

스키마, 도메인, 테이블, 뷰, 인덱스를 정의하거나 변경 또는 삭제할 때 사용하는 언어이다.

① CREATE문 : 새로운 테이블을 만들며 스키마, 도메인, 테이블, 뷰, 인덱스를 정의할 때 사용한다.

> CREATE TABLE STUDENT ~; (STUDENT명의 테이블 생성)

② ALTER문 : 기존 테이블에 대해 새로운 열의 첨가, 값의 변경, 기존 열의 삭제 등에 사용한다.

> ALTER TABLE STUDENT ADD ~; (STUDENT명의 테이블에 속성 추가)

③ DROP문 : 스키마, 도메인, 테이블, 뷰, 인덱스의 전체 제거 시 사용한다.

> DROP TABLE STUDENT [CASCADE / RESTRICTED]; (STUDENT명의 테이블 제거)

DML(데이터 조작어)

데이터베이스 사용자가 응용 프로그램이나 질의어를 통하여 저장된 데이터를 처리하는 데 사용하는 언어이다.

① 검색(SELECT)문

> SELECT [DISTINCT] 속성 LIST(검색 대상) FROM 테이블명 [WHERE 조건식]
> [GROUP BY 열_이름 [HAVING 조건]] [ORDER BY 열_이름 [ASC or DESC]];

SELECT	질문의 결과에 원하는 속성을 열거하거나 테이블을 구성하는 튜플(행) 중에서 전체 또는 조건을 만족하는 튜플(행)을 검색한다(ALL이 있는 경우 모든 속성을 출력하므로 주로 생략하거나 * 로 표시).
FROM	검색 데이터를 포함하는 테이블명을 2개 이상 지정할 수 있다.
WHERE	조건을 설정할 때 사용하며, 다양한 검색 조건을 활용한다(SUM, AVG, COUNT, MAX, MIN 등의 함수와 사용 불가능).
DISTINCT	중복 레코드를 제거한다(DISTINCTROW 함수는 튜플 전체를 대상으로 함).
HAVING	• 추가 검색 조건을 지정하거나 행 그룹을 선택한다. • GROUP BY절을 사용할 때 반드시 기술한다(SUM, AVG, COUNT, MAX, MIN 등의 함수와 사용 가능).
GROUP BY	그룹 단위로 함수를 이용하여 평균, 합계 등을 구하며, 집단 함수 또는 HAVING절과 함께 기술한다(필드명을 입력하지 않으면 오류 발생).
ORDER BY	검색 테이블을 ASC(오름차순, 생략 가능), DESC(내림차순)으로 정렬하며, SELECT문의 마지막에 위치한다.

② 삽입(INSERT)문 : 기존 테이블에 행을 삽입하는 경우로 필드명을 사용하지 않으면 모든 필드가 입력된 것으로 간주한다.

> INSERT INTO 테이블[(열_이름...)] → 하나의 튜플을 테이블에 삽입
> VALUES(열 값_리스트); → 여러 개의 튜플을 테이블에 한번에 삽입

③ 갱신(UPDATE)문 : 기존 레코드의 열 값을 갱신할 경우 사용하며, 연산자를 이용하여 빠르게 레코드를 수정한다.

> UPDATE 테이블 SET 열_이름=식 [WHERE 조건];

④ 삭제(DELETE)문 : 테이블의 행을 하나만 삭제하거나 조건을 만족하는 튜플을 테이블에서 삭제할 때 사용한다.

> DELETE FROM 테이블 [WHERE 조건];

DCL(데이터 제어어)

① GRANT문 : 유저, 그룹 혹은 모든 사용자들에게 조작할 수 있는 사용 권한을 부여한다.

> GRANT 권한 ON 개체 TO 사용자 (WITH GRANT OPTION);

② REVOKE문 : 유저, 그룹 혹은 모든 유저들로부터 주어진 사용 권한을 해제한다.

> REVOKE 권한 ON 개체 FROM 사용자 (CASCADE);

③ CASCADE문 : Main Table의 데이터를 삭제할 때 각 외래 키에 부합되는 모든 데이터를 삭제한다(연쇄 삭제, 모든 권한 해제).

④ RESTRICTED문 : 외래 키에 의해 참조되는 값은 Main Table에서 삭제할 수 없다(FROM절에서 사용자의 권한만을 해제).

01 다음과 같은 논리식으로 구성되는 회로는?[단, S는 합(Sum), C는 자리 올림 수(Carry)이다]

$$S = \overline{A}B + A\overline{B}$$
$$C = AB$$

① 반가산기(Half Adder)   ② 전가산기(Full Adder)
③ 전감산기(Full Subtracter)   ④ 부호기(Encoder)

02 다음과 같이 명령어에 오퍼랜드 필드를 사용하지 않고, 명령어만 사용하는 명령어의 형식은?

AND : (덧셈), MUL : (곱셈)

① Zero-Address Instruction Mode
② One-Address Instruction Mode
③ Two-Address Instruction Mode
④ Three-Address Instruction Mode

01

정답 ①

반가산기는 2개의 비트를 더해 합(S)과 자리 올림 수(C)를 구하는 회로로, 하나의 AND 회로와 하나의 XOR 회로로 구성된다.

02

정답 ①

제로 어드레스 명령어 형식(Zero-Address Instruction Mode)

명령어 내에서 피연산자의 주소 지정을 하지 않아도 되는 명령어 형식으로, 명령어에 나타난 연산자의 실행 시에 입력 자료의 출처와 연산의 결과를 기억시킬 장소가 고정되어 있을 때 사용된다.

논리게이트(Logic Gate)

게이트	기호	의미	진리표	논리식
AND	A, B → Y	입력 신호가 모두 1일 때만 1 출력	A B Y / 0 0 0 / 0 1 0 / 1 0 0 / 1 1 1	$Y=A \cdot B$ $Y=AB$
OR	A, B → Y	입력 신호 중 1개만 1이어도 1 출력	A B Y / 0 0 0 / 0 1 1 / 1 0 1 / 1 1 1	$Y=A+B$
BUFFER	A → Y	입력 신호를 그대로 출력	A Y / 0 0 / 1 1	$Y=A$
NOT (인버터)	A → Y	입력 신호를 반대로 변환하여 출력	A Y / 0 1 / 1 0	$Y=A'$ $Y=\overline{A}$
NAND	A, B → Y	NOT+AND 즉, AND의 부정	A B Y / 0 0 1 / 0 1 1 / 1 0 1 / 1 1 0	$Y=\overline{A \cdot B}$ $Y=\overline{AB}$ $Y=\overline{A+B}$
NOR	A, B → Y	NOT+OR 즉, OR의 부정	A B Y / 0 0 1 / 0 1 0 / 1 0 0 / 1 1 0	$Y=\overline{A+B}$ $Y=\overline{A} \cdot \overline{B}$
XOR	A, B → Y	입력 신호가 같으면 0, 다르면 1 출력	A B Y / 0 0 0 / 0 1 1 / 1 0 1 / 1 1 0	$Y=A \oplus B$ $Y=A'B+AB'$ $Y=(A+B)(A' \mid B')$ $Y=(A+B)(AB)'$
XNOR	A, B → Y	NOT+XOR 입력 신호가 같으면 1, 다르면 0 출력	A B Y / 0 0 1 / 0 1 0 / 1 0 0 / 1 1 1	$Y=A \odot B$ $Y=\overline{A \oplus B}$

다음은 스케줄링에 대한 자료이다. 빈칸 ㉠과 ㉡에 해당하는 알고리즘을 〈보기〉에서 찾아 바르게 연결한 것은?

〈스케줄링〉

• 스케줄링이란?
  다중 프로그래밍을 지원하는 운영체제에서 CPU 활용의 극대화를 위해 프로세스를 효율적으로 CPU에게 할당하는 것
• 스케줄링 알고리즘
  - ___㉠___ 스케줄링 : 한 프로세스가 CPU를 점유하고 있을 때 다른 프로세스가 CPU를 빼앗을 수 있는 방식
  - ___㉡___ 스케줄링 : 한 프로세스에 CPU가 할당되면 작업이 완료되기 전까지 CPU를 다른 프로세스에 할당할 수 없는 방식

보기

가. FIFO(First In First Out)   나. 우선순위(Priority)
다. RR(Round Robin)   라. 기한부(Deadline)
마. MLQ(Multi-Level Queue)

	㉠	㉡		㉠	㉡
①	가, 다	나, 라, 마	②	나, 라	가, 다, 마
③	다, 라	가, 나, 마	④	다, 마	가, 나, 라

정답 ④

㉠ 선점형(Preemption)
  • 다. RR(Round Robin) : 먼저 들어온 프로세스가 먼저 실행되나, 각 프로세스는 정해진 시간 동안만 CPU를 사용하는 방식
  • 마. MLQ(Multi-Level Queue) : 서로 다른 작업을 각각의 큐에서 타임 슬라이스에 의해 처리
㉡ 비선점형(Non-Preemption)
  • 가. FIFO(First In First Out) : 요구하는 순서에 따라 CPU를 할당하는 방식
  • 나. 우선순위(Priority) : 우선순위가 높은 프로세스에 CPU를 할당하는 방식
  • 라. 기한부(Deadline) : 제한된 시간 내에 프로세스가 반드시 완료되도록 하는 방식

비선점형 스케줄링

① FIFO(First Input First Output, =FCFS)
- 먼저 입력된 작업을 먼저 처리하는 방식으로 가장 간단한 방식이다.
- 디스크 대기 큐에 들어온 순서대로 처리하기 때문에 높은 우선순위의 요청이 입력되어도 순서가 바뀌지 않지만, 평균 반환 시간이 길다.

② SJF(Shortest Job First, 최단 작업 우선)
- 작업이 끝나기까지의 실행 시간 추정치가 가장 작은 작업을 먼저 실행시키는 방식이다.
- 긴 작업들을 어느 정도 희생시키면서 짧은 작업들을 우선적으로 처리하기 때문에 대기 리스트 안에 있는 작업의 수를 최소화하면서 평균 반환 시간을 최소화할 수 있다.

③ HRN(Highest Response-ratio Next)
- 서비스 시간(실행 시간 추정치)과 대기 시간의 비율을 고려한 방식으로 SJF의 무한 연기 현상을 극복하기 위해 개발되었다.
- 대기 리스트에 있는 작업들에게 합리적으로 우선순위를 부여하여 작업 간 불평등을 해소할 수 있다.
- 프로그램의 처리 순서는 서비스 시간의 길이뿐만 아니라 대기 시간에 따라 결정된다.
- (우선순위)={(대기 시간)+(서비스 시간)}÷(서비스 시간)이다.

④ 우선순위(Priority)
- 대기 중인 작업에 우선순위를 부여하여 CPU를 할당하는 방식이다.
- 우선순위가 가장 빠른 작업부터 순서대로 수행한다.

⑤ 기한부(Deadline)
- 제한된 시간 내에 반드시 작업이 종료되도록 스케줄링하는 방식이다.
- 작업이 완료되는 시간을 정확히 측정하여 해당 시간만큼에 CPU의 사용 시간을 제한한다.
- 동시에 많은 작업이 수행되면 스케줄링이 복잡해지게 된다는 단점이 있다.

선점형 스케줄링

① 라운드 로빈(RR; Round-Robin)
- 여러 개의 프로세스에 시간 할당량이라는 작은 단위 시간이 정의되어 시간 할당량만큼 CPU를 사용하는 방식으로 시분할 시스템을 위해 고안되었다.
- FIFO 스케줄링을 선점형으로 변환한 방식으로 먼저 입력된 작업이더라도 할당된 시간 동안만 CPU를 사용할 수 있다.
- 프로세스가 CPU에 할당된 시간이 경과될 때까지 작업을 완료하지 못하면 CPU는 다음 대기 중인 프로세스에게 사용 권한이 넘어가고, 현재 실행 중이던 프로세스는 대기 리스트의 가장 뒤로 배치된다.
- 적절한 응답 시간을 보장하는 대화식 사용자에게 효과적이다.

② SRT(Shortest Remaining Time)
- 작업이 끝나기까지 남아 있는 실행 시간의 추정치 중 가장 작은 프로세스를 먼저 실행하는 방식으로 새로 입력되는 작업까지도 포함한다.
- SJF는 한 프로세스가 CPU를 사용하면 작업이 모두 끝날 때까지 계속 실행되지만, SRT는 남아 있는 프로세스의 실행 추정치 중 더 작은 프로세스가 있다면 현재 작업 중인 프로세스를 중단하고, 작은 프로세스에게 CPU의 제어권을 넘겨 준다.
- 임계치(Threshold Value)를 사용한다.

③ 다단계 큐(MQ; Multi-Level Queue)
- 프로세스를 특정 그룹으로 분류할 경우 그룹에 따라 각기 다른 큐(대기 리스트)를 사용하며, 선점형과 비선점형을 결합한 방식이다.
- 각 큐(대기 리스트)는 자신보다 낮은 단계의 큐보다 절대적인 우선순위를 갖는다(각 큐는 자신보다 높은 단계의 큐에게 자리를 내주어야 함).

④ 다단계 피드백 큐(MFQ; Multi-Level Feedback Queue)
- 특정 그룹의 준비 상태 큐에 들어간 프로세스가 다른 준비 상태 큐로 이동할 수 없는 다단계 큐 방식을 준비 상태 큐 사이를 이동할 수 있도록 개선한 방식이다.
- 큐마다 시간 할당량이 존재하며, 낮은 큐일수록 시간 할당량이 커진다.
- 마지막 단계에서는 라운드 로빈(RR) 방식으로 처리한다.

01 다음 정규화 과정에서 A → B이고, B → C일 때 A → C인 관계를 제거하는 관계는?

① 1NF → 2NF

② 2NF → 3NF

③ 3NF → BCNF

④ BCNF → 4NF

02 다음 중 데이터베이스 설계 시 정규화(Normalization)에 대한 설명으로 옳지 않은 것은?

① 데이터의 이상(Anomaly) 현상이 발생하지 않도록 하는 것이다.

② 정규형에는 제1정규형에서부터 제5정규형까지 있다.

③ 릴레이션 속성들 사이의 종속성 개념에 기반을 두고 이들 종속성을 제거하는 과정이다.

④ 정규화는 데이터베이스의 물리적 설계 단계에서 수행된다.

01

정답 ②

3정규화(3NF)은 1정규형, 2정규형을 만족하고, 이행 함수적 종속(A → B, B → C, A → C)을 제거한다.

02

정답 ④

정규화는 데이터베이스의 물리적 설계 단계가 아닌 논리적 설계 단계에서 수행된다.

이론 더하기

정규화

① 개념
- 릴레이션에 데이터의 삽입·삭제·갱신 시 발생하는 이상 현상이 발생하지 않도록 릴레이션을 보다 작은 릴레이션으로 표현하는 과정이다.
- 현실 세계를 표현하는 관계 스키마를 설계하는 작업으로 개체, 속성, 관계성들로 릴레이션을 만든다.
- 속성 간 종속성을 분석해서 하나의 종속성은 하나의 릴레이션으로 표현되도록 분해한다.

② 목적
- 데이터 구조의 안정성을 최대화한다.
- 중복 데이터를 최소화한다.
- 수정 및 삭제 시 이상 현상을 최소화한다.
- 테이블 불일치 위험을 간소화한다.

함수의 종속에 따른 추론 규칙

규칙	추론 이론
반사 규칙	$A \supseteq B$이면, $A \rightarrow B$
첨가 규칙	$A \rightarrow B$이면, $AC \rightarrow BC$, $AC \rightarrow B$
이행 규칙	$A \rightarrow B$, $B \rightarrow C$이면, $A \rightarrow C$
결합 규칙	$A \rightarrow B$, $A \rightarrow C$이면, $A \rightarrow BC$
분해 규칙	$A \rightarrow BC$이면, $A \rightarrow B$, $A \rightarrow C$

정규형의 종류

종류	특징
제1정규형 (1NF)	• 모든 도메인이 원자의 값만으로 된 릴레이션으로 모든 속성값은 도메인에 해당된다. • 기본 키에서 부분 함수가 종속된 속성이 존재하므로 이상 현상이 발생할 수 있다. • 하나의 항목에는 중복된 값이 입력될 수 없다.
제2정규형 (2NF)	• 제1정규형을 만족하고 모든 속성들이 기본 키에 완전 함수 종속인 경우이다(부분 함수 종속 제거). • 기본 키가 아닌 애트리뷰트 모두가 기본 키에 완전 함수 종속이 되도록 부분 함수적 종속에 해당하는 속성을 별도 테이블로 분리린다.
제3정규형 (3NF)	• 제1, 2정규형을 만족하고, 모든 속성들이 기본 키에 이행적 함수 종속이 아닌 경우이다. • 무손실 조인 또는 종속성 보존을 방해하지 않고도 항상 3NF를 얻을 수 있다. • 이행 함수적 종속($A \rightarrow B$, $B \rightarrow C$, $A \rightarrow C$)을 세거한나.
보이스 – 코드 정규형 (BCNF)	• 모든 BCNF 스킴은 3NF에 속하게 되므로 BCNF가 3NF보다 한정적 제한이 더 많다. • 제3정규형에 속하지만 BCNF에 속하지 않는 릴레이션이 있다. • 릴레이션 R의 모든 결정자가 후보 키이면 릴레이션 R은 BCNF에 속한다. • 결정자가 후보 키가 아닌 함수 종속을 제거하며, 모든 BCNF가 종속성을 보존하는 것은 아니다. • 비결정자에 의한 함수 종속을 제거하여 모든 결정자가 후보 키가 되도록 한다.
제4정규형 (4NF)	• 릴레이션에서 다치 종속(MVD)의 관계가 성립하는 경우이다(다중치 종속 제거). • 릴레이션 R(A, B, C)에서 다치 종속 $A \rightarrow B$가 성립하면, $A \rightarrow C$도 성립하므로 릴레이션 R의 다치 종속은 함수 종속 $A \rightarrow B$의 일반 형태이다.
제5정규형 (5NF)	• 릴레이션 R에 존재하는 모든 조인 종속성이 오직 후보 키를 통해서만 성립된다. • 조인 종속이 후보 키로 유추되는 경우이다.

01 다음 중 통신 경로에서 오류 발생 시 수신 측은 오류의 발생을 송신 측에 통보하고, 송신 측은 오류가 발생한 프레임을 재전송하는 오류 제어 방식은?

① 순방향 오류 수정(FEC)

② 역방향 오류 수정(BEC)

③ 에코 점검

④ ARQ(Automatic Repeat reQuest)

02 다음 중 전진 에러 수정(FEC; Forward Error Correction) 방식에서 에러를 수정하기 위해 사용하는 방식은?

① 해밍 코드(Hamming Code)의 사용

② 압축(Compression)방식 사용

③ 패리티 비트(Parity Bit)의 사용

④ Huffman Coding 방식 사용

01

정답 ④

자동 반복 요청(ARQ)은 가장 널리 사용되는 에러 제어 방식으로, 에러 검출 후 송신 측에 에러가 발생한 데이터 블록을 다시 재전송해 주도록 요청함으로써 에러를 정정한다. 또한, 송신 측에서 긍정 응답 신호가 도착하지 않으면 데이터를 수신 측으로 재전송한다.

02

정답 ①

전진 에러 수정(FEC)은 송신 측에서 정보 비트에 오류 정정을 위한 제어 비트를 추가하여 전송하면 수신 측에서 해당 비트를 사용하여 에러를 검출하고 수정하는 방식으로, 해밍 코드(Hamming Code)와 상승 코드 등의 알고리즘이 해당된다.

오류(에러) 수정 방식

방식	특징
전진 에러 수정 (FEC)	• 에러 검출과 수정을 동시에 수행하는 에러 제어 기법이다. • 연속된 데이터 흐름이 가능하지만 정보 비트 외에 잉여 비트가 많이 필요하므로 널리 사용되지 않는다. • 역 채널을 사용하지 않으며, 오버헤드가 커서 시스템 효율을 저하시킨다. • 해밍 코드(Hamming Code)와 상승 코드 등의 알고리즘이 해당된다.
후진 에러 수정 (BEC)	• 송신 측에서 전송한 프레임 중 오류가 있는 프레임을 발견하면 오류가 있음을 알리고, 다시 재전송하는 방식으로 역 채널을 사용한다. • 자동 반복 요청(ARQ), 순환 잉여 검사(CRC) 등의 알고리즘이 해당된다.
자동 반복 요청 (ARQ)	• 통신 경로의 오류 발생 시 수신 측이 오류 발생을 송신 측에 통보하고, 송신 측은 오류가 발생한 프레임을 재전송하는 방식이다. • 전송 오류가 발생하지 않으면 쉬지 않고 송신이 가능하다. • 오류가 발생한 부분부터 재송신하므로 중복 전송의 위험이 있다.
정지 대기 (Stop-and-Wait) ARQ	• 송신 측에서 하나의 블록을 전송하면 수신 측에서 에러 발생을 점검한 후 에러 발생 유무 신호를 보내올 때까지 기다리는 가장 단순한 방식이다. • 수신 측의 에러 점검 후 제어 신호를 보내올 때까지 오버헤드(Overhead)의 부담이 크다. • 송신 측은 최대 프레임 크기의 버퍼를 1개만 가져도 되지만 송신 측이 ACK를 수신할 때까지 다음 프레임을 전송할 수 없으므로 전송 효율이 떨어진다.
연속적(Continuous) ARQ	정지 대기 ARQ의 오버헤드를 줄이기 위하여 연속적으로 데이터 블록을 전송하는 방식이다.
Go-Back-N ARQ	• 송신 측에서 데이터 프레임을 연속적으로 전송하다가 NAK(부정응답)를 수신하면 에러가 발생한 프레임을 포함하여 그 이후에 전송된 모든 데이터 프레임을 재전송하는 방식이다. • 송신 측은 데이터 프레임마다 일련번호를 붙여서 전송하고, 수신 측은 오류 검출 시 오류 발생 이루의 모든 블록을 재전송한다. • 중복전송의 위험이 있다.
선택적(Selective) ARQ	• 송신 측에서 블록을 연속적으로 보낸 후 에러가 발생한 블록만 다시 재전송하는 방식이다. • 원래 순서에 따라 배열하므로 그 사이에 도착한 모든 데이터 프레임을 저장할 수 있는 대용량의 버퍼와 복잡한 논리회로가 필요하다.
적응적(Adaptive) ARQ	• 전송 효율을 최대로 하기 위하여 프레임 블록 길이를 채널 상태에 따라 변경하는 방식이다. • 통신 회선의 품질이 좋지 않아 에러 발생율이 높을 경우는 프레임 길이를 짧게 하고, 에러 발생율이 낮을 경우는 프레임 길이를 길게 한다. • 전송 효율이 가장 높으나 제어 회로가 복잡하여 거의 사용되지 않는다.

01 다음 중 이진 트리 검색(Binary Tree Search)의 특징으로 옳지 않은 것은?

① 데이터의 값에 따라 자리가 정해져 자료의 탐색·삽입·삭제가 효율적이다.

② 데이터가 입력되는 순서에 따라 첫 번째 데이터가 근노드가 된다.

③ 데이터는 근노드와 비교하여 값이 작으면 우측으로 연결하고, 값이 크면 좌측으로 연결하여 이진 검색 트리로 구성한다.

④ 정렬이 완료된 데이터를 이진 검색 트리로 구성할 경우 사향 이진 트리가 되어 비교 횟수가 선형 검색과 동일해진다.

02 다음의 Infix로 표현된 수식을 Postfix 표기로 옳게 변환한 것은?

A=(B−C) * D+E

① ABC− D * E + =   ② = + ABC− D * E

③ ABCDE + − = *   ④ ABC− D * E + =

01

정답 ③

이진 트리 검색의 특징
• 데이터의 값에 따라 자리가 정해져, 자료의 탐색·삽입·삭제가 효율적이다.
• 데이터가 입력되는 순서에 따라 첫 번째 데이터가 근노드가 된다.
• 다음 데이터는 근노드와 비교하여 값이 작으면 좌측으로 연결하고, 값이 크면 우측으로 연결하여 이진 검색 트리로 구성한다.
• 정렬이 완료된 데이터를 이진 검색 트리로 구성할 경우 사향 이진 트리가 되어 비교 횟수가 선형 검색과 동일해진다.

02

정답 ①

중위식을 후위식으로 변환하려면 순번에 따라 (대상, 연산자, 대상)을 (대상, 대상, 연산자)로 바꾸어 표현한다. 즉, 순번을 매기면서 괄호로 묶은 후 연산자를 오른쪽으로 보낸다.
A=[{(B−C) * D}+E] → A=[{(BC−) * D}+E] → A=[{(BC−)D * }+E]
→ A=[{(BC−)D * }E+] → A[{(BC−)D * }E+]=
괄호를 제거하면 ABC−D * E+=가 된다.

트리(Tree)

① 1 : N 또는 1 : 1 대응 구조로 노드(Node, 정점)와 선분(Branch)으로 되어 있고, 정점 사이에 사이클이 형성되지 않으며, 자료 사이의 관계성이 계층 형식으로 나타나는 구조이다.

② 노드 사이의 연결 관계가 계급적인 구조로 뻗어나간 정점들이 다른 정점들과 연결되지 않는다(1 : N 또는 1 : 1 대응 구조라 함).

트리 운행법

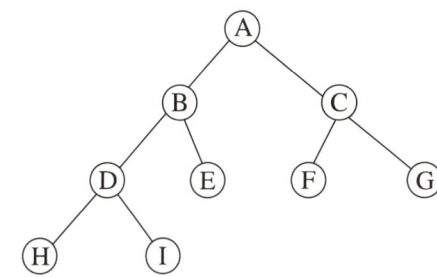

전위 운행, 중위 운행, 후위 운행의 기준은 근노드(Root Node)의 위치이다. 순서에서 근노드가 앞쪽이면 전위, 중간이면 중위, 뒤쪽이면 후위가 된다. 좌측과 우측의 순서는 전위든 중위든 후위든 상관없이 항상 좌측이 먼저이고 우측이 나중이다.

① 전위 운행(Preorder Traversal) : 근 → 좌측 → 우측(Root → Left → Right) 순서로 운행하는 방법으로 먼저 근노드를 운행하고 좌측 서브 트리를 운행한 후 우측 서브 트리를 운행한다. 따라서 순서대로 나열하면 A, B, D, H, I, E, C, F, G가 된다.

② 중위 운행(Inorder Traversal) : 좌측 → 근 → 우측(Left → Root → Right) 순서로 운행하는 방법으로 먼저 좌측 서브 트리를 운행한 후 근노드를 운행하고, 우측 서브 트리를 운행한다. 따라서 순서대로 나열하면 H, D, I, B, E, A, F, C, G가 된다.

③ 후위 운행(Postorder Traversal) : 좌측 → 우측 → 근(Left → Right → Root) 순서로 운행하는 방법으로 먼저 좌측 서브 트리를 운행한 후 우측 서브 트리를 운행하고, 마지막으로 근노드를 운행한다. 따라서 순서대로 나열하면 H, I, D, E, B, F, G, C, A가 된다.

수식의 표기법

① 전위식(Prefix) : 연산자(+, −, *, /)가 맨 앞에 놓인다(연산자 − 피연산자 − 피연산자). 예 +AB

② 중위식(Infix) : 연산자가 피연산자 중간에 놓인다(피연산자 − 연산자 − 피연산자). 예 A+B

③ 후위식(Postfix) : 연산자가 맨 뒤에 놓인다(피연산자 − 피연산자 − 연산자). 예 AB+

01 다음 중 객체 지향 기법에서 상속성(Inheritance)의 결과로서 얻을 수 있는 가장 중요한 이점은?

① 모듈 라이브러리의 재이용

② 객체 지향 DB를 사용할 수 있는 능력

③ 클래스와 오브젝트를 재사용할 수 있는 능력

④ 프로젝트들을 보다 효과적으로 관리할 수 있는 능력

02 다음 중 럼바우(Rumbaugh)의 객체 지향 분석 절차를 바르게 나열한 것은?

① 객체 모델링 → 동적 모델링 → 기능 모델링

② 객체 모델링 → 기능 모델링 → 동적 모델링

③ 기능 모델링 → 동적 모델링 → 객체 모델링

④ 기능 모델링 → 객체 모델링 → 동적 모델링

01

정답 ③

상속성(Inheritance)은 상위 클래스의 메소드(연산)와 속성을 하위 클래스가 물려받는 것으로 클래스를 체계화할 수 있어 기존 클래스로부터 확장이 용이하며, 클래스와 오브젝트를 재사용할 수 있는 능력을 얻을 수 있다.

02

정답 ①

럼바우의 객체 지향 분석 절차는 객체 모델링 → 동적 모델링 → 기능 모델링이다.

객체 모델링 (Object Modeling)	• 객체, 속성, 연산 등의 식별 및 객체 간의 관계를 정의 • 객체도(객체 다이어그램) 작성
동적 모델링 (Dynamic Modeling)	• 객체들의 제어 흐름, 상호 반응, 연산 순서 제시 • 상태도 작성
기능 모델링 (Functional Modeling)	입·출력 결정 → 자료 흐름도 작성 → 기능의 내용 상세 기술 → 제약사항 결정 및 최소화

객체 지향 분석의 개발 방법

객체 지향 분석 (OOA; Object Oriented Analysis)	• 모델링의 구성 요소인 클래스, 객체, 속성, 연산 등을 이용하여 문제를 모형화시키는 것이다. • 모형화 표기법 관계에서 객체의 분류, 속성의 상속, 메시지의 통신 등을 결합한다. • 객체를 클래스로부터 인스턴스화하거나 클래스를 식별하는 것이 주요 목적이다.
객체 지향 설계 (OOD; Object Oriented Design)	• 객체의 속성과 자료 구조를 표현하며, 개발 속도의 향상으로 대규모 프로젝트에 적합하다. • 시스템을 구성하는 개체, 속성, 연산을 통해 유지 보수가 용이하고, 재사용이 가능하다. • 시스템 설계는 성능 및 전략을 확정하고, 객체 설계는 자료 구조와 알고리즘을 상세화한다. • 객체는 순차적으로 또는 동시적으로 구현될 수 있다. • 서브 클래스와 메시지 특성을 세분화하여 세부 사항을 정제화한다.
객체 지향 프로그래밍 (OOP; Object Oriented Programming)	• 설계 모형을 특정 프로그램으로 번역하고, 객체 클래스 간에 상호 작용할 수 있다. • 객체 모델의 주요 요소에는 추상화, 캡슐화, 모듈화, 계층 등이 있다. • 객체 지향 프로그래밍 언어에는 Smalltalk, C++ 등이 있다. • 설계 시 자료 사이에 가해지는 프로세스를 묶어 정의하고, 관계를 규명한다.

코드(Coad)와 요든(Yourdon)의 객체 지향 분석
① 객체와 클래스 사이의 관계를 상속과 집단화의 관계로 표현한다.
② E-R 다이어그램으로 객체를 모형화하며, 소규모 시스템 개발에 적합하다.
③ 모델링 표기법과 분석 모형이 간단하며, 하향식 방법으로 설계에 접근한다.
④ 객체에 대한 속성 및 관계 정의와 시스템의 수행 역할을 분석한다.

럼바우(Rumbaugh)의 객체 지향 분석
① OMT(Object Modeling Technical)의 3가지(객체 → 동적 → 기능) 모형을 개발한다.
② 코드에 대한 연결성이 높기 때문에 중규모 프로젝트에 적합하다.
③ 분석 설계, 시스템 설계, 객체 - 수준 설계 등 객체 모형화 시 그래픽 표기법을 사용한다.
④ 문제 정의, 모형 제작, 실세계의 특성을 나타내며, 분석 단계를 상세하게 표현한다.

모델링	설명
객체(Object) 모델링	객체와 클래스 식별, 클래스 속성, 연산 표현, 객체 간의 관계 정의 등을 처리하며, 객체 다이어그램을 작성한다.
동적(Dynamic) 모델링	객체들의 제어 흐름, 상호 반응 연산 순서를 표시하며 상태도, 시나리오, 메시지 추적 다이어그램 등이 해당된다.
기능(Functional) 모델링	입출력을 결정한 후 자료 흐름도를 작성하고, 기능 내용을 기술하며, 입출력 데이터 정의, 기능 정의 등이 해당된다

부치(Booch)의 객체 지향 분석
① 모든 설계가 이루어질 때까지 문제 정의, 비공식 전략 개발, 전략 공식화를 적용한다.
② 프로그램의 구성 요소는 명세 부분과 외부로부터 감추어진 사각 부분으로 표시한다.
③ 클래스와 객체를 구현한다.

야콥슨(Jacobson)의 객체 지향 분석
① Usecase 모형을 사용하여 시스템 사용자에 대한 전체 책임을 파악한다.
② Usecase 모형을 검토한 후 객체 분석 모형을 작성한다.

01 다음 중 화이트 박스(White Box) 검사에 대한 설명으로 옳지 않은 것은?

① 프로그램의 제어 구조에 따라 선택, 반복 등의 부분들을 수행함으로써 논리적 경로를 제어한다.

② 모듈 안의 작동을 직접 관찰할 수 있다.

③ 소프트웨어 산물의 기능별로 적절한 정보 영역을 정하여 적합한 입력에 대한 출력의 정확성을 점검한다.

④ 원시 코드의 모든 문장을 한 번 이상 수행함으로써 수행된다.

02 다음 중 블랙 박스(Black Box) 테스트를 이용하여 발견할 수 있는 오류가 아닌 것은?

① 비정상적인 자료를 입력해도 오류 처리를 수행하지 않는 경우

② 정상적인 자료를 입력해도 요구된 기능이 제대로 수행되지 않는 경우

③ 반복 조건을 만족하는데도 루프 내의 문장이 수행되지 않는 경우

④ 경계값을 입력할 경우 요구된 출력 결과가 나오지 않는 경우

01

 ③

소프트웨어 산물의 기능별로 적절한 정보 영역을 정하여 적합한 입력에 대한 출력의 정확성을 점검하는 것은 블랙 박스(Black Box) 검사에 대한 설명이다.

02

 ③

③은 화이트 박스(White Box) 테스트에 관한 내용이다. 화이트 박스 테스트는 프로그램 내부 구조의 타당성 여부를 시험하는 방식으로, 내부 구조를 해석해서 프로그램의 모든 처리 루틴에 대해 시험하는 기본 사항이다. 가끔 발생하는 조건도 고려해서 처리 루틴을 검증하기 위한 시험 데이터를 작성하여 시험을 실시할 필요가 있다.

이론 더하기

소프트웨어 검사(Test)

① 요구사항 분석, 설계, 구현 결과를 최종 점검하는 단계이다.

② 문제점을 찾는 데 목적을 두고, 해당 문제점을 어떻게 수정해야 하는지도 제시한다.

화이트 박스(White Box) 검사

① 소프트웨어 테스트에 사용되는 방식으로 모듈의 논리적 구조를 체계적으로 점검하며, 프로그램 구조에 의거하여 검사한다.

② 원시 프로그램을 하나씩 검사하는 방법으로 모듈 안의 작동 상태를 자세히 관찰할 수 있다.

③ 검사 대상의 가능 경로는 어느 정도 통과하는지의 적용 범위성을 측정 기준으로 한다.

④ 검증 기준(Coverage)을 바탕으로 원시 코드의 모든 문장을 한 번 이상 수행한다.

⑤ 프로그램의 제어 구조에 따라 선택, 반복 등을 수행함으로써 논리적 경로를 제어한다.

⑥ Nassi-Shneiderman 도표를 사용하여 검정 기준을 작성할 수 있다.

⑦ 화이트 박스 검사의 오류에는 세부적 오류, 논리 구조상의 오류, 반복문 오류, 수행 경로 오류 등이 있다.

화이트 박스 검사의 종류

검사 방법에는 기초 경로(Basic Path) 검사, 조건 기준(Condition Coverage) 검사, 구조(Structure) 검사, 루프(Roof) 검사, 논리 위주(Logic Driven) 검사, 데이터 흐름(Data Flow) 검사 등이 있다.

기초 경로 검사	원시 코드로 흐름 도표와 복잡도를 구하고, 검사 대상을 결정한 후 검사를 수행한다.
루프(반복문) 검사	• 루프를 벗어나는 값 대입 → 루프를 한 번 수행하는 값 대입 → 루프를 두 번 수행하는 값 대입의 과정을 통해 검사를 수행한다. • 검사 형태에는 단순 루프, 중첩 루프, 접합 루프가 있다.

블랙 박스(Black Box) 검사

① 소프트웨어 인터페이스에서 실시되는 검사로 설계된 모든 기능이 정상적으로 수행되는지 확인한다.

② 기초적 모델 관점과 데이터 또는 입출력 위주의 검사 방법이다.

③ 소프트웨어의 기능이 의도대로 작동하고 있는지, 입력은 적절하게 받아들였는지, 출력은 정확하게 생성되는지를 보여주는 데 사용된다.

④ 블랙 박스 검사의 오류에는 성능 오류, 부정확한 기능 오류, 인터페이스 오류, 자료 구조상의 오류, 초기화 오류, 종료 오류 등이 있다.

블랙 박스 검사의 종류

검사 방법에는 균등(동등) 분할(Equivalence Partitioning) 검사, 경계값(Boundary Value Analysis) 검사, 오류 예측(Error Guessing) 검사, 원인 – 결과 그래프(Cause-Effect Graph) 검사, 비교(Comparison) 검사 등이 있다.

균등(동등) 분할 검사	정상 자료와 오류 자료를 동일하게 입력하여 검사한다.
경계(한계) 값 검사	경계(한계)가 되는 값을 집중적으로 입력하여 검사한다.
오류 예측 검사	오류가 수행될 값을 입력하여 검사한다.
원인 – 결과 그래프 검사	테스트 케이스를 작성하고, 검사 경우를 입력하여 검사한다(원인과 결과를 결정하여 그래프를 작성).

다음은 숫자를 처리하는 C언어 프로그램이다. 프로그램에서 ㉠과 ㉡에 들어갈 내용과 3 2 1 4를 입력하였을 때의 출력결과를 바르게 짝지은 것은?(단, 다음 프로그램에 문법적 오류는 없다고 가정한다)

```
#include <stdio.h>
#include <stdlib.h>

void a (int n, int *num) {
    for (int i=0; i<n; i++)
        scanf("%d", &(num[i]));
}
void c(int *a, int *b) {
    int t;
    t=*a; *a=*b; *b=t;
}
void b(int n, int *lt) {
    int a, b;
    for (a=0; a<n-1; a++)
        for (b=a+1; b<n; b++)
            if (lt[a]>lt[b]) c ( ㉠ , ㉡ ) ;
}
int main( ) {
    int n;
    int *num;
    printf("How many numbers?");
    scanf("%d", &n);
    num=(int *)malloc(sizeof(int) *n);
    a(n, num);
    b(n, num);
    for (int i=0; i<n; i++)
        printf("%d ", num[i]);
}
```

	㉠	㉡	출력결과
①	lt+a	lt+b	1 2 3 4
②	lt+a	lt+b	1 2 4
③	lt[a]	lt[b]	4 3 2 1
④	lt[a]	lt[b]	4 2 1

실행과정은 다음과 같다.

– main( ) 함수 : scanf("%d", &n); 키보드로 3 입력받음(문제에서 제시) n=3

num=(int *)malloc(sizeof(int) *n); num

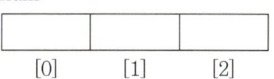

[0]	[1]	[2]

a(n,num); 함수 호출 a(3,num)

배열이름이자 시작주소

– void a (int n, int *num) {

    for (int i=0; i<n; i++) 0부터 2까지 1씩 증가

      scanf("%d", &(num[i])); 키보드 2, 1, 4 입력받아 num 배열에 저장

  } num

2	1	4
[0]	[1]	[2]

– main( ) 함수 : b(n,num) 함수 호출 b(3,num)

– void b(int n, int *lt) {

    int a, b;

    for (a=0; a<n−1; a++) 0부터 2까지 1씩 증가

      for (b=a+1; b<n; b++) 1부터 2까지 1씩 증가

        if (lt[a]>lt[b]) c (lt+a , lt+b) ;

  }

2	1	4
lt[0]	lt[1]	lt[2]
lt+0	lt+1	lt+2

• 비교 : > 오름차순을 의미, 크면 c 함수 호출

– void c(int *a, int *b) {

    int t;

    t=*a; *a=*b; *b=t; a와 b 교환(실제 정렬이 되는 부분)

  }

– main( ) 함수 : 배열에 있는 값 출력하고 종료(오름차순이므로 1 2 4 출력)

이론 더하기

코딩 결괏값 찾기의 경우 C언어부터 자바, 파이썬까지 여러 가지 언어가 출제되고 있다. 따라서 손코딩하기, 코딩 결괏값 찾기에 관한 다양한 문제를 풀어보고, 각 언어의 기본적인 명령어는 정리해두어야 한다.

01 다음 중 채권시장의 경색으로 일시적 자금난을 겪는 기업에 유동성을 지원하고, 국고채와 회사채의 과도한 스프레드 차이를 해소하기 위해 설립한 펀드는?

① 통화채권펀드   ② 채권시장안정펀드

③ 모태펀드   ④ IP펀드

02 다음 중 환율결정요인에 대한 설명으로 옳지 않은 것은?

① 장기적으로 두 나라의 화폐의 실질구매력에 의해 결정된다.

② 한 나라의 이자율이 높을수록 외국자본이 들어와 그 나라의 화폐는 평가절상된다.

③ 자국의 물가수준이 높아질수록 자국화폐는 평가절하된다.

④ 수출이 수입보다 크게 늘어날 경우 자국화폐는 평가절하되는 경향이 있다.

03 다음 중 주식과 채권의 중간적 성격을 띠는 신종자본증권은?

① 하이브리드 채권   ② 금융 채권

③ 연대 채권   ④ 지역개발 채권

04 다음 중 연기금, 보험사 등 기관투자자들이 투자 기업의 의사결정에 적극적으로 참여하여 투명경영을 이끌어내는 제도는?

① 리디노미네이션   ② 신디케이트

③ 방카슈랑스   ④ 스튜어드십 코드

05 다음 중 이자보상배율에 대한 설명으로 옳지 않은 것은?

① 기업의 채무상환능력을 나타내는 지표이다.

② 이자보상배율이 1 이하가 되면 잠재적 부실기업으로 볼 수 있다.

③ 이자보상배율이 1보다 큰 기업의 경우 비용 지불 능력이 충분하다.

④ 기업이 영업이익으로 대출원금을 얼마나 감당할 수 있는지를 보여준다.

06 다음 중 신흥국 시장이 강대국의 금리 정책 때문에 크게 타격을 입는 것을 뜻하는 용어는?

① 어닝쇼크   ② 옥토버 서프라이즈

③ 긴축발작   ④ 덤벨 이코노미

07 다음 중 기준금리와 관련된 설명으로 옳지 않은 것은?

① 한국은행의 금융통화위원회에서 기준금리를 결정한다.

② 미국의 기준금리가 올라갈 경우 한국은 경기부양 효과가 나타난다.

③ 자금을 조달 · 운용 시에 적용하는 금리의 기준이 되므로 금융시장에서 각종 금리를 지배한다.

④ 2008년 3월부터 한국은행은 정책금리의 실체를 익일물 콜금리 목표에서 기준금리로 변경했다.

Easy

08 다음 중 주식을 공매도할 때 직전 거래가격 이상으로 매도호가를 제시하도록 한 규정은?

① 제로틱룰   ② 섀도보팅

③ 숏커버링   ④ 업틱룰

09 금융회사는 자신의 서비스가 자금세탁 등의 불법행위에 이용되지 않도록 여러 제도를 도입하고 있다. 다음 중 이와 관련이 없는 것은?

① BIB   ② CDD

③ CTR   ④ EDD

10 다음 중 신주 모집을 하면서 그 역할의 중요성에 따라 인수기관의 이름을 순서대로 표시하는 것을 뜻하는 용어는?

① 새도보팅 ② 캐리트레이드
③ 브래키팅 ④ 피보팅

11 다음 중 국제결제은행에서 일반은행에 권고하는 자기자본비율 수치를 일컫는 용어는?

① BIS비율 ② 지급준비율
③ DSR비율 ④ DTI비율

12 다음 중 세계 금융기관들에게 국제 표준화된 데이터 통신망을 제공하는 국제기구는?

① CHIPS ② SWIFT
③ BOK-WIRE ④ GATT

13 다음 중 자기자본에 해당하지 않는 것은?

① 자본금 ② 자본잉여금
③ 이익잉여금 ④ 차입금

Hard
14 M사의 당기 말 타인자본은 2,000억 원이고 자기자본은 1,000억 원이다. 전년도 말 기준 부채비율이 300%를 기록하였다고 할 때, 당기 말 기준 전년도 대비 부채비율의 변동률은?(단, 소수점 이하는 버림한다)

① 25%p 상승 ② 25%p 하락
③ 33%p 상승 ④ 33%p 하락

15 다음은 A사의 요약 재무제표이다. 2024년 매출액은 600,000원이고 당기순이익은 240,000원이라고 할 때, 2024년 자기자본이익률을 계산하면 얼마인가?(단, 소수점 이하는 버림한다)

(단위 : 원)

구분	2023년	2024년
자산총계	2,000,000	3,300,000
유동부채	300,000	900,000
단기차입금	400,000	700,000
자본금	1,200,000	1,300,000
이익잉여금	100,000	400,000
부채와 자본총계	2,000,000	3,300,000

① 8% ② 12%
③ 14% ④ 20%

16 다음 중 관계 데이터베이스에 있어서 관계 대수의 연산이 아닌 것은?

① 디비전(Division) ② 프로젝트(Project)
③ 조인(Join) ④ 포크(Fork)

17 다음 중 분산 DBMS의 4대 목표에 대한 설명으로 옳지 않은 것은?

① 위치 투명성(Location Transparency) : 사용자는 논리적인 입장에서 데이터가 자신의 사이트에 있는 것처럼 처리한다.

② 중복 투명성(Replication Transparency) : 트랜잭션이 데이터의 중복 개수나 중복 사실을 모르면 데이터 처리가 불가능하다.

③ 병행 투명성(Concurrency Transparency) : 분산 데이터베이스와 관련된 다수의 트랜잭션이 동시에 실현되더라도 그 트랜잭션의 결과는 영향을 받지 않는다.

④ 장애 투명성(Failure Transparency) : 트랜잭션, DBMS, 네트워크, 컴퓨터 장애에도 불구하고 트랜잭션을 정확하게 처리한다.

18 SQL 명령어를 사용 용도에 따라 구분할 경우, 다음 중 성격이 나머지 셋과 다른 것은?

① INSERT
② DROP
③ CREATE
④ ALTER

19 다음 중 디파이(De-Fi)에 대한 설명으로 옳지 않은 것은?

① 디파이 서비스상 보안사고 발생 시에 그 책임자는 디파이 투자자가 된다.
② 디파이는 블록체인 기술을 통해 보안성을 제고하고 비용을 절감할 수 있다.
③ 디파이는 안정적인 서비스 제공을 위해 법정화폐에 연동되거나 스테이블코인을 거래 수단으로 이용한다.
④ 디파이 서비스는 기존의 금융서비스보다 진입 장벽이 낮으며, 중개자가 없어 중개 관련 비용이 절약된다.

20 다음 중 사원(사원번호, 이름) 테이블에서 "사원번호"가 "200"인 튜플을 삭제하는 SQL문은?

① DELETE FROM 사원 WHERE 사원번호=200;
② REMOVE TABLE 사원 WHERE 사원번호=200;
③ DROP TABLE 사원 WHERE 사원번호=200;
④ KILL 사원번호, 이름 FROM 사원 WHERE 사원번호=200;

21 다음 중 데이터베이스 설계 단계 중 저장 레코드의 양식 설계, 레코드 집중의 분석 및 설계, 접근 경로 설계와 관계되는 것은?

① 논리적 설계
② 요구 조건 분석
③ 물리적 설계
④ 개념적 설계

22 다음 〈보기〉에서 데이터 마이닝에 대한 설명으로 옳은 것을 모두 고르면?

> **보기**
>
> ㄱ. 기대했던 정보만 찾아내는 기술을 의미한다.
> ㄴ. 계획적으로 축적한 대용량의 데이터를 대상으로 한다.
> ㄷ. 통계분석 기술을 적용하여 유용한 패턴과 관계를 찾는다.
> ㄹ. 연관규칙 분석, 로지스틱 회귀분석 등의 기법을 사용한다.

① ㄱ   ② ㄹ

③ ㄱ, ㄷ   ④ ㄷ, ㄹ

23 다음 중 데이터베이스의 특성이 아닌 것은?

① 동시 공유(Concurrent Sharing)

② 이산적 변화(Discrete Evolution)

③ 내용에 의한 참조(Content Reference)

④ 실시간 접근성(Real−Time Accessibility)

24 다음 중 세계 최대의 블록체인 컨소시엄으로, 자체 개발한 블록체인 플랫폼을 기반으로 금융 분야에 블록체인 기술 적용을 주도하고 있으며 분산원장기술 플랫폼인 Corda를 오픈소스로 공개한 곳은?

① R3CEV

② 쉔쉔(Shenshen)

③ 하이퍼레저(Hyperledger)

④ 리눅스 재단(Linux Foundation)

25 다음 중 빅데이터의 특징인 5V에 해당하지 않는 것은?

① Volume   ② Velocity

③ Variety   ④ Variability

MEMO

PART 3

직무전공

빈출키워드 1 **기업의 형태**

01 다음 중 회사법상 분류한 회사에 대한 설명 중 옳지 않은 것은?

① 모든 손실에 대해 책임을 지는 사원을 유한책임사원이라고 한다.

② 변호사나 회계사들이 모여 설립한 법무법인, 회계법인은 합명회사라 볼 수 있다.

③ 유한회사, 유한책임회사는 모두 유한책임사원으로만 구성되므로 자금조달이 편리하다.

④ 회사의 경영은 무한책임사원이 하고 유한책임사원은 자본을 제공하여 사업이익의 분배에 참여하는 회사형태를 합자회사라고 한다.

02 다음 내용이 설명하는 우리나라 상법상의 회사로 옳은 것은?

- 유한책임사원으로만 구성
- 청년 벤처 창업에 유리
- 사적 영역을 폭넓게 인정

---

① 합명회사   ② 합자회사

③ 유한책임회사   ④ 유한회사

01

 정답 ①

무한책임사원에 대한 설명이다. 유한책임사원은 회사의 채무에 대하여 회사채권자에게 출자가액 한도에서만 책임을 지는 사원이다.

02

 정답 ③

유한책임회사는 2011년 개정된 상법에 도입된 회사의 형태이다. 내부관계에 관하여는 정관이나 상법에 다른 규정이 없으면 합명회사에 관한 규정을 준용한다. 신속하고 유연하며 탄력적인 지배구조를 가지고 있고, 출자자가 직접 경영에 참여할 수 있다. 또한 각 사원이 출자금액만을 한도로 책임지므로 초기 상용화에 어려움을 겪는 청년 벤처 창업에 적합하다.

기업의 형태

① 개인기업
- 가장 간단한 기업 형태로서 개인이 출자하고 직접 경영하며 이를 무한책임지는 형태이다.
- 장점 : 설립 및 폐쇄가 쉽고 의사결정이 신속하며, 비밀유지에 용이하다.
- 단점 : 자본규모가 약소하며, 개인의 지배관리능력에 쉽게 영향을 받는다.

```
기업 ── 공기업
     └─ 사기업 ── 개인 기업 ── 합명회사
              └─ 공통 기업 ── 합자회사
                          ── 유한회사
                          ── 협동조합
                          └─ 주식회사
```

② 합명회사
- 2인 이상의 사원이 공동으로 출자해서 회사의 경영에 대해 무한책임을 지며, 직접 경영에 참여하는 방식이다.
- 무한책임 형태로 구성되어 있어서 출자자를 폭넓게 모집할 수 없다.
- 가족 내 혹은 친척 간, 또는 이해관계가 깊은 사람의 회사 설립이 많다.
- 지분 양도 시에는 사원총회의 승인을 받아야 한다.

③ 합자회사
- 무한책임사원 및 유한책임사원으로 구성되어 있다.
- 합명회사의 단점을 보완한 형태이다.
- 지분 양도 시에는 무한책임사원 전원의 동의를 필요로 한다.
- 무한책임사원의 경우에는 회사의 경영 및 채무에 대해서 무한책임을 지고, 유한책임사원의 경우에는 출자한 금액에 대해서만 책임을 지며 경영에는 참여하지 않는다.

④ 유한회사
- 유한책임사원들이 회사를 차려 경영하는 회사의 형태이다.
- 자본결합이 상당히 폐쇄적인 관계로 중소규모의 기업형태로 적절하다.
- 기관으로는 이사, 사원총회, 감사로 이루어져 있지만, 분리가 잘되어 있지 않고, 모든 사항을 공개해야 하는 의무도 지지 않는다.
- 유한회사는 인적회사 및 물적회사의 중간 형태를 지니는 회사이다.
- 사원의 수가 제한되어 있으며, 지분의 증권화가 불가능하다.

⑤ 주식회사
- 주주가 회사의 주인인 현대사회의 가장 대표적인 기업형태이다.
- 지분의 양도와 매입이 자유로우며 주주총회를 통해 의결권을 행사할 수 있다.
- 주식회사의 기관

주주총회	• 주식회사의 최고의사결정기관으로 주주로 이루어짐 • 회사 기업에서 영업활동의 신속성 및 업무내용의 복잡성으로 인해 그 결의사항을 법령 및 정관에서 정하는 사항만으로 제한하고 있음 • 주주의 결의권은 1주 1결의권을 원칙으로 하고 의결은 다수결에 의함 • 주주총회의 주요 결의사항으로는 자본의 증감, 정관의 변경, 이사·감사인 및 청산인 등의 선임·해임에 관한 사항, 영업의 양도·양수 및 합병 등에 관한 사항, 주식배당, 신주인수권 및 계산 서류의 승인에 관한 사항 등이 있음
감사	• 이사의 업무집행을 감시하게 되는 필요 상설기관 • 주주총회에서 선임되고, 이러한 선임결의는 보통 결의의 방법에 따름 • 이사회는 이사 전원으로 구성되는 합의체로 회사의 업무진행상 의사결정 기관 • 이사는 주주총회에서 선임되고, 그 수는 3인 이상이어야 하며, 임기는 3년을 초과할 수 없음 • 대표이사는 이사회의 결의사항을 집행하고 통상적인 업무에 대한 결정 및 집행을 맡음과 동시에 회사를 대표함 • 이사와 회사 간 거래의 승인, 채권의 발행 등이 있음
검사인	• 회사의 계산의 정부, 업무의 적법 여부 등을 조사하는 권한을 지니는 임시기관 • 법원에서 선임하거나 주주총회 및 창립총회에서 선임하기도 함 • 법정 검사인의 경우 임시로 선임됨

01 다음 중 마이클 포터(Michael E. Porter)가 제시한 산업구조 분석의 요소로 옳지 않은 것은?

① 가치사슬 활동
② 대체재의 위협
③ 공급자의 교섭력
④ 구매자의 교섭력

02 다음은 M사가 해당 사업에서 차지하고 있는 시장점유율 및 시장성장률에 대한 자료이다. 2024년 현재 BCG 매트릭스상에서 M사의 사업이 속하는 영역은?

구분	M사	K사	S사	H사	기타
시장점유율 (2024년 기준)	45%	20%	15%	10%	10%

구분	2019년	2020년	2021년	2022년	2023년
시장성장률	4%	3%	2%	2%	1%

① 별 영역
② 자금젖소 영역
③ 물음표 영역
④ 개 영역

01

정답 ①

마이클 포터(Michael E. Porter)는 산업과 경쟁을 결정짓는 5 Forces Model을 제시하였다. 이는 궁극적으로 산업의 수익 잠재력에 영향을 주는 주요 경제·기술적 세력을 분석한 것으로 신규 진입자(잠재적 경쟁자)의 위협, 공급자의 교섭력, 구매자의 교섭력, 대체재의 위협 및 기존기업 간의 경쟁이다. 5가지 요소의 힘이 강할 때는 위협(Threat)이 되고, 약하면 기회(Opportunity)가 된다.

02

정답 ②

BCG 매트릭스는 1970년대 미국의 보스턴 전략컨설팅회사(Boston Consulting Group)에 의해 개발된 사업 / 제품 포트폴리오 분석 차트이다. 이는 크게 네 단계의 영역으로 나뉘는데 시장성장률이 높고 시장점유율이 높은 산업은 별 영역, 시장성장률이 높고 시장점유율이 낮은 산업은 물음표 영역, 시장성장률이 낮고 시장점유율이 높은 산업은 자금젖소 영역, 시장성장률이 낮고 시장점유율이 낮은 산업은 개 영역으로 분류된다.
제시된 M사의 경우는 시장점유율은 높으나 시장성장률이 높지 않으므로 자금젖소 영역인 것을 알 수 있다.

이론 더하기

SWOT 분석

기업의 내부 환경과 외부 환경을 분석하여 강점(Strength), 약점(Weakness), 기회(Opportunity), 위협(Threat) 요인을 규정하고 이를 토대로 경영전략을 수립하는 기법으로, 미국의 경영컨설턴트인 알버트 험프리(Albert Humphrey)가 고안하였다.

Strength 강점 기업 내부환경에서의 강점	S	W	Weakness 약점 기업 내부환경에서의 약점
Opportunity 기회 기업 외부환경으로부터의 기회	O	T	Threat 위협 기업 외부환경으로부터의 위협

VRIO 분석

기업이 보유한 유·무형자산에 대해 네 가지 기준으로 평가하여 기업의 경쟁력을 분석하는 도구이다. 기업이 자원을 잘 활용할 수 있는가를 보여주는 것이 목적이다.

• 경제가치(Value) : 경제적 가치가 있는가?
• 희소성(Rarity) : 가지고 있는 자원이 희소성 있는가?
• 모방 불가능성(Inimitability) : 모방의 가능성이 있는가?
• 조직(Organization) : 관련 조직이 있는가?

마이클 포터의 경쟁전략

① 경쟁세력모형 – 5 Forces Model 분석

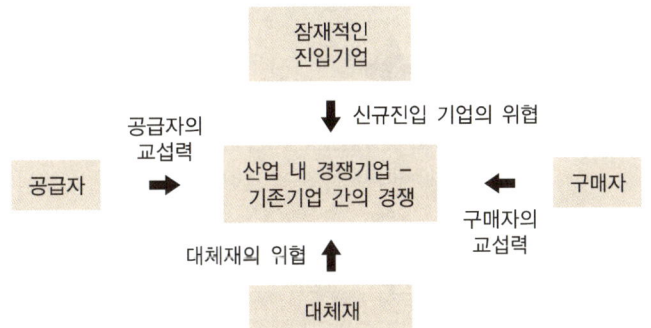

• 기존기업 간의 경쟁 : 해당 시장에서 기존 기업 간의 경쟁이 얼마나 치열한가를 나타낸다.
• 공급자의 시장 권력 : 공급자의 규모 및 숫자와 공급자 제품의 희소성을 나타낸다.
• 대체제의 위협 : 대체가 가능한 상품의 수와 구매자의 대체하려는 성향, 대체상품의 상대적 가격 등이 있다.
• 구매자의 교섭력 : 고객의 수, 각 고객의 주문수량, 가격의 민감도, 구매자의 정보 능력이 있다.
• 신규진입의 위험 : 진입장벽, 규모의 경제, 브랜드의 충성도 등이 있다.

② 경쟁우위 전략

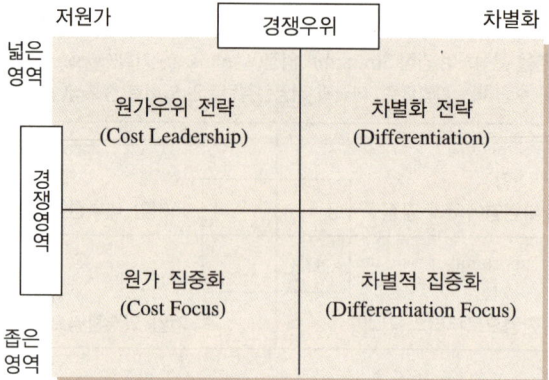

- 원가우위 전략 : 비용요소를 철저하게 통제하고, 기업조직의 가치사슬을 최대한 효율적으로 구사하는 전략
- 차별화 전략 : 소비자들이 가치가 있다고 판단하는 요소를 제품 및 서비스 등에 반영해서 경쟁사의 제품과 차별화한 후 소비자들의 충성도를 확보하고 이를 통해 매출증대를 꾀하는 전략
- 집중화 전략 : 메인 시작과는 다른 특성을 지니는 틈새시장을 대상으로 소비자들의 니즈를 원가우위 또는 차별화 전략을 통해 충족시켜 나가는 전략

BCG 매트릭스 모형

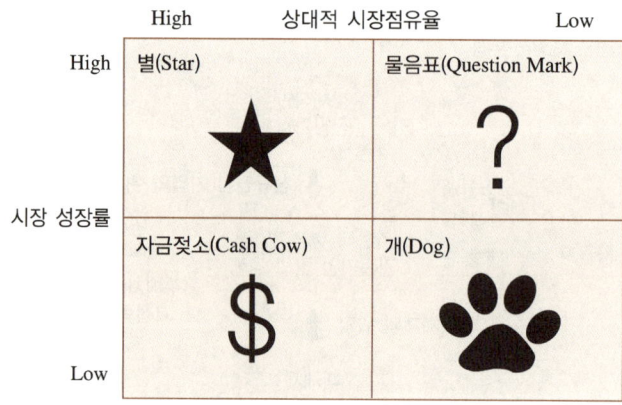

① 별(Star) 사업부
- 시장성장률도 높고 상대적 시장점유율도 높은 경우에 해당하는 사업이다.
- 이 사업부의 제품들은 제품수명주기상에서 성장기에 속한다.
- 선도기업의 지위를 유지하고 성장해가는 시장의 수용에 대처하고, 여러 경쟁기업들의 도전에 극복하기 위해 역시 자금의 투자가 필요하다.
- 별 사업부에 속한 기업들이 효율적으로 잘 운영된다면 이들은 향후 Cash Cow가 된다.
② 자금젖소(Cash Cow) 사업부
- 시장성장률은 낮지만 높은 상대적 시장점유율을 유지하고 있다. 이 사업부는 제품수명주기상에서 성숙기에 속하는 사업부이다.
- 이에 속한 사업은 많은 이익을 시장으로부터 창출해낸다. 그 이유는 시장의 성장률이 둔화되었기 때문에 그만큼 새로운 설비투자 등과 같은 신규 자금의 투입이 필요 없고, 시장 내에 선도 기업에 해당되므로 규모의 경제와 높은 생산성을 누리기 때문이다.
- Cash Cow에서 산출되는 이익은 전체 기업의 차원에서 상대적으로 많은 현금을 필요로 하는 Star나 Question Mark, Dog의 영역에 속한 사업으로 자원이 배분된다.

③ 물음표(Question Mark) 사업부
  - '문제아'라고도 한다.
  - 시장성장률은 높으나 상대적 시장점유율이 낮은 사업이다.
  - 이 사업에 속한 제품들은 제품수명주기상에서 도입기에 속하는 사업부이다.
  - 시장에 처음으로 제품을 출시한 기업 이외의 대부분의 사업부들이 출발하는 지점이 물음표이며, 신규로 시작하는 사업이기 때문에 기존의 선도 기업을 비롯한 여러 경쟁기업에 대항하기 위해 새로운 자금의 투하를 상당량 필요로 한다.
  - 기업이 자금을 투입할 것인가 또는 사업부를 철수해야 할 것인가를 결정해야하기 때문에 Question Mark라고 불리고 있다.
  - 한 기업에게 물음표에 해당하는 사업부가 여러 개이면, 그에 해당되는 모든 사업부에 자금을 지원하는 것보다 전략적으로 소수의 사업부에 집중적인 투자를 하는 것이 효과적이라 할 수 있다.
④ 개(Dog) 사업부
  - 시장성장률도 낮고 시장점유율도 낮은 사업부이다.
  - 제품수명주기상에서 쇠퇴기에 속하는 사업이다.
  - 낮은 시장성장률 때문에 그다지 많은 자금의 소요를 필요로 하지는 않지만, 사업 활동에 있어서 얻는 이익도 매우 적은 사업이다.
  - 이 사업에 속한 시장의 성장률이 향후 다시 고성장을 할 가능성이 있는지 또는 시장 내에서 자사의 지위나 점유율이 높아질 가능성은 없는지 검토해보고 이 영역에 속한 사업들을 계속 유지할 것인가 아니면 축소 내지 철수할 것인가를 결정해야 한다.

01 다음 〈보기〉에서 허즈버그(F. Herzberg)의 2요인 이론에서 동기요인을 모두 고르면?

> **보기**
>
> ㄱ. 상사와의 관계 　　　　　　　　　ㄴ. 성취
> ㄷ. 회사 정책 및 관리방침 　　　　　ㄹ. 작업 조건
> ㅁ. 인정

① ㄱ, ㄴ 　　　　　　　　　　　　② ㄱ, ㄷ
③ ㄴ, ㄹ 　　　　　　　　　　　　④ ㄴ, ㅁ

02 다음 중 맥그리거(D. McGregor)의 X – Y이론에 대한 설명으로 옳은 것은?

① 조직의 감시, 감독 및 통제가 필요하다는 주장은 Y이론이다.
② 자기통제가 많은 것은 X이론이다.
③ 쌍방향 의사결정은 X이론에서 주로 발생한다.
④ 개인의 목적과 조직의 목적이 부합하는 조직에서는 Y이론에 근거해서 운영된다.

01

정답 ④

허즈버그의 2요인 이론은 직원들의 직무만족도를 증감시키는 요인을 2가지로 구분한 것이다.
• 동기요인 : 성취, 인정, 책임소재, 업무의 질 등
• 위생요인 : 회사의 정책, 작업 조건, 동료직원과의 관계, 임금, 직위 등

02

정답 ④

오답분석

① 조직의 감시, 감독 및 통제가 필요하다는 주장은 X이론이다.
② 자기통제가 많은 것은 Y이론이다.
③ 쌍방향 의사결정은 Y이론에서 주로 발생한다.

매슬로(Maslow)의 욕구단계이론

자아실현의 욕구

존중의 욕구

애정과 소속감의 욕구

안전의 욕구

생리적 욕구

① 개념 : 인간의 욕구는 위계적으로 조직되어 있으며 하위 단계의 욕구 충족이 상위 계층의 욕구 발현의 조건이라고 설명한 이론이다.

② 특징
- 생리적 욕구 : 가장 기본적이면서도 강력한 욕구로 음식, 물, 수면 등 인간의 생존에 가장 필요한 본능적인 욕구이다.
- 안전의 욕구 : 두려움이나 혼란스러움이 아닌 평상심과 질서를 유지하고자 하는 욕구이다.
- 애정과 소속의 욕구 : 사회적으로 조직을 이루고 그곳에 소속되려는 성향이다.
- 존중의 욕구 : 타인으로부터 수용되고, 가치 있는 존재가 되고자 하는 욕구이다.
- 자아실현의 욕구 : 개인의 타고난 능력 혹은 성장 잠재력을 실행하려는 욕구이다.

맥그리거(McGregor)의 X-Y이론

① 개념 : 인간본성에 대한 가정을 X, Y 2가지로 구분하여 특성에 따른 관리전략을 정리한 이론으로 X이론은 인간에 대한 부정적인 면을 설명하고, Y이론은 긍정적인 면을 설명한다.

② 특징

X이론 (전통적이고 전체적인 경영자의 인간관)	Y이론 (진취적이고 협동적인 인간관)
• 인간은 칠저하게 이기적이고 자기중심적이다. • 인간은 천성적으로 게으르고 일을 싫어하기 때문에 엄격한 통제와 감독이 필요하다. • 조직 구성원이 원하는 수준의 임금체계가 확립되어야 하고, 엄격한 통제와 처벌이 필요하다.	• 인간이 행위는 경제적 욕구보다 사회 · 심리에 더 영향을 받는다. • 인간은 사회적인 존재이다. • 노동에서 휴식과 복지는 자연스러운 것이다. • 민주적 리더십의 확립과 분권, 권한의 위임이 중요하다.

허즈버그(Herzberg)의 동기 – 위생이론

① 개념 : 허즈버그가 2개의 요인(동기요인, 위생요인)으로 나눠 동기유발에 대해 정리한 이론으로 동기요인과 위생요인은 반대의 개념이 아닌 별개의 개념이다.

② 특징

동기요인(만족요인)	위생요인(불만족요인)
• 직무에 만족을 느끼게 하는 요인 • 충족되면 만족감을 느끼게 되지만, 불충족되는 경우에도 불만이 발생하지는 않음 • 동기요인 충족 → 높은 직무성과	• 직무에 대해 불만족을 느끼게 하는 요인 • 불충족 시에는 불만이 증가 • 충족 시에도 만족감이 증가하는 것은 아님

01 다음 중 매트릭스 조직구조의 장점으로 옳지 않은 것은?

① 조직 내의 협력과 팀 활동을 촉진시킨다.

② 의사결정의 책임소재를 명확히 할 수 있다.

③ 조직의 인력을 신축적으로 활용할 수 있다.

④ 전문적 지식과 기술의 활용을 극대화할 수 있다.

02 다음에서 설명하고 있는 조직구조는?

> • 수평적 분화에 중점을 두고 있다.
> • 각자의 전문분야에서 작업능률을 증대시킬 수 있다.
> • 생산, 회계, 인사, 영업, 총무 등의 기능을 나누고 각 기능을 담당할 부서단위로 조직된 구조이다.

① 기능 조직   ② 사업부 조직

③ 매트릭스 조직   ④ 수평적 조직

01

정답 ②

매트릭스 조직구조는 명령일원화의 원칙이 적용되지 않으므로 의사결정의 책임소재가 불명확할 수 있다.

02

정답 ①

기능 조직(Functional Structure)은 기능별 전문화의 원칙에 따라 공통의 전문지식과 기능을 지닌 부서단위로 묶는 조직구조를 의미한다.

기능 조직

① 개념 : 관리자가 담당하는 일을 전문화해 업무내용이 유사하고 관련성이 있는 기능을 분류하여 업무를 전문적으로 진행할 수 있도록 하는 형태이다.

② 장점 및 단점
- 조직원의 전문적인 업무 발전이 가능하다.
- 조직의 내부 효율성이 증대된다.
- 조직 전체의 목표보다는 직능별 목표를 중시하고 성과에 대한 책임이 불분명하다.

사업부 조직

① 개념 : 사업체에서 여러 제품을 생산하는 경우에 제품에 따라 사업부를 구분하여 사업부마다 하위조직을 구성하는 형태이다.

② 장점 및 단점
- 사업부 내 관리자와 종업원의 밀접한 상호작용이 가능하다.
- 사업부는 이익 및 책임 중심점이 되어 경영성과가 향상된다.
- 제품의 제조와 판매에 대한 전문화와 분업이 촉진된다.
- 특정 분야에 대한 지식과 능력의 전문화가 약화될 수 있다.

매트릭스 조직

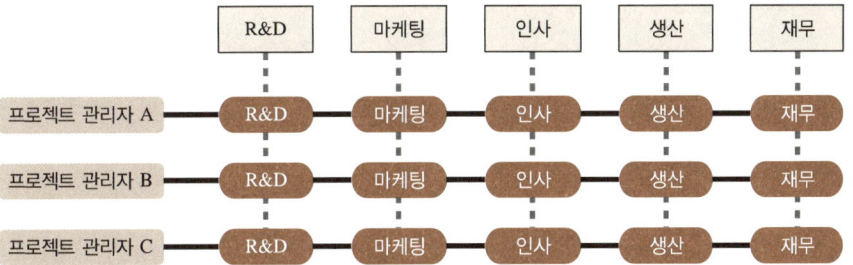

① 개념 : 조직구성원들이 원래 소속되어 있는 기능부서에도 배치되는 동시에 맡은 업무에 따라 나누어진 팀에도 배치되어 있어 두 개의 단위조직에 속하여 두 명의 상급자를 두고 있는 형태이다.

② 장점 및 단점
- 조직에서의 정보 단절 문제를 해결할 수 있다.
- 일을 유연하게 대처할 수 있다.
- 조직원의 역량을 좀 더 폭넓게 향상시킬 수 있다.
- 두 개의 조직에서 두 명의 상급자가 존재하기 때문에 성과에 대한 목표나 보고가 느릴 수 있다.

네트워크 조직

① 개념 : 독립된 각 사업 부서가 자신의 고유 기능을 수행하면서 제품 생산이나 프로젝트의 수행을 위해서는 상호 협력적인 네트워크를 지닌 조직구조이다.

② 장점 및 단점
- 조직원 사이의 수평적인 의사소통이 가능하다.
- 조직 간의 정보교류가 활발하므로 조직 내 자산으로 축적가능하다.
- 시장에 유연한 대응이 가능하다.
- 관리자가 직원을 관리하는 것이 쉽지 않다.
- 갈등이 발생하는 경우 해결에 오랜 시간이 필요하다.

경영 기출응용문제

정답 및 해설 p.032

| 객관식 |

01 다음 중 기업이 글로벌 전략을 수행하는 이유로 옳지 않은 것은?

① 규모의 경제를 달성하기 위해
② 세계 시장에서의 협력 강화를 위해
③ 현지 시장으로의 효과적인 진출을 위해
④ 기업구조를 개편하여 경영의 효율성을 높이기 위해

02 다음 중 제조 공장 없이 반도체 설계와 개발만 전문적으로 수행하는 회사를 뜻하는 용어는?

① 팹리스(Fabless)　　　　　　　　　② 아이디엠(IDM)
③ 클린룸(Clean-room)　　　　　　　④ 파운드리(Foundry)

Easy
03 다음 중 매슬로의 욕구단계를 순서대로 나열한 것은?

ㄱ. 생리적 욕구	ㄴ. 안전 욕구
ㄷ. 소속 욕구	ㄹ. 존중 욕구
ㅁ. 자아실현 욕구	

① ㄱ - ㄴ - ㄷ - ㄹ - ㅁ　　　　② ㄱ - ㄷ - ㄴ - ㄹ - ㅁ
③ ㄱ - ㄷ - ㄴ - ㅁ - ㄹ　　　　④ ㄴ - ㄱ - ㄷ - ㄹ - ㅁ

04 다음 〈보기〉에서 조직문화 모형인 7-S모형에 대한 설명으로 옳지 않은 것을 모두 고르면?

> **보기**
>
> ㄱ. 7-S모형에 제시된 조직문화 구성요소는 공유가치, 리더십 스타일, 구성원, 제도, 절차, 구조, 전략, 스킬을 가리킨다.
> ㄴ. '리더십 스타일'이란 조직구성원들의 행동이나 사고를 특정 방향으로 이끌어 가는 원칙이나 기준을 의미한다.
> ㄷ. '구조'는 조직의 전략을 수행하는 데 필요한 틀로서 구성원의 역할과 그들 간의 상호관계를 지배하는 공식요소를 가리킨다.
> ㄹ. '전략'은 조직의 장기적인 목적과 계획 그리고 이를 달성하기 위한 장기적인 행동지침을 가리킨다.

① ㄱ
② ㄴ
③ ㄱ, ㄷ
④ ㄴ, ㄹ

05 다음 중 직무평가의 방법으로 적절하지 않은 것은?

① 서열법
② 요소비교법
③ 워크샘플링법
④ 점수법

06 다음 중 제품수명주기에 대한 설명으로 옳지 않은 것은?

① 성장기에는 제품선호형 광고에서 정보제공형 광고로 전환한다.
② 도입기에는 제품인지도를 높이기 위해 광고비가 많이 소요된다.
③ 성숙기에는 제품의 매출성장률이 점차적으로 둔화되기 시작한다.
④ 쇠퇴기에는 매출이 떨어지고 순이익이 감소하기 시작한다.

07 다음 중 BCG 매트릭스의 네 가지 사업 기준에 대한 설명으로 옳지 않은 것은?

① 별 : 수익이 많이 발생되나 시장지위를 유지하기 위해 자금 투자 역시 많이 소요되는 사업
② 자금젖소 : 시장점유율이 높아 현금유입이 많고 성장성이 있어 시장에서 선도적인 지위를 구축하고 있는 사업
③ 물음표 : 시장성장률은 높으나 상대적으로 시장점유율은 낮아 후 성공적으로 사업을 영위할 수 있을지 의문시되는 사업
④ 개 : 활동을 통해 얻는 이익도 크지 않지만 그만큼 자금도 많이 소요되지 않는 사업

08 다음 중 목표 달성과 새로운 가치 창출을 위해 공급업체들과 자원 및 정보를 협력하여 하나의 기업처럼 움직이는 생산시스템은?

① 공급사슬관리(SCM) ② 적시생산시스템(JIT)
③ 유연생산시스템(FMS) ④ 컴퓨터통합생산(CIM)

Hard

09 다음 중 경제적주문량(EOQ)모형이 성립하기 위한 가정으로 옳지 않은 것은?

① 주문량은 한 번에 모두 도착한다.
② 연간 재고 수요량을 정확히 파악하고 있다.
③ 재고 부족현상이 발생할 수 있으며, 주문 시 정확한 리드타임이 적용된다.
④ 단위당 재고 유지비용과 1회당 재고 주문비용은 주문량과 관계없이 일정하다.

10 다음 중 협상 마지막 단계에서 작은 조건을 붙여 필요한 것을 받아내는 전략은?

① 살라미 전술 ② 레드헤링 기법
③ 더블마인드 기법 ④ 니블링 전략

Easy

11 다음 중 프랑스의 사업가 앙리 페이욜(Henry Fayol)의 관리 5요소론에 해당하지 않는 것은?

① 계획 ② 조직
③ 지휘 ④ 분업

12 다음 중 마이클 포터(M. Porter)의 경쟁전략 유형에 해당하는 것은?

① 차별화(Differentiation) 전략   ② 블루오션(Blue Ocean) 전략

③ 방어자(Defender) 전략   ④ 반응자(Reactor) 전략

13 다음 사례에서 A씨의 행동을 설명하는 동기부여이론은?

> 팀원 A씨는 작년도 목표 대비 업무실적을 100% 달성하였다. 이에 반해 같은 팀 동료인 B씨는 동일 목표 대비 업무실적이 10% 부족하였지만 A씨와 동일한 인센티브를 받았다. 이 사실을 알게 된 A씨는 팀장에게 추가 인센티브를 요구하였으나 받아들여지지 않자 결국 이직하였다.

① 기대이론   ② 공정성이론

③ 욕구단계이론   ④ 목표설정이론

14 다음 중 평가센터법(Assessment Center)에 대한 설명으로 옳지 않은 것은?

① 평가에 대한 신뢰성이 양호하다.

② 승진에 대한 의사결정에 유용하다.

③ 교육훈련에 대한 타당성이 높다.

④ 다른 평가기법에 비해 상대적으로 비용과 시간이 적게 소요된다.

15 다음 중 최저임금제의 필요성으로 옳지 않은 것은?

① 계약자유 원칙의 한계 보완   ② 저임금 노동자 보호

③ 임금인하 경쟁 방지   ④ 소비자 부담 완화

Easy

01 다음은 S기업의 손익계산서 내용이다. S기업의 당기순이익을 구하면?

- 매출액 : 10억 원
- 영업외이익 : 1억 원
- 영업외비용 : 0.4억 원
- 법인세비용 : 0.2억 원
- 매출원가 : 6.5억 원
- 특별이익 : 0.4억 원
- 특별손실 : 0.6억 원
- 판관비 : 0.5억 원

(억 원)

02 스위스에서 2013년 3월 가결된 살찐 __(A)__ 법은 주주들이 경영진의 모든 보수를 규제하도록 할 뿐만 아니라 기업 인수·합병(M&A)이나 매각이 성사됐을 때와 임원이 퇴직할 때 지급되는 특별 보너스, 즉 __(B)__ 도 금지하도록 하는 것이다. 다음 중 (A)와 (B)에 들어갈 단어를 모두 고르면?

ㄱ. 고양이	ㄴ. 두꺼비	ㄷ. 돼지	ㄹ. 당나귀
ㅁ. 사자	ㅂ. 황금 보따리	ㅅ. 황금 낙하산	ㅇ. 황금 알
ㅈ. 골든 필	ㅊ. 골든 펜슬		

(   )

03 다음 자료를 바탕으로 기말 외상매입금 잔액을 계산하면 얼마인가?

- 기초상품재고액 : 100,000원
- 기말상품재고액 : 500,000원
- 기중상품매출 : 3,000,000원
- 매출총이익률 : 40%
- 기초외상매입금 : 300,000원
- 기중외상매입금 지급 : 2,000,000원
- ※ 상품매입은 전부 외상임

(원)

04 주식회사 M그룹의 2024년 초 재고자산은 20,000원이고, 당기매입액은 96,000원이다. M그룹의 2024년 말 유동비율은 110%, 당좌비율은 80%, 유동부채는 70,000원일 때, 2024년 매출원가는?(단, 재고자산은 상품으로만 구성되어 있다)

(원)

05 과거 미국에서부터 정치적 성향을 새에 빗대어 사용하기 시작한 것에서 유래된 용어로, 경기가 과열 조짐을 보일 때 기준금리를 인상하여 통화를 거둬들이고 물가를 안정시키려는 긴축파를   (A)   파, 경기를 부양할 목적으로 기중금리를 내려 돈을 풀자는 완화파를   (B)   파, 특정 입장을 지지하지 않는 중립파를   (C)   파라고 칭한다. 다음 중 (A), (B), (C)에 들어갈 단어를 모두 고르면?

ㄱ. 독수리	ㄴ. 까마귀	ㄷ. 꿩	ㄹ. 공작
ㅁ. 매	ㅂ. 부엉이	ㅅ. 비둘기	ㅇ. 올빼미
ㅈ. 까치	ㅊ. 갈매기		

(   )

06 다음 자료를 이용할 경우 재무상태표에 표시될 현금 및 현금성자산은?

(단위 : 원)

당좌예금	1,000	당좌개설보증금	350
배당금지급통지표	155	수입인지	25
임차보증금	405	우편환증서	315
차용증서	950	타인발행수표	200

(원)

07 M회사는 금년도 1/4분기에 신제품에 대한 R&D 자금조달목적으로 1,000주를 주당 800원에 유상증자하였다. 기존 시장에는 10,000주가 발행되었고 종가기준 주가는 1,000원이라고 하였을 때, 신주인수권의 가치는?(단, 신주인수권에 비재무적 요소는 고려하지 않고 소수점 첫째 자리에서 반올림한다)

(원)

빈출키워드 1 수요와 공급의 법칙, 탄력성

다음 중 수요의 탄력성에 대한 설명으로 옳은 것은?

① 수요의 소득탄력성이 비탄력적인 재화는 열등재이다.

② 수요의 가격탄력성이 탄력적이라면 가격인하는 총수입을 증가시키는 좋은 전략이다.

③ 가격이 올랐을 때, 시간이 경과될수록 적응이 되기 때문에 수요의 가격탄력성은 작아진다.

④ 수요곡선의 기울기가 −1인 직선일 경우 수요곡선상의 어느 점에서나 가격탄력성은 동일하다.

정답 ②

수요의 가격탄력성이 1보다 크다면 가격이 1% 하락할 때, 판매량은 1%보다 크게 증가하므로 판매자의 총수입은 증가한다. 따라서 수요의 가격탄력성이 탄력적이라면 가격인하는 총수입을 증가시키는 좋은 전략이다.

오답분석

① 열등재는 수요의 소득탄력성이 1보다 작은 재화가 아니라 수요의 소득탄력성이 음수(−)인 재화이다.

③ 장기가 될수록 대체재가 생겨날 가능성이 크기 때문에 수요의 가격탄력성은 커진다.

④ 수요곡선이 우하향하는 직선이면 수요곡선상에서 우하방으로 이동할수록 수요의 가격탄력성이 점점 작아진다.

수요의 법칙

수요의 법칙이란 가격이 상승하면 수요량이 감소하는 것을 말한다. 수요의 법칙이 성립하는 경우 수요곡선은 우하향한다. 단, 기펜재의 경우와 베블런 효과가 존재하는 경우는 성립하지 않는다.

수요량의 변화와 수요의 변화

① 수요량의 변화 : 당해 재화가격의 변화로 인한 수요곡선상의 이동을 의미한다.

② 수요의 변화 : 당해 재화가격 이외의 다른 요인의 변화로 수요곡선 자체가 이동하는 것을 의미한다. 수요가 증가하면 수요곡선이 우측으로 이동하고, 수요가 감소하면 수요곡선이 좌측으로 이동한다.

공급의 법칙

다른 조건이 일정할 때 가격이 상승하면 공급량이 증가하는 것을 말한다.

공급량의 변화와 공급의 변화

① 공급량의 변화 : 당해 재화가격의 변화로 인한 공급곡선상의 이동을 의미한다.

② 공급의 변화 : 당해 재화가격 이외의 다른 요인의 변화로 공급곡선 자체가 이동하는 것을 의미한다. 공급이 증가하면 공급곡선이 우측으로 이동하고, 공급이 감소하면 공급곡선이 좌측으로 이동한다.

수요의 가격탄력성

① 의의 : 수요량이 가격에 얼마나 민감하게 반응하는지를 나타낸다.

② 가격탄력성의 도출

$$\varepsilon_P = \frac{(\text{수요량의 변화율})}{(\text{가격의 변화율})} = \frac{\frac{\Delta Q}{Q}}{\frac{\Delta P}{P}} = \left(\frac{\Delta Q}{\Delta P}\right)\left(\frac{P}{Q}\right) \text{ (단, } \Delta \text{은 변화율, Q는 수요량, P는 가격)}$$

③ 가격탄력성과 판매수입

구분	$\varepsilon_P > 1$ (탄력적)	$\varepsilon_P = 1$ (단위탄력적)	$0 < \varepsilon_P < 1$ (비탄력적)	$\varepsilon_P = 0$ (완전 비탄력적)
가격 상승	판매수입 감소	판매수입 변동 없음	판매수입 증가	판매수입 증가
가격 하락	판매수입 증가	판매수입 변동 없음	판매수입 감소	판매수입 감소

공급의 가격탄력성

① 의의 : 공급량이 가격에 얼마나 민감하게 반응하는지를 나타낸다.

② 가격탄력성의 도출

$$\varepsilon_P = \frac{(\text{공급량의 변화율})}{(\text{가격의 변화율})} = \frac{\frac{\Delta Q}{Q}}{\frac{\Delta P}{P}} = \left(\frac{\Delta Q}{\Delta P}\right)\left(\frac{P}{Q}\right) \text{ (단, } \Delta \text{은 변화율, Q는 공급량, P는 가격)}$$

③ 공급의 가격탄력성 결정요인 : 생산량 증가에 따른 한계비용 상승이 완만할수록, 기술수준 향상이 빠를수록, 유휴설비가 많을수록, 측정시간이 길어질수록 공급의 가격탄력성은 커진다.

01 경제학자 밀턴 프리드먼은 '공짜 점심은 없다(There is no such thing as a free lunch).'라는 말을 즐겨했다고 한다. 다음 중 이 말을 설명할 수 있는 경제 원리는?

① 규모의 경제
② 긍정적 외부성
③ 기회비용
④ 수요공급의 원리

02 다음 글의 밑줄 친 ㉠ ~ ㉢에 대한 설명으로 옳은 것을 〈보기〉에서 모두 고르면?

> 우리나라에 거주 중인 광성이는 ㉠ 여름휴가를 앞두고 휴가 동안 발리로 서핑을 갈지, 빈 필하모닉 오케스트라의 3년 만의 내한 협주를 들으러 갈지 고민하다가 ㉡ 발리로 서핑을 갔다. 그러나 화산폭발의 위험이 있어 안전의 위협을 느끼고 ㉢ 환불이 불가능한 숙박비를 포기한 채 우리나라로 돌아왔다.

보기
가. ㉠의 고민은 광성이의 주관적 희소성 때문이다.
나. ㉠의 고민을 할 때는 기회비용을 고려한다.
다. ㉡의 기회비용은 빈 필하모닉 오케스트라 내한 협주이다.
라. ㉡은 경제재이다.
마. ㉢은 비합리적 선택 행위의 일면이다.

① 가, 나, 마
② 가, 다, 라
③ 나, 다, 마
④ 가, 나, 다, 라

01

정답 ③

'공짜 점심은 없다.'라는 의미는 무엇을 얻고자 하면 보통 그 대가로 무엇인가를 포기해야 한다는 뜻으로 해석할 수 있다. 즉, 어떠한 선택에는 반드시 포기하게 되는 다른 가치가 존재한다는 의미이다. 시간이나 자금의 사용은 다른 활동에의 시간 사용, 다른 서비스나 재화의 구매를 불가능하게 만들어 기회비용을 유발한다. 정부의 예산배정, 여러 투자상품 중 특정 상품의 선택, 경기활성화와 물가안정 사이의 상충관계 등이 기회비용의 사례가 될 수 있다.

02

정답 ④

오답분석

마. 환불 불가한 숙박비는 회수 불가능한 매몰비용이므로 선택 시 고려하지 않은 ㉢의 행위는 합리적 선택 행위의 일면이다.

경제재와 자유재

경제재(Economic Goods)	자유재(Free Goods)
• 경제재란 희소성을 가지고 있는 자원으로, 합리적인 의사결정으로 선택을 해야 하는 재화를 말한다. • 우리가 일상생활에서 돈을 지불하고 구입하는 일련의 재화 또는 서비스를 모두 포함한다.	• 자유재란 희소성을 가지고 있지 않아 값을 지불하지 않고도 누구나 마음대로 쓸 수 있는 물건을 말한다. • 공기나 햇빛같이 우리의 욕구에 비해 자원의 양이 풍부해서 경제적 판단을 요구하지 않는 재화를 모두 포함한다.

기회비용(Opportunity Cost)

① 개념
  • 여러 선택 대안들 중 한 가지를 선택함으로써 포기해야 하는 다른 선택 대안 중에서 가장 가치가 큰 것을 의미한다.
  • 경제학에서 사용하는 비용은 전부 기회비용 개념이며, 합리적인 선택을 위해서는 항상 기회비용의 관점에서 의사결정을 내려야 한다.
  • 기회비용은 객관적으로 나타난 비용(명시적 비용) 외에 포기한 대안 중 가장 큰 순이익(암묵적 비용)까지 포함한다.
  • 편익(매출액)에서 기회비용을 차감한 이윤을 경제적 이윤이라고 하는데, 이는 기업 회계에서 일반적으로 말하는 회계적 이윤과 다르다. 즉, 회계적 이윤은 매출액에서 명시적 비용(회계적 비용)만 차감하고 암묵적 비용(잠재적 비용)은 차감하지 않는다.

경제적 비용 (기회비용)	명시적 비용 (회계적 비용)	기업이 생산을 위해 타인에게 실제적으로 지불한 비용 예 임금, 이자, 지대
	암묵적 비용 (잠재적 비용)	기업 자신의 생산 요소에 대한 기회비용 예 귀속 임금, 귀속 이자, 귀속 지대

② 경제적 이윤과 회계적 이윤

경제적 이윤	회계적 이윤
• 매출액에서 기회비용을 차감한 이윤을 말한다. • 사업주가 자원배분이 합리적인지 판단하기 위한 지표이다. • 경제적 이윤은 경제적 부가가치(EVA)로 나타내기도 한다. • 경제학에서 장기적으로 기업의 퇴출 여부 판단의 기준이 된다.	• 매출액에서 명시적 비용만 차감한 이윤을 말한다. • 사업주가 외부 이해관계자(채권자, 주주, 금융기관 등)에게 사업성과를 보여주기 위한 지표이다. • 회계적 이윤에는 객관적으로 측정 가능한 명시적 비용만을 반영한다.

매몰비용(Sunk Cost)

이미 투입된 비용으로, 사업을 중단하더라도 회수할 수 없는 비용이다. 사업을 중단하더라도 회수할 수 없기 때문에 사업 중단에 따른 기회비용은 0이다. 그러므로 합리적인 선택을 위해서는 이미 지출되었으나 회수가 불가능한 매몰비용은 고려하지 않는다.

01   다음 중 최고가격제에 대한 설명으로 옳은 것을 〈보기〉에서 모두 고르면?

> **보기**
> ㄱ. 암시장을 출현시킬 가능성이 있다.
> ㄴ. 초과수요를 야기한다.
> ㄷ. 사회적 후생을 증대시킨다.
> ㄹ. 최고가격은 시장의 균형가격보다 높은 수준에서 설정되어야 한다.

① ㄱ, ㄴ   ② ㄱ, ㄷ

③ ㄴ, ㄹ   ④ ㄷ, ㄹ

02   가격이 10% 상승할 때 수요량이 12% 감소하는 재화에 최저가격제가 적용되어 가격이 10% 상승하였다. 매출의 변화가 바르게 짝지어진 것은?

① 매출량 증가, 매출액 증가

② 매출량 증가, 매출액 감소

③ 매출량 감소, 매출액 증가

④ 매출량 감소, 매출액 감소

01

정답 ①

오답분석

ㄷ·ㄹ. 최고가격은 시장의 균형가격보다 낮은 수준에서 설정되어야 하며, 최고가격제가 실시되면 사회적 후생 손실이 발생한다.

02

정답 ④

수요의 가격탄력성은 가격의 변화율에 대한 수요량의 변화율이므로 1.2이다. 이는 탄력적이라는 것을 암시하며, 최저가격제는 가격의 상승을 가져오므로 매출량과 판매수입이 감소한다.

최고가격제(가격상한제)

① 개념 : 물가를 안정시키고, 소비자를 보호하기 위해 시장가격보다 낮은 수준에서 최고가격을 설정하는 규제이다.

　　예 아파트 분양가격, 금리, 공공요금

② 특징

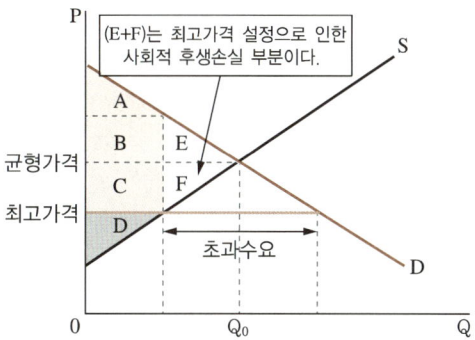

- 소비자들은 시장가격보다 낮은 가격으로 재화를 구입할 수 있다.
- 초과수요가 발생하기 때문에 암시장이 형성되어 균형가격보다 높은 가격으로 거래될 위험이 있다.
- 재화의 품질이 저하될 수 있다.
- 그래프에서 소비자 잉여는 A+B+C, 생산자 잉여는 D, 사회적 후생손실은 E+F만큼 발생한다.
- 공급의 가격탄력성이 탄력적일수록 사회적 후생손실이 커진다.

최저가격제(최저임금제)

① 개념 : 최저가격제란 공급자를 보호하기 위하여 시장가격보다 높은 수준에서 최저가격을 설정하는 규제를 말한다.

　　예 최저임금제

② 특징

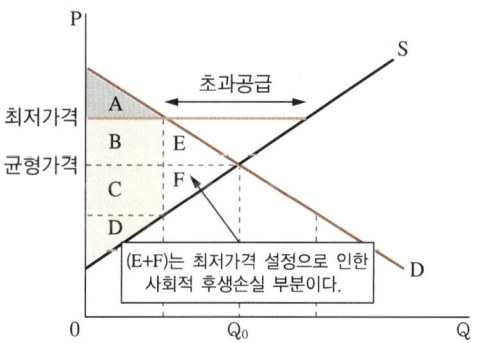

- 최저가격제를 실시하면 생산자는 균형가격보다 높은 가격을 받을 수 있다.
- 소비자의 지불가격이 높아져 소비자의 소비량을 감소시키기 때문에 초과공급이 발생하고, 실업, 재고 누적 등의 부작용이 발생한다.
- 그래프에서 소비자 잉여는 A, 생산자 잉여는 B+C+D, 사회적 후생손실은 E+F만큼 발생한다.
- 수요의 가격탄력성이 탄력적일수록 사회적 후생손실이 커진다.

01 두 재화 X와 Y를 소비하여 효용을 극대화하는 소비자 A의 효용함수는 U＝X＋2Y이고, X재 가격이 2, Y재 가격이 1이다. X재 가격이 1로 하락할 때 소비량의 변화는?

① X재, Y재 소비량 모두 불변

② X재, Y재 소비량 모두 증가

③ X재 소비량 감소, Y재 소비량 증가

④ X재 소비량 증가, Y재 소비량 감소

02 다음 중 재화의 성질 및 무차별곡선에 대한 설명으로 옳지 않은 것은?

① 모든 기펜재(Giffen Goods)는 열등재이다.

② 두 재화가 완전보완재인 경우 무차별곡선은 L자 모형이다.

③ X축에는 홍수를, Y축에는 쌀을 나타내는 경우 무차별곡선은 우하향한다.

④ 두 재화가 대체재인 경우 두 재화 간 교차탄력성은 양(＋)의 값을 가진다.

01

정답 ①

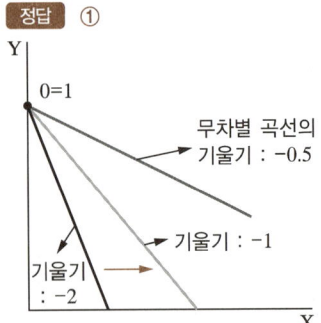

가격이 변하기 전 예산선의 기울기는 −2, 무차별곡선의 기울기는 −0.5이므로 소비자 A는 자신의 소득 전부를 Y재를 구매하는 데에 사용한다. 그런데 X재 가격이 1로 하락하더라도 예산선의 기울기는 −1이므로 여전히 Y재만을 소비하는 것이 효용을 극대화한다. 따라서 가격이 변하더라도 X재와 Y재의 소비량은 변화가 없다.

02

정답 ③

X재가 한계효용이 0보다 작은 비재화이고 Y재가 정상재인 경우 X재의 소비가 증가할 때 효용이 동일한 수준으로 유지되기 위해서는 Y재의 소비가 증가하여야 한다. 따라서 무차별곡선은 우상향의 형태로 도출된다.

효용함수(Utility Function)
재화소비량과 효용 간의 관계를 함수형태로 나타낸 것을 의미한다.

무차별곡선(Indifference Curve)
① 개념 : 동일한 수준의 효용을 가져다주는 모든 상품의 묶음을 연결한 궤적을 말한다.

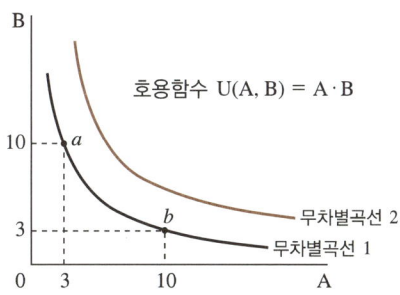

② 무차별곡선의 성질
  • A재와 B재 모두 재화라면 무차별곡선은 우하향하는 모양을 갖는다(대체가능성).
  • 원점에서 멀어질수록 높은 효용수준을 나타낸다(강단조성).
  • 두 무차별곡선은 서로 교차하지 않는다(이행성).
  • 모든 점은 그 점을 지나는 하나의 무차별곡선을 갖는다(완비성).
  • 원점에 대하여 볼록하다(볼록성).

③ 예외적인 무차별곡선

구분	두 재화가 완전 대체재인 경우	두 재화가 완전 보완재인 경우	두 재화가 모두 비재화인 경우
그래프	(그래프)	(그래프)	(그래프)
효용함수	$U(X, Y) = aX + bY$	$U(X, Y) = \min\left(\dfrac{X}{a}, \dfrac{Y}{b}\right)$	$U(X, Y) = \dfrac{1}{X^2 + Y^2}$
특징	한계대체율(MRS)이 일정하다.	두 재화의 소비비율이 $\dfrac{b}{a}$로 일정하다.	X재와 Y재 모두 한계효용이 0보다 작다. ($MU_X < 0$, $MU_Y < 0$)
사례	(X, Y) =(10원짜리 동전, 50원짜리 동전)	(X, Y)=(왼쪽 양말, 오른쪽 양말)	(X, Y)=(매연, 소음)

소비자균형

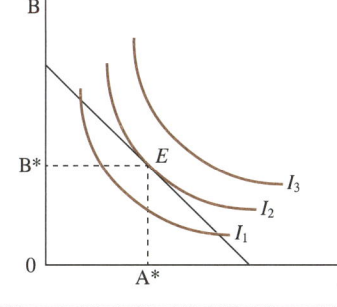

무차별곡선 기울기의 절댓값인 MRS_{AB}, 즉 소비자의 A재와 B재의 주관적인 교환비율과 시장에서 결정된 A재와 B재의 객관적인 교환비율인 상대가격 $\dfrac{P_A}{P_B}$가 일치하는 점에서 소비자균형이 달성된다(E).

다음 〈보기〉의 사례가 역선택(Adverse Selection)과 도덕적 해이(Moral Hazard)의 개념에 따라 바르게
짝지어진 것은?

보기

ㄱ. 자동차 보험 가입 후 더 난폭하게 운전한다.
ㄴ. 건강이 좋지 않은 사람이 민간 의료보험에 더 많이 가입한다.
ㄷ. 실업급여를 받게 되자 구직 활동을 성실히 하지 않는다.
ㄹ. 사망 확률이 낮은 건강한 사람이 주로 종신연금에 가입한다.
ㅁ. 의료보험제도가 실시된 이후 사람들의 의료수요가 현저하게 증가하였다.

	역선택	도덕적 해이
①	ㄱ, ㄴ	ㄷ, ㄹ, ㅁ
②	ㄴ, ㄹ	ㄱ, ㄷ, ㅁ
③	ㄷ, ㅁ	ㄱ, ㄴ, ㄹ
④	ㄴ, ㄷ, ㄹ	ㄱ, ㅁ

 정답 ②

역선택이란 감추어진 특성의 상황에서 정보 수준이 낮은 측이 사전적으로 바람직하지 않은 상대방을 만날 가능성이 높아지는 현상을
의미한다. 반면, 도덕적 해이는 감추어진 행동의 상황에서 어떤 거래 이후에 정보를 가진 측이 바람직하지 않은 행동을 하는 현상을
의미한다.

역선택(Adverse Selection)

① 개념 : 거래 전에 감추어진 특정한 상황에서 정보가 부족한 구매자가 바람직하지 못한 상대방과 품질이 낮은 상품을 거래하게 되는 가격왜곡현상을 의미한다.

② 사례
- 중고차를 판매하는 사람은 그 차량의 결점에 대해 알지만 구매자는 잘 모르기 때문에 성능이 나쁜 중고차만 거래된다. 즉, 정보의 비대칭성으로 인해 비효율적인 자원 배분 현상이 나타나며, 이로 인해 사회적인 후생손실이 발생한다.
- 보험사에서 평균적인 사고확률을 근거로 보험료를 산정하면 사고 발생 확률이 높은 사람이 보험에 가입할 가능성이 큰 것을 의미한다. 이로 인해 평균적인 위험을 기초로 보험금과 보험료를 산정하는 보험회사는 손실을 보게 된다.

③ 해결방안
- 선별(Screening) : 정보를 갖지 못한 사람이 상대방의 정보를 알기 위해 노력하는 것이다.
- 신호 발송(Signaling) : 정보를 가진 측에서 정보가 없는 상대방에게 자신을 알림으로써 정보의 비대칭을 해결하는 것이다.
- 정부의 역할 : 모든 당사자가 의무적으로 수행하게 하는 강제집행과 정보흐름을 촉진할 수 있는 정보정책 수립 등이 있다.

도덕적 해이(Moral Hazard)

① 개념 : 어떤 계약 거래 이후에 대리인의 감추어진 행동으로 인해 정보격차가 존재하여 상대방의 향후 행동을 예측할 수 없거나 본인이 최선을 다한다 해도 자신에게 돌아오는 혜택이 별로 없는 경우에 발생한다.

② 사례
- 화재보험에 가입하고 나면 화재예방노력에 따른 편익이 감소하므로 노력을 소홀히 하는 현상이 발생한다.
- 의료보험에 가입하면 병원 이용에 따른 한계비용이 낮아지므로 그 전보다 병원을 더 자주 찾는 현상이 발생한다.
- 금융기관에서 자금을 차입한 이후에 보다 위험이 높은 투자 상품에 투자하는 현상이 발생한다.

③ 해결방안
- 보험회사가 보험자 손실의 일부만을 보상해 주는 공동보험제도를 채택한다.
- 금융기관이 기업의 행동을 주기적으로 감시한다(예 사회이사제도, 감사제도).
- 금융기관은 대출 시 담보를 설정하여 위험이 높은 투자를 자제하도록 한다.

역선택과 도덕적 해이 비교

구분	역선택	도덕적 해이
정보의 비대칭 발생시점	계약 이전	계약 이후
정보의 비대칭 유형	숨겨진 특성	숨겨진 행동
해결 방안	선별, 신호 발송, 신용할당, 효율성임금, 평판, 표준화, 정보정책, 강제집행 등	유인설계(공동보험, 기초공제제도, 성과급 지급 등), 효율성 임금, 평판, 담보설정 등

다음 글의 ㉠, ㉡이 나타내는 용어가 바르게 짝지어진 것은?

> 국방은 한 국가가 현존하는 적국이나 가상의 적국 또는 내부의 침략에 대응하기 위하여 강구하는 다양한
> 방위활동을 말하는데, 이러한 국방은 ㉠ <u>많은 사람들이 누리더라도 다른 사람이 이용할 수 있는 몫이 줄어들
> 지 않는다</u>. 또한 국방비에 대해 ㉡ <u>가격을 지급하지 않는 사람들이 이용하지 못하게 막기가 어렵다</u>. 따라서
> 국방은 정부가 담당하게 된다.

	㉠	㉡
①	공공재	외부효과
②	배제성	경합성
③	무임승차	비배제성
④	비경합성	비배제성

정답 ④

경합성이란 재화나 용역을 한 사람이 사용하게 되면 다른 사람의 몫은 그만큼 줄어든다는 것으로 희소성의 가치에 의해 발생하는
경제적인 성격의 문제이다. 일반적으로 접하는 모든 재화나 용역이 경합성이 있으며, 반대로 한 사람이 재화나 용역을 소비해도
다른 사람의 소비를 방해하지 않는다면 비경합성에 해당한다. 한편, 배제성이란 어떤 특정한 사람이 재화나 용역을 사용하는 것을
막을 수 있는 가능성을 말하며, 반대의 경우는 비배제성이 있다고 한다. 비경합성과 비배제성 모두 동시에 가지고 있는 재화나
용역에는 국방, 치안 등 공공재가 있다.

재화의 종류

구분	배제성	비배제성
경합성	사유재 예 음식, 옷, 자동차	공유자원 예 산에서 나는 나물, 바닷속의 물고기
비경합성	클럽재(자연 독점 재화) 예 케이블 TV방송, 전력, 수도	공공재 예 국방, 치안

공공재
① 개념 : 모든 사람들이 공동으로 이용할 수 있는 재화 또는 서비스로 비경합성과 비배제성이라는 특징을 갖는다.
② 성격
  • 비경합성 : 소비하는 사람의 수에 관계없이 모든 사람이 동일한 양을 소비한다. 비경합성에 기인하여 1인 추가 소비에 따른 한계비용은 0이다. 공공재의 경우 양의 가격을 매기는 것은 바람직하지 않음을 의미한다.
  • 비배제성 : 재화 생산에 대한 기여 여부에 관계없이 소비가 가능한 특성을 의미한다.
③ 종류
  • 순수 공공재 : 국방, 치안 서비스 등
  • 비순수 공공재 : 불완전한 비경합성을 가진 클럽재(혼합재), 지방공공재

무임승차자 문제
① 공공재는 배제성이 없으므로 효율적인 자원 분배가 이루어지지 않는 현상이 발생할 수 있다. 이로 인해 시장실패가 발생하게 되는데 구체적으로 두 가지 문제를 야기시킨다.
  • 무임승차자의 소비로 인한 공공재나 공공 서비스의 공급부족 현상
  • 공유자원의 남용으로 인한 사회문제 발생으로 공공시설물 파괴, 환경 오염
② 기부금을 통해 공공재를 구입하거나, 공공재를 이용하는 사람에게 일정의 요금을 부담시키는 방법, 국가가 강제로 조세를 거두어 무상으로 공급하는 방법 등으로 해결 가능하다.

공유자원
① 개념 : 소유권이 어느 개인에게 있지 않고, 사회 전체에 속하는 자원이다.
② 종류
  • 자연자본 : 공기, 하천, 국가 소유의 땅
  • 사회간접자본 : 공공의 목적으로 축조된 항만, 도로

공유지의 비극(Tragedy of Commons)
경합성은 있지만 비배제성은 없는 공유자원의 경우, 공동체 구성원이 자신의 이익에만 따라 행동하여 결국 공동체 전체가 파국을 맞이하게 된다는 이론이다.

01 다음 〈보기〉에서 국내총생산(GDP)에 대한 설명으로 옳은 것을 모두 고르면?

> 보기
>
> 가. 여가가 주는 만족은 삶의 질에 매우 중요한 영향을 미치므로 GDP에 반영된다.
> 나. 환경오염으로 파괴된 자연을 치유하기 위해 소요된 지출은 GDP에 포함된다.
> 다. 우리나라의 지하경제 규모는 엄청나기 때문에 한국은행은 이를 포함하여 GDP를 측정한다.
> 라. 가정주부의 가사노동은 GDP에 불포함되지만 가사도우미의 가사노동은 GDP에 포함된다.

① 가, 다   ② 가, 라
③ 나, 다   ④ 나, 라

02 다음 중 국민총소득(GNI), 국내총생산(GDP), 국민총생산(GNP)에 대한 설명으로 옳지 않은 것은?

① 명목GNI는 명목GNP와 명목 국외순수취요소소득의 합이다.
② GNI는 한 나라 국민이 국내외 생산활동에 참여한 대가로 받은 소득의 합계이다.
③ 원화표시 GNI에 아무런 변동이 없더라도 환율변동에 따라 달러화표시 GNI는 변동될 수 있다.
④ 실질GDP는 생산활동의 수준을 측정하는 생산지표인 반면, 실질GNI는 생산활동을 통하여 획득한 소득의 실질 구매력을 나타내는 소득지표이다.

01

정답 ④

오답분석
가. 여가, 자원봉사 등의 활동은 생산활동이 아니므로 GDP에 포함되지 않는다.
다. GDP는 마약밀수 등의 지하경제를 반영하지 못한다는 한계점이 있다.

02

정답 ①

과거에는 국민총생산(GNP)이 소득지표로 사용되었으나 수출품과 수입품의 가격변화에 따른 실질소득의 변화를 제대로 반영하지 못했기 때문에 현재는 국민총소득(GNI)을 소득지표로 사용한다. 반면 명목GNP는 명목GDP에 국외순수취요소소득을 더하여 계산하는데, 명목GDP는 당해연도 생산량에 당해연도의 가격을 곱하여 계산하므로 수출품과 수입품의 가격변화에 따른 실질소득 변화가 모두 반영된다. 즉, 명목으로 GDP를 집계하면 교역조건변화에 따른 실질무역손익이 0이 된다. 따라서 명목GNP는 명목GNI와 동일하다.

GDP(국내총생산)

① 정의 : GDP(국내총생산)란 일정기간 동안 한 나라의 국경 안에서 생산된 모든 최종 재화와 서비스의 시장가치를 시장가격으로 평가하여 합산한 것이다.

② GDP의 계산 : [가계소비(C)]+[기업투자(I)]+[정부지출(G)]+[순수출(NX)]

　※ 순수출(NX) : (수출)-(수입)

③ 명목GDP와 실질GDP

명목GDP	• 당해의 생산량에 당해연도 가격을 곱하여 계산한 GDP이다. • 명목GDP는 물가가 상승하면 상승한다. • 당해연도의 경제활동 규모와 산업구조를 파악하는 데 유용하다.
실질GDP	• 당해의 생산량에 기준연도 가격을 곱하여 계산한 GDP이다. • 실질GDP는 물가의 영향을 받지 않는다. • 경제성장과 경기변동 등을 파악하는 데 유용하다.

④ GDP디플레이터 : $\frac{(명목GDP)}{(실질GDP)} \times 100$

⑤ 실재GDP와 잠재GDP

실재GDP	• 한 나라의 국경 안에서 실제로 생산된 모든 최종 생산물의 시장가치를 의미한다.
잠재GDP	• 한 나라에 존재하는 노동과 자본 등 모든 생산요소를 정상적으로 사용할 경우 달성할 수 있는 최대 GDP를 의미한다. • (잠재GDP)=(자연산출량)=(완전고용산출량)

GNP(국민총생산)

① 개념 : GNP(국민총생산)란 일정기간 동안 한 나라의 국민이 소유하는 노동과 자본으로 생산된 모든 최종 생산물의 시장가치를 의미한다.

② GNP의 계산 : (GDP)+(대외순수취요소소득)=(GDP)+(대외수취요소소득)-(대외지급요소소득)

　※ 대외수취요소소득 : 우리나라 기업이나 근로자가 외국에서 일한 대가

　※ 대외지급요소소득 : 외국의 기업이나 근로자가 우리나라에서 일한 대가

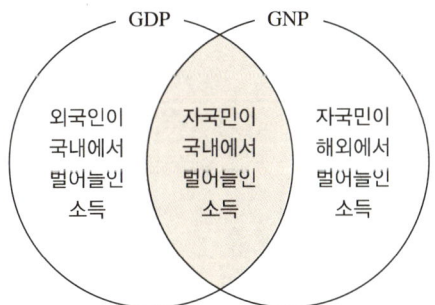

GNI(국민총소득)

① 개념 : 한 나라의 국민이 국내외 생산 활동에 참가하거나 생산에 필요한 자산을 제공한 대가로 받은 소득의 합계이다.

② GNI의 계산 : (GDP)+(교역조건 변화에 따른 실질무역손익)+(대외순수취요소소득)

　　　　　　=(GDP)+(교역조건 변화에 따른 실질무역손익)+(대외수취요소소득)-(대외지급요소소득)

다음은 A국과 B국의 2016년과 2024년 자동차와 TV 생산에 대한 생산가능곡선을 나타낸 것이다. 이에 대한 설명으로 옳은 것은?

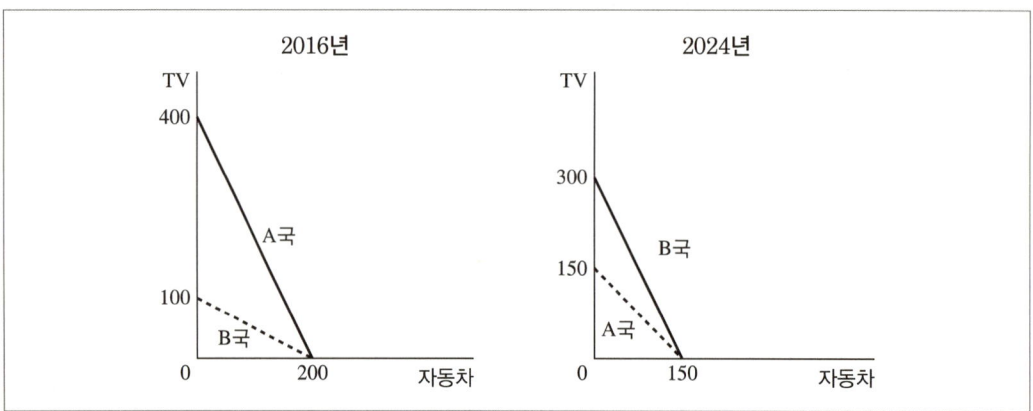

① 2016년의 자동차 수출국은 A국이다.
② B국의 자동차 1대 생산 기회비용은 감소하였다.
③ 두 시점의 생산가능곡선 변화 원인은 생산성 향상 때문이다.
④ 2024년에 자동차 1대가 TV 2대와 교환된다면 무역의 이익은 B국만 갖게 된다.

정답 ③

오답분석

① 2016년에 A국이 자동차 1대를 생산하기 위한 기회비용은 TV 2대이며, B국이 자동차 1대를 생산하기 위한 기회비용은 TV $\frac{1}{2}$ 대이므로 상대적으로 자동차 생산에 대한 기회비용이 적은 B국에서 자동차를 수출해야 한다.

② 2016년 B국의 자동차 1대 생산에 대한 기회비용은 TV $\frac{1}{2}$ 대인 반면, 2024년 B국의 자동차 1대 생산에 대한 기회비용은 TV 2대이므로 기회비용은 증가하였다.

④ 2024년에 A국은 비교우위가 있는 자동차 생산에 특화하고, B국은 비교우위가 있는 TV 생산에 특화하여 교환한다. 이 경우 교환 비율이 자동차 1대당 TV 2대이면, B국은 아무런 무역이익을 가지지 못하고, A국만 무역의 이익을 갖는다.

애덤 스미스의 절대우위론

절대우위론이란 각국이 절대적으로 생산비가 낮은 재화생산에 특화하여 그 일부를 교환함으로써 상호이익을 얻을 수 있다는 이론이다.

리카도의 비교우위론

① 개념
- 비교우위란 교역 상대국보다 낮은 기회비용으로 생산할 수 있는 능력으로 정의된다.
- 비교우위론이란 한 나라가 두 재화생산에 있어서 모두 절대우위에 있더라도 양국이 상대적으로 생산비가 낮은 재화생산에 특화하여 무역을 할 경우 양국 모두 무역으로부터 이익을 얻을 수 있다는 이론을 말한다.
- 비교우위론은 절대우위론의 내용을 포함하고 있는 이론이다.

② 비교우위론의 사례

구분	A국	B국
X재	4명	5명
Y재	2명	5명

→ A국이 X재와 Y재 생산에서 모두 절대우위를 갖는다.

구분	A국	B국
X재 1단위 생산의 기회비용	Y재 2단위	Y재 1단위
Y재 1단위의 기회비용	X재 $\frac{1}{2}$ 단위	X재 1단위

→ A국은 Y재에, B국은 X재에 비교우위가 있다.

헥셔 – 오린 정리모형(Heckscher – Ohlin Model, H – O Model)

① 개념
- 각국의 생산함수가 동일하더라도 각 국가에서 상품 생산에 투입된 자본과 노동의 비율이 차이가 있으면 생산비의 차이가 발생하게 되고, 각국은 생산비가 적은 재화에 비교우위를 갖게 된다는 정리이다.
- 노동풍부국은 노동집약재, 자본풍부국은 자본집약재 생산에 비교우위가 있다.

② 내용
- A국은 B국에 비해 노동풍부국이고, X재는 Y재에 비해 노동집약재라고 가정할 때 A국과 B국의 생산가능곡선은 다음과 같이 도출된다.

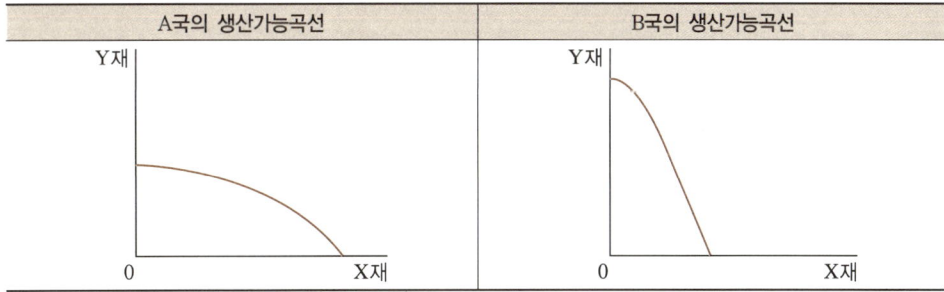

- 헥셔 – 오린 정리에 따르면 A국은 노동이 B국에 비해 상대적으로 풍부하기 때문에 노동집약재인 X재에 비교우위를 가지고 X재를 생산하여 B국에 수출하고 Y재를 수입한다.
- 마찬가지로 B국은 자본이 A국에 비해 상대적으로 풍부하기 때문에 자본집약재인 Y재에 비교우위를 가지고 Y재를 생산하여 A국에 수출하고 X재를 수입한다.

01 다음 중 소득격차를 나타내는 지표로 옳지 않은 것은?

① 십분위분배율   ② 로렌츠 곡선

③ 지니계수   ④ 엥겔지수

02 어느 나라 국민의 50%는 소득이 전혀 없고, 나머지 50%는 모두 소득 100을 균등하게 가지고 있다면 그때의 지니계수의 값은?

① 0   ② 1

③ $\dfrac{1}{2}$ ④ $\dfrac{1}{4}$

01

정답 ④

엥겔지수는 전체 소비지출 중에서 식료품비가 차지하는 비중을 표시하는 지표로, 특정 계층의 생활 수준만을 알 수 있다.

02

정답 ③

국민의 50%가 소득이 전혀 없고, 나머지 50%에 해당하는 사람들의 소득은 완전히 균등하게 100씩 가지고 있으므로 로렌츠 곡선은 아래 그림과 같다. 따라서 지니계수는 다음과 같이 계산한다.

• (지니계수)$= \dfrac{A}{A+B} = \dfrac{1}{2}$

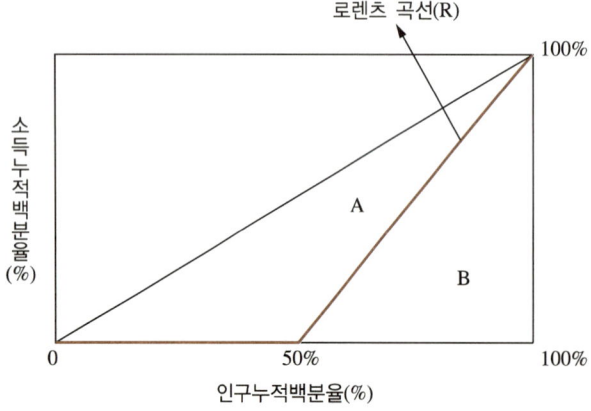

로렌츠 곡선(Lorenz Curve)

① 개념 및 측정방법
- 인구의 누적점유율과 소득의 누적점유율 간의 관계를 나타내는 곡선이다.
- 로렌츠 곡선은 소득분배가 균등할수록 대각선에 가까워진다. 즉, 로렌츠 곡선이 대각선에 가까울수록 평등한 분배상태이며, 직각에 가까울수록 불평등한 분배상태이다.
- 로렌츠 곡선과 대각선 사이의 면적의 크기가 불평등도를 나타내는 지표가 된다.

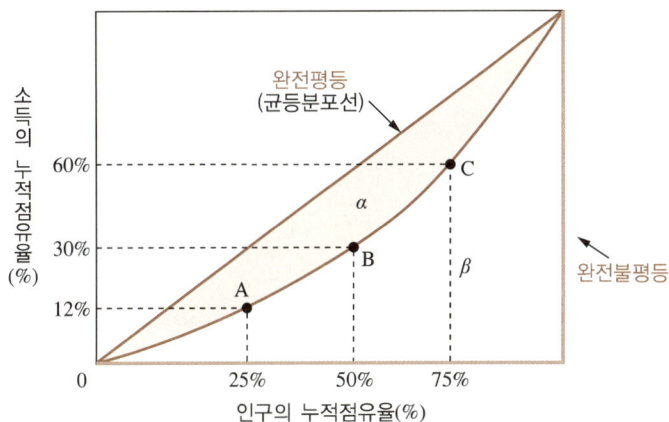

- 로렌츠 곡선상의 점 A는 소득액 하위 25% 인구가 전체 소득의 12%를, 점 B는 소득액 하위 50% 인구가 전체 소득의 30%를, 점 C는 소득액 하위 75% 인구가 전체 소득의 60%를 점유하고 있음을 의미한다.

② 평가
- 로렌츠 곡선이 서로 교차하는 경우에는 소득분배상태를 비교할 수 없다.
- 소득별 분배상태를 한눈에 볼 수 있으나, 비교하고자 하는 수만큼 그려야 하는 단점이 있다.

지니계수

① 개념 및 측정방법
- 지니계수란 로렌츠 곡선이 나타내는 소득분배상태를 하나의 숫자로 나타낸 것을 말한다.
- 지니계수는 완전균등분포선과 로렌츠 곡선 사이에 해당하는 면적(α)을 완전균등분포선 아래의 삼각형 면적($\alpha + \beta$)으로 나눈 값이다.
- 지니계수는 0 ~ 1 사이의 값을 나타내며, 그 값이 작을수록 소득분배가 균등함을 의미한다.
- 즉, 소득분배가 완전히 균등하면 $\alpha = 0$이므로 지니계수는 0이 되고, 소득분배가 완전히 불균등하면 $\beta = 0$이므로 지니계수는 1이 된다.

② 평가
- 지니계수는 전 계층의 소득분배를 하나의 숫자로 나타내므로 특정 소득계층의 소득분배상태를 나타내지 못한다는 한계가 있다.
- 또한 특정 두 국가의 지니계수가 동일하더라도 각 소득구간별 소득격차의 차이가 모두 동일한 것은 아니며, 전반적인 소득분배의 상황만을 짐작하게 하는 한계가 있다.

상품시장을 가정할 때, 다음 중 완전경쟁시장의 균형점이 파레토 효율적인 이유로 옳지 않은 것은?

① 완전경쟁시장 균형점에서 가장 사회적 잉여가 크기 때문이다.

② 완전경쟁시장 균형점에서 사회적 형평성이 극대화되기 때문이다.

③ 완전경쟁시장 균형점에서 소비자는 효용 극대화, 생산자는 이윤 극대화를 달성하기 때문이다.

④ 완전경쟁시장 균형점에서 재화 한 단위 생산에 따른 사회적 한계편익과 사회적 한계비용이 같기 때문이다.

정답   ②

파레토 효율성이란 하나의 자원배분 상태에서 다른 사람에게 손해가 가지 않고서는 어떤 한 사람에게 이득이 되는 변화를 만들어내는 것이 불가능한 배분 상태를 의미한다. 즉, 파레토 효율성은 현재보다 더 효율적인 배분이 불가능한 상태를 의미한다. 완전경쟁시장의 균형점에서는 사회적 효율이 극대화되지만, 파레토 효율적이라고 하여 사회 구성원 간에 경제적 후생을 균등하게 분배하는 것은 아니기 때문에 사회적 형평성이 극대화되지는 않는다.

파레토 효율성

파레토 효율(=파레토 최적)이란 하나의 자원배분상태에서 다른 어떤 사람에게 손해가 가도록 하지 않고서는 어떤 한 사람에게 이득이 되는 변화를 만들어 내는 것이 불가능한 상태, 즉 더 이상의 파레토 개선이 불가능한 자원배분 상태를 말한다.

소비에서의 파레토 효율성

① 생산물시장이 완전경쟁시장이면 개별소비자들은 가격수용자이므로 두 소비자가 직면하는 예산선의 기울기$\left(-\dfrac{P_X}{P_Y} \right)$는 동일하다.

② 예산선의 기울기가 동일하므로 두 개인의 무차별곡선 기울기도 동일하다.

$\quad \text{MRS}^A_{XY} = \text{MRS}^B_{XY}$

③ 그러므로 생산물시장이 완전경쟁이면 소비에서의 파레토 효율성 조건이 충족된다.

④ 계약곡선상의 모든 점에서 파레토 효율이 성립하고, 효용곡선상의 모든 점에서 파레토 효율이 성립한다.

생산에서의 파레토 효율성

① 생산요소시장이 완전경쟁이면 개별생산자는 가격수용자이므로 두 재화가 직면하는 등비용선의 기울기$\left(-\dfrac{w}{r} \right)$가 동일하다.

② 등비용선의 기울기가 동일하므로 두 재화의 등량곡선의 기울기도 동일하다.

$\quad \text{MRS}^X_{LK} = \text{MRS}^Y_{LK}$

③ 그러므로 생산요소시장이 완전경쟁이면 생산에서의 파레토 효율성 조건이 충족된다.

④ 생산가능곡선이란 계약곡선을 재화공간으로 옮겨 놓은 것으로 생산가능곡선상의 모든 점에서 파레토 효율이 이루어진다.

⑤ 한계변환율은 X재의 생산량을 1단위 증가시키기 위하여 감소시켜야 하는 Y재의 수량으로 생산가능곡선 접선의 기울기이다.

종합적인 파레토 효율성

시장구조가 완전경쟁이면 소비자의 효용극대화와 생산자의 이윤극대화 원리에 의해 종합적인 파레토 효율성 조건이 성립한다.

$$\text{MRS}_{xy} = \frac{M_X}{M_Y} = \frac{P_X}{P_Y} = \frac{MC_X}{MC_Y} = \text{MRT}_{xy}$$

파레토 효율성의 한계

① 파레토 효율성 조건을 충족하는 점은 무수히 존재하기 때문에 그중 어떤 점이 사회적으로 가장 바람직한지 판단하기 어렵다.

② 파레토 효율성은 소득분배의 공평성에 대한 기준을 제시하지 못한다.

01 다음 대화에서 밑줄 친 부분에 해당하는 사례로 가장 적절한 것은?

> 선생님 : 실업에는 어떤 종류가 있는지 한번 말해볼까?
> 학생 : 네, 선생님. 실업은 발생하는 원인에 따라 <u>경기적 실업</u>과 계절적 실업, 그리고 구조적 실업과 마찰적 실업으로 분류할 수 있습니다.

① 총수요의 부족으로 발생하는 실업이 발생했다.
② 더 나은 직업을 탐색하기 위해 기존에 다니던 직장을 그만두었다.
③ 남해바다 해수욕장의 수영 강사들이 겨울에 일자리가 없어서 쉬고 있다.
④ 산업구조가 제조업에서 바이오기술산업으로 재편되면서 대량실업이 발생하였다.

02 다음 빈칸에 들어갈 용어가 바르게 짝지어진 것은?

> • __가__ : 구직활동 과정에서 일시적으로 실업 상태에 놓이는 것을 의미한다.
> • __나__ : 실업률과 GDP갭(국민생산손실)은 정(+)의 관계이다.
> • __다__ : 실업이 높은 수준으로 올라가고 나면 경기확장정책을 실시하더라도 다시 실업률이 감소하지 않는 경향을 의미한다.
> • __라__ : 경기침체로 인한 총수요의 부족으로 발생하는 실업이다.

	가	나	다	라
①	마찰적 실업	오쿤의 법칙	이력현상	경기적 실업
②	마찰적 실업	경기적 실업	오쿤의 법칙	구조적 실업
③	구조적 실업	이력현상	경기적 실업	마찰적 실업
④	구조적 실업	이력현상	오쿤의 법칙	경기적 실업

01

정답 ①

경기적 실업이란 경기침체로 인한 총수요의 부족으로 발생하는 실업이다. 따라서 경기적 실업을 감소시키기 위해서는 총수요를 확장시켜 경기를 활성화시키는 경제안정화정책이 필요하다.

오답분석
② 마찰적 실업의 사례이다.
③ 계절적 실업의 사례이다.
④ 구조적 실업의 사례이다.

02

정답 ①

가. 마찰적 실업이란 직장을 옮기는 과정에서 일시적으로 실업상태에 놓이는 것을 의미하며, 자발적 실업으로서 완전고용상태에서도 발생한다.

나. 오쿤의 법칙이란 한 나라의 산출량과 실업 간에 경험적으로 관찰되는 안정적인 음(−)의 상관관계가 존재한다는 것을 의미한다.

다. 이력현상이란 경기침체로 인해 한번 높아진 실업률이 일정기간이 지난 이후에 경기가 회복되더라도 낮아지지 않고 계속 일정한 수준을 유지하는 현상을 의미한다.

라. 경기적 실업이란 경기침체로 유효수요가 부족하여 발생하는 실업을 의미한다.

이론 더하기

실업
① 실업이란 일할 의사와 능력을 가진 사람이 일자리를 갖지 못한 상태를 의미한다.
② 실업은 자발적 실업과 비자발적 실업으로 구분된다.
③ 자발적 실업에는 마찰적 실업이 포함되고, 비자발적 실업에는 구조적・경기적 실업이 포함된다.

마찰적 실업(Frictional Unemployment)
① 노동시장의 정보불완전성으로 노동자들이 구직하는 과정에서 발생하는 자발적 실업을 말한다.
② 마찰적 실업의 기간은 대체로 단기이므로 실업에 따르는 고통은 크지 않다.
③ 마찰적 실업을 감소시키기 위해서는 구인 및 구직 정보를 적은 비용으로 찾을 수 있는 제도적 장치를 마련하여 경제적・시간적 비용을 줄여주어야 한다.

구조적 실업(Structural Unemployment)
① 경제가 발전하면서 산업구조가 변화하고 이에 따라 노동수요 구조가 변함에 따라 발생하는 실업을 말한다.
② 기술발전과 지식정보화 사회 등에 의한 산업구조 재편이 수반되면서 넓은 지역에서 동시에 발생하는 실업이다.
③ 구조적 실업을 감소시키기 위해서는 직업훈련, 재취업교육 등 인력정책이 필요하다.

경기적 실업(Cyclical Unemployment)
① 경기침체로 인한 총수요의 부족으로 발생하는 실업이다.
② 경기적 실업을 감소시키기 위해서는 총수요를 확장시켜 경기를 활성화시키는 경제안정화정책이 필요하다.
③ 한편, 실업보험제도나 고용보험제도도 경기적 실업을 해소하기 위한 좋은 대책이다.

실업관련지표
① 경제활동참가율
   • 생산가능인구 중에서 경제활동인구가 차지하는 비율을 나타낸다.
   • $[경제활동참가율(\%)] = \dfrac{(경제활동인구)}{(생산가능인구)} \times 100 = \dfrac{(경제활동인구)}{(경제활동인구)+(비경제활동인구)} \times 100$

② 실업률
   • 경제활동인구 중에서 실업자가 차지하는 비율을 나타낸다.
   • $[실업률(\%)] = \dfrac{(실업자\ 수)}{(경제활동인구)} \times 100 = \dfrac{(실업자\ 수)}{(취업자\ 수)+(실업자\ 수)} \times 100$
   • 정규직의 구분 없이 모두 취업자로 간주하므로 고용의 질을 반영하지 못한다.

③ 고용률
   • 생산가능인구 중에서 취업자가 차지하는 비율로 한 경제의 실질적인 고용창출능력을 나타낸다.
   • $[고용률(\%)] = \dfrac{(취업자\ 수)}{(생산가능인구)} \times 100 = \dfrac{(취업자\ 수)}{(경제활동인구)+(비경제활동인구)} \times 100$

01 다음 중 인플레이션에 의해 나타날 수 있는 현상으로 옳지 않은 것은?

① 구두창비용의 발생   ② 메뉴비용의 발생

③ 통화가치 하락   ④ 총요소생산성의 상승

02 다음과 같은 현상에 대한 설명으로 옳지 않은 것은?

> 베네수엘라의 중앙은행은 지난해 물가가 무려 9,586% 치솟았다고 발표했다. 그야말로 살인적인 물가 폭등이다. 베네수엘라는 한때 1위 산유국으로 부유했던 국가 중 하나였다. 이를 바탕으로 베네수엘라의 대통령이었던 니콜라스 마두로 대통령은 국민들에게 무상 혜택을 강화하겠다는 정책을 발표하고, 부족한 부분은 국가의 돈을 찍어 국민 생활의 많은 부분을 무상으로 전환했다. 그러나 2010년 원유의 가격이 바닥을 치면서 무상복지로 제공하던 것들을 유상으로 전환했고, 이에 따라 급격히 물가가 폭등하여 현재 돈의 가치가 없어지는 상황까지 왔다. 베네수엘라에서 1,000원짜리 커피를 한 잔 마시려면 150만 원을 지불해야 하며, 한 달 월급으로 계란 한 판을 사기 어려운 수준에 도달했다. 이를 견디지 못한 베네수엘라 국민들은 자신의 나라를 탈출하고 있으며, 정부는 화폐개혁을 예고했다.

① 전쟁이나 혁명 등 사회가 크게 혼란한 상황에서 나타난다.

② 화폐 액면 단위를 변경시키는 디노미네이션으로 쉽게 해소된다.

③ 상품의 퇴장 현상이 나타나며 경제는 물물교환에 의해 유지된다.

④ 정부가 재정 확대 정책을 장기간 지속했을 때도 이런 현상이 나타난다.

01

정답 ④

인플레이션은 구두창비용, 메뉴비용, 자원배분의 왜곡, 조세왜곡 등의 사회적 비용을 발생시켜 경제에 비효율성을 초래한다. 특히 예상하지 못한 인플레이션은 소득의 자의적인 재분배를 가져와 채무자와 실물자산소유자가 채권자와 화폐자산소유자에 비해 유리하게 만든다. 인플레이션으로 인한 사회적 비용 중 구두창비용이란 인플레이션으로 인해 화폐가치가 하락한 상황에서 화폐보유의 기회비용이 상승하는 것을 나타내는 용어이다. 이는 사람들이 화폐보유를 줄이게 되면 금융기관을 자주 방문해야 하므로 거래비용이 증가하게 되는 것을 의미한다. 그리고 메뉴비용이란 물가가 상승할 때 물가 상승에 맞추어 기업들이 생산하는 재화나 서비스의 판매 가격을 조정하는 데 지출되는 비용을 의미한다. 또한 예상하지 못한 인플레이션이 발생하면 기업들은 노동의 수요를 증가시키고, 노동의 수요가 증가하게 되면 일시적으로 생산량과 고용량이 증가하게 되나, 인플레이션으로 총요소생산성이 상승하는 것은 어려운 일이다.

02

정답 ②

제시문은 하이퍼인플레이션에 대한 설명으로 하이퍼인플레이션은 대부분 전쟁이나 혁명 등 사회가 크게 혼란한 상황 또는 정부가 재정을 지나치게 방만하게 운용해 통화량을 대규모로 공급할 때 발생한다. 디노미네이션은 화폐의 가치를 유지하면서 액면 단위만 줄이는 화폐개혁의 방법으로 화폐를 바꾸는 데 많은 비용이 소요되고, 시스템이나 사람들이 적응하는 데 많은 시간이 필요하기 때문에 효과는 서서히 발생한다.

이론 더하기

물가지수

① 개념 : 물가의 움직임을 구체적으로 측정한 지표로서 일정 시점을 기준으로 그 이후의 물가변동을 백분율(%)로 표시한다.

② 물가지수의 계산 : $\dfrac{(\text{비교시의 물가수준})}{(\text{기준시의 물가수준})} \times 100$

③ 물가지수의 종류
- 소비자물가지수(CPI) : 가계의 소비생활에 필요한 재화와 서비스의 소매가격을 기준으로 환산한 물가지수로서 라스파이레스 방식으로 통계청에서 작성한다.
- 생산자물가지수(PPI) : 국내시장의 제1차 거래단계에서 기업 상호 간에 거래되는 모든 재화와 서비스의 평균적인 가격변동을 측정한 물가지수로서 라스파이레스 방식으로 한국은행에서 작성한다.
- GDP디플레이터 : 명목GNP를 실질가치로 환산할 때 사용하는 물가지수로서 GNP를 추계하는 과정에서 산출된다. 가장 포괄적인 물가지수로서 사후적으로 계산되며 파셰방식으로 한국은행에서 작성한다.

인플레이션

① 개념 : 물가수준이 지속적으로 상승하여 화폐가치가 하락하는 현상을 말한다.

② 인플레이션의 발생원인

구분	수요견인 인플레이션	비용인상 인플레이션
고전학파	통화공급(M)의 증가	통화주의는 물가수준에 대한 적응적 기대를 하는 과정에서 생긴 현상으로 파악
통화주의학파		
케인스학파	정부지출 증가, 투자증가 등 유효수요증가와 통화량증가	임금인상 등의 부정적 공급충격

③ 인플레이션의 경제적 효과
- 예상치 못한 인플레이션은 채권자에서 채무자에게로 소득을 재분배하며, 고정소득자와 금융자산을 많이 보유한 사람에게 불리하게 작용한다.
- 인플레이션은 물가수준의 상승을 의미하므로 수출재의 가격이 상승하여 경상수지를 악화시킨다.
- 인플레이션은 실물자산에 대한 선호를 증가시켜, 저축이 감소되어 자본축적은 저해되고 결국 경제의 장기적인 성장가능성을 저하시킨다.

④ 인플레이션의 종류
- 하이퍼인플레이션 : 인플레이션의 범위를 초과하여 경제학적 통제를 벗어난 인플레이션이다.
- 스태그플레이션 : 경기침체기에서의 인플레이션으로 저성장 고물가의 상태이다.
- 애그플레이션 : 농산물 상품의 가격 급등으로 일반 물가도 덩달아 상승하는 현상이다.
- 보틀넥인플레이션 : 생산요소의 일부가 부족하여, 생산의 증가속도가 수요의 증가속도를 따르지 못해 발생하는 물가상승 현상이다.
- 디맨드풀인플레이션 : 초과수요로 인하여 일어나는 인플레이션이다.
- 디스인플레이션 : 인플레이션을 극복하기 위해 통화증발을 억제하고 재정·금융긴축을 주축으로 하는 경제조정정책이다.

01 다음 중 게임이론에 대한 설명으로 옳지 않은 것은?

① 순수전략들로만 구성된 내쉬균형이 존재하지 않는 게임도 있다.

② 죄수의 딜레마 게임에서 두 용의자 모두가 자백하는 것은 우월전략균형이면서 동시에 내쉬균형이다.

③ 우월전략이란 상대 경기자들이 어떤 전략들을 사용하든지 상관없이 자신의 전략들 중에서 항상 가장 낮은 보수를 가져다주는 전략을 말한다.

④ 참여자 모두에게 상대방이 어떤 전략을 선택하는가에 관계없이 자신에게 더 유리한 결과를 주는 전략이 존재할 때 그 전략을 참여자 모두가 선택하면 내쉬균형이 달성된다.

02 양씨네 가족은 주말에 여가 생활을 하기로 했다. 양씨 부부는 영화 관람을 원하고, 양씨 자녀들은 놀이동산에 가고 싶어 한다. 하지만 부부와 자녀들은 모두 따로 여가 생활을 하는 것보다는 함께 여가 생활을 하는 것을 더 선호한다. 다음 〈보기〉 중 내쉬균형이 달성되는 경우를 모두 고르면?(단, 내쉬전략이란 상대방의 전략이 정해져 있을 때 자신의 이익을 극대화시키는 전략을 말하며, 내쉬균형이란 어느 누구도 이러한 전략을 변경할 유인이 없는 상태를 말한다)

> **보기**
>
> ㄱ. 가족 모두 영화를 관람한다.
> ㄴ. 가족 모두 놀이동산에 놀러간다.
> ㄷ. 부부는 영화를 관람하고, 자녀들은 놀이동산에 놀러간다.
> ㄹ. 부부는 놀이동산에 놀러가고, 자녀들은 영화를 관람한다.

① ㄱ, ㄴ   ② ㄴ, ㄷ
③ ㄷ, ㄹ   ④ ㄱ, ㄴ, ㄹ

01

정답 ③

우월전략은 상대방의 전략에 관계없이 항상 자신의 보수가 가장 크게 되는 전략을 말한다.

02

정답 ①

부모가 영화를 관람한다고 가정할 때 자녀들이 놀이동산에 놀러가기로 결정하는 경우 따로 여가 생활을 해야 하므로 자녀들의 이익은 극대화되지 않는다. 마찬가지로 자녀들이 놀이동산에 놀러가기로 결정할 때 부부가 영화를 관람하기로 결정한다면 부부의 이익도 역시 극대화되지 않는다. 따라서 가족 모두가 영화를 관람하거나 놀이동산에 놀러갈 때 내쉬균형이 달성된다.

게임이론

한 사람이 어떤 행동을 취하기 위해서 상대방이 그 행동에 어떻게 대응할지 미리 생각해야 하는 전략적인 상황(Strategic Situation)하에서 자기의 이익을 효과적으로 달성하는 의사결정과정을 분석하는 이론을 말한다.

우월전략균형

① 개념
- 우월전략이란 상대방의 전략에 상관없이 자신의 전략 중 자신의 보수를 극대화하는 전략이다.
- 우월전략균형은 경기자들의 우월전략의 배합을 말한다.
  예 A의 우월전략(자백), B의 우월전략(자백) → 우월전략균형(자백, 자백)

② 평가
- 각 경기자의 우월전략은 비협조전략이다.
- 각 경기자의 우월전략배합이 열위전략의 배합보다 파레토 열위상태이다.
- 자신만이 비협조전략(이기적인 전략)을 선택하는 경우 보수가 증가한다.
- 효율적 자원배분은 협조전략하에 나타난다.
- 각 경기자가 자신의 이익을 극대화하는 행동이 사회적으로 바람직한 자원배분을 실현하는 것은 아니다(개인적 합리성이 집단적 합리성을 보장하지 못한다).

내쉬균형(Nash Equilibrium)

① 개념 및 특징
- 내쉬균형이란 상대방의 전략을 주어진 것으로 보고 자신의 이익을 극대화하는 전략을 선택할 때 이 최적전략의 짝을 내쉬균형이라 한다. 내쉬균형은 존재하지 않을 수도, 복수로 존재할 수도 있다.
- '유한한 경기자'와 '유한한 전략'의 틀을 가진 게임에서 혼합전략을 허용할 때 최소한 하나 이상의 내쉬균형이 존재한다.
- 우월전략균형은 반드시 내쉬균형이나, 내쉬균형은 우월전략균형이 아닐 수 있다.

② 사례
- 내쉬균형이 존재하지 않는 경우

A \ B	T	H
T	3, 2	1, 3
H	1, 1	3, −1

- 내쉬균형이 1개 존재하는 경우(자백, 자백)

A \ B	자백	부인
자백	−5, −5	−1, −10
부인	−10, −1	−2, −2

- 내쉬균형이 2개 존재하는 경우(야구, 야구) (영화, 영화)

A \ B	야구	영화
야구	3, 2	1, 1
영화	1, 1	2, 3

③ 한계점
- 경기자 모두 소극적 추종자로 행동, 적극적으로 행동할 때의 균형을 설명하지 못한다.
- 순차게임을 설명하지 못한다.
- 협력의 가능성이 없으며 협력의 가능성이 있는 게임을 설명하지 못한다.

정답 및 해설 p.036

| 객관식 |

01 다음 중 부가가치에 대한 설명으로 옳은 것은?

① 상품가격의 일정비율로서 세금부가의 기초가 된다.
② 상품의 원가에 판매자에 의해 임의로 부가된 이윤을 뜻한다.
③ 소비자가 유통과정의 상품에 대해 지불하고자 하는 가격을 뜻한다.
④ 총산출로부터 중간소비와 자본재의 감가상각을 공제한 금액이다.

Easy

02 다음 중 인플레이션을 일으킬 수 있는 원인으로 옳지 않은 것은?

① 초과수요
② 통화량 감소
③ 생산비용 상승
④ 공공요금 인상

03 화폐수량설과 피셔방정식(Fisher Equation)이 성립하고 화폐유통속도가 일정한 경제에서 실질경제성장률이 3%, 통화증가율이 6%, 명목이자율이 10%라면 실질이자율은?

① 3%   ② 5%
③ 7%   ④ 8%

04 다음 중 통화정책과 재정정책에 대한 설명으로 옳지 않은 것은?

① 경제가 유동성 함정에 빠져 있을 경우에는 통화정책보다는 재정정책이 효과적이다.

② 전통적인 케인스 경제학자들은 통화정책이 재정정책보다 더 효과적이라고 주장했다.

③ 재정정책과 통화정책을 적절히 혼합하여 사용하는 것을 정책혼합(Policy Mix)이라고 한다.

④ 화폐공급의 증가가 장기에서 물가만을 상승시킬 뿐 실물변수에는 아무런 영향을 미치지 못하는 현상을 화폐의 장기중립성이라고 한다.

05 다음 중 필립스곡선에 대한 설명 중 옳지 않은 것은?

① 필립스곡선에서 실업률이 높을 때는 기울기가 가파르고 실업률이 낮을 때에는 기울기가 완만하다.

② 이력현상이 존재할 경우 거시정책을 취하더라도 장기적으로 실업률에 영향을 미칠 수 있다.

③ 케인스학파는 임금이 물가에 대해 경직적이므로 총공급곡선은 우상향하고 필립스곡선은 우하향한다.

④ 고전학파는 임금이 물가에 대해 신축적이므로 총공급곡선과 필립스곡선이 수직이다.

06 주어진 물가수준에서 총수요곡선을 오른쪽으로 이동시키는 원인을 다음 〈보기〉에서 모두 고르면?

> **보기**
>
> ㄱ. 개별소득세 인하
> ㄴ. 장래경기에 대한 낙관적인 전망
> ㄷ. 통화량 감소에 따른 이자율 상승
> ㄹ. 해외경기 침체에 따른 순수출의 감소

① ㄱ, ㄴ
② ㄴ, ㄷ
③ ㄷ, ㄹ
④ ㄱ, ㄴ, ㄷ

07 다음 중 시장실패에 대한 설명으로 옳지 않은 것은?

① 공공재의 경우에 무임승차의 유인이 존재하므로 사회적으로 바람직한 수준보다 적게 생산되는 경향이 있다.

② 시장실패를 교정하려는 정부의 개입으로 인하여 오히려 사회적 비효율이 초래되는 정부실패가 나타날 수 있다.

③ 거래비용의 크기에 관계없이 재산권이 확립되어 있으면 당사자 간 자발적인 협상을 통하여 외부효과에 따른 시장실패를 해결할 수 있다.

④ 타 산업에 양(+)의 외부효과를 초래하는 재화의 경우에 수입관세를 부과하는 것보다 생산보조금을 지불하는 것이 시장실패를 교정하기 위해 더 바람직한 정책이다.

Easy

08 다음 중 완전경쟁산업 내의 한 개별기업에 대한 설명으로 옳지 않은 것은?

① 한계수입은 시장가격과 일치한다.
② 이 개별기업이 직면하는 수요곡선은 우하향한다.
③ 시장가격보다 높은 가격을 책정하면 시장점유율은 없다.
④ 이윤극대화 생산량에서는 시장가격과 한계비용이 일치한다.

09 소규모 개방경제에서 국내 생산자들을 보호하기 위해 X재의 수입에 대하여 관세를 부과할 때의 설명으로 옳은 것은?(단, X재에 대한 국내 수요곡선은 우하향하고 국내 공급곡선은 우상향한다)

① X재의 국내 생산이 감소한다.
② 국내 소비자잉여가 증가한다.
③ X재에 대한 수요와 공급의 가격탄력성이 낮을수록 관세부과로 인한 자중손실이 작아진다.
④ 관세부과로 인한 경제적 손실 크기는 X재에 대한 수요와 공급의 가격탄력성과 관계없다.

10 기업은 가격차별을 통해 보다 많은 이윤을 획득하고자 한다. 다음 중 기업이 가격차별을 할 수 있는 환경으로 옳지 않은 것은?

① 제품의 재판매가 용이하다.
② 소비자들의 특성이 다양하다.
③ 기업의 독점적 시장지배력이 높다.
④ 분리된 시장에서 수요의 가격탄력성이 서로 다르다.

11 다음 중 소비이론에 대한 설명으로 옳은 것은?

① 한계저축성향과 평균저축성향의 합은 언제나 1이다.
② 절대소득가설에 따르면 소비는 현재의 처분가능소득으로 결정된다.
③ 생애주기가설에 따르면 소비는 일생 동안의 소득을 염두에 두고 결정되는 것은 아니다.
④ 항상소득가설에 따르면 호황기에 일시적으로 소득이 증가할 때는 소비가 늘지 않지만 불황기에 일시적으로 소득이 감소할 때는 종전보다 소비가 줄어든다.

12 다음 〈보기〉에서 화폐발행이득(Seigniorage)에 대한 설명으로 옳은 것을 모두 고르면?

> **보기**
>
> ㄱ. 정부가 화폐공급량 증가를 통해 얻게 되는 추가적 재정수입을 가리킨다.
> ㄴ. 화폐라는 세원에 대해 부과하는 조세와 같다는 뜻에서 인플레이션 조세라 부른다.
> ㄷ. 화폐공급량 증가로 인해 생긴 인플레이션이 민간이 보유하는 화폐자산의 실질가치를 떨어뜨리는 데서 나온다.

① ㄱ   ② ㄴ
③ ㄱ, ㄷ   ④ ㄱ, ㄴ, ㄷ

13 막걸리 시장이 A기업과 B기업만 존재하는 과점상태에 있다. A기업과 B기업의 한계수입(MR)과 한계비용(MC)이 다음과 같을 때, 쿠르노(Cournot) 균형에서 A기업과 B기업의 생산량은?(단, Q_A : A기업의 생산량, Q_B : B기업의 생산량이다)

- A기업 : $MR_A = 84 - 2Q_A - Q_B$, $MC_A = 28$
- B기업 : $MR_B = 84 - Q_A - 2Q_B$, $MC_B = 20$

① (6, 44) ② (10, 36)
③ (12, 26) ④ (16, 24)

Hard

14 다음은 A국 노동자와 B국 노동자가 각각 동일한 기간에 생산할 수 있는 쌀과 옷의 양을 나타낸 자료이다. 리카도의 비교우위에 따른 설명으로 옳지 않은 것은?(단, 노동이 유일한 생산요소이다)

구분	A국	B국
쌀(섬)	5	4
옷(벌)	5	2

① 쌀과 옷 생산 모두 A국의 노동생산성이 B국보다 더 크다.
② A국은 쌀을 수출하고 옷을 수입한다.
③ A국의 쌀 1섬 생산의 기회비용은 옷 1벌이다.
④ B국의 옷 1벌 생산의 기회비용은 쌀 2섬이다.

15 다음 중 통화승수에 대한 설명으로 옳지 않은 것은?
① 통화승수는 법정지급준비율을 낮추면 커진다.
② 통화승수는 이자율 상승으로 요구불예금이 증가하면 작아진다.
③ 통화승수는 은행들이 지급준비금을 더 많이 보유할수록 작아진다.
④ 통화승수는 대출을 받은 개인과 기업들이 더 많은 현금을 보유할수록 작아진다.

| 주관식 |

01 다음과 같은 상황에서 실질이자율을 계산하면 얼마인가?

> • S는 2년 만기 복리 상품에 연이자율 5%로 은행에 100만 원을 예금하였다.
> • S가 사려고 한 제품의 가격이 2년 동안 50만 원에서 53만 원으로 인상되었다.

(%)

02 다음 〈보기〉에서 완전경쟁시장의 성립요건으로 옳은 것을 모두 고르면?

> **보기**
>
> ㄱ. 다수의 공급자와 다수의 수요자   ㄴ. 소수의 공급자와 다수의 수요자
> ㄷ. 완전한 정보의 공유   ㄹ. 선택적 정보의 공유
> ㅁ. 품질이 상이한 상품   ㅂ. 동질의 상품
> ㅅ. 시장 진입 장벽   ㅇ. 자유로운 시장 진입과 이탈
> ㅈ. 소수의 수요자   ㅊ. 정부의 개입

(   )

03 다음 빈칸에 들어갈 내용으로 옳은 것을 〈보기〉에서 모두 고르면?

> 이란에서는 수년간 지속된 인플레이션으로 현재 1달러가 3만2천 리알이 될 만큼 리알화의 가치가 크게 하락했다. 리알화의 가치는 2012년 원유 수출이 중단되면서 급속히 위축되어 1달러에 약 1만 리알에서 3만 리알 이상으로 치솟았다. 화폐의 단위가 높다보니 리알에서 '0'을 4개 줄여 10만 리알을 10토만으로 부르기도 했다. 이에 이란 정부는 의회의 동의를 받아 ＿＿＿＿＿＿＿을 추진했다.

> **보기**
>
> ㄱ. 스태그플레이션(Stagflation)   ㄴ. 디노미네이션(Denomination)
> ㄷ. 리디노미네이션(Redenomination)   ㄹ. 카니벌라이제이션(Cannibalization)
> ㅁ. 통화스왑(Currency swap)   ㅂ. 젠트리피케이션(Gentrification)
> ㅅ. 하이브리드(Hybrid)   ㅇ. 밸류에이션(Valuation)

(   )

04 제품 A만 생산하는 독점기업의 생산비는 생산량에 관계없이 1단위당 60원이고, 제품 A에 대한 시장수요곡선은 $P=100-2Q$이다. 이 독점기업의 이윤극대화 가격(P)은?

(원)

05 다음 자료의 B에 해당하는 사람으로 옳은 것을 〈보기〉에서 모두 고르면?

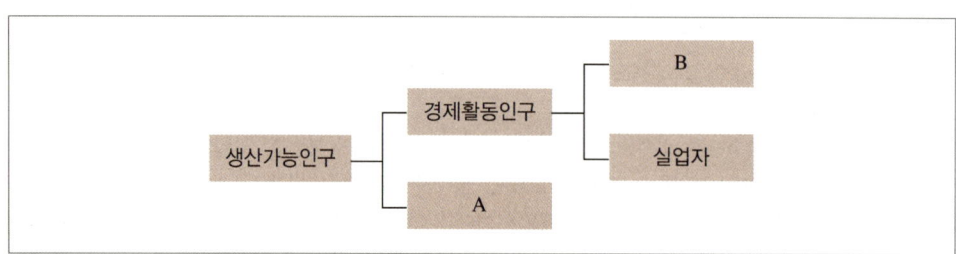

보기

ㄱ. 실직한 뒤에 구직활동을 포기한 아버지
ㄴ. 교통사고를 당해 휴직 중인 어머니
ㄷ. 아버지가 운영하는 가게에서 무보수로 아르바이트를 하고 있는 누나
ㄹ. 일거리가 적어 일주일에 하루만 일하는 형
ㅁ. 내년도 대학입시를 준비하는 동생

(   )

03 민법 기출응용문제

정답 및 해설 p.040

※ 민법은 빈출키워드가 수록되지 않습니다.

| 객관식 |

01 다음 중 민법상 법원의 적용순위는?

① 관습법 → 조리 → 성문법
② 성문법 → 조리 → 관습법
③ 성문법 → 관습법 → 조리
④ 판례법 → 성문법 → 관습법

`Easy`

02 다음 중 대리권의 소멸사유로 옳지 않은 것은?

① 본인의 사망
② 본인의 성년후견의 개시
③ 대리인의 파산
④ 대리인의 성년후견의 개시

03 다음 중 민법상 법인에 대한 설명으로 옳지 않은 것은?

① 법인의 이사는 자연인에 한한다.
② 사단법인의 정관변경은 정관의 규정이 있으면 이사회의 결의만으로 가능하다.
③ 영리법인은 사원의 영리를 목적으로 하는 사단법인으로 사원이 없는 재단법인은 성질상 영리법인이 될 수 없다.
④ 사원의 결의권, 소수 사원권 등 이른바 사원의 고유권은 그 사원의 동의가 없이는 총회의 결의나 정관으로도 박탈할 수 없다.

04 다음 중 권리의 주체에 대한 설명으로 옳지 않은 것은?

① 행위능력은 모든 자연인에게 인정되고 있다.
② 자연인은 생존한 동안 권리와 의무의 주체가 된다.
③ 실종선고를 받은 자는 실종기간이 만료하면 사망한 것으로 본다.
④ 민법은 원칙적으로 권리능력자로서 자연인과 법인만을 인정하고 있다.

05 근대 민법의 기본원리는 오늘날 수정·변모되고 있다. 다음 중 현대 민법에 대한 설명으로 옳지 않은 것은?

① 무과실책임이론의 발달
② 권리의 공공성·사회성의 강조
③ 재산권행사의 공공복리 적합의무
④ 추상적 인격의 자유·평등

06 다음 중 민법상 태아의 권리능력이 인정되지 않는 경우는?

① 상속
② 불법행위에 대한 손해배상청구권
③ 유증
④ 계약

07 다음 중 경비계약에 대한 설명으로 옳지 않은 것은?

① 경비업자는 경비계약상 채무를 선량한 관리자의 주의로 이행하여야 한다.
② 경비업자가 경비계약을 체결하는 상대방은 경비대상 시설의 소유자 또는 관리자이다.
③ 보수는 시기의 약정이 없으면 관습에 의하고, 관습이 없으면 경비업무를 종료한 후 지체없이 지급하여야 한다.
④ 경비업무 도급인이 파산하면 경비업자는 경비계약을 해제하고 경비업무 도급인에게 손해배상을 청구할 수 있다.

08 다음 중 민법상 기한에 대한 설명으로 옳지 않은 것은?

① 어음행위·수표행위에 시기(이행기)를 붙이는 것은 허용된다.

② 소급효 있는 행위에 시기를 붙이는 것은 무의미하므로 상계에는 기한을 붙이지 못한다.

③ 기한이익상실의 특약은 특별한 사정이 없는 한 정지조건부 기한이익상실의 특약으로 추정한다.

④ 기한의 효력 발생 시기는 절대적으로 소급효가 없다. 따라서 당사자의 특약에 의해서도 이를 인정할 수 없다.

09 목욕탕에서 갑이라는 손님이 사물함에 귀중품을 넣어 두었는데, 목욕을 하고 나오니 귀중품을 잃어버렸다. 이때 목욕탕의 주인인 을이 지는 책임으로 옳은 것은?

① 과실의 경우에만 책임을 진다.

② 고의인 경우에만 책임을 진다.

③ 고의와 과실이 없는 한 책임이 없다.

④ 아무런 책임이 없다.

10 다음 중 사유재산의 존중과 가장 관련이 있는 것은?

① 계약내용 결정의 자유
② 물권적 청구권
③ 신의성실의 원칙
④ 유류분제도

11 다음 중 민법상의 제한능력자로 옳지 않은 자는?

① 상습도박자
② 19세 미만인 자
③ 의사능력이 없는 자
④ 정신병자로서 성년후견이 개시된 자

12 다음 중 민법이 인정하는 특별실종제도로 옳지 않은 것은?

① 화재실종   ② 선박실종
③ 전쟁실종   ④ 항공기실종

13 다음 중 민법상 물건에 대한 설명으로 옳지 않은 것은?

① 건물 임대료는 천연과실이다.
② 토지 및 그 정착물은 부동산이다.
③ 관리할 수 있는 자연력은 동산이다.
④ 건물은 토지로부터 독립한 부동산으로 다루어질 수 있다.

14 아파트 경비원이 근무 중 인근의 상가 건물에 화재가 난 것을 보고 달려가서 화재를 진압한 행위에 대한 설명으로 옳지 않은 것은?

① 경비원은 상가 건물주에게 이익이 되는 방법으로 화재를 진압해야 한다.
② 경비업무의 범위를 벗어난 행위이기 때문에 경비원에게 화재를 진압할 법적 의무가 없다.
③ 경비원이 상가 건물 임차인의 생명을 구하기 위해 화재를 진압하다가 발생한 손해는 고의나 중과실이 없으면 배상할 책임이 없다.
④ 상가 건물주의 이익에 반하지만 공공의 이익을 위해 화재를 진압하다가 손해를 끼친 경우, 경비원은 과실이 없더라도 손해를 배상할 책임이 있다.

15 다음 중 민법상 친족에 대한 설명으로 옳지 않은 것은?

① 자기의 직계존속과 직계비속을 직계혈족이라 한다.
② 혈족의 배우자, 배우자의 혈족, 배우자의 혈족의 배우자를 인척으로 한다.
③ 입양으로 인한 친족관계는 입양의 취소나 파양이 있어도 종료되지 않는다.
④ 자기의 형제자매와 형제자매의 직계비속, 직계존속의 형제자매 및 그 형제자매의 직계비속을 방계혈족이라 한다.

01 권리의 원시취득사유로 적절하지 않은 것을 다음 〈보기〉에서 모두 고르면?

> **보기**
> ㄱ. 무주물인 동산의 선점   ㄴ. 피상속인의 사망에 의한 상속
> ㄷ. 회사의 합병   ㄹ. 시효취득
> ㅁ. 건물의 신축

(   )

02 다음 중 민법 재판상 이혼 원인으로 옳지 않은 것은?

> ㄱ. 배우자의 생사가 1년간 분명하지 아니한 때
> ㄴ. 배우자가 악의로 다른 일방을 유기한 때
> ㄷ. 배우자로부터 심히 부당한 대우를 받았을 때
> ㄹ. 자신의 직계존속이 배우자로부터 심히 부당한 대우를 받았을 때

(   )

03 다음 빈칸에 들어갈 숫자를 순서대로 바르게 나열하면?

> 조정위원회는 분쟁의 조정신청을 받은 날부터 _____ 이내에 그 분쟁조정을 마쳐야 한다. 다만, 부득이한 사정이 있는 경우에는 조정위원회의 의결을 거쳐 _____의 범위에서 그 기간을 연장할 수 있다.

(일,   일)

04 A상가의 경비책임자인 을의 부주의로 인해 갑의 점포에 도둑이 들었다. 이 경우 경비책임자인 을의 민사상 손해배상 책임과 관련하여 옳지 않은 설명을 모두 고르면?

> ㄱ. 불법행위로 인한 손해배상에 있어서는 정신적 손해가 포함될 수 없다.
> ㄴ. 을은 갑에 대해 계약상의 손해배상책임을 부담할 수도 있다.
> ㄷ. 갑이 을에게 불법행위에 기한 손해배상을 청구하기 위해서는 을에게 고의 또는 과실이 인정되어야 한다.
> ㄹ. 을의 불법행위책임이 인정되려면 을의 부주의한 행위와 갑의 손해 사이에 인과관계가 인정되어야 한다.

(   )

05 다음 전세권자의 손해배상책임에 대한 ○ / × 퀴즈의 답을 구하면?

> • 전세권의 목적물의 전부 또는 일부가 전세권자의 책임 있는 사유로 인하여 멸실된 때에도 전세권자는 손해를 배상할 책임이 없다. (○ / ×)
> • 전항의 경우에 전세권설정자는 전세권이 소멸된 후 전세금으로써 손해의 배상에 충당하고 잉여가 있으면 반환하여야 하며 부족이 있으면 다시 청구할 수 있다. (○ / ×)

(,   )

※ 전산이론은 빈출키워드가 수록되지 않습니다.

| 객관식 |

01 다음은 네트워크 토폴로지(Topology)에 대한 설명이다. ㉠ ~ ㉢에 들어갈 내용을 바르게 연결한 것은?

> • FDDI는 광케이블로 구성되며 ___㉠___ 토폴로지를 사용한다.
> • 허브 장비가 필요한 ___㉡___ 토폴로지는 네트워크 관리가 용이하다.
> • 터미네이터가 필요한 ___㉢___ 토폴로지는 전송회선이 단절되면 전체 네트워크가 중단된다.

	㉠	㉡	㉢
①	링형	버스형	트리형
②	링형	트리형	버스형
③	버스형	링형	트리형
④	버스형	트리형	링형

02 다음 중 서비스 거부 공격에 해당하는 것을 〈보기〉에서 모두 고르면?

> **보기**
>
> ㄱ. Ping of Death 공격   ㄴ. SYN Flooding 공격
> ㄷ. Session Hijacking 공격   ㄹ. ARP Redirect 공격

① ㄱ, ㄴ   ② ㄱ, ㄷ
③ ㄴ, ㄹ   ④ ㄷ, ㄹ

03 다음 중 SQL 언어의 질의 기능에 대한 설명으로 옳지 않은 것은?

① FROM 절은 질의에 의해 검색될 데이터들을 포함하는 테이블을 기술한다.

② 복잡한 탐색 조건을 구성하기 위하여 단순 탐색 조건들을 And, Or, Not으로 결합할 수 있다.

③ ORDER BY 절은 질의 결과가 한 개 또는 그 이상의 열 값을 기준으로 오름차순 또는 내림차순으로 정렬될 수 있도록 기술된다.

④ SELECT 절은 질의 결과에 포함될 데이터 행들을 기술하며, 이는 데이터베이스로부터 데이터 행 또는 계산 행이 될 수 있다.

04 어느 대학교에서 입학 지원현황을 조회하고자 할 때, 다음 SQL 구문으로 알 수 없는 것은?

> SELECT 지원, 지원학과, 전화번호 FROM 지원자
> WHERE 점수>59 ORDER BY 지원학과, 점수 DESC

① 지원자 테이블을 검색한다.
② 지원학과별 점수 순위를 알 수 있다.
③ 점수가 60점 이상인 지원자만을 검색한다.
④ 지원자 전체에 대해 점수순(내림차순)으로 정렬된다.

05 다음 중 에러를 검출하고 교정하기 위하여 사용되는 코드는?

① ASCII 코드   ② BCD 코드
③ 8421 코드   ④ 해밍 코드

06 다음 중 인터럽트의 요청 판별 방법에 대한 내용으로 옳지 않은 것은?

① 하드웨어에 의한 판별 방법은 장치 번호 버스를 이용한다.
② 소프트웨어에 의한 판별 방법은 인터럽트 처리 루틴이 수행된다.
③ 소프트웨어에 의한 판별 방법은 폴링에 의한 방법이라고도 한다.
④ 하드웨어에 의한 판별 방법은 소프트웨어에 의한 판별 방법보다 속도가 느리다.

07 다음 중 데이터베이스 관리 시스템(DBMS)의 필수 기능 중 제어 기능에 대한 설명으로 옳지 않은 것은?

① 정당한 사용자가 허가된 데이터만 접근할 수 있도록 보안을 유지하고, 권한을 검사할 수 있어야 한다.
② 데이터의 논리적 구조와 물리적 구조 사이에 변환이 가능하도록 두 구조 사이의 사상(Mapping)을 명시한다.
③ 데이터베이스를 접근하는 갱신, 삽입, 삭제 작업이 정확하게 수행되어 데이터의 무결성이 유지되도록 제어한다.
④ 여러 사용자가 데이터베이스를 동시에 접근하여 데이터를 처리할 때 결과가 항상 정확성을 유지하도록 병행 제어를 할 수 있다.

08 주기억장치 배치 전략 기법으로 최적 적합을 사용할 때, 다음과 같은 기억 장소 리스트에서 10K 크기의 작업이 할당되는 기억 공간은?

영역 기호	운영체제
A	사용 중
B	5K
C	사용 중
D	15K
E	사용 중
F	25K

① B   ② C
③ D   ④ F

09 다음 오버플로 처리 방법 중에서 여러 개의 해싱 함수를 준비하였다가 충돌 발생 시 새로운 해싱 함수를 적용하여 새로운 해시표를 생성하는 방법은?

① 개방 주소 방법   ② 이차 검색 방법
③ 재해싱 방법   ④ 체인 방법

Easy

10 설계 품질을 평가하기 위해서는 반드시 좋은 설계에 대한 기준을 세워야 한다. 다음 중 좋은 설계 기준이라고 할 수 없는 것은?

① 설계는 모듈적이어야 한다.
② 설계는 자료와 프로시저에 대한 분명하고, 분리된 표현을 포함해야 한다.
③ 소프트웨어 요소들 간의 효과적 제어를 위해 설계에서 계층적 조직이 제시되어야 한다.
④ 설계는 서브루틴이나 프로시저가 전체적이고, 통합적이 될 수 있도록 유도되어야 한다.

11 다음 중 소프트웨어의 신뢰성에 대한 설명으로 옳지 않은 것은?

① 간단한 신뢰도 측정은 MTBF로 가능하다.
② 프로그램이 요구 사항에 따라 운영되는 확률이다.
③ 개발 시점의 자료를 이용하여 측정과 예측이 가능하다.
④ 시스템이 주어진 환경에서 정확한 결과를 얻기 위해 주어진 시간 동안 오류 없이 작동할 확률이다.

12 다음 중 JK 플립플롭에서 J에 1, K에 1이 입력될 때의 동작 상태는?

① 변화 없음
② Clear 상태
③ Set 상태
④ 반전

Hard

13 다음 〈보기〉에서 소프트웨어 생명주기 모형 중 프로토타입(Prototype) 모형에 대한 설명으로 옳은 것을 모두 고르면?

> **보기**
> ㄱ. 프로토타입 모형의 마지막 단계는 설계이다.
> ㄴ. 발주자가 목표 시스템의 모습을 미리 볼 수 있다.
> ㄷ. 폭포수 모형보다 발주자의 요구사항을 반영하기가 용이하다.
> ㄹ. 프로토타입별로 구현시스템에 대하여 베타테스트를 실시한다.

① ㄱ, ㄴ
② ㄴ, ㄷ
③ ㄴ, ㄹ
④ ㄷ, ㄹ

14 다음 중 정형 기술 검토(FTR)에 대한 설명으로 옳지 않은 것은?

① 소프트웨어 공학의 실무자에 의해 수행되는 소프트웨어 품질 보증 활동이다.
② 기능과 로직의 오류 발견, 사용자 요구 사항의 확인, 프로젝트 관리의 편리성 등이 주목적이다.
③ 소프트웨어 분석, 설계, 구현을 위한 다양한 접근을 관찰할 수 있도록 한다.
④ 소프트웨어 생명 주기의 각 단계에서 산출된 결과물을 여러 사람이 검토한다.

15 다음 중 C 프로그램의 기본 사항으로 옳지 않은 것은?

① 프로그램을 실행한다는 의미로 반드시 main( ) 함수로부터 시작된다.
② main( ) 함수는 아래쪽으로 "["로 시작하여 "] "로 종료된다.
③ 하나의 문장이 끝날 때마다 반드시 세미콜론(;)을 입력한다.
④ 주석(설명문)은 /*와 */의 사이에 놓이며, 컴파일러는 이를 번역하지 않는다.

01 다음 중 제로 트러스트 모델에 대한 설명으로 옳은 것을 모두 고르면?

> ㄱ. 0(Zero)과 신뢰하다(Trust)의 합성어로 아무도 신뢰하지 않는다는 뜻이다.
> ㄴ. 네트워크 설계의 방향은 외부에서 내부로 설정한다.
> ㄷ. IT 보안 문제가 내부에서 발생함에 따라 새롭게 만들어진 IT 보안 모델이다.
> ㄹ. MFA(Multi-Factor Authentication), IAM(Identity and Access Management) 등의 기술을 통해 제로 트러스트를 구현할 수 있다.

(   )

02 다음 자료에서 속성(Attribute)의 개수는?

학번	이름	학과	성별	학년
001	김영수	경영	남	2
002	박철수	경영	남	2
003	홍길동	경제	남	3
004	김나라	법학	여	4

(개)

03 양자화 비트수가 6비트일 때, 양자화 계단 수는?

(단계)

04 S/W Project 일정이 지연된다고 해서 Project 말기에 새로운 인원을 추가 투입하면 Project는 더욱 지연된다는 내용과 관련되는 법칙은?

(의 법칙)

05 다음 A ~ D 중에서 주어진 함수식에 대한 결괏값이 옳지 않은 것은?

번호	함수식	결괏값
A	= SQRT(49)	7
B	= NOT(4 > 5)	FALSE
C	= MODE(5, 10, 15, 10)	10
D	= ROUND(13200, −3)	13000

(   )

MEMO

PART 4

최종점검 모의고사

MG새마을금고중앙회 온라인 필기전형	
도서 동형 온라인 실전연습 서비스	ATSD-00000-2543F

MG새마을금고중앙회 온라인 필기전형			
구분	출제범위	문항 수	응시시간
NCS 직업기초능력	의사소통능력, 수리능력, 문제해결능력	50문항	120분
금융·경제 상식	금융·경제 상식		
직무전공	일반	경영·경제·민법	50문항	
	IT	전산이론		

01 　NCS 직업기초능력

01 다음 글의 빈칸에 들어갈 용어로 가장 적절한 것은?

> 지난해 7월 이후 하락세를 보이던 소비자물가지수가 전기, 가스 등 공공요금 인상의 여파로 다시 상승세로 반전되고 있다.
>
> 이에 경기 하강 흐름 속에서 한풀 꺾이던 _____에 대한 우려도 다시 커지고 있다. 여기에 중국의 경제 활동 재개 여파로 국제 에너지 및 원자재 가격 역시 상승 흐름을 탈 가능성이 높아져 계속하여 5%대 고물가 상황이 지속될 전망을 보인다.
>
> 앞서 정부는 지난해 전기요금을 세 차례, 가스요금을 네 차례에 걸쳐 인상하였는데, 이로 인해 올해 1월 소비자 물가 동향에서 나타난 전기·가스·수도 요금은 지난해보다 28.3% 급등한 것으로 분석되었고, 이로 인해 소비자 물가 역시 상승 폭이 커지고 있다.
>
> 이러한 물가 상승 폭의 확대에는 공공요금의 영향뿐만 아니라 농축산물과 가공식품의 영향도 있는데, 특히 강설 및 한파 등으로 인해 농축수산물의 가격이 상승하였고, 이에 더불어 지난해 말부터 식품업계 역시 제품 가격을 인상한 것이 이에 해당한다. 특히 구입 빈도가 높고 지출 비중이 높은 품목들이 이에 해당되어 그 상승세가 더 확대되고 있다.

① E플레이션 　　　　　　　　　　② 디플레이션

③ 인플레이션 　　　　　　　　　　④ 디스인플레이션

02 다음 〈보기〉의 문장이 들어갈 위치로 가장 적절한 곳은?

밥상에 오르는 곡물이나 채소가 국내산이라고 하면 보통 그 종자도 우리나라의 것으로 생각하기 쉽다. (가) 하지만 실상은 벼, 보리, 배추 등을 제외한 많은 작물의 종자를 수입하고 있어 그 자급률이 매우 낮다고 한다. (나) 또한 청양고추 종자는 우리나라에서 개발했음에도 현재는 외국 기업이 그 소유권을 가지고 있다. (다) 국내 채소 종자 시장의 경우 종자 매출액의 50%가량을 외국 기업이 차지하고 있다는 조사 결과도 있다. (라) 이런 상황이 지속될 경우, 우리 종자를 심고 키우기 어려워질 것이고 종자를 수입하거나 로열티를 지급하는 데 지금보다 훨씬 많은 비용이 들어가는 상황도 발생할 수 있다. 또한 전문가들은 세계 인구의 지속적인 증가와 기상 이변 등으로 곡물 수급이 불안정하고, 국제 곡물 가격이 상승하는 상황을 고려할 때, 결국에는 종자 문제가 식량 안보에 위협 요인으로 작용할 수 있다고 지적한다.

보기

양파, 토마토, 배 등의 종자 자급률은 약 16%, 포도는 약 1%에 불과하다.

① (가) ② (나)
③ (다) ④ (라)

03 다음 글의 주제로 가장 적절한 것은?

1920년대 세계 대공황의 발생으로 애덤 스미스 중심의 고전학파 경제학자들의 '보이지 않는 손'에 대한 신뢰가 무너지게 되자 경제를 보는 새로운 시각이 요구되었다. 당시 고전학파 경제학자들은 국가의 개입을 철저히 배제하고 공급이 수요를 창출한다는 세이의 법칙을 믿고 있었다. 그러나 이러한 믿음으로는 세계 대공황을 설명할 수 없었다. 이때 새롭게 등장한 것이 케인스의 '유효수요이론'이다. 유효수요이론이란 공급이 수요를 창출하는 것이 아니라, 유효수요, 즉 물건을 살 수 있는 확실한 구매력이 뒷받침되는 수요가 공급 및 고용을 결정한다는 이론이다. 케인스는 세계 대공황의 원인이 이 유효수요의 부족에 있다고 보았다. 유효수요가 부족해지면 기업은 생산량을 줄이고, 이것은 노동자의 감원으로 이어지며 구매력을 감소시켜 경제의 악순환을 발생시킨다는 것이다. 케인스는 불황을 해결하기 위해서는 가계와 기업이 소비 및 투자를 충분히 해야 한다고 주장했다. 그는 소비가 없는 생산은 공급 과다 및 실업을 일으키며 궁극적으로는 경기 침체와 공황을 가져온다고 하였다. 절약은 분명 권장되어야 할 미덕이지만 소비가 위축되어 경기 침체와 공황을 불러올 경우, 절약은 오히려 악덕이 될 수도 있다는 것이다.

① 고전학파 경제학자들이 주장한 '보이지 않는 손'
② 세계 대공황의 원인과 해결책
③ '유효수요이론'의 영향
④ '유효수요이론'의 정의

04 다음 글의 뒤에 이어질 문단을 논리적 순서대로 바르게 나열한 것은?

> 연금 제도의 금융 논리와 관련하여 결정적으로 중요한 원리는 중세에서 비롯된 신탁 원리다. 12세기 영국에서는 미성년 유족(遺族)에게 토지에 대한 권리를 합법적으로 이전할 수 없었다. 그럼에도 불구하고 영국인들은 유언을 통해 자식에게 토지 재산을 물려주고 싶어 했다.

> (가) 이런 상황에서 귀족들이 자신의 재산을 미성년 유족이 아닌, 친구나 지인 등 제3자에게 맡기기 시작하면서 신탁 제도가 형성되기 시작했다. 여기서 재산을 맡긴 성인 귀족, 재산을 물려받은 미성년 유족, 그리고 미성년 유족을 대신해 그 재산을 관리·운용하는 제3자로 구성되는 관계, 즉 위탁자, 수익자, 그리고 수탁자로 구성되는 관계가 등장했다.
>
> (나) 연금 제도가 이 신탁 원리에 기초해 있는 이상, 연금 가입자는 연기금 재산의 운용에 대해 영향력을 행사하기 어렵게 된다. 왜냐하면 신탁의 본질상 공·사 연금을 막론하고 신탁 원리에 기반을 둔 연금 제도에서는 수익자인 연금 가입자의 적극적인 권리 행사가 허용되지 않기 때문이다.
>
> (다) 이 관계에서 주목해야 할 것은 미성년 유족은 성인이 될 때까지 재산권을 온전히 인정받지는 못했다는 점이다. 즉, 신탁 원리하에서 수익자는 재산에 대한 운용 권리를 모두 수탁자인 제3자에게 맡기도록 되어 있었기 때문에 수익자의 지위는 불안정했다.
>
> (라) 결국 신탁 원리는 수익자의 연금 운용 권리를 현저히 약화시키는 것을 기본으로 한다. 그 대신 연금 운용을 수탁자에게 맡기면서 '수탁자 책임'이라는, 논란이 분분하고 불분명한 책임이 부과된다. 수탁자 책임 이행의 적절성을 어떻게 판단할 수 있는가에 대해 많은 논의가 있었지만, 수탁자 책임의 내용에 대해서 실질적인 합의가 이루어지지는 못했다

① (가) – (나) – (라) – (다)
② (가) – (다) – (나) – (라)
③ (나) – (가) – (다) – (라)
④ (나) – (라) – (가) – (다)

05 다음 글의 ㉠이 높게 나타나는 상황을 추론한 내용으로 가장 적절한 것은?

사람들은 종종 미래의 행동을 결정할 때 매몰비용, 즉 이미 지출되었기 때문에 회수가 불가능한 비용에 집착하는 경우를 볼 수 있다. 합리적으로 의사 결정을 하기 위해서는 오직 추가적인 비용과 이익만 고려해야 한다. 그러나 많은 사람들은 매몰비용을 과대평가하여 결과적으로 이에 대한 투자를 지속하려는 경향을 보인다. 예를 들면, 공짜였다면 가지 않았을 농구 경기를 이미 지불한 티켓값이 아까워서 경기 당일 눈보라를 무릅쓰고 경기장에 간다는 것이다. 이와 같이 한 번 투자한 시간, 돈, 또는 노력에 대한 시도를 지속적으로 유지하려는 경향을 ㉠ '매몰비용효과'라 한다.

이러한 매몰비용효과는 '심적 회계 이론'으로 설명할 수 있다. 심적 회계 이론에서는 소비자들이 거래를 할 때, 지불한 비용과 얻게 될 이익 사이에서 손해를 보지 않으려는 심리가 있다고 본다. 이 이론에서는 비용과 이익의 심리적 연결인 '커플링'의 개념을 사용하는데, 이때 비용과 이익이 심리적으로 연결되는 경우를 '거래커플링'이라 하고, 반대로 비용과 이익이 심리적으로 분리되는 경우를 '디커플링'이라 한다. 비용과 이익이 심리적으로 명백하게 연결된 거래커플링의 경우, 소비자의 매몰비용에 대한 주의가 높아지게 된다. 따라서 남아있는 이익을 소비하고자 하는 의지가 강하므로 매몰비용효과는 높게 나타난다. 즉, 위의 농구 경기 사례처럼 하나의 비용에 하나의 이익이 연결될 때는 거래커플링이 야기되어 눈보라를 무릅쓰고 경기를 관람하러 간다는 것이다.

반면 하나의 비용이 여러 이익과 연결될 때, 예를 들어 서로 기능이나 가격이 다른 상품을 묶어 파는 경우에는 총비용을 여러 개의 이익에 어떻게 나눠야 할지 모르는 어려움을 겪게 된다. 이때 소비자들에게는 심리적인 디커플링이 야기되어, 이미 지불한 비용에 대한 주의력이 낮아지게 되므로 매몰비용효과는 낮게 나타나는 것이다. 이외에도 선불이나 정액 요금같이, 지불한 시점과 소비 시점 간의 거리가 먼 경우 디커플링의 수준이 높아질 수 있다.

① 데이터 정액 요금제 가입자 중 데이터 사용량을 다 쓰지 못하는 사람은 90% 이상이지만, 같은 요금제를 계속 이용한다.

② 새로 산 구두가 신을 때마다 발이 아파 걷기가 힘들지만 비싸게 지불한 신발값이 아까워 버리지 못하고 계속 신고 다닌다.

③ 같은 월급을 받는 독신자들은 기혼자들에 비해 남는 돈이 많다고 생각해서 지갑을 여는 것에 과감한 경우가 많아 충동구매가 잦은 편이다.

④ 10만 원 이상 물건을 구입하면 5천 원 상품권을 지급한다는 A백화점 주석맞이 이벤트 때문에 지금 당장 필요하지 않은 물건을 구입하게 되었다.

휴리스틱(Heuristic)은 문제를 해결하거나 불확실한 사항에 대해 판단을 내릴 필요가 있지만 명확한 실마리가 없을 경우에 사용하는 편의적·발견적인 방법이다. 우리말로는 쉬운 방법, 간편법, 발견법, 어림셈 또는 지름길 등으로 표현할 수 있다.

1905년 알버트 아인슈타인은 노벨 물리학상 수상 논문에서 휴리스틱을 '불완전하지만 도움이 되는 방법'이라는 의미로 사용했다. 수학자인 폴리아는 휴리스틱을 '발견에 도움이 된다.'는 의미로 사용했고, 수학적인 문제 해결에도 휴리스틱 방법이 매우 유효하다고 했다.

휴리스틱에 반대되는 것이 '알고리즘(Algorithm)'이다. 알고리즘은 일정한 순서대로 풀어나가면 정확한 해답을 얻을 수 있는 방법이다. 삼각형의 면적을 구하는 공식이 알고리즘의 좋은 예이다.

휴리스틱을 이용하는 방법은 거의 모든 경우에 어느 정도 만족스럽고, 경우에 따라서는 완전한 답을 재빨리, 그것도 큰 노력 없이 얻을 수 있다는 점에서 사이먼의 '만족화' 원리와 일치하는 사고방식인데, 가장 전형적인 양상이 '이용가능성 휴리스틱(Availability Heuristic)'이다. 이용가능성이란 어떤 사상(事象)이 출현할 빈도나 확률을 판단할 때, 그 사상과 관련해서 쉽게 알 수 있는 사례를 생각해내고 그것을 기초로 판단하는 것을 뜻한다.

그러나 휴리스틱은 완전한 답이 아니므로 때로는 터무니없는 실수를 자아내는 원인이 되기도 한다. 불확실한 의사결정을 이론화하기 위해서는 확률이 필요하기 때문에 사람들이 확률을 어떻게 다루는지가 중요하다. 확률은 이를테면 어떤 사람이 선거에 당선될지, 경기가 좋아질지, 시합에서 어느 편이 우승할지 따위를 '전망'할 때 이용된다. 대개 그러한 확률은 어떤 근거를 기초로 객관적인 판단을 내리기도 하지만 대부분은 직감적으로 판단을 내리게 된다. 그런데 직감적인 판단에서 오는 주관적인 확률은 과연 정확한 것일까?

카너먼과 트버스키는 일련의 연구를 통해 인간이 확률이나 빈도를 판단할 때 몇 가지 휴리스틱을 이용하지만, 그에 따라 얻게 되는 판단은 객관적이며 올바른 평가와 상당한 차이가 있다는 의미로 종종 '바이어스(Bias)'가 동반되는 것을 확인했다.

이용가능성 휴리스틱이 일으키는 바이어스 가운데 하나가 '사후 판단 바이어스'이다. 우리는 어떤 일이 벌어진 뒤에 '그렇게 될 줄 알았어.' 또는 '그렇게 될 거라고 처음부터 알고 있었어.'와 같은 말을 자주 한다. 이렇게 결과를 알고 나서 마치 사전에 그것을 예견하고 있었던 것처럼 생각하는 바이어스를 사후 판단 바이어스라고 한다.

06 다음 중 윗글의 논지 전개 방식에 대한 설명으로 가장 적절한 것은?

① 분석 대상과 관련되는 개념들을 연쇄적으로 제시하며 정보의 확대를 꾀하고 있다.

② 인과 관계를 중심으로 분석 대상에 대한 논리적 접근을 시도하고 있다.

③ 핵심 개념을 설명하면서 그와 유사한 개념들과 비교함으로써 이해를 돕고 있다.

④ 전달하고자 하는 정보를 다양한 맥락에서 재구성하여 반복적으로 제시하고 있다.

PART 4

07 다음 중 윗글에서 설명하고 있는 '휴리스틱'과 '바이어스'의 관계를 보여주는 사례로 가장 적절한 것은?

① 평소에 30분 정도 걸리기에 느긋하게 출발했는데 갑자기 교통사고가 나는 바람에 늦어졌다.

② 살을 빼려고 운동을 시작했는데 밥맛이 좋아지면서 오히려 몸무게가 늘었다.

③ 최근 한 달 동안 가장 높은 타율을 기록한 선수를 4번 타자에 기용했는데 4타수 무(無)안타를 기록하였다.

④ 동네 마트에서 추첨 세일을 한다기에 식구들이 다 나섰는데 한 집에 한 명만 참여할 수 있다고 한다.

※ 다음 글을 읽고 이어지는 질문에 답하시오. [8~9]

우리는 보통 은행이나 새마을금고는 익숙해 하면서 제1금융권, 제2금융권이라는 말은 왠지 낯설어한다. 제2 금융권에는 상호저축은행, 새마을금고 등 여러 금융 기관이 있는데, 이러한 금융 기관들은 어떻게 다른 걸까? 먼저 은행에는 중앙은행, 일반은행, 특수은행이 있다. 이 중 중앙은행으로는 금융 제도의 중심이 되는 한국은 행이 있다. 한국은행은 우리가 사용하는 돈인 한국 은행권을 발행하고, 경제 상태에 따라 시중에 유통되는 돈의 양, 곧 통화량을 조절한다.

일반은행의 종류에는 큰 도시에 본점을 두고 전국적인 지점망을 형성하는 시중은행과 지방 위주로 영업하는 지방은행, 외국은행의 국내지점이 있다. 일반은행은 예금은행 또는 상업은행이라고도 하며, 예금을 주로 받고 그 돈을 빌려주어서 이익을 얻는 상업적 목적으로 운영된다.

특수은행은 정부가 소유한 은행으로서, 일반은행으로서는 수지가 맞지 않아 자금 공급이 어려운 경제 부문에 자금을 공급하는 것이 주요 업무이다. 국가 주요 산업이나 기술 개발용 장기 자금을 공급하는 한국산업은행, 기업이 수출입 거래를 하는 데 필요한 자금을 공급해주는 한국수출입은행, 중소기업 금융을 전문으로 하는 중소기업은행이 이에 해당한다. 농업과 축산업 금융을 다루는 농업 협동조합중앙회, 또는 수산업 금융을 다루 는 수산업 협동조합중앙회도 특수은행에 포함된다. 이중에서 일반적으로 일반은행과 특수은행을 제1금융권 이라고 한다.

제2금융권은 은행이 아니지만 은행과 비슷한 예금 업무를 다루는 기관으로, 은행에 비해 규모가 작고 특정한 부문의 금융 업무를 전문으로 한다. 상호저축은행, 신용협동기구, 투자신탁회사, 자산운용회사 등이 이에 해당한다. 상호저축은행은 도시 자영업자를 주요 고객으로 하는 소형 금융 기관이다. 은행처럼 예금 업무가 가능하고 돈을 빌려주기도 하지만 이자가 더 높고, 일반은행과 구별하기 위해서 상호저축은행이라는 이름을 쓴다. 신용협동조합, 새마을금고, 농협과 수협의 지역 조합을 통틀어 신용협동기구라고 하는데, 직장 혹은 지역 단위로 조합원을 모아서 이들의 예금을 받고 그 돈을 조합원에게 빌려주는 금융 업무를 주로 담당한다. 투자신탁회사, 자산운용회사는 투자자들이 맡긴 돈을 모아 뭉칫돈으로 만들어 증권이나 채권 등에 투자해 수익을 올리지만, 돈을 빌려주지는 않는다.

이외에도 여러 금융 기관들이 있는데, 이를 기타 금융 기관이라고 한다. 기타 금융 기관으로는 여신 전문 금융회사가 있는데, 신용카드회사와 할부 금융회사, 기계 등의 시설을 빌려주는 리스회사 등이 포함된다. 그리고 증권사를 상대로 돈을 빌려주는 증권금융회사도 기타 금융 기관에 해당한다.

08 다음 중 윗글을 쓴 목적으로 가장 적절한 것은?

① 대상에 새로운 역할이 부여되어야 함을 주장하기 위해

② 대상의 특성을 설명하여 독자에게 정보를 제공하기 위해

③ 대상의 기능을 강조하여 독자의 인식 전환을 촉구하기 위해

④ 대상의 장점을 부각시켜 대상에 대한 관심을 유도하기 위해

PART 4

Hard

09 윗글을 바탕으로 할 때, 다음 〈보기〉의 상황에 대해 제시할 수 있는 의견으로 적절하지 않은 것은?

> **보기**
>
> • 국회의원 A씨는 물가 상승의 원인이 통화량이 지나치게 많기 때문임을 파악하고, 이를 해결할 수 있는 방법을 찾고자 한다.
> • 농부 B씨는 이번에 새롭게 버섯농사를 시작하려 했으나, 자금이 부족하여 금융 기관에서 일정 금액을 대출받으려 한다.
> • 중소기업의 사장 C씨는 제품의 생산량을 늘리기 위해 새로운 기계를 구입하려 했으나, 그 돈은 예금으로 맡겨 놓고 기계를 임대하는 것이 더욱 이익임을 알게 되었다.

① A씨가 해결 방법을 찾기 위해서는 한국은행 측에 자문을 구해 보는 것이 좋을 거야.

② B씨는 농업과 관련된 금융을 주로 다루는 농업 협동조합중앙회에서 대출을 받을 수 있을 거야.

③ B씨가 좀 더 낮은 이자로 대출받기를 원한다면 투자신탁회사를 이용할 수도 있어.

④ C씨는 기타 금융 기관인 리스회사를 통해서 필요한 기계를 빌릴 수 있을 거야.

※ 다음 글을 읽고 이어지는 질문에 답하시오. [10~11]

국제연합(United Nations)은 제2차 세계대전 말에 태동하기 시작하여 1945년 샌프란시스코회의에서 헌장이 작성되고, 동년 10월 24일 발효함으로써 창설된 전후 최대 국제기구이다. 산하 주요기관으로는 총회, 안전보장이사회, 경제이사회, 신탁통치이사회, 국제사법재판소 그리고 사무국이 있다. 이 중에서 안전보장이사회는 국제평화와 안보에 대한 위협을 다루는 데 있어서 좀 더 효율적인 의사결정을 촉진하기 위해 작은 규모로 유지되어 왔다. 그러나 규모와 달리 평화를 파괴할 우려가 있는 분쟁 또는 사태를 평화적으로 처리하며, 평화에 대한 위협, 평화의 파괴 또는 침략행위 등에 대한 중지·권고 또는 강제조치를 결정하는 권한을 가지고 있다. 이에 관련된 군비규제 계획의 작성, 국제사법재판소의 판결이행사항 이행, 지방적 분쟁에 대한 지역적 처리 장려, 지역적 강제행동의 허가, 전략지구의 감독 등을 수행한다. 또한 총회와 공동으로 가맹승인·제명·권리정지 및 사무총장의 임명 등을 관장한다.

안전보장이사회는 또한 상임이사국과 비상임이사국 모두를 가진 유일한 UN기구이다. 5개 상임이사국은 미국, 영국, 프랑스, 러시아(1992년 소련의 의석을 승계)와 중국(1971년 중화민국의 의석을 승계)인데, 이들은 거부권을 가지고 있기 때문에 안전보장이사회 의사결정의 핵심이라고 할 수 있다. 1965년에 10개국으로 확대된 비상임이사국들은 2년 임기로 선출되고, 안전보장이사회의 모든 업무에 참여한다. 적어도 비상임이사국들이 찬성해야만 결의안이 통과된다. 현재의 규칙에 의하면 비상임이사국은 연임할 수 없으며 비상임이사국 중 5석은 아프리카와 아시아가 차지하고, 라틴아메리카와 서유럽국가들이 각각 2석을, 동유럽 국가들이 한 자리를 차지한다.

국제 평화와 안보의 목적을 추구하는 일차적 책임은 안전보장이사회에 있다. 안전보장이사회는 국제 평화와 안보를 유지하거나 혹은 회복하기 위해 심지어 군사조치까지 승인하는 결의안을 만들 수 있다. 이러한 경우에는 총 15개 안전보장이사회 회원국 중 5개의 상임이사국을 포함하고 9개 이상 이사국의 찬성 표결이 있어야만 한다. 이 중 5개 상임이사국은 거부권을 행사할 수 있다.

현재 안전보장이사회의 평화유지의 역할을 수행하는 것과 관련된 조항은 UN헌장 제6장과 제7장에 열거되어 있다. 제6장은 분쟁의 평화적 해결 문제를 다루고 있는데, 이 장은 분쟁을 조사하고 당사국들로 하여금 폭력의 사용 없이 분쟁을 해결하도록 돕는 여러 형태의 기술적 내용들을 제시하고 있다. 제7장은 침략자들을 규정하고, 경제제재 혹은 공동행동을 위한 군사력 제공 등과 같은 실행조치를 취하는 데 있어서 회원국들을 독려할 수 있는 안보리의 권한을 명시하고 있다. 1990년 이전, 안보리는 단지 두 사건에 있어서만 제7장에 근거한 강제 권력을 사용하였고, 대부분의 냉전시대 분쟁에 대응하기 위해서는 제6장의 절차에 근거하였다. 따라서 1992년 이전에 모든 UN 평화유지군은 제6장에 근거하여 권한이 주어졌다. 냉전종식 이후 가장 큰 변화 중 하나는 안보리가 제7장을 더 많이 활용한다는 것인데, 이는 경제제재와 군사적 행동을 위한 조치들을 포함하는 것이다. 이처럼 국제평화에 대해 지대한 책무를 지닌 까닭에 안보리 개최에 최적의 환경 확보를 위해 이사국은 그들의 대표를 유엔본부 내에 상주시키고 있다.

10 다음 중 각 문단의 제목으로 적절하지 않은 것은?

① 첫 번째 문단 : 안전보장이사회의 기능과 권한
② 두 번째 문단 : 안전보장이사회의 구성
③ 세 번째 문단 : 안전보장이사회의 거부권 행사
④ 네 번째 문단 : 안전보장이사회와 관련된 UN헌장 제6장과 제7장

11 다음 중 윗글의 내용으로 가장 적절한 것은?

① UN헌장 제7장은 분쟁의 평화적 해결 문제를 다루고 있다.
② 5개의 상임이사국은 미국, 중국, 러시아, 일본, 프랑스로 구성되어 있다.
③ 안전보장이사회는 국제사법재판소의 판결이행사항을 이행하기도 한다.
④ 냉전종식 이후 UN헌장 제6장이 제7장보다 더 많이 활용되고 있다.

펀드(Fund)를 우리말로 바꾸면 '모금한 기금'을 뜻하지만 경제 용어로는 '경제적 이익을 보기 위해 불특정 다수인으로부터 모금하여 운영하는 투자 기금'을 가리키는 말로 사용합니다. 펀드는 주로 주식이나 채권에 많이 투자를 하는데, 개인이 주식이나 채권에 투자하기 위해서는 어떤 회사의 채권을 사야 하는지, 언제 사야 하는지, 언제 팔아야 하는지, 어떻게 계약을 하고 세금을 얼마나 내야 하는지, 알아야 할 게 너무 많아 복잡합니다. 이러한 여러 가지 일을 투자 전문 기관이 대행하고 일정 비율의 수수료를 받게 되는데, 이처럼 펀드에 가입한다는 것은 투자 전문 기관에게 대행 수수료를 주고 투자 활동에 참여하여 이익을 보는 일을 말합니다.

펀드는 크게 보아 주식 투자 펀드와 채권 투자 펀드로 나눌 수 있습니다. 주식 투자 펀드를 살펴보면 회사가 회사를 잘 꾸려서 영업 이익을 많이 만들면 주식 가격이 오릅니다. 그래서 그 회사의 주식을 가진 사람은 회사의 이익을 나누어 받습니다. 이처럼 주식 투자 펀드는 주식을 사서 번 이익에서 투자 기관의 수수료를 뺀 금액이 '펀드 가입자의 이익'이 되며 이 이익은 투자한 자금에 비례하여 분배받습니다. 그리고 투자자는 분배받는 금액에 따라 세금을 냅니다. 채권 투자 펀드는 회사, 지방자치단체, 국가가 자금을 조달하기 위해 이자를 지불할 것을 약속하면서 발행하는 채권을 사서 이익을 보는 것입니다. 채권을 사서 번 이익에서 투자 기관의 수수료를 뺀 금액이 수익이 됩니다. 이외에도 투자 대상에 따라, 국내 펀드, 해외 펀드, 신흥국가 대상 펀드, 선진국 펀드, 중국 펀드, 원자재 펀드 등 펀드의 종류는 아주 다양합니다.

채권 투자 펀드는 회사나 지방자치단체 그리고 국가가 망하지 않는 이상 정해진 이자를 받을 수 있어 비교적 안정적입니다. 그런데 주식 투자 펀드는 일반 주식 가격의 변동에 따라 수익을 많이 볼 수도 있지만 손해를 보는 경우도 흔합니다. 예를 들어 어떤 펀드는 10년 후 누적 수익률이 원금의 열 배나 되지만 어떤 펀드는 수익률이 나빠져 1년 만에 원금의 절반이 되어버리는 일도 발생합니다. 이렇게 수익률 차이가 심하게 나는 것은 주식이 경기 변동의 영향을 많이 받기 때문입니다.

이로 인해 펀드와 관련하여 은행을 비롯한 투자 전문 기관에 가서 상담을 하면 상품에 대한 안내만 할 뿐, 가입 여부는 고객이 스스로 판단하도록 하고 있습니다. 합리적으로 안내를 한다고 해도 소비자의 투자 목적, 시장 상황, 투자 성향에 따라 맞는 펀드가 다르기 때문입니다. 그러니까 펀드에 가입하기 전에는 펀드의 종류를 잘 알아보고 결정해야 합니다. 또, 펀드에 가입을 해도 살 때와 팔 때를 잘 구분해야 합니다. 이것이 가장 어려운 일입니다. 그래서 주식이나 펀드는 사회 경험을 쌓고 경제 지식을 많이 알고 난 후에 하는 것이 좋다는 이야기를 많이 합니다.

12 다음 중 윗글을 통해 답을 확인할 수 있는 질문으로 적절하지 않은 것은?

① 펀드에 가입하면 돈을 벌 수 있는가?

② 펀드란 무엇인가?

③ 펀드 가입 시 유의할 점은 무엇인가?

④ 펀드 가입 절차는 어떻게 되는가?

13 다음 중 윗글을 이해한 내용으로 가장 적절한 것은?

① 주식 투자 펀드는 경기 변동의 영향을 많이 받게 된다.

② 주식 투자 펀드는 정해진 이자를 받을 수 있어 안정적이다.

③ 채권 투자 펀드는 투자 기관의 수수료를 더한 금액이 수익이 된다.

④ 채권 투자 펀드는 주식 가격이 오를수록 펀드 이익을 많이 분배받게 된다.

※ 다음 글을 읽고 이어지는 질문에 답하시오. [14~15]

노량진수산시장 지하보도는 1975년 당시 '수산시장'과 '한국냉장'을 이용하는 시민의 통행을 돕기 위해 마련되었다. 이후 장기간 방치되어 시설 노후화로 인한 도시 미관 저해, 안전 문제 등이 꾸준히 제기되어 왔다. 이에 D구는 A조합과 지하보도 관리를 위한 지속적인 협의를 진행하고, 유지 관리 주체를 명확히 하기 위한 업무 협약을 추진해 왔다.

그 결과 지난해 A조합중앙회, A조합노량진수산(주)과 '노량진수산시장 지하보도 관리 협력을 위한 업무협약(MOU)'을 체결했으며, 노량진수산시장 지하보도 개선 사업에 착수하게 되었다. 이번 협약에 따라 D구와 A조합은 시일 내에 지하보도 안전진단을 시행한 후 시설 보수 및 현대화에 속도를 낼 방침이다. 또한 지역경제 활성화를 위해 차량 진입 동선 개선 등에도 힘쓸 예정이다. A조합중앙회장은 "D구와 함께 지하보도 개선을 추진하여 시민의 편의성과 접근성이 크게 좋아질 것"이라며 "노량진수산시장이 수산물 소비촉진의 랜드마크로 기능할 수 있도록 더욱 노력할 것"이라고 말했다.

이와 관련해 A조합은 이달 말까지 '노량진수산물도매시장 랜드마크 설치 아이디어 및 역사 사진 공모전'을 진행해 시민들의 아이디어를 모을 예정이다. 연령 또는 거주 지역에 상관없이 누구나 지원 가능하며, 공모 기간은 8월 1일부터 3개월간이다. 이후 심사위원단이 창의력, 실현가능성, 전문성 등을 종합적으로 고려해 주제별 최우수상 1명, 우수상 1명, 장려상 1명을 선정하여 수상작을 발표할 예정이며, 자세한 결과 발표는 노량진수산시장 홈페이지를 통해 확인할 수 있다.

노량진수산시장을 운영하는 자회사인 A조합노량진수산(주)에서 주관하는 이번 공모전은 시장 랜드마크 설치 아이디어(노량진수산시장 5층 하늘정원 공간을 활용해 국・내외 관광객을 유치할 수 있는 창의적인 디자인 조형물 설치 아이디어 제안), 시장 역사 사진 출품(노량진수산시장이 개장한 1927년부터 현재까지 운영된 구시장의 역사를 담은 사진) 두 부문으로 진행된다. A조합은 해당 공모전을 통해 얻은 아이디어와 자료들을 노량진수산시장 브랜딩에 적극 활용한다는 구상이다.

14 다음 중 윗글을 읽고 이해한 내용으로 가장 적절한 것은?

① 노량진수산시장 지하보도는 약 50년간 방치되어 도시 미관 저해, 안전 문제 등이 있었다.

② D구와 A조합은 노량진수산시장 지하보도 관리를 위해 지속적으로 협력해왔다.

③ 지하보도 시설 보수 및 차량 진입 동선 개선 후 시민 통행을 위해 안전진단을 시행할 예정이다.

④ 지하보도 시설 개선 후에는 시장 도매 상인들을 위한 물품 상하차 경로로 이용될 예정이다.

Hard

15 A은행 직원 B씨는 '노량진수산물도매시장 랜드마크 설치 아이디어 및 역사 사진 공모전'을 진행하기 위한 홍포 포스터 제작 업무를 담당하게 되었다. 다음은 B씨가 제작한 포스터이다. 포스터에 포함된 내용 중 적절하지 않은 것은?

> ### 노량진수산물도매시장 랜드마크 설치 아이디어 및 역사 사진 공모전
>
> - 공모 자격 : 제한 없음(언령 · 지역 무관)
> - 공모 기간 : 08.01 ~ 10.31
> - 결과 발표 : 11.21 이후(홈페이지 참고)
> - 접수 방법 : 우편 또는 이메일
> - 공모 주제
>   - 시장 랜드마크 설치 아이디어 부문
>   (5층 하늘정원 조형물 제안)
>   - 시장 역사 사진 출품 부문
>   (시장 개장부터 구시장까지)
>
> - 주최 : A조합노량진수산(주)

① 공모 자격   ② 공모 기간

③ 결과 발표   ④ 공모 주제

16 파견 근무를 나갈 10명을 뽑아 팀을 구성하려 한다. 새로운 팀 내에서 팀장 1명과 회계 담당 2명을 뽑으려고 하는데, 이 인원을 뽑는 경우의 수는?

① 300가지

② 320가지

③ 348가지

④ 360가지

Easy

17 목적지까지 갈 때의 속력은 80km/h, 돌아올 때의 속력은 120km/h이다. 1시간 이내로 출발지에서 목적지까지 왕복하려면 목적지는 출발지에서 최대 몇 km 떨어진 곳에 있어야 하는가?

① 44km

② 46km

③ 48km

④ 50km

18 다음은 M은행 예금상품의 내용이다. A씨가 다음과 같은 조건으로 정기예금에 가입하였을 때, 만기 시 받을 이자금액의 합계는?

〈M은행 정기예금〉

- 계약기간 : 1년
- 저축금액 : 10만 원
- 저축방법 : 거치식
- 적용금리 : 연 10%
- 이자지급방식 : 6개월마다 지급 − 복리식

① 10,100원 ② 10,150원
③ 10,250원 ④ 10,300원

19 다음은 M사의 2024년 분기별 손익 현황에 대한 자료이다. 이에 대한 설명으로 옳은 것을 〈보기〉에서 모두 고르면?

〈2024년 분기별 손익 현황〉

(단위 : 억 원)

구분		1분기	2분기	3분기	4분기
손익	매출액	9,332	9,350	8,364	9,192
	영업손실	278	491	1,052	998
	당기순손실	261	515	1,079	1,559

※ $[영업이익률(\%)] = \dfrac{[영업이익(손실)]}{(매출액)} \times 100$

보기

ㄱ. 2024년 3분기의 영업이익이 가장 크다.
ㄴ. 2024년 4분기의 영업이익률은 2024년 1분기보다 감소하였다.
ㄷ. 2024년 2 ~ 4분기 매출액은 직전 분기보다 증가하였다.
ㄹ. 2024년 3분기의 당기순손실은 직전 분기 대비 100% 이상 증가하였다.

① ㄱ, ㄴ ② ㄱ, ㄷ
③ ㄴ, ㄷ ④ ㄴ, ㄹ

20 다음은 지난 10년간 우리나라 일부 품목의 소비자 물가지수에 대한 자료이다. 이에 대한 설명으로 옳지 않은 것은?

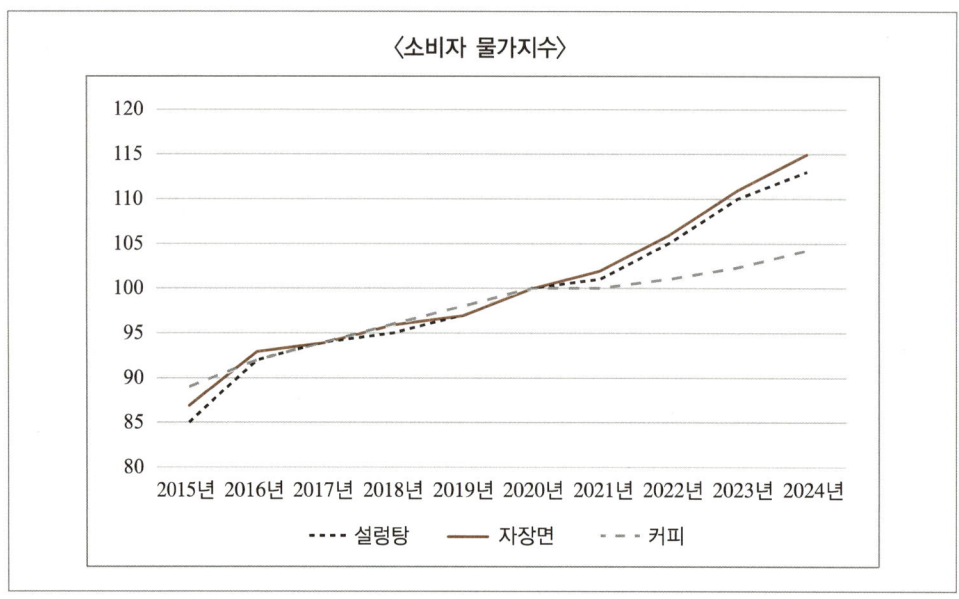

① 2024년 가장 비싼 품목은 자장면이다.

② 자장면은 2020년 대비 2024년까지 가격이 가장 많이 오른 음식이다.

③ 설렁탕은 2015년부터 2020년까지 가격이 가장 많이 오른 음식이다.

④ 2020년 대비 2024년은 '자장면 - 설렁탕 - 커피' 순으로 가격 상승률이 높았다.

21 다음은 A공사의 금융구조조정자금 총지원 현황에 대한 자료이다. 이에 대한 설명으로 옳은 것을 〈보기〉에서 모두 고르면?

〈금융구조조정자금 총지원 현황〉

(단위 : 억 원)

구분	은행	증권사	보험사	제2금융	저축은행	농협	소계
출자	222,039	99,769	159,198	26,931	1	0	507,938
출연	139,189	4,143	31,192	7,431	4,161	0	186,116
부실자산 매입	81,064	21,239	3,495	0	0	0	105,798
보험금 지급	0	113	0	182,718	72,892	47,402	303,125
대출	0	0	0	0	5,969	0	5,969
총계	442,292	125,264	193,885	217,080	83,023	47,402	1,108,946

보기

ㄱ. 출자 부문에서 은행이 지원받은 금융구조조정자금은 증권사가 지원받은 금융구조조정자금의 3배 이상이다.

ㄴ. 보험금 지급 부문에서 지원된 금융구조조정자금 중 저축은행이 지원받은 금액의 비중은 20%를 초과한다.

ㄷ. 제2금융에서 지원받은 금융구조조정자금 중 보험금 지급 부문으로 지원받은 금액이 차지하는 비중은 80% 이상이다.

ㄹ. 부실자산 매입 부문에서 지원된 금융구조조정자금 중 은행이 지급받은 금액의 비중은 보험사가 지급받은 금액 비중의 20배 이상이다.

① ㄱ
② ㄴ, ㄹ
③ ㄱ, ㄴ, ㄷ
④ ㄴ, ㄷ, ㄹ

※ M사는 모든 직원을 대상으로 자사의 내부 개선 필요 사항에 대해 설문 조사를 실시하였다. 이어지는 질문에 답하시오. [22~23]

〈내부 개선 사항에 대한 설문 조사 결과〉

(단위 : %)

개선 사항 \ 근속연수	5년 미만	5년 이상 20년 미만	20년 이상
근무 형태 유연화	19	23	15
육아 휴직 활성화	11	19	27
연차 사용 보장	27	10	23
임금 인상	11	24	5
사내 문화 개선	28	18	15
기타	4	6	15

※ 모든 직원은 6개의 항목 중 개선 필요성이 가장 높은 1개의 항목을 선택함

22 다음 중 위 자료에 대한 설명으로 옳은 것은?

① 직원을 근속연수로 구분하였을 때, 근속연수별로 가장 높은 응답률을 보인 항목은 동일하다.
② 연차 사용 보장이 필요하다고 응답한 직원 중 근속연수가 5년 미만인 직원 수가 제일 많다.
③ 근속연수가 20년 이상인 직원들은 육아 휴직 활성화 항목을 가장 많이 선택하였다.
④ 근속연수가 20년 이상인 직원들의 경우 임금 인상에 대해 부정적이다.

23 이번 설문 조사에 참여한 직원이 총 900명일 때, 이에 대한 설명으로 옳은 것을 〈보기〉에서 모두 고르면?

보기

ㄱ. 근속연수별 직원의 비율이 1 : 1 : 1이라면, 근무 형태 유연화를 선택한 직원은 150명 이상이다.
ㄴ. 근속연수별 직원의 비율이 3 : 5 : 1이라면, 육아 휴직 활성화를 선택한 직원 중 근속연수가 20년 이상인 직원의 수가 가장 많다.
ㄷ. 근속연수별 직원의 비율이 4 : 3 : 2라면, 근속연수가 20년 이상인 직원 중 사내 문화 개선을 선택한 직원은 40명 이상이다.

① ㄱ
② ㄴ
③ ㄱ, ㄷ
④ ㄴ, ㄷ

※ 다음은 음식 업종별 사업자 수 현황에 대한 자료이다. 이어지는 질문에 답하시오. [24~25]

〈음식 업종별 사업자 수 현황〉

(단위 : 명)

구분	2021년	2022년	2023년	2024년
커피음료점	25,151	30,446	36,546	43,457
패스트푸드점	27,741	31,174	32,982	34,421
일식전문점	12,997	13,531	14,675	15,896
기타외국식전문점	17,257	17,980	18,734	20,450
제과점	12,955	13,773	14,570	15,155
분식점	49,557	52,725	55,013	55,474
기타음식점	22,301	24,702	24,818	24,509
한식전문점	346,352	360,209	369,903	375,152
중식전문점	21,059	21,784	22,302	22,712
호프전문점	41,796	41,861	39,760	37,543
간이주점	19,849	19,009	17,453	16,733
구내식당	35,011	31,929	29,213	26,202
합계	632,026	659,123	675,969	687,704

24 다음 중 2021년 대비 2024년 사업자 수의 감소율이 두 번째로 큰 업종의 감소율은?(단, 소수점 둘째 자리에서 반올림한다)

① 25.2%
② 18.5%
③ 15.7%
④ 10.2%

Hard

25 다음 중 위 자료에 대한 설명으로 옳지 않은 것은?

① 사업자 수가 해마다 감소하는 업종은 두 곳이다.

② 기타음식점의 2024년 사업자 수는 전년보다 309명 감소했다.

③ 2021년 대비 2023년 일식전문점 사업자 수의 증감률은 약 15.2%이다.

④ 2022년의 전체 음식 업종 사업자 수에서 분식점 사업자 수가 차지하는 비중과 패스트푸드점 사업자 수가 차지하는 비중의 차이는 5%p 미만이다.

※ 다음은 국내 연간 취수량에 대한 자료이다. 이어지는 질문에 답하시오. **[26~27]**

〈국내 연간 취수량〉

(단위 : 백만 m³)

구분		2017년	2018년	2019년	2020년	2021년	2022년	2023년	2024년
지하수		89	90	93	96	98	102	163	170
지표수	하천표류수	3,207	3,154	3,267	3,253	3,270	3,256	3,235	2,599
	하천복류수	433	417	463	474	(가)	434	437	451
	댐	3,148	3,121	3,281	3,194	3,311	3,431	3,404	3,270
	기타 저수지	51	46	58	56	55	58	61	64
총취수량		6,928	6,828	7,162	7,073	7,176	7,281	7,300	(나)

26 다음 중 위 자료의 빈칸 (가)+(나)의 값은?

① 6,554

② 6,702

③ 6,804

④ 6,996

27 다음 중 위 자료에 대한 설명으로 옳은 것은?

① 총취수량은 2021년 이후 계속 증가했다.

② 2018 ~ 2024년 중 모든 항목의 취수량이 전년보다 증가한 해는 2019년뿐이다.

③ 하천표류수의 양이 가장 많았던 해에 댐의 취수량도 가장 많았다.

④ 2023 ~ 2024년에 지표수의 양은 항상 총취수량의 98% 이상을 차지한다.

※ 다음은 지난해 관측지점별 기상 평년값에 대한 자료이다. 이어지는 질문에 답하시오. **[28~29]**

〈관측지점별 기상 평년값〉

(단위 : ℃, mm)

구분	평균 기온	최고 기온	최저 기온	강수량
속초	12.2	16.2	8.5	1,402
철원	10.2	16.2	4.7	1,391
춘천	11.1	17.2	5.9	1,347
강릉	13.1	17.5	9.2	1,464
동해	12.6	16.8	8.6	1,278
충주	11.2	17.7	5.9	1,212
서산	11.9	17.3	7.2	1,285

PART 4

28 다음 중 관측지점 가운데 최고 기온이 17℃ 이상이며, 최저 기온이 7℃ 이상인 지점의 강수량의 합은?

① 2,749mm   ② 2,834mm

③ 2,955mm   ④ 3,027mm

29 다음 중 위 자료에 대한 설명으로 옳은 것은?

① 동해의 최고 기온과 최저 기온의 평균은 12.7℃이다.
② 최고 기온과 최저 기온의 차이가 가장 큰 지점은 서산이다.
③ 속초는 관측지점 중 평균 기온이 두 번째로 높고, 강수량도 두 번째로 많다.
④ 평균 기온, 최고 · 최저 기온이 가장 높고, 강수량도 가장 많은 지점은 강릉이다.

30 다음은 전력사용에 대한 절약 노력 설문조사 결과이다. 이에 대한 설명으로 옳은 것은?(단, 복수응답과 무응답은 없다)

〈전력사용 절약 노력 현황〉

(단위 : %)

구분	2023년				2024년			
	노력 안 함	조금 노력함	노력함	매우 노력함	노력 안 함	조금 노력함	노력함	매우 노력함
남성	2.5	38.0	43.5	15.5	3.5	32.5	42.0	22.0
여성	3.5	35.5	45.0	16.0	4.0	35.0	41.0	20.0
10대	12.5	48.0	22.5	17.0	13.0	43.3	25.7	18.0
20대	10.5	39.5	27.0	23.0	10.0	37.5	29.0	23.5
30대	11.5	26.5	38.5	23.5	10.7	21.3	44.0	24.0
40대	11.5	25.0	42.0	21.5	9.5	24.0	44.0	22.5
50대	10.0	28.0	40.5	21.5	10.0	30.0	39.0	21.0
60대 이상	10.5	30.0	33.2	26.3	10.3	29.7	34.0	26.0

① 2024년에 '노력함'을 선택한 인원은 남성과 여성 모두 전년 대비 증가하였다.

② 2023년과 2024년 모든 연령대에서 '노력 안 함'을 선택한 비율은 50대가 가장 낮다.

③ 여성 조사인구가 매년 500명일 때, '매우 노력함'을 선택한 인원은 2024년에 전년 대비 15명 이상 늘어났다.

④ 2024년에 60대 이상에서 '조금 노력함'을 선택한 비율은 전년 대비 2% 이상의 감소율을 보인다.

31 M은행 본사의 A∼D사원 4명은 각각 홍보팀, 총무팀, 영업팀, 기획팀 소속으로 3∼6층의 서로 다른 층에서 근무하고 있다. 이들 중 1명이 거짓말을 하고 있을 때, 다음 중 항상 참인 것은?(단, 각 팀은 서로 다른 층에 위치한다)

- A사원 : 저는 홍보팀과 총무팀 소속이 아니며, 3층에서 근무하고 있지 않습니다.
- B사원 : 저는 영업팀 소속이며, 4층에서 근무하고 있습니다.
- C사원 : 저는 홍보팀 소속이며, 5층에서 근무하고 있습니다.
- D사원 : 저는 기획팀 소속이며, 3층에서 근무하고 있습니다.

① A사원은 홍보팀 소속이다.

② B사원은 6층에서 근무하고 있다.

③ 홍보팀은 3층에 위치한다.

④ 기획팀은 4층에 위치한다.

※ 다음은 M은행의 7월 일정표이다. 이어지는 질문에 답하시오. [32~33]

〈7월 일정표〉

월요일	화요일	수요일	목요일	금요일	토요일	일요일
				1 김사원 휴가	2	3
4 전체회의	5 최사원 휴가	6	7 정대리 휴가	8	9	10
11 최팀장 휴가	12	13 정과장 휴가	14 정과장 휴가	15 김팀장 휴가	15	17
18 유부장 휴가	19	20	21	22 임사원 휴가	23	24
25 박과장 휴가	26 최대리 휴가	27	28 한과장 휴가	29 유부장 휴가	30	31

- 소속 부서
  - 총무부 : 최사원, 김대리, 한과장, 최팀장
  - 인사부 : 임사원, 정대리, 박과장, 김팀장
  - 자금부 : 김사원, 최대리, 정과장, 유부장

※ 휴가는 공휴일과 주말을 제외하고 사용하며, 전체 일정이 있는 경우 휴가를 사용하지 않음

32 M은행 직원들은 휴가일이 겹치지 않게 하루 이상 휴가를 쓰려고 한다. 다음 중 총무부 김대리의 휴가일정으로 가장 적절한 것은?

① 1일   ② 4일
③ 8 ~ 9일   ④ 20 ~ 21일

33 M은행 직원들이 동일한 일수로 최대한 휴가를 쓴다고 할 때, 1명당 며칠까지 휴가를 쓸 수 있는가?

① 1일   ② 2일
③ 3일   ④ 4일

※ 다음은 M은행의 환율에 대한 자료이다. 이어지는 질문에 답하시오. **[34~36]**

〈M은행 환율 정보〉

(2025.01.21. 기준)

구분	매매기준율	현찰매수	현찰매도	송금 보낼 때	송금받을 때
미국 USD	1,122.00	1,141.63	1,102.37	1,132.90	1,111.10
일본 JPY 100	1,005.92	1,023.52	988.32	1,015.77	996.07
유럽연합 EUR	1,252.15	1,277.06	1,227.24	1,264.67	1,239.63
중국 CNY	163.03	171.18	154.88	164.66	161.40
호주 AUD	836.00	852.46	819.54	844.36	827.64

※ 2025년 1월 동안 인터넷뱅킹 환전 고객에게는 미국달러화, 일본엔화, 유로화는 80%, 기타통화는 30%의 수수료 할인
쿠폰을 증정함(단, 보유 통화는 영업점마다 다르니 확인 후 방문하기를 권함)
※ 현찰 실거래 가격은 매매기준율에 환전 수수료를 더한 가격임

〈외환수수료 규정〉

		국내 간 외화송금	실시간 국내송금(결제원이체)
외화자금 국내이체 수수료(당·타발)		USD 5,000 이하 : 5,000원 USD 10,000 이하 : 7,000원 USD 10,000 초과 : 10,000원	USD 10,000 이하 : 5,000원 USD 10,000 초과 : 10,000원
		※ 인터넷뱅킹 : 5,000원 ※ 실시간이체 : 타발 수수료는 없음	
해외로 외화송금	송금 수수료	USD 500 이하 : 5,000원 USD 2,000 이하 : 10,000원 USD 5,000 이하 : 15,000원 USD 20,000 이하 : 20,000원 USD 20,000 초과 : 25,000원 ※ 인터넷뱅킹 이용 시 건당 3,000 ~ 5,000원, ATM 및 자동이체 이용 시 40 ~ 70% 우대(타 서비스와 중복 할인 가능)	
		해외 및 중계은행 수수료를 신청인이 부담하는 경우 국외 현지 및 중계은행의 통화별 수수료를 추가로 징수(USD 18, EUR 20, JPY 3,000, GBP 12, CAD 20, AUD 20 등)	
	전신료	8,000원 ※ 인터넷뱅킹 및 자동이체 : 5,000원	
	조건변경 전신료	8,000원	
해외 / 타행에서 받은 송금		건당 10,000원	

34 M은행에 근무하는 Y사원은 다음과 같은 고객의 문의를 받게 되었다. 이에 대한 답변으로 옳은 것은?(단, 현재는 2025년 1월 21일이다)

> 안녕하세요. 일주일 뒤에 유럽 여행을 가기 전에 환전을 해두려고 합니다. 1,500유로를 영업점에 가서 환전하려면 얼마 정도의 비용이 드는지와 인터넷뱅킹으로 환전하면 얼마 정도 드는지 각각 알려주시면 감사하겠습니다.

① 고객님께서 환전하시는 데 드는 금액은 현재 환율 기준으로 1,885,930원이며, 인터넷뱅킹 이용 시 80% 환전 수수료 할인쿠폰을 적용하여 1,795,125원이 듭니다.

② 고객님께서 환전하시는 데 드는 금액은 현재 환율 기준으로 1,915,110원이며, 인터넷뱅킹 이용 시 80% 환전 수수료 할인쿠폰을 적용하여 1,802,105원이 듭니다.

③ 고객님께서 환전하시는 데 드는 금액은 현재 환율 기준으로 1,915,160원이며, 인터넷뱅킹 이용 시 80% 환전 수수료 할인쿠폰을 적용하여 1,835,725원이 듭니다.

④ 고객님께서 환전하시는 데 드는 금액은 현재 환율 기준으로 1,915,590원이며, 인터넷뱅킹 이용 시 80% 환전 수수료 할인쿠폰을 적용하여 1,885,698원이 듭니다.

35 A씨는 친구의 부탁으로 보유하고 있는 엔화를 국내의 타 은행으로 송금해야 한다. A씨가 800,000엔을 타 은행으로 송금 시 인터넷뱅킹을 이용할 경우와 영업점을 이용할 경우의 수수료 차이는? (단, 이날 일본 JPY 100 대비 미국 USD 매매기준율은 0.92달러/100엔이었다)

① 1,000원   ② 2,000원

③ 3,000원   ④ 5,000원

36 자녀를 외국으로 유학 보낸 고객이 M은행 영업점으로 찾아와 유학생 자녀에게 〈보기〉와 같이 송금을 하고자 한다. 고객이 지불해야 할 금액은?(단, 1원 미만은 절사한다)

> **보기**
> - 송금 금액 : USD 4,000
> - 송금 수수료 : 30% 할인쿠폰을 가지고 있음
> - 중계은행 수수료 본인 부담

① 4,418,065원   ② 4,448,842원

③ 4,515,854원   ④ 4,570,492원

37 연경, 효진, 다솜, 지민, 지현 5명 중에서 1명이 선생님의 책상에 있는 화병에 꽃을 꽂아 두었다. 이 가운데 2명의 이야기는 모두 거짓이지만 3명의 이야기는 모두 참이라고 할 때, 선생님의 책상에 꽃을 꽂아둔 사람은?

> • 연경 : 화병에 꽃을 꽂아두는 것을 나와 지현이만 보았다. 효진이의 말은 모두 맞다.
> • 효진 : 화병에 꽃을 꽂아둔 사람은 지민이다. 지민이가 그러는 것을 지현이가 보았다.
> • 다솜 : 지민이는 꽃을 꽂아두지 않았다. 지현이의 말은 모두 맞다.
> • 지민 : 화병에 꽃을 꽂아두는 것을 3명이 보았다. 효진이는 꽃을 꽂아두지 않았다.
> • 지현 : 나와 연경이는 꽃을 꽂아두지 않았다. 나는 누가 꽃을 꽂는지 보지 못했다.

① 연경
② 효진
③ 다솜
④ 지민

38 갑 ~ 병 3명이 다음 〈조건〉과 같이 주사위를 던져 나온 주사위의 수만큼 점수를 획득한다고 할 때, 항상 참이 아닌 것은?

> **조건**
> • 세 사람이 주사위를 던진 횟수는 총 10회이다.
> • 세 사람이 획득한 점수는 47점이다.
> • 갑은 가장 많은 횟수를 던졌다.
> • 을이 얻은 점수는 16점이다.
> • 병이 가장 많은 점수를 얻었다.

① 갑은 주사위를 4번 던졌다.
② 을은 주사위를 3번 던졌다.
③ 을이 주사위를 던져서 얻은 점수는 모두 짝수이다.
④ 병은 6이 나온 적이 있다.

39 교육시설팀의 M직원은 팀 회식을 위해 회식장소를 예약하고자 한다. 다음 회식장소 정보와 〈조건〉을 참고할 때, 가장 적절한 회식장소는?

〈회식장소 정보〉

구분	상세정보
A수산	• 예상비용 : 총 377,200원 • 영업시간 : 11:00 ~ 23:00 • 특이사항 : 하루 전 예약 필요
B치킨	• 예상비용 : 총 292,000원 • 영업시간 : 19:00 ~ 02:00 • 특이사항 : 예약 필요 없음
C갈비	• 예상비용 : 총 375,300원 • 영업시간 : 11:00 ~ 23:00 • 특이사항 : 하루 전 예약 필요
D뷔페	• 예상비용 : 총 388,700원 • 영업시간 : 17:30 ~ 21:00 • 특이사항 : 일주일 전 예약 필요

조건

• 회식은 팀의 모든 직원(13명)이 참여한다.
• 책정된 회식비는 1인당 3만 원이다.
• 회식은 3일 뒤인 9월 22일 18시에 진행한다.
• 팀원 중 해산물을 먹지 못하는 사람이 있다.

① A수산　　　　　　　　　② B치킨
③ C갈비　　　　　　　　　④ D뷔페

40 다음 명제가 모두 참일 때 항상 참인 것은?

> • 커피를 좋아하는 사람은 홍차를 좋아한다.
> • 우유를 좋아하는 사람은 홍차를 좋아하지 않는다.
> • 우유를 좋아하지 않는 사람은 콜라를 좋아한다.

① 커피를 좋아하는 사람은 콜라를 좋아하지 않는다.
② 우유를 좋아하는 사람은 콜라를 좋아한다.
③ 커피를 좋아하는 사람은 콜라를 좋아한다.
④ 우유를 좋아하지 않는 사람은 홍차를 좋아한다.

41 다음은 미용실에 관한 SWOT 분석 결과이다. 대응 방안으로 옳은 것은?

〈미용실 SWOT 분석 결과〉

S(강점)	W(약점)
• 뛰어난 실력으로 미용대회에서 여러 번 우승한 경험이 있다. • 인건비가 들지 않아 비교적 저렴한 가격에 서비스를 제공한다.	• 한 명이 운영하는 가게라 동시에 많은 손님을 받을 수 없다. • 홍보가 미흡하다.
O(기회)	T(위협)
• 바로 옆에 유명한 프랜차이즈 레스토랑이 생겼다. • 미용실을 위한 소셜 네트워크 예약 서비스가 등장했다.	• 소셜 커머스를 활용하여 주변 미용실들이 열띤 가격경쟁을 펼치고 있다. • 대규모 프랜차이즈 미용실들이 잇따라 등장하고 있다.

① ST전략 : 여러 번 대회에서 우승한 경험을 가지고 가맹점을 낸다.
② WO전략 : 유명한 프랜차이즈 레스토랑과 연계하여 홍보물을 비치한다.
③ WT전략 : 여러 명의 직원을 고용해 오히려 가격을 올리는 고급화 전략을 펼친다.
④ SO전략 : 소셜 네트워크 예약 서비스를 이용해 방문한 사람들에게만 저렴한 가격에 서비스를 제공한다.

42 다음 자료와 〈조건〉을 바탕으로 철수, 영희, 민수, 철호가 상품을 구입한 쇼핑몰을 바르게 짝지은 것은?

〈이용약관의 주요내용〉

쇼핑몰	주문 취소	환불	배송비	포인트 적립
A	주문 후 7일 이내 취소 가능	10% 환불수수료, 송금수수료 차감	무료	구입 금액의 3%
B	주문 후 10일 이내 취소 가능	환불수수료, 송금수수료 차감	20만 원 이상 무료	구입 금액의 5%
C	주문 후 7일 이내 취소 가능	환불수수료, 송금수수료 차감	1회 이용 시 1만 원	–
D	주문 후 당일에만 취소 가능	환불수수료, 송금수수료 차감	5만 원 이상 무료	–
E	취소 불가능	고객 귀책 사유에 의한 환불 시에만 10% 환불수수료	1만 원 이상 무료	구입 금액의 10%
F	취소 불가능	원칙적으로 환불 불가능 (사업자 귀책 사유일 때만 환불 가능)	100g당 2,500원	–

조건

• 철수는 부모님의 선물로 등산 용품을 구입하였는데, 판매자의 업무 착오로 배송이 지연되어 판매자에게 전화로 환불을 요구하였다. 판매자는 판매금액 그대로를 통장에 입금해 주었고 구입 시 발생한 포인트도 유지하여 주었다.

• 영희는 옷을 구매할 때 배송료를 고려하여 한 가지씩 여러 번에 나누어 구매하기보다는 가능한 한 한꺼번에 주문하곤 하였다.

• 인터넷 사이트에서 영화티켓을 20,000원에 주문한 민수는 다음 날 같은 티켓을 18,000원에 파는 사이트를 발견하고 전날 주문한 티켓을 취소하려 했지만 취소가 되지 않아 곤란을 겪은 적이 있다.

• 가방을 10만 원에 구매한 철호는 도착한 물건의 디자인이 마음에 들지 않아 환불 및 송금수수료와 배송료를 감수하는 손해를 보면서도 환불할 수밖에 없었다.

	철수	영희	민수	철호
①	E	B	C	D
②	F	E	D	B
③	E	D	F	C
④	F	C	E	B

43 다음 자료는 M사의 제품번호 등록규칙이다. 제품번호 'IND22Q03D9210'에 대한 설명으로 옳은 것은?

<M사 제품번호 등록규칙>

• 제품번호 등록규칙은 다음과 같다.
  [생산지 구분] – [생산 연도] – [생산 분기] – [제품 구분] – [운송 구분]
• 생산지 구분

국내	중국	인도네시아
KOR	CHN	IND

• 생산 연도

2019	2020	2021	2022	2023	2024
19	20	21	22	23	24

• 생산 분기

1분기	2분기	3분기	4분기
Q01	Q02	Q03	Q04

• 제품 구분

식료품	의류	식기류	가전제품	기타
D81	D92	C13	E65	K00

• 운송 구분

일반	긴급	연기
10	20	30

① 중국에서 생산된 식기류 제품이다.

② 일반운송 대상이며 인도네시아에서 생산된 제품이다.

③ 2021년 3분기에 생산되었다.

④ 긴급한 운송을 요하는 제품이다.

44 갑은 효율적인 월급 관리를 위해 펀드에 가입하고자 한다. A~D펀드 중에 하나를 골라 가입하려 하는데, 안정적이고 우수한 펀드에 가입하기 위해 〈조건〉에 따라 비교하여 다음과 같은 결과를 얻었다. 〈보기〉에서 옳은 것을 모두 고르면?

조건

- 둘을 비교하여 우열을 가릴 수 있으면 우수한 쪽에는 5점, 아닌 쪽에는 2점을 부여한다.
- 둘을 비교하여 어느 한 쪽이 우수하다고 말할 수 없는 경우에는 둘 다 0점을 부여한다.
- 각 펀드는 다른 펀드 중 두 개를 골라 총 4번의 비교를 했다.
- 총합의 점수로는 우열을 가릴 수 없으며 각 펀드와의 비교를 통해서만 우열을 가릴 수 있다.

〈결과〉

A펀드	B펀드	C펀드	D펀드
7점	7점	4점	10점

보기

ㄱ. D펀드는 C펀드보다 우수하다.
ㄴ. B펀드가 D펀드보다 우수하다고 말할 수 없다.
ㄷ. A펀드와 B펀드의 우열을 가릴 수 있으면 A~D까지의 우열순위를 매길 수 있다.

① ㄱ
② ㄱ, ㄴ
③ ㄴ, ㄷ
④ ㄱ, ㄴ, ㄷ

45 점심식사를 하기 위해 구내식당 배식대 앞에 A~F 6명이 한 줄로 서 있는데, 순서가 다음과 같다. 이때 항상 옳은 것은?

- A는 맨 앞 또는 맨 뒤에 서 있다.
- B는 맨 앞 또는 맨 뒤에 서지 않는다.
- D와 F는 앞뒤로 인접해서 서 있다.
- B와 C는 1명을 사이에 두고 서 있다.
- D는 B보다 앞쪽에 서 있다.

① A가 맨 뒤에 서 있다면 맨 앞에는 D가 서 있다.
② A가 맨 앞에 서 있다면 E는 다섯 번째에 서 있다.
③ F와 B는 앞뒤로 서 있지 않다.
④ C는 맨 뒤에 서지 않는다.

46 다음은 Q 플래티늄 카드에 대한 정보이다. Q 플래티늄 카드를 법인카드로 사용하는 A ~ D법인에 대한 설명으로 옳은 것은?

〈Q 플래티늄 카드〉

부가세 환급 지원 서비스 제공	
가입대상	법인 및 개인사업자
후불 교통카드	신청 가능
연회비	국내·외 겸용 15,000원

부가세 환급 업무 지원 서비스를 이용하려면?

① N데이타(주) 홈페이지에 회원 가입 / 로그인
② '부가세 환급 지원 – 신용카드 매입' 메뉴에서 조회
③ 부가세 공제 대상, 비대상을 확정
④ 직접 다운로드 또는 세무 대리인에게 E-mail로 발송
⑤ 직접 신고 또는 세무 대리인을 통해 신고
※ N데이타(주) 고객센터 : 1580-0000

주요 서비스

• 전국 모든 주유소·충전소 청구 할인(3%)
 – 월 4회, 회당 할인 한도 3천 원
• Q조합판매장 청구 할인(5%)
 – 월 2회, 회당 할인 한도 5천 원
 – Q조합판매장 : Q클럽, Q마트, P클럽, Q매장, Q여행, Q인삼 체인점, Q정육 체인점, Q랜드 등
• 커피전문점 청구 할인(10%)
 – 월 2회, 회당 할인 한도 5천 원
 – W커피, E커피, R커피
 – 상품권 구매 및 백화점·할인점 입점 점포 할인 제외

주요 서비스 이용 조건

• 주유소·Q조합판매장·커피전문점 할인은 해당 카드로 전월(1일 ~ 말일) 일시불 / 할부 이용 금액이 30만 원 이상 시 제공(단, 주유할인은 영업용 차량 주유 금액을 제외한 이용 금액이 30만 원 이상 시 제공됩니다)
• 최초 발급 시 카드발급일로부터 다음 달 말일까지는 이용 금액에 관계없이 서비스 제공
• 월간 할인 횟수가 제한된 서비스는 매월별 해당 카드 이용 실적 기준으로 순차적 할인 적용
• 이용 금액 산정 시 상품권, 보험료, 제세공과금(국세, 지방세, 우체국우편요금) 등의 이용 금액은 제외

① 지난달 카드를 처음 발급받아 현재 사용 내역이 없는 A법인은 모든 청구 할인 서비스를 받을 수 있다.
② 세 달째 이용 중인 카드로 지난달 영업용 차량의 주유비 총 35만 원을 결제한 B법인은 이번 달 주유소 청구 할인 서비스를 받을 수 있다.
③ 1년째 이용 중인 카드로 지난달 선물용 상품권을 40만 원 이상 구매한 C법인은 이번 달 모든 청구 할인 서비스를 받을 수 있다.
④ D법인이 지난달 카드 이용 실적을 모두 채웠다면, S백화점 내 W커피를 방문하여 결제할 경우 이번 달 총 2번의 청구 할인을 받을 수 있다.

47 다음은 국내 여행업계에서 선도적 위치에 있다고 평가받는 M사에 대한 SWOT 분석 결과를 정리한 자료이다. 빈칸 ⊙에 들어갈 요인으로 옳은 것은?

〈SWOT 분석 결과〉

강점(Strength)	• 국내 여행업계의 전통적인 강자라는 위상 • 전국 6,000개 이상의 대리점, 850개 이상의 전문 판매점, 300여 개 이상의 전 세계 협력업체 등 강력한 네트워크
약점(Weakness)	• 아웃바운드 자유 여행(FIT) 부문은 저가 여행사들과의 치열한 마케팅 전쟁 부담
기회(Opportunity)	• 내국인이 무비자로 입국 가능한 국가의 증가 • 코로나19 종식 이후 해외 출국자 수 및 국내·해외 여행 수요 증가 추세 • ⊙
위협(Threat)	• 숙박 예약 온라인 플랫폼(OTA) 시장의 성장 • 중국·일본 및 북한 등 주변국 국가와의 정치적·경제적·군사적 갈등

① 자회사들의 수년간 누적된 적자
② 관광 분야 예산 확대 등 정부의 여행 산업 육성 정책
③ 여행사를 이용하지 않는 자유 여행(FIT) 수요 증가 경향
④ 높은 고객만족도지수 등 고객과의 소통이 원활한 기업이라는 평가

48 A고객은 3일 후 떠날 3주간의 제주도 여행에 대비하여 가족 모두 여행자 보험에 가입하기 위해 M은행에 방문하였다. 이에 K사원이 A고객에게 여행자 보험 상품을 추천하고자 할 때, K사원의 설명으로 옳지 않은 것은?(단, A고객 가족의 나이는 만 14세, 17세, 45세, 51세, 75세이다)

〈M은행 여행자 보험〉

- 가입연령 : 만 1 ~ 79세(인터넷 가입 만 19 ~ 70세)
- 납입방법 : 일시납
- 납입기간 : 일시납
- 보험기간 : 2일 ~ 최대 1개월
- 보장내용

보장의 종류	보험금 지급사유	지급금액
상해사망 및 후유장해	여행 중 사고로 상해를 입고 그 직접적인 결과로 사망하거나 후유장해상태가 되었을 때	- 사망 시 가입금액 전액 지급 - 후유장해 시 장해정도에 따라 가입금액의 30 ~ 100% 지급
질병사망	여행 중 발생한 질병으로 사망 또는 장해지급률 80% 이상의 후유장해가 남았을 경우	가입금액 전액 지급
휴대품 손해	여행 중 우연한 사고로 휴대품이 도난 또는 파손되어 손해를 입은 경우	가입금액 한도 내에서 보상하되 휴대품 1개 또는 1쌍에 대하여 20만 원 한도로 보상(단, 자기부담금 1만 원 공제)

- 유의사항
  - 보험계약 체결일 기준 만 15세 미만자의 경우 사망은 보장하지 않음
  - 보장금액과 상해, 질병 의료실비에 관한 보장내용은 홈페이지 참조

---

① 후유장해 시 보험금은 장해정도에 따라 차등지급됩니다.

② 가족 모두 가입하시려면 반드시 은행에 방문해주셔야 합니다.

③ 만 14세 자녀의 경우 본 상품에 가입하셔도 사망보험금은 지급되지 않습니다.

④ 여행 도중 휴대폰 손해에 대하여 휴대폰 분실 수량과 관계없이 최대 20만 원까지 보상해드립니다.

49 A씨는 자신에게 가장 적합한 신용카드를 발급받고자 한다. 다음 4가지의 카드 중 A씨에게 가장 적합한 것은?

〈A씨의 생활〉

A씨는 아침에 일어나 간단하게 끼니를 챙기고 출근을 한다. 자가용을 타고 가는 길은 항상 막혀 짜증이 날 법도 하지만, A씨는 라디오 뉴스로 주요 이슈를 확인하느라 정신이 없다. 출퇴근 중에는 차에서 보내는 시간이 많아 주유비가 상당히 나온다. 그나마 기름 값이 싸져서 부담은 덜하다. 보조석에는 공과금 용지가 펼쳐져 있다. 혼자 살기 때문에 많은 요금이 나오지 않아 납부하는 것을 신경 쓰지 못하고 있다. 이제 곧 겨울이 올 것을 대비하여 오늘 오후에 차량 점검을 맡기려고 예약을 해두었다. 아직 사고는 난 적이 없지만 혹시나 하는 마음에 점검을 받으려고 한다.

〈신용카드 종류〉

A카드	B카드	C카드	D카드
• 놀이공원 할인 • 커피 할인 • 키즈카페 할인	• 포인트 두 배 적립 • 6개월간 무이자 할인	• 공과금 할인 • 온라인 쇼핑몰 할인 • 병원 / 약국 할인	• 주유비 할인 • 차량 소모품 할인 • 상해보험 무료 가입

① A카드   ② B카드

③ C카드   ④ D카드

50 최근 스마트폰 보급과 모바일 쇼핑의 활성화를 바탕으로 모바일 결제시장이 급성장하고 있다. 이에 M금융기관은 모바일 뱅킹 서비스와 관련하여 분석한 결과를 토대로 다음과 같은 전략 과제를 수립하였다. 이를 근거로 실행방안을 구상할 때, 적절하지 않은 것은?

단계	전략 과제
정보 취득 및 설치 단계	1. 최초 접근 채널 다양화 2. 모바일 뱅킹 서비스 친숙도 증대 3. 모바일 뱅킹 이용방법 이해도 증진 4. 앱 / 인증서 설치 등 편의성 증대 5. 시스템 안전성 어필 및 고객의 이체 실수 두려움 제거
이용단계	6. 직관적이고 심플한 UI구성 7. 이용단계 간소화 및 오류 제거 8. 대면 – 비대면 채널 간 연계 강화 9. 다양한 채널로 언제 어디서든 도움 제공

① 스마트 체험존 구축
② 직원을 통한 모바일 결제서비스 안내 강화
③ 서비스 단계 축소로 간편함 어필
④ 안전한 금융거래를 위한 스마트 OTP 도입 추진

01 다음 중 주식 투자자가 주식 담보대출 등을 위해 한국예탁결제원에 예탁된 주식을 인출한 뒤 본인 이름으로 명의를 고치지 않아 예탁결제원이 대신 수령한 배당금이나 주식 등을 말하는 휴면주식의 공식적인 표현으로 옳은 것은?

① 공매도
② ISA
③ 실기주과실
④ 의무보호예수금

02 다음 중 고객의 예금을 투자하여 수익을 돌려주는 실적배당 금융상품으로, 어음관리계좌로도 불리는 것은?

① 신탁상품
② CMA
③ MMDA
④ 수익증권

Easy

03 다음 중 비금융기업이 상품과 서비스를 판매하는 과정에서 관련된 금융상품을 함께 제공하는 것을 가리키는 용어는?

① 레드칩
② 프로젝트 파이낸싱
③ 그림자 금융
④ 임베디드 금융

04 다음 〈보기〉에서 이자율 타깃팅 정책과 통화량 타깃팅 정책에 대한 설명으로 옳은 것을 모두 고르면?(단, IS곡선은 우하향하고, LM곡선은 우상향한다)

> 보기
>
> ㄱ. 이자율과 통화량을 동시에 타깃팅하는 것은 생산물시장의 균형을 변화시키는 충격이 존재하는 한 불가능하다.
> ㄴ. 경기변동의 주요 요인이 생산물시장의 균형을 변화시키는 충격이라면, 이자율 타깃팅 정책이 통화량 타깃팅 정책보다 국민소득 안정화에 더 효과적이다.
> ㄷ. 경기변동의 주요 요인이 주로 화폐시장의 균형을 변화시키는 충격이라면, 통화량 타깃팅 정책이 이자율 타깃팅 정책보다 국민소득 안정화에 더 효과적이다.

① ㄱ
② ㄴ
③ ㄷ
④ ㄴ, ㄷ

05 다음 〈보기〉에서 '장기적으로 우리는 모두 죽는다.'라는 말로 압축할 수 있는 케인스학파 이론에 따라, 중앙은행이 화폐 공급을 증가시킬 경우 일어나는 경제 현상을 모두 고르면?

> **보기**
>
> ㄱ. 단기적으로 이자율이 하락한다.
> ㄴ. 장기적으로 이자율이 하락한다.
> ㄷ. 단기적으로 GDP가 증가한다.
> ㄹ. 장기적으로 GDP가 증가한다.
> ㅁ. 장기적으로 물가가 상승한다.

① ㄱ, ㄴ   ② ㄷ, ㄹ
③ ㄹ, ㅁ   ④ ㄱ, ㄷ, ㅁ

06 다음 중 환율과 국제수지에 대한 설명으로 옳지 않은 것은?

① 달러 대비 원화 가치의 하락은 우리나라의 대미 수출 증가 요인으로 작용한다.
② 인위적인 원화가치 부양은 외환보유고를 줄인다.
③ 경상수지와 자본수지는 같은 방향으로 발생한다.
④ 명목환율이 상승해도 국내물가가 상승하면 무역수지가 악화될 수 있다.

07 다음 중 환율결정 이론의 구매력평가(PPP)이론에 대한 설명으로 옳지 않은 것은?

① 환율은 두 국가의 물가수준의 비율에 의해 결정된다.
② 환율의 장기적인 변동 추세를 잘 설명해 준다.
③ 통화 공급을 늘리면 물가가 상승하여 통화가치가 오른다.
④ 어떤 통화 한 단위의 실질 가치는 모든 나라에서 동일하다.

08 다음 중 기업이 자금을 조달하는 방식 중 직접금융방식으로 옳지 않은 것은?

① 은행으로부터 차입   ② 주식공모
③ 회사채 발행   ④ 외국인에 의한 직접투자

09 다음 〈보기〉에서 원화가치가 상승할 때 초래되는 상황을 모두 고르면?

> **보기**
> ㄱ. 국내로 여행 오는 외국인들에겐 이익이다.
> ㄴ. 외화로 환산한 1인당 국민소득이 증가한다.
> ㄷ. 한국산 수출상품의 가격 경쟁력이 강해질 것이다.
> ㄹ. 국내 수입업체들은 보다 저렴한 가격으로 해외 상품을 수입할 수 있다.
> ㅁ. 외화 부채가 많은 기업들은 원화로 환산한 부채가 늘어나 부담이 된다.

① ㄱ, ㄷ   ② ㄴ, ㄹ
③ ㄹ, ㅁ   ④ ㄱ, ㄴ, ㄹ

10 다음 중 미국 달러화에 대한 원화의 가치가 지속적으로 상승할 때 발생 가능한 상황으로 옳지 않은 것은?

① 달러화로 상환해야 할 금융채무를 가진 기업의 부채비율이 높아진다.
② 달러화로 출자한 미국 현지 자회사에 대한 주식 투자 평가액이 감소한다.
③ 한국인의 미국 여행이 증가한다.
④ 미국 내에서 한국산 수입품의 가격이 상승한다.

11 다음 중 불완전고용 상태에서 자연이자율이 시장이자율보다 높을 때 발생하는 상황은?

① 소득과 고용 증대
② 소득과 고용 감소
③ 소득과 고용 불변
④ 소득 증가, 고용 불변

12 다음 중 공매도의 특징으로 옳지 않은 것은?

① 주가가 하락하게 되면 공매도한 투자자는 손해를 보게 된다.
② 무차입공매도와 차입공매도로 구분된다.
③ 한국에서 무차입공매도는 금지되어 있다.
④ 주식시장에 유동성을 공급할 수 있다.

13 다음 중 어떤 나라의 경기가 매우 침체되어 있을 경우 이자율 상승 없이 경기를 회복시키는 경제정책으로 옳은 것은?

① 정부지출을 증가시킨다.
② 소득세율을 감소시킨다.
③ 재할인율을 인상한다.
④ 법정지급준비율을 인하한다.

14 글로벌 금융위기 이후 미국 경제가 유동성 함정(Liquidity Trap)에 빠졌다는 주장이 제기되고 있다. 다음 중 유동성 함정에 빠진 경제에 대한 설명으로 옳지 않은 것은?

① 명목이자율이 0에 가깝다.
② 재정정책의 효과가 클 수 있다.
③ 극심한 경기 침체기에 나타나기 쉽다.
④ 화폐의 수요가 이자율에 대해 비탄력적이다.

`Easy`
15 다음 중 주가연계증권의 특징으로 옳지 않은 것은?

① 안정성 　　　　　　　　　② 수익성
③ 확정성 　　　　　　　　　④ 획일성

16 다음 중 사용자들이 정해진 PC 없이도 웹상에 자료를 저장하여 어디에서나 프로그램을 실행할 수 있는 분산형 IT 인프라 서비스는?

① 클라우드 컴퓨팅(Cloud Computing)
② 유틸리티(Utility)
③ 블로트웨어(Bloatware)
④ 블루투스(Bluetooth)

17 다음 글의 빈칸에 공통으로 들어갈 용어로 옳은 것은?

> _____은/는 '언제 어디에나 존재한다.'는 뜻의 라틴어로, 사용자가 컴퓨터나 네트워크를 의식하지 않고 장소에 상관없이 자유롭게 네트워크에 접속할 수 있는 환경을 말한다. 그리고 컴퓨터 관련 기술이 생활 구석구석에 스며들어 있음을 뜻하는 '퍼베이시브 컴퓨팅(Pervasive Computing)'과 같은 개념이다.
>
> _____화가 이루어지면 가정·자동차는 물론, 심지어 산꼭대기에서도 정보기술을 활용할 수 있고, 네트워크에 연결되는 컴퓨터 사용자의 수도 늘어나 정보기술 산업의 규모와 범위도 그만큼 커지게 된다. 그러나 _____ 네트워크가 이루어지기 위해서는 광대역통신과 컨버전스 기술의 일반화, 정보기술 기기의 저가격화 등 정보기술의 고도화가 전제되어야 한다. 그러나 _____은/는 휴대성과 편의성뿐 아니라 시간과 장소에 구애받지 않고도 네트워크에 접속할 수 있는 장점 때문에 현재 세계적인 개발 경쟁이 일고 있다.

① 딥 러닝(Deep Learning)
② AI(Artificial Intelligence)
③ 유비쿼터스(Ubiquitous)
④ 블록체인(Block Chain)

18 다음 중 자기 복제 기능은 없지만 정상적인 프로그램으로 위장하고 있다가 프로그램이 실행되면 시스템에 손상을 주는 악의적인 루틴은?

① 트로이 목마(Trojan Horse)
② 트랩 도어(Trap Door)
③ 피싱(Phishing)
④ 침입 방지 시스템(IPS)

19 다음 중 네트워크의 보안 취약점이 공표되기도 전에 이뤄지는 보안 공격은?

① 스피어 피싱
② APT 공격
③ 제로데이 공격
④ 디도스 공격

20 다음 중 웹 사이트의 방문 기록을 남겨 사용자와 웹 사이트를 연결해 주는 인터넷 서비스는?

① 풀(Pull)
② 푸시(Push)
③ 쿠키(Cookie)
④ 캐싱(Caching)

| 객관식 |

01 다음 중 주가순자산비율(PBR)에 대한 설명으로 옳은 것은?

① 주가를 주당순자산가치(BPS)로 나눈 비율로 주가와 1주당 순자산가치를 비교한 수치이다.

② 주가순자산비율(PBR)은 재무회계상 주가를 판단하는 기준지표로 성장성을 보여주는 지표이다.

③ 기업 청산 시 채권자가 배당받을 수 있는 자산의 가치를 의미하며 1을 기준으로 한다.

④ PBR이 1보다 클 경우 순자산보다 주가가 낮게 형성되어 저평가되었다고 판단한다.

02 다음 중 단위당 소요되는 표준작업시간과 실제작업시간을 비교하여, 절약된 작업시간에 대한 생산성 이득을 노사가 각각 50 : 50의 비율로 배분하는 임금제도는?

① 임프로쉐어 플랜   ② 스캔런 플랜

③ 메리크식 복률성과급   ④ 테일러식 차별성과급

03 다음 중 한 사람의 업무담당자가 기능부문과 제품부문의 관리자로부터 동시에 통제를 받도록 이중권한 구조를 형성하는 조직구조는?

① 기능별 조직   ② 사업부제 조직

③ 매트릭스 조직   ④ 프로젝트 조직

04 다음은 M사의 간이재무제표이다. 해당 재무제표에서 2023년과 2024년 중 이자보상비율이 더 높은 연도와 그 비율을 바르게 연결한 것은?(단, 이자보상배율은 소수점 둘째 자리에서 반올림한다)

<M사 간이재무제표>

(단위 : 억 원)

구분		2023년	2024년
재무상태표	유동자산	1,400	1,700
	유동부채	160	200
	자산총계	5,000	5,200
	부채총계	3,000	3,700
	자본총계	2,000	1,500
손익계산서	영업이익	485	525
	이자비용	320	540
	당기순이익	125	10

① 2023년, 150%

② 2023년, 125%

③ 2024년, 150%

④ 2024년, 125%

05 다음 중 자재소요계획(MRP)에 대한 설명으로 옳은 것은?

① MRP는 풀 생산방식(Pull System)에 속하며 시장 수요가 생산을 촉발시키는 시스템이다.

② MRP는 독립수요를 갖는 부품들의 생산수량과 생산시기를 결정하는 방법이다.

③ 자재명세서의 부품별 계획 주문 발주시기를 근거로 MRP를 수립한다.

④ 생산일정계획의 완제품생산일정(MPS), 자재명세서(BOM), 재고기록철(IR) 정보를 근거로 MRP를 수립한다.

06 다음 중 BCG 매트릭스에서 원의 크기가 의미하는 것은?

① 시장성장률

② 상대적 시장점유율

③ 기업의 규모

④ 매출액의 크기

07 M회사의 하루 상품 생산비용이 다음과 같다. 상품의 가격이 7만 원일 때, 이 회사의 이윤은 하루에 몇 단위의 상품을 생산할 때 극대화되는가?(단, 시장의 형태는 완전경쟁시장이다)

생산량(개)	0	1	2	3	4	5
총비용(만 원)	5	7	10	15	17	25

① 1개

③ 3개

② 2개

④ 4개

08 M회사는 상품 30,000개를 시중에 판매할 계획을 가지고 있다. 고정비용은 300만 원이고 변동비용은 매출액의 60%라고 할 때, 200만 원의 영업이익을 실현하기 위한 단위당 판매가격은 얼마인가? (단, 소수점 셋째 자리에서 반올림한다)

① 166.77원

③ 312.57원

② 277.77원

④ 416.67원

09 다음 글의 빈칸에 들어갈 용어를 순서대로 바르게 나열한 것은?

기업들에 대한 투자세액공제가 확대되면, 대부자금에 대한 수요가 _____한다. 이렇게 되면 실질이자율이 _____하고 저축이 늘어난다. 그 결과 대부자금의 균형거래량은 _____한다(단, 실질이자율에 대하여 대부자금 수요곡선은 우하향하고, 대부자금 공급곡선은 우상향한다).

① 증가, 상승, 증가

③ 증가, 상승, 감소

② 증가, 하락, 증가

④ 감소, 하락, 증가

10 다음 자료를 이용하여 매출원가를 구하면 얼마인가?(단, 재고자산 평가손실과 재고자산 감모손실은 없다)

(단위 : 원)

기초제품 재고액	17,000	기말제품 재고액	15,000
기초재공품 재고액	3,000	기말재공품 재고액	6,000
당기제품 제조원가	280,000		

① 272,000원

③ 280,000원

② 274,000원

④ 282,000원

11 다음 중 수요의 가격탄력성이 0.5이고 상품의 가격이 10일 때, MR은?

① -5

② 1

③ 0

④ -10

12 다음 중 재고자산에 대한 설명으로 옳은 것은?(단, 재고자산감모손실 및 재고자산평가손실은 없다)

① 재고자산 매입 시 부담한 매입운임은 운반비로 구분하여 비용처리한다.

② 부동산매매기업이 정상적인 영업과정에서 판매를 목적으로 보유하는 건물은 재고자산으로 구분한다.

③ 선입선출법 적용 시 물가가 지속적으로 상승한다면, 계속기록법에 의한 기말재고자산금액이 실지재고조사법에 의한 기말재고자산 금액보다 작다.

④ 선입선출법 적용 시 물가가 지속적으로 상승한다면, 계속기록법에 의한 기말재고자산금액이 실지재고조사법에 의한 기말재고자산 금액보다 크다.

13 X재의 수요함수가 $Q_X = 380 - 4P_X + 0.6P_Y + 1.0M$으로 주어져 있으며, $P_X = 100$, $P_Y = 200$, $M = 400$일 때 다음 중 옳지 않은 설명은?(단, Q_X는 X재의 수요량, P_X는 X재의 가격, P_Y는 Y재의 가격, M은 소득을 의미한다)

① X재의 가격탄력성은 0.8이다.

② X재는 정상재이다.

③ Y재는 X재의 보완재이다.

④ X재의 소득탄력성은 0보다 크고 1보다 작다.

14 다음 중 지니계수의 주요 원리로 볼 수 없는 것은?

① 익명성   ② 객관성

③ 독립성   ④ 자립성

15 다음에서 설명하는 경제 현상에 대한 내용으로 옳은 것을 〈보기〉에서 모두 고르면?

> 노동자들은 물가의 변동으로 인해 임금이나 소득의 실질가치는 변하지 않았거나 하락하였음에도 명목단위가 오르면 임금이나 소득이 상승했다고 인식한다.

보기

ㄱ. 제시된 경제 현상은 화폐환상에 따른 현상이다.
ㄴ. 동일한 기간 동안 근로자의 명목임금상승률과 물가상승률의 차이가 클수록 위 현상의 발생가능성은 높아진다.
ㄷ. 케인스학파는 이러한 현상이 실업의 해소를 방해한다고 주장하였다.

① ㄱ, ㄴ   ② ㄱ, ㄷ

③ ㄴ, ㄷ   ④ ㄱ, ㄴ, ㄷ

16 다음 〈보기〉에서 실업률을 하락시키는 변화를 모두 고르면?(단, 취업자 수와 실업자 수는 0보다 크다)

보기

ㄱ. 취업자가 비경제활동인구로 전환
ㄴ. 실업자가 비경제활동인구로 전환
ㄷ. 비경제활동인구가 취업자로 전환
ㄹ. 비경제활동인구가 실업자로 전환

① ㄱ, ㄴ   ② ㄱ, ㄷ

③ ㄴ, ㄷ   ④ ㄴ, ㄹ

17 M사는 20×1년 1월 1일 유형자산(취득원가 10,000원, 내용연수 4년, 잔존가치 0원)을 취득하고 이를 연수합계법으로 상각해왔다. 그 후 20×2년 12월 31일 동 자산을 4,000원에 처분하였다. 동 유형자산의 감가상각비와 처분손익이 20×2년 당기순이익에 미치는 영향의 합계는?

① 4,000원 감소   ② 3,000원 감소

③ 2,000원 감소   ④ 1,000원 감소

18 다음 〈보기〉는 자산과 부채항목에 속하는 계정들이다. 금융자산과 금융부채에 해당하는 계정을 각각 바르게 짝지은 것은?

보기

ㄱ. 매입채무	ㄴ. 차입금
ㄷ. 미지급금	ㄹ. 현금
ㅁ. 사채	ㅂ. 타사에 관한 지분증권

	금융자산	금융부채
①	ㄱ, ㄴ, ㄷ	ㄹ, ㅁ, ㅂ
②	ㄷ, ㅁ	ㄱ, ㄴ, ㄹ, ㅂ
③	ㄹ, ㅂ	ㄱ, ㄴ, ㄷ, ㅁ
④	ㄷ, ㄹ, ㅁ, ㅂ	ㄱ, ㄴ

Hard

19 다른 조건이 일정할 때, 통화승수의 증가를 가져오는 요인으로 옳은 것을 〈보기〉에서 모두 고르면?

보기

ㄱ. 법정지급준비금 증가
ㄴ. 초과지급준비율 증가
ㄷ. 현금통화비율 하락

① ㄱ   ② ㄴ

③ ㄷ   ④ ㄱ, ㄴ

20 다음과 같은 수요곡선에서 어느 상품의 가격이 100원에서 150원으로 상승하고, 수요량은 200개에서 125개로 감소하였을 때 수요의 가격탄력성을 바르게 구한 것은?(단, 중간점을 이용하여 탄력성을 계산하며, 소수점 셋째 자리에서 반올림한다)

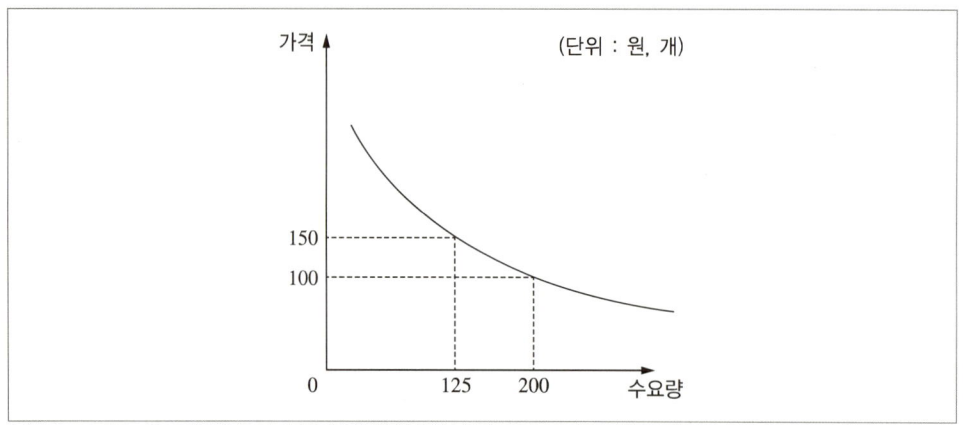

① 0.8   ② 1.15

③ 1.65   ④ 1.95

21 다음 중 유형자산의 재평가에 대한 설명으로 옳은 것은?

① 특정 유형자산을 재평가할 때, 해당 자산이 포함되는 유형자산 분류 전체를 재평가한다.

② 감가상각대상 유형자산을 재평가할 때, 그 자산의 최초원가를 재평가금액으로 조정하여야 한다.

③ 재평가가 단기간에 수행되며 계속적으로 갱신된다면, 동일한 분류에 속하는 자산이라 하더라도 순차적으로 재평가할 수 없다.

④ 자산의 장부금액이 재평가로 인하여 감소된 경우에 그 자산에 대한 재평가잉여금의 잔액이 있더라도 재평가감소액 전부를 당기손익으로 인식한다.

22 다음 중 민법상 부당이득의 요건으로 옳지 않은 것은?

① 타인의 재산 또는 노무로 인하여 이익을 얻을 것

② 수익은 법률행위에 의하여 얻은 것일 것

③ 그 이익이 법률상의 원인이 없는 것일 때

④ 타인에게 손해를 가할 것

23 다음 중 채권의 양도에 대한 설명으로 옳지 않은 것은?

① 기본적으로 채권은 양도할 수 있지만, 채권의 성질이 양도를 허용하지 않을 때에는 양도 또한 불가능해진다.

② 채권은 당사자가 반대의 의사를 표시한 경우에는 양도할 수 없지만, 그 의사표시로써 선의의 제삼자에게 대항하지 못한다.

③ 지명채권의 양도는 양도인이 채무자에게 통지하거나 채무자가 승낙하지 않아도 채무자 기타 제삼자에게 대항할 수 있다.

④ 양도인이 양도통지만을 한 때에는 채무자가 그 통지를 받은 때까지 양도인에 대하여 생긴 사유로써 양수인에게 대항할 수 있다.

PART 4

24 다음 중 임차인이 민법에 따라 임대인의 협력을 얻어 임대차등기를 신청하는 경우에 신청서에 기재해야 하는 내용으로 옳지 않은 것은?

① 주민등록을 마친 날

② 임차주택을 점유한 날

③ 우선변제권을 취득한 날

④ 임대차계약증서상의 확정일자를 받은 날

25 여러 채무자가 같은 내용의 급부에 관하여 각각 독립해서 전부의 급부를 하여야 할 채무를 부담하고 그중 한 채무자가 전부의 급부를 하면 모든 채무자의 채무가 소멸하게 되는 다수당사자의 채무관계는?

① 분할채권   ② 연대채무

③ 보증채무   ④ 양도담보

26 A회사는 B회사와 다음과 같은 기계장치를 상호 교환하였다. 교환과정에서 A회사는 B회사에 현금을 지급하고, 기계장치 취득원가 470,000원, 처분손실 10,000원을 인식하였다고 할 때, 교환과정에서 A회사가 지급한 현금은?(단, 교환거래에 상업적 실질이 있고 각 기계장치의 공정가치는 신뢰성 있게 측정된다)

(단위 : 원)

구분	A회사	B회사
취득원가	800,000	600,000
감가상각누계액	340,000	100,000
공정가치	450,000	480,000

(원)

27 다음 〈조건〉을 참고할 때, 2024년의 실질 GDP를 계산하면 얼마인가?(단, 기준연도는 2023년이다)

> **조건**
> • 2023년 : 가격 50만 원, 생산량 10대
> • 2024년 : 가격 60만 원, 생산량 15대
> • 2025년 : 가격 70만 원, 생산량 20대

(원)

28 다음 자료를 이용하여 계산한 영업활동순현금흐름은?

> • 당기순이익   300,000원
> • 감가상각비   30,000원
> • 재고자산 증가   40,000원
> • 매입채무 증가   60,000원
> • 기계장치 처분금액   90,000원
> (장부금액 : 70,000원)

(원)

29 다음 사례에 해당하는 리더십 이론을 〈보기〉에서 모두 고르면?

> 서비스 마스터는 세계 최대 청소업체로 이 기업의 윌리엄 폴라드 전 회장이 1999년 부사장으로 부임하면서 처음으로 한 일은 고객사인 한 병원의 계단과 화장실의 변기를 부하직원과 함께 청소한 것이다. 폴라드는 직원들과 같이 청소하는 과정에 직원들이 서비스 일을 하면서 겪게 되는 어려움을 몸소 체험하고 고객을 섬기는 일이 어떠한 것인지 분명히 알게 되었다.

보기

ㄱ. 현대적 리더십
ㄴ. 서번트 리더십
ㄷ. 변혁적 리더십
ㄹ. 수퍼 리더십

(   )

30 어느 상품이 거래되는 시장이 완전경쟁시장이라고 한다. 이 상품의 시장수요량과 공급량은 가격에 대해 다음과 같은 관계를 가진다고 할 때, 개별기업의 한계수입은 얼마인가?

가격	수요량	공급량
0	30	5
1	25	9
2	21	13
3	17	17
4	15	22
5	12	25

(   )

| 객관식 |

01 다음 중 데이터베이스 개체(Entity)의 속성 중 하나의 속성이 가질 수 있는 모든 값의 집합은?

① 스키마(Schema)　　　　　　　　② 카디널리티(Cardinality)
③ 도메인(Domain)　　　　　　　　④ 객체(Object)

Easy

02 다음 중 컴퓨터에서 ALU(Arithmetic Logic Unit)의 역할은?

① 제어버스 할당　　　　　　　　② 산술연산과 논리연산 수행
③ 입출력 장치의 제어　　　　　　④ 명령어 해독

03 다음 프로시저를 이용하여 [D2:G5] 영역의 내용만 지우려고 한다. 다음 빈칸 (A)에 들어갈 코드로 옳은 것은?

```
Sub Procedure( )
Pange("D2:G5")
Select Selection.(A)
End Sub
```

① Clear　　　　　　　　　② Delete Contents
③ Free Contents　　　　　　④ Clear Contents

04 다음 중 데이터베이스 관리 시스템에서 데이터 언어(Data-Language)에 대한 설명으로 옳지 않은 것은?

① 데이터 제어어(DCL)는 주로 응용 프로그래머와 일반 사용자가 사용하는 언어이다.
② 데이터베이스를 정의하고 접근하기 위해서 시스템과의 통신 수단이 데이터 언어이다.
③ 데이터 정의어(DDL)는 데이터베이스를 정의하거나 그 정의를 수정할 목적으로 사용하는 언어이다.
④ 데이터 조작어(DML)는 대표적으로 질의어(SQL)가 있으며, 질의어는 터미널에서 주로 이용하는 비절차적(Non Procedural) 데이터 언어이다.

05 다음 중 모든 응용프로그램이나 사용자들이 필요로 하는 데이터를 통합한 조직 전체의 데이터베이스 구조를 논리적으로 정의하는 스키마는?

① 개념 스키마　　　　　　　　　　　② 외부 스키마
③ 내부 스키마　　　　　　　　　　　④ 관계 스키마

06 다음 중 데이터베이스 설계 단계 중 응답시간, 저장 공간의 효율화, 트랜잭션 처리도와 가장 밀접한 관계가 있는 것은?

① 물리적 설계　　　　　　　　　　　② 논리적 설계
③ 개념적 설계　　　　　　　　　　　④ 요구 조건 분석

07 다음 중 기본 키에 속해 있는 애트리뷰트는 항상 널(Null) 값을 가질 수 없다는 제약을 뜻하는 용어는?

① 개체 무결성　　　　　　　　　　　② 참조 무결성
③ 키 무결성　　　　　　　　　　　　④ 널 무결성

08 다음 중 페이징(Paging) 기법에서 페이지 크기에 대한 설명으로 옳지 않은 것은?

① 페이지 크기가 작을수록 페이지 테이블 크기가 커진다.
② 페이지 크기가 작을수록 입/출력 전송이 효율적이다.
③ 페이지 크기가 작을수록 내부 단편화로 인한 낭비공간이 줄어든다.
④ 페이지 크기가 작을 경우 전체 맵핑 속도가 빨라진다.

`Hard`

09 FIFO 스케줄링에서 3개의 작업 도착 시간과 CPU 사용 시간(Burst Time)이 다음 표와 같다. 이때 모든 작업들의 평균 반환 시간(Turn Around Time)은?(단, 소수점 첫째 자리에서 반올림한다)

작업	도착 시간	CPU 사용 시간(Burst Time)
JOB1	0	13
JOB2	3	35
JOB3	8	2

① 33　　　　　　　　　　　　　　　② 20
③ 17　　　　　　　　　　　　　　　④ 16

10 교착 상태는 순환 대기(Circular Wait) 상황을 허용하지 않음으로써 해결할 수 있다. 다음 중 이에 대한 설명으로 옳지 않은 것은?

① 모든 자원들을 선형 순서(Linear Order)로 분류한다.

② 프로세스는 자신이 가지고 있는 자원보다 앞의 순서에 있는 자원들만을 요청하게 한다.

③ 프로세스는 자신이 가지고 있는 자원보다 뒤의 순서에 있는 자원들만을 요청하게 한다.

④ 프로세스는 자신이 가지고 있는 자원의 앞 또는 뒤의 순서에 있는 자원들을 자유롭게 요청하게 한다.

11 다음 중 다익스트라 알고리즘을 구현할 때 선형 탐색의 시간복잡도와 우선순위 큐의 시간복잡도가 바르게 짝지어진 것은?(단, 노드의 개수는 N개이고, 간선의 수는 E개이다)

	선형 탐색	우선순위 큐
①	$O(N)$	$O(N^2)$
②	$O(N)$	$O(E\log N)$
③	$O(N^2)$	$O(N)$
④	$O(N^2)$	$O(E\log N)$

12 다음 중 PCB(Process Control Block)가 갖고 있는 정보로 옳지 않은 것은?

① 프로세스의 현재 상태

② 프로세스 고유 식별자

③ 스케줄링 및 프로세스의 우선순위

④ 할당되지 않은 주변 장치의 상태 정보

13 다음 표는 고정 분할에서의 기억장치 단편화(Fragmentation) 현상을 보이고 있다. 외부단편화 (External Fragmentation)의 크기는 총 얼마인가?(단, 페이지 크기의 단위는 K를 사용한다)

구분	분할의 크기		작업의 크기
A	20K	←	10K
B	50K	←	60K
C	120K	←	160K
D	200K	←	100K
E	300K	←	150K

① 480K
② 430K
③ 260K
④ 170K

14 다음 중 분산 운영체제의 구조 중 완전 연결(Fully Connection)에 대한 설명으로 옳지 않은 것은?

① 모든 사이트는 시스템 안의 다른 모든 사이트와 직접 연결된다.
② 사이트들 간의 메시지 전달이 매우 빠르다.
③ 기본비용이 적게 들고, 통신비용이 많이 든다.
④ 사이트 간의 연결은 여러 회선이 존재하므로 신뢰성이 높다.

15 다음 중 PERT(Program Evaluation and Review Technique)에 대한 설명으로 옳지 않은 것은?

① 프로젝트를 평가하는 검토 기술로 예측치를 이용하여 불확실성을 고려한다.
② 프로젝트의 작업 일정을 네트워크로 기술하여 프로젝트의 지연을 방지한다.
③ 짧은 시간에 프로젝트의 완성을 목표로 한다.
④ 프로젝트 작업 사이의 관계를 나타내며, 최장 경로를 파악할 수 있다.

16 다음 중 빅데이터 기술을 이용한 분석의 장점으로 옳지 않은 것은?

① 예측 분석과 데이터 마이닝 기술 등 다양한 분야에서 활용이 가능하다.

② 데이터의 트렌드와 패턴을 파악할 수 있다.

③ 산출 데이터의 무결성을 보장한다.

④ 기업의 의사 결정에 필요한 정보를 신속하게 제공한다.

17 다음 중 S/W 각 기능의 원시 코드 라인 수의 비관치, 낙관치, 기대치를 측정하여 예측치를 구하고 이를 이용하여 비용을 산정하는 기법은?

① Effort Per Task 기법   ② 전문가 감정 기법

③ 델파이 기법   ④ LOC 기법

18 다음 중 두 명의 개발자가 5개월에 걸쳐 10,000 라인의 코드를 개발하였을 때 월별 생산성 측정을 위한 계산 방식으로 옳은 것은?

① $10,000 \div 2$ ② $10,000 \div 5$

③ $10,000 \div (5 \times 2)$ ④ $(2 \times 10,000) \div 5$

19 다음 중 자료 사전(Data Dictionary)에 사용되는 기호의 의미가 바르게 짝지어진 것은?

① { } : 자료의 생략 가능, ( ) : 자료의 선택

② ( ) : 자료의 설명, ** : 자료의 선택

③ = : 자료의 설명, ** : 자료의 정의

④ + : 자료의 연결, ( ) : 자료의 생략 가능

20 다음 중 기본 DFD의 특성으로 옳지 않은 것은?

① 시스템 내의 모든 자료 흐름은 4가지의 기본 기호로 표시된다.

② 각각의 변환(처리) 대하여 개별적인 상세화가 가능하다.

③ 변환(처리) 과정이 버블로 표현된다.

④ 배경도는 단 하나의 원으로 구성되어 Level 1을 의미한다.

21 다음 중 N-S(Nassi-Schneiderman) Chart에 대한 설명으로 옳지 않은 것은?

① 논리의 기술에 중점을 둔 도형식 표현 방법이다.

② 연속, 선택 및 다중 선택, 반복 등의 제어 논리 구조로 표현한다.

③ 주로 화살표를 사용하여 논리적인 제어 구조로 흐름을 표현한다.

④ 조건이 복합되어 있는 곳의 처리를 시각적으로 명확히 식별하는 데 적합하다.

22 다음 중 프로그램 구조에서 Fan-In의 의미에 대한 설명으로 옳은 것은?

① 얼마나 많은 모듈이 주어진 모듈을 호출하는가를 나타낸다.

② 주어진 모듈이 호출하는 모듈의 개수를 나타낸다.

③ 같은 등극(Level)의 모듈 수를 나타낸다.

④ 최상위 모듈에서 주어진 모듈까지의 깊이를 나타낸다.

23 다음 중 객체 지향 개념에서 하나 이상의 유사한 객체들을 묶어 공통된 특성을 표현한 데이터 추상화를 의미하는 것은?

① 메소드(Method)　　　　　　　② 클래스(Class)

③ 상속성(Inheritance)　　　　　　④ 메시지(Message)

24 다음은 SQL의 갱신문이다. 빈칸에 들어갈 내용으로 옳은 것은?

UPDATE 직원
(   ) 주소 = '종로'
WHERE 성명 = '홍길동'

① IN   ② FROM
③ INTO   ④ SET

Hard

25 다음 중 음이 아닌 정수 n에 대하여 〈보기〉의 순서도의 출력값과 같은 것은?

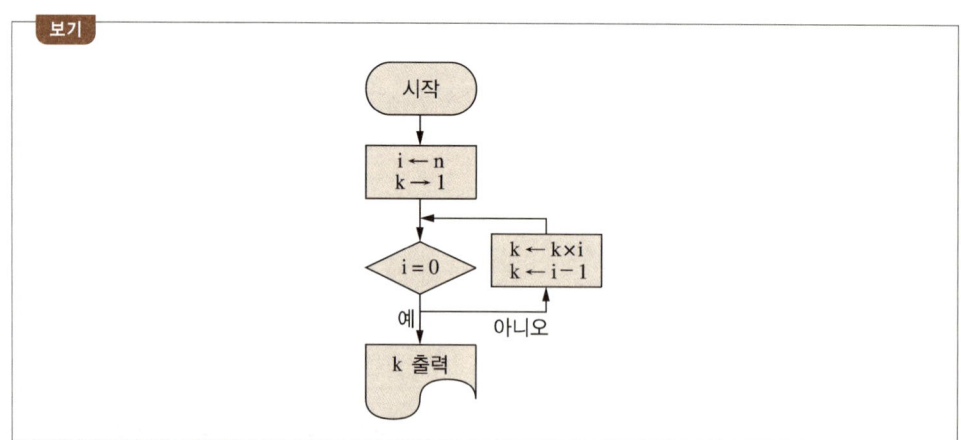

① 0   ② $\dfrac{n(n+1)}{2}$

③ $n!$ ④ n

| 주관식 |

26 선입선출(FIFO) 교체 알고리즘을 사용하고 참조하는 페이지 번호의 순서는 다음과 같다. 할당된 페이지 프레임의 수가 4개이고, 이들 페이지 프레임은 모두 비어 있다고 가정할 경우 몇 번의 페이지 부재가 발생하는가?

> • 참조 페이지 번호 : 0 1 2 3 0 1 4 0 1 2 3 4

(　　　　　　　　 회)

27 다음 〈보기〉에서 가장 먼저 개발된 프로그래밍 언어를 고르면?

> **보기**
> ㄱ. FORTRAN 　　　　　　　　 ㄴ. BASIC
> ㄷ. C 　　　　　　　　　　　　 ㄹ. Java

(　　　　　　　　)

28 키가 아닌 모든 속성이 기본 키(Primary Key)에 충분한 함수적 종속을 만족하는 정규형은?

(　　　　　　　 NF)

29 선형 검색(Linear Search)의 평균 검색 횟수는?

(　　　　　　 회)

30 신호의 변조속도가 1,600(baud)이고, 트리비트(Tribit)를 사용하는 경우의 전송속도(bps)는?

(　　　　　　　 bps)

PART 5

인성검사

01   인성검사의 개요

1. 인성검사란?

개인이 업무를 수행하면서 능률적인 성과물을 만들기 위해서는 개인의 능력과 경험 그리고 회사의 교육 및 훈련 등이 필요하지만, 개인의 성격이나 성향 역시 중요하다. 여러 직무분석 연구에서 나온 결과들에 따르면, 직무에서의 성공과 관련된 특성들 중 최고 70% 이상이 능력보다는 성격과 관련이 있다고 한다. 따라서 최근 기업들은 인성검사의 비중을 높이고 있는 추세이다.

현재 기업들은 인성검사를 KIRBS(한국행동과학연구소)나 SHL(에스에이치엘) 등의 전문기관에 의뢰해서 시행하고 있다. 전문기관에 따라서 인성검사 방법에 차이가 있고, 보안을 위해서 인성검사를 의뢰한 기업을 공개하지 않을 수 있기 때문에 특정 기업의 인성검사를 정확하게 판단할 수 없지만, 지원자들이 후기에 올린 문제를 통해 인성검사 유형을 예상할 수 있다.

2. 인성검사 수검요령

인성검사에 대한 특별한 수검기법은 없다. 인성검사에서 문제를 어떻게 잘 풀 것인가 하는 차원과는 달리 자신의 상태나 경험에 입각하여 자신을 솔직하게 그대로 표현하는 것이 가장 좋다. 인성검사에 의한 성격분석은 장점과 단점이라는 양면을 나타낸다. 예를 들어, 민감성에서의 득점이 높으면 섬세하고 배려심이 있다는 장점과 걱정이 많고 자신감이 없다는 단점이 있고, 독자성에서의 득점이 높으면 신념이 있고 독창적이라는 장점과 융통성이 없다는 단점이 있는 것이다. 면접 담당자는 각 항목 중에서 득점이 극단적으로 높거나 낮은 특징적인 부분에 대해서 질문하게 되는데, 이는 그 특징적인 부분이 장점으로 나타나기 쉬운지 단점으로 나타나기 쉬운지를 확인하기 위한 것이다. 그러므로 극단적인 득점을 보이는 항목에 대해서는 단점을 보완하는 응답을 준비해야 한다. 즉, 어떻게 자신의 상태를 정확히 표현할 수 있느냐가 수검요령이 되겠으며, 그 일반적인 요령에는 다음과 같은 것들이 있다.

① 인성검사를 소홀히 대하지 말라.

인성검사의 결과 중에서 정신건강(정서안정성, 감정통제력, 신경질 경향)에 관한 측면은 전형 사정 시 매우 중시되고 있다. 다른 평가 요인에 대하여 아무리 좋고 바람직한 결과를 얻었더라도, 심지어 서류전형이나 필기시험 등에서 좋은 결과를 얻은 지원자라 할지라도 정신건강 측면에 대한 결과가 바람직하지 못하면 탈락될 정도로 중시시되고 있는 추세이다. 따라서 사전에 자기 자신의 내적인 측면을 정확히 파악해야 한다.

② 평소의 경험과 선호도를 자연스럽게 답하라.

검사의 내용들은 대개 평소 우리가 경험하는 내용들에 관한 짧은 진술문과 어떤 대상에 대한 선호를 묻는 내용들로 구성된 진술문으로 구성되어 있으므로, 시험이라고 생각하지 말고 그냥 평소의 경험과 선호도에 따라 자연스럽게 답한다. 또한 상식적인 반응을 묻는 문항에는 너무 민감하게 반응하지 말고 솔직하게 답한다. 자칫 검사 무효화의 결과를 초래할 수도 있다.

③ 수험 전날이나 수험기간 동안에 음주나 지나친 운동 등을 삼가라.

심신이 지쳐 있으면 심약한 생각을 갖기 쉽다. 신체적으로나 정신적으로 충분한 휴식을 취하고 심리적으로 안정된 상태에서 검사에 임해야 자신을 정확히 나타낼 수 있다.

④ 검사시간에 너무 신경쓰지 말라.

시간제한이 없거나 충분한 시간이 주어지기 때문에 남보다 빨리 하려고 한다든가 다른 사람의 퇴실에 신경 쓸 필요가 없다.

⑤ 각 진술문에 대하여 너무 골똘히 생각하거나 불필요한 생각을 하지 말라.

지나친 생각은 자신을 잘못 표현하게 만들고, 불필요한 생각은 검사의 타당도·신뢰도 등에 좋지 않은 영향을 미칠 수 있다.

⑥ 솔직하게 표현하라.

대개의 인성검사 문항은 피검사자의 솔직성을 알 수 있게 제작되어 있다. 자칫 솔직성이 너무 결여될 경우에는 검사 자체가 무효화되어 불이익을 받을 수 있다.

⑦ 비교적 일관성 있게 답하라.

이는 앞의 솔직성과 관계된다. 그러나 오히려 너무 일관성에 치우치려는 생각은 검사 자체를 다른 방향으로 이끌 수도 있다.

⑧ 마지막 문항까지 최선을 다하라.

한 문항도 빠뜨리지 말고 전체 문항에 대해 자신의 의견을 답하는 것이 매우 중요하다. 각 문항을 깊이 있게 분석하면서 풀어나갈 것이 아니라 직감적으로 '예', '아니요' 중 하나에 자신의 색깔을 명확히 표현하는 것이 결과가 깨끗하다. 모든 문항은 평가 결과와 밀접한 관련이 있기 때문에 응답하지 않은 문항이 많으면 검사 자체를 무효로 처리하거나 불리한 평가를 내릴 수 있으므로 주의해야 한다.

⑨ 사전에 검사를 받아보는 것이 좋다.

검사 대행업체나 학교의 학생생활연구소와 같은 곳을 이용하여 사전에 검사를 받아보는 것도 좋은 방법이다. 검사의 유형을 미리 경험해봄으로써 자신감을 얻을 수 있고 성격상 바람직하지 않은 결과를 얻은 요인에 대해서 사전에 끊임없는 노력으로 개선할 수 있기 때문이다.

| 02 | 인성검사 모의연습 |

인성검사는 정신의학에 의한 성격분석검사를 기초로 한 일종의 심리테스트로 이를 통해 지원자의 성격이나 흥미, 대인관계 등을 분석한다. 검사 결과에는 지원자가 자각하고 있는 부분도, 자각하지 못한 부분도 나타나기 때문에 자각하고 싶지 않은 성격까지 면접 담당자는 모두 파악하는 것이다.

만약 면접 시 면접 담당자가 지원자의 성격을 파악하고 있는데 정작 지원자가 자신의 성격을 파악하지 못했다면 전적으로 불리하다. 그러나 인성검사의 결과를 참고로 지원자가 자기의 성격을 파악하여 질문의 내용을 예측한다면 장점은 살리고, 단점은 보완하는 응답이 가능하게 될 것이다.

사람의 성격은 쉽게 변하지 않지만, 장점과 단점을 파악하여 자신을 매력적으로 어필하는 것은 가능하다. 성격을 파악하지 않고 그저 자신을 잘 보이려 해도 면접 담당자에게는 인성검사와의 모순을 확실히 알 수 있다는 것을 기억하자.

※ 다음 질문을 읽고, '① 매우 그렇지 않다, ② 거의 그렇지 않다, ③ 조금 그렇지 않다, ④ 보통이다, ⑤ 조금 그렇다, ⑥ 거의 그렇다, ⑦ 매우 그렇다'에 표시하시오. [1~100]

번호	질문	응답
1	사생대회 위원과 체육대회 위원 중 체육대회 위원을 하고 싶다.	① ② ③ ④ ⑤ ⑥ ⑦
2	보고 들은 것을 문장으로 옮기기를 좋아한다.	① ② ③ ④ ⑤ ⑥ ⑦
3	남에게 뭔가 가르쳐주는 일이 좋다.	① ② ③ ④ ⑤ ⑥ ⑦
4	많은 사람과 장시간 함께 있으면 피곤하다.	① ② ③ ④ ⑤ ⑥ ⑦
5	엉뚱한 일을 하기 좋아하고 발상도 개성적이다.	① ② ③ ④ ⑤ ⑥ ⑦
6	전표 계산 또는 장부 기입 같은 일을 싫증내지 않고 할 수 있다.	① ② ③ ④ ⑤ ⑥ ⑦
7	책이나 신문을 열심히 읽는 편이다.	① ② ③ ④ ⑤ ⑥ ⑦
8	신경이 예민한 편이며, 감수성도 예민하다.	① ② ③ ④ ⑤ ⑥ ⑦
9	연회석에서 망설임 없이 노래를 부르거나 장기를 보이는 편이다.	① ② ③ ④ ⑤ ⑥ ⑦
10	즐거운 캠프를 위해 계획 세우기를 좋아한다.	① ② ③ ④ ⑤ ⑥ ⑦
11	데이터를 분류하거나 통계 내는 일을 싫어하지는 않는다.	① ② ③ ④ ⑤ ⑥ ⑦
12	드라마나 소설 속 등장인물의 생활과 사고방식에 흥미가 있다.	① ② ③ ④ ⑤ ⑥ ⑦
13	나의 미적 표현력을 살리면 상당히 좋은 작품이 나올 것 같다.	① ② ③ ④ ⑤ ⑥ ⑦
14	화려한 것을 좋아하며 주위의 평판에 신경을 쓰는 편이다.	① ② ③ ④ ⑤ ⑥ ⑦
15	여럿이서 여행할 기회가 있다면 즐겁게 참가한다.	① ② ③ ④ ⑤ ⑥ ⑦
16	여행 소감 쓰기를 좋아한다.	① ② ③ ④ ⑤ ⑥ ⑦
17	상품전시회에서 상품설명을 한다면 잘할 수 있을 것 같다.	① ② ③ ④ ⑤ ⑥ ⑦
18	변화가 적고 손이 많이 가는 일도 꾸준히 하는 편이다.	① ② ③ ④ ⑤ ⑥ ⑦
19	신제품 홍보에 흥미가 있다.	① ② ③ ④ ⑤ ⑥ ⑦
20	열차 시간표 한 페이지 정도라면 정확하게 옮겨 쓸 수 있다.	① ② ③ ④ ⑤ ⑥ ⑦
21	자신의 장래에 대해 자주 생각해본다.	① ② ③ ④ ⑤ ⑥ ⑦
22	상품을 고를 때 디자인과 색에 신경을 많이 쓴다.	① ② ③ ④ ⑤ ⑥ ⑦
23	극단이나 연예인 양성소에서 공부해보고 싶다는 생각을 한 적 있다.	① ② ③ ④ ⑤ ⑥ ⑦
24	외출할 때 날씨가 좋지 않아도 그다지 신경을 쓰지 않는다.	① ② ③ ④ ⑤ ⑥ ⑦
25	손님을 불러들이는 호객행위도 마음만 먹으면 할 수 있다.	① ② ③ ④ ⑤ ⑥ ⑦
26	신중하고 주의 깊은 편이다.	① ② ③ ④ ⑤ ⑥ ⑦
27	하루 종일 책상 앞에 앉아 있어도 지루해하지 않는 편이다.	① ② ③ ④ ⑤ ⑥ ⑦
28	알기 쉽게 요점을 정리한 다음 남에게 잘 설명하는 편이다.	① ② ③ ④ ⑤ ⑥ ⑦
29	친목회나 송년회 등의 총무 역할을 좋아하는 편이다.	① ② ③ ④ ⑤ ⑥ ⑦
30	생물 시간보다는 미술 시간에 흥미가 있다.	① ② ③ ④ ⑤ ⑥ ⑦
31	다른 사람이 자신에게 상담을 해오는 경우가 많다.	① ② ③ ④ ⑤ ⑥ ⑦
32	실패하든 성공하든 그 원인은 꼭 분석한다.	① ② ③ ④ ⑤ ⑥ ⑦

번호	질문	응답
33	실내장식품이나 액세서리 등에 관심이 많다.	① ② ③ ④ ⑤ ⑥ ⑦
34	남에게 보이기 좋아하고 지기 싫어하는 편이다.	① ② ③ ④ ⑤ ⑥ ⑦
35	대자연 속에서 마음대로 몸을 움직이는 일이 좋다.	① ② ③ ④ ⑤ ⑥ ⑦
36	파티나 모임에서 자연스럽게 돌아다니며 인사하는 성격이다.	① ② ③ ④ ⑤ ⑥ ⑦
37	무슨 일에 쉽게 구애받는 편이며 장인의식도 강하다.	① ② ③ ④ ⑤ ⑥ ⑦
38	우리나라 분재를 파리에서 파는 방법 따위를 생각하기 좋아한다.	① ② ③ ④ ⑤ ⑥ ⑦
39	하루 종일 돌아다녀도 그다지 피곤을 느끼지 않는다.	① ② ③ ④ ⑤ ⑥ ⑦
40	컴퓨터의 키보드 조작도 연습하면 잘할 수 있을 것 같다.	① ② ③ ④ ⑤ ⑥ ⑦
41	자동차나 모터보트 등의 운전에 흥미를 갖고 있다.	① ② ③ ④ ⑤ ⑥ ⑦
42	인기 연예인의 인기 비결을 곧잘 생각해본다.	① ② ③ ④ ⑤ ⑥ ⑦
43	과자나 빵을 판매하는 일보다 만드는 일이 나에게 맞는다.	① ② ③ ④ ⑤ ⑥ ⑦
44	대체로 걱정하거나 고민하지 않는다.	① ② ③ ④ ⑤ ⑥ ⑦
45	비판적인 말을 들어도 쉽게 상처받지 않는다.	① ② ③ ④ ⑤ ⑥ ⑦
46	초등학교 선생님보다는 등대지기가 더 재미있을 것 같다.	① ② ③ ④ ⑤ ⑥ ⑦
47	남에게 줄 선물을 사러 다니는 일이 귀찮게 느껴진다.	① ② ③ ④ ⑤ ⑥ ⑦
48	조심스러운 성격이라고 생각한다.	① ② ③ ④ ⑤ ⑥ ⑦
49	사물을 신중하게 생각하는 편이다.	① ② ③ ④ ⑤ ⑥ ⑦
50	동작이 기민한 편이다.	① ② ③ ④ ⑤ ⑥ ⑦
51	포기하지 않고 노력하는 것이 중요하다.	① ② ③ ④ ⑤ ⑥ ⑦
52	일주일의 예정을 만드는 것을 좋아한다.	① ② ③ ④ ⑤ ⑥ ⑦
53	노력의 여하보다 결과가 중요하다.	① ② ③ ④ ⑤ ⑥ ⑦
54	자기주장이 강하다.	① ② ③ ④ ⑤ ⑥ ⑦
55	장래의 일을 생각하면 불안해질 때가 있다.	① ② ③ ④ ⑤ ⑥ ⑦
56	소외감을 느낄 때가 있다.	① ② ③ ④ ⑤ ⓪ ⑦
57	훌쩍 여행을 떠나고 싶을 때가 자주 있다.	① ② ③ ④ ⑤ ⑥ ⑦
58	대인관계가 귀찮다고 느낄 때가 있다.	① ② ③ ④ ⑤ ⑥ ⑦
59	자신의 권리를 주장하는 편이다.	① ② ③ ④ ⑤ ⑥ ⑦
60	낙천가라고 생각한다.	① ② ③ ④ ⑤ ⑥ ⑦
61	싸움을 한 적이 없다.	① ② ③ ④ ⑤ ⑥ ⑦
62	자신의 의견을 상대에게 잘 주장하지 못한다.	① ② ③ ④ ⑤ ⑥ ⑦
63	좀처럼 결단하지 못하는 경우가 있다.	① ② ③ ④ ⑤ ⑥ ⑦
64	하나의 취미를 오래 지속하는 편이다.	① ② ③ ④ ⑤ ⑥ ⑦
65	한 번 시작한 일은 끝을 맺는다.	① ② ③ ④ ⑤ ⑥ ⑦
66	행동으로 옮기기까지 시간이 걸린다.	① ② ③ ④ ⑤ ⑥ ⑦
67	다른 사람들이 하지 못하는 일을 하고 싶다.	① ② ③ ④ ⑤ ⑥ ⑦

번호	질문	응답
68	해야 할 일은 신속하게 처리한다.	① ② ③ ④ ⑤ ⑥ ⑦
69	병이 아닌지 걱정이 들 때가 있다.	① ② ③ ④ ⑤ ⑥ ⑦
70	다른 사람의 충고를 기분 좋게 듣는 편이다.	① ② ③ ④ ⑤ ⑥ ⑦
71	다른 사람에게 의존적이 될 때가 많다.	① ② ③ ④ ⑤ ⑥ ⑦
72	타인에게 간섭받는 것은 싫다.	① ② ③ ④ ⑤ ⑥ ⑦
73	자의식 과잉이라는 생각이 들 때가 있다.	① ② ③ ④ ⑤ ⑥ ⑦
74	수다를 좋아한다.	① ② ③ ④ ⑤ ⑥ ⑦
75	잘못된 일을 한 적이 한 번도 없다.	① ② ③ ④ ⑤ ⑥ ⑦
76	모르는 사람과 이야기하는 것은 용기가 필요하다.	① ② ③ ④ ⑤ ⑥ ⑦
77	끙끙거리며 생각할 때가 있다.	① ② ③ ④ ⑤ ⑥ ⑦
78	다른 사람에게 항상 움직이고 있다는 말을 듣는다.	① ② ③ ④ ⑤ ⑥ ⑦
79	매사에 얽매인다.	① ② ③ ④ ⑤ ⑥ ⑦
80	잘하지 못하는 게임은 하지 않으려고 한다.	① ② ③ ④ ⑤ ⑥ ⑦
81	어떠한 일이 있어도 출세하고 싶다.	① ② ③ ④ ⑤ ⑥ ⑦
82	막무가내라는 말을 들을 때가 많다.	① ② ③ ④ ⑤ ⑥ ⑦
83	신경이 예민한 편이라고 생각한다.	① ② ③ ④ ⑤ ⑥ ⑦
84	쉽게 침울해한다.	① ② ③ ④ ⑤ ⑥ ⑦
85	쉽게 싫증을 내는 편이다.	① ② ③ ④ ⑤ ⑥ ⑦
86	옆에 사람이 있으면 싫다.	① ② ③ ④ ⑤ ⑥ ⑦
87	토론에서 이길 자신이 있다.	① ② ③ ④ ⑤ ⑥ ⑦
88	친구들과 남의 이야기를 하는 것을 좋아한다.	① ② ③ ④ ⑤ ⑥ ⑦
89	푸념을 한 적이 없다.	① ② ③ ④ ⑤ ⑥ ⑦
90	남과 친해지려면 용기가 필요하다.	① ② ③ ④ ⑤ ⑥ ⑦
91	통찰력이 있다고 생각한다.	① ② ③ ④ ⑤ ⑥ ⑦
92	집에서 가만히 있으면 기분이 우울해진다.	① ② ③ ④ ⑤ ⑥ ⑦
93	매사에 느긋하고 차분하게 대처한다.	① ② ③ ④ ⑤ ⑥ ⑦
94	좋은 생각이 떠올라도 실행하기 전에 여러모로 검토한다.	① ② ③ ④ ⑤ ⑥ ⑦
95	누구나 권력자를 동경하고 있다고 생각한다.	① ② ③ ④ ⑤ ⑥ ⑦
96	몸으로 부딪혀 도전하는 편이다.	① ② ③ ④ ⑤ ⑥ ⑦
97	당황하면 갑자기 땀이 나서 신경 쓰일 때가 있다.	① ② ③ ④ ⑤ ⑥ ⑦
98	친구들은 나를 진지한 사람으로 생각하고 있다.	① ② ③ ④ ⑤ ⑥ ⑦
99	감정적으로 될 때가 많다.	① ② ③ ④ ⑤ ⑥ ⑦
100	다른 사람의 일에 관심이 없다.	① ② ③ ④ ⑤ ⑥ ⑦

PART 6

면접

면접 유형 및 실전 대책

01 면접 주요사항

면접의 사전적 정의는 면접관이 지원자를 직접 만나보고 인품(人品)이나 언행(言行) 따위를 시험하는 일로, 흔히 필기시험 후에 최종적으로 심사하는 방법이다.

최근 주요 기업의 인사담당자들을 대상으로 채용 시 면접이 차지하는 비중을 설문조사했을 때, 50 ~ 80% 이상이라고 답한 사람이 전체 응답자의 80%를 넘었다. 이와 대조적으로 지원자들을 대상으로 취업 시험에서 면접을 준비하는 기간을 물었을 때, 대부분의 응답자가 2 ~ 3일 정도라고 대답했다.

지원자는 서류전형과 직무성검사를 통과해야만 면접을 볼 수 있기 때문에 자연스럽게 면접은 그 비중이 작아질 수밖에 없다. 하지만 아이러니하게도 실제 채용 과정에서 면접이 차지하는 비중은 절대적이라고 해도 과언이 아니다.

기업들은 채용 과정에서 토론 면접, 인성 면접, 프레젠테이션 면접, 역량 면접 등의 다양한 면접을 실시한다. 1차 커트라인이라고 할 수 있는 서류전형을 통과한 지원자들의 스펙이나 능력은 서로 엇비슷하다고 판단하기 때문에 지원자의 인성을 파악하기 위해 면접을 더욱 강화하는 것이다.

면접의 기본은 자기 자신을 면접관에게 알기 쉽게 표현하는 것이다. 이러한 표현을 바탕으로 자신의 단점을 극복할 수 있는 연습을 한다면 좋은 결과를 얻을 수 있을 것이다.

1. 자기소개

자기소개를 시키는 이유는 면접자가 지원자의 자기소개서를 압축해서 듣고, 지원자의 첫인상을 평가할 시간을 가질 수 있기 때문이다. 면접을 위한 워밍업이라고 할 수 있으며, 첫인상을 결정하는 과정이므로 매우 중요한 순간이다. 자신을 잘 소개할 수 있는 문구의 1분 자기소개를 미리 준비해서 연습해야 한다.

2. 1분 자기소개 시 주의사항

(1) 자기소개서와 자기소개가 똑같다면 감점일까?

자기소개서의 내용을 잘 정리한 자기소개는 좋은 결과를 만들 수 있다. 하지만 자기소개서와 상반된 내용을 말하는 것은 적절하지 않다. 지원자의 신뢰성을 의심받을 수 있기 때문이다.

(2) 말하는 자세를 바르게 익혀라.

면접에서 바른 자세가 중요하다는 것은 익히 알고 있다. 하지만 문제는 무의식적으로 나오는 흐트러진 자세 때문에 나쁜 인상을 줄 수 있다는 것이다. 이러한 습관을 고칠 수 있는 가장 좋은 방법은 휴대폰으로 촬영하거나 스터디를 통해 모의 면접을 해보면서 끊임없이 피드백을 받는 것이다.

(3) 정확한 발음과 억양으로 자신 있게 말하라.

지원자의 모양새가 아무리 뛰어나도, 목소리가 작고 발음이 부정확하면 큰 감점을 받는다. 이러한 모습은 지원자의 좋은 점에까지 악영향을 끼칠 수 있다. 직장을 흔히 사회생활의 시작이라고 말하는 시대적 정서에서 사람들과 의사소통을 하는 데 문제가 있다고 판단되는 지원자는 부적절한 인재로 평가될 수밖에 없다.

3. 대화법

전문가들이 말하는 대화법의 핵심은 '상대방을 배려하면서 이야기하라.'는 것이다. 대화는 나와 다른 사람의 소통이다. 내용에 대한 공감이나 이해가 없다면 대화는 더 이상 진전되지 않는다.

4. 첫인상

취업을 위해 성형수술을 받는 지원자들에 대한 이야기는 더 이상 뉴스거리가 되지 않는다. 그만큼 많은 사람이 좁은 취업문을 뚫기 위해 이미지 향상에 신경을 쓰고 있다. 하지만 외모와 첫인상을 절대적인 관계로 이해하는 것은 잘못된 판단이다. 외모가 첫인상에서 많은 부분을 차지하지만, 외모 외에 다른 결점이 발견된다면 그로 인해 장점들이 가려질 수도 있다. 첫인상은 말 그대로 한 번밖에 기회가 주어지지 않으며 몇 초 안에 결정된다. 첫인상을 결정짓는 요소 중 시각적인 요소가 80% 이상을 차지한다. 첫눈에 들어오는 생김새나 복장, 표정 등에 의해서 결정되는 것이다.

면접을 시작할 때 자기소개를 시키는 것도 지원자별로 첫인상을 평가하기 위해서이다. 첫인상이 중요한 이유는 만약 첫인상이 부정적으로 인지될 경우, 지원자의 다른 좋은 면까지 거부당하기 때문이다. 이러한 현상을 심리학에서는 초두효과(Primacy Effect)라고 한다. 이는 먼저 제시된 정보가 추후 알게 된 정보보다 더 강력한 영향을 미치는 현상으로, 앞서 제시된 정보가 나중의 것보다 기억이 더 잘되고, 인출도 더 잘된다는 것이다. 예를 들어 첫인상이 착하게 기억되면 나중에 나쁜 행동을 하더라도 순간의 실수로 생각되는 반면, 첫인상이 나쁘다면 착한 행동을 하더라도 그 진위에 의심을 사게 되는 것이다. 이처럼 한 번 형성된 첫인상은 여간해서 바꾸기 힘들다. 따라서 평소에 첫인상을 좋게 만들기 위한 노력을 꾸준히 해야만 한다.

깔끔한 옷차림과 부드러운 표정 그리고 말과 행동 등에 의해 전반적인 이미지가 만들어진다. 누구나 이러한 것 중에 한두 가지 단점을 가지고 있다. 요즈음은 이미지 컨설팅을 통해서 자신의 단점들을 보완하는 지원자도 있다. 특히, 표정이 밝지 않은 지원자는 평소 웃는 연습을 의식적으로 하여 면접을 받는 동안 계속해서 여유 있는 표정을 짓는 것이 중요하다. 성공한 사람들은 인상이 좋다는 것을 명심하자.

1. 면접의 유형

과거 천편일률적인 일대일 면접과 달리 현재는 면접에 다양한 유형이 도입되어 "면접은 이렇게 보는 것이다."라고 말할 수 있는 정해진 유형이 없어졌다. 그러나 대부분의 기업에서 현재까지는 집단 면접과 다대일 면접을 진행하고 있으므로 어느 정도 유형을 파악하여 사전에 대비가 가능하다. 면접의 기본인 단독 면접부터 다대일 면접, 집단 면접, PT 면접 유형과 그 대책에 대해 알아보자.

(1) 단독 면접

단독 면접이란 응시자와 면접관이 1대1로 마주하는 형식을 말한다. 면접관 한 사람과 응시자 한 사람이 마주 앉아 자유로운 화제를 가지고 질의응답을 되풀이하는 방식이다. 이 방식은 면접의 가장 기본적인 방법으로 소요시간은 10 ~ 20분 정도가 일반적이다.

① 단독 면접의 장점

필기시험 등으로 판단할 수 없는 성품이나 능력을 알아내는 데 가장 적합하다고 평가받아 온 면접방식으로 응시자 한 사람 한 사람에 대해 여러 면에서 비교적 폭넓게 파악할 수 있다. 응시자의 입장에서는 한 사람의 면접관만을 대하는 것이므로 상대방에게 집중할 수 있으며, 긴장감도 다른 면접방식에 비해서는 적은 편이다.

② 단독 면접의 단점

면접관의 주관이 강하게 작용해 객관성을 저해할 소지가 있으며, 면접 평가표를 활용한다 하더라도 일면적인 평가에 그칠 가능성을 배제할 수 없다. 또한 시간이 많이 소요되는 것도 단점이다.

> **단독 면접 준비 Point**
>
> 단독 면접에 대비하기 위해서는 평소 1대1로 논리 정연하게 대화를 나눌 수 있는 능력을 기르는 것이 중요하다. 그리고 면접장에서는 면접관을 선배나 선생님 혹은 부모님을 대하는 기분으로 면접에 임하는 것이 부담도 훨씬 적고 실력을 발휘할 수 있는 방법이 될 것이다.

(2) 다대일 면접

다대일 면접은 일반적으로 가장 많이 사용되는 면접방법으로 보통 2 ~ 5명의 면접관이 1명의 응시자에게 질문하는 형태의 면접방법이다. 면접관이 여러 명이므로 다각도에서 질문을 하여 응시자에 대한 정보를 많이 알아낼 수 있다는 점 때문에 선호하는 면접방법이다.

하지만 응시자의 입장에서는 면접관에 따라 질문도 각양각색이고 동료 응시자가 없으므로 숨 돌릴 틈도 없게 느껴진다. 또한 관찰하는 눈도 많아서 조그만 실수라도 지나치는 법이 없기 때문에 정신적 압박과 긴장감이 높은 면접방법이다. 따라서 응시자는 긴장을 풀고 한 명의 면접관이 질문하더라도 면접관 전원을 향해 대답한다는 기분으로 또박또박 대답하는 자세가 필요하다.

① 다대일 면접의 장점

면접관이 집중적인 질문과 다양한 관찰을 통해 응시자가 과연 조직에 필요한 인물인가를 완벽히 검증할 수 있다.

② 다대일 면접의 단점

면접시간이 보통 10 ～ 30분 정도로 긴 편이고 응시자에게 지나친 긴장감을 조성하는 면접방법이다.

다대일 면접 준비 Point

질문을 들을 때 시선은 면접위원을 향하고 다른 데로 돌리지 말아야 하며, 대답할 때에도 고개를 숙이거나 입속에서 우물거리는 소극적인 태도는 피하도록 한다. 면접위원과 대등하다는 마음가짐으로 편안한 태도를 유지하면 대답도 자연스러운 상태에서 좀 더 충실히 할 수 있고, 이에 따라 면접위원이 받는 인상도 달라진다.

---

(3) 집단 면접

집단 면접은 다수의 면접관이 여러 명의 응시자를 한꺼번에 평가하는 방식으로 짧은 시간에 능률적으로 면접을 진행할 수 있다. 각 응시자에 대한 질문 내용, 질문 횟수, 시간 배분이 똑같지는 않으며, 모두에게 같은 질문이 주어지기도 하고 각각 다른 질문을 받기도 한다.

또 어떤 응시자가 한 대답에 대한 의견을 묻는 등 그때그때의 분위기나 면접관의 의향에 따라 변수가 많다. 집단 면접은 응시자의 입장에서는 개별 면접에 비해 긴장감은 다소 덜한 반면에 다른 응시자들과 확실하게 비교되므로 응시자는 몸가짐이나 표현력·논리성 등이 결여되지 않도록 자신의 생각이나 의견을 솔직하게 발표하여 집단 속에 묻히거나 밀려나지 않도록 주의해야 한다.

① 집단 면접의 장점

집단 면접의 장점은 면접관이 응시자 한 사람에 대한 관찰시간이 상대적으로 길고, 비교 평가가 가능하기 때문에 결과적으로 평가의 객관성과 신뢰성을 높일 수 있다는 점이며, 응시자는 동료들과 함께 면접을 받기 때문에 긴장감이 다소 덜하다는 것을 들 수 있다. 또한 동료가 답변하는 것을 들으며, 자신의 답변 방식이나 자세를 조정할 수 있다는 것도 큰 이점이다.

② 집단 면접의 단점

응답하는 순서에 따라 응시자마다 유리하고 불리한 점이 있고, 면접위원의 입장에서는 각각의 개인적인 문제를 깊게 다루기가 곤란하다는 것이 단점이다.

집단 면접 준비 Point

너무 자기 과시를 하지 않는 것이 좋다. 대답은 자신이 말하고 싶은 내용을 간단명료하게 말해야 한다. 내용이 없는 발언을 한다거나 대답을 질질 끄는 태도는 좋지 않다. 또 말하는 중에 내용이 주제에서 벗어나거나 자기중심적으로만 말하는 것도 피해야 한다. 집단 면접에 대비하기 위해서는 평소에 설득력을 지닌 자신의 논리력을 계발하는 데 힘써야 하며, 다른 사람 앞에서 자신의 의견을 조리 있게 개진할 수 있는 발표력을 갖추는 데에도 많은 노력을 기울여야 한다.
• 실력에는 큰 차이가 없다는 것을 기억하라.
• 동료 응시자들과 서로 협조하라.
• 답변하지 않을 때의 자세가 중요하다.
• 개성 표현은 좋지만 튀는 것은 위험하다.

---

(4) 집단 토론식 면접

집단 토론식 면접은 집단 면접과 형태는 유사하지만 질의응답이 아니라 응시자들끼리의 토론이 중심이 되는 면접방법으로 최근 들어 급증세를 보이고 있다.

이는 공통의 주제에 대해 다양한 견해들이 개진되고 결론을 도출하는 과정, 즉 토론을 통해 응시자의 다양한 면에 대한 평가가 가능하다는 집단 토론식 면접의 장점이 널리 확산된 데 따른 것으로 보인다. 사실 집단 토론식 면접을 활용하면 주제와 관련된 지식 정도와 이해력, 판단력, 설득력, 협동성은 물론 리더십, 조직 적응력, 적극성과 대인관계 능력 등을 파악하는 것이 용이하다고 한다. 토론식 면접에서는 자신의 의견을 명확히 제시하면서도 상대방의 의견을 경청하는 토론의 기본자세가 필수적이며, 지나친 경쟁심이나 자기 과시욕은 접어두는 것이 좋다.

또한 집단 토론의 목적이 결론을 도출해 나가는 과정에 있다는 것을 감안하여 무리하게 자신의 주장을 관철시키기보다 오히려 토론의 질을 높이는 데 기여하는 것이 좋은 인상을 줄 수 있다는 점을 알아야 한다. 취업 희망자들은 토론식 면접이 급속도로 확산되는 추세임을 감안해 특히 철저한 준비를 해야 한다. 평소에 신문의 사설이나 매스컴 등의 토론 프로그램을 주의 깊게 보면서 논리 전개 방식을 비롯한 토론 과정을 익히도록 하고, 친구들과 함께 간단한 주제를 놓고 토론을 진행해 볼 필요가 있다. 또한 사회·시사문제에 대해 자기 나름대로의 관점을 정립해두는 것도 꼭 필요하다.

집단 토론식 면접 준비 Point

- 토론은 정답이 없다는 것을 명심한다.
- 내 주장을 강조하지 않는다.
- 다른 사람이 말할 때 끼어들지 않는다.
- 필기구를 준비하여 메모하면서 면접에 임한다.
- 주제에 자신이 없다면 첫 번째 발언자가 되지 않는다.
- 자신의 입장을 먼저 밝힌다.
- 상대측의 사소한 발언에 집착하지 않고 전체적인 의미에 초점을 놓치지 않아야 한다.
- 남의 의견을 경청한다.
- 예상 밖의 반론에 당황스럽다 하더라도 유연함을 잃지 않아야 한다.

(5) PT 면접

PT 면접, 즉 프레젠테이션 면접은 최근 들어 집단 토론 면접과 더불어 그 활용도가 점차 커지고 있다. PT 면접은 기업마다 특성이 다르고 인재상이 다른 만큼 인성 면접만으로는 알 수 없는 지원자의 문제해결 능력, 전문성, 창의성, 기본 실무능력, 논리성 등을 관찰하는 데 중점을 두는 면접으로, 지원자 간의 변별력이 높아 대부분의 기업에서 적용하고 있으며 확산하는 추세이다.

면접 시간은 기업별로 차이가 있지만, 전문지식, 시사성 관련 주제를 제시한 다음 보통 20~50분 정도 준비하여 5분가량 발표할 시간을 준다. 단순히 질의응답으로 이루어지는 것이 아니라 면접관은 주제에 대해 일정 시간 동안 지원자의 발언과 발표하는 모습 등을 관찰하게 된다. 정확한 답이나 지식보다는 논리적 사고와 의사표현력이 더 중시되기 때문에 자신의 생각을 어떻게 설명하느냐가 매우 중요하다. PT 면접에서 같은 주제라도 직무별로 평가요소가 달리 나타난다. 예를 들어 영업직은 설득력과 의사소통 능력에 중점을 둘 수 있겠고, 관리직은 신뢰성과 창의성 등을 더 중요하게 평가한다.

- 면접관의 관심과 주의를 집중시키고, 발표 태도에 유의한다.
- 모의 면접이나 거울 면접으로 미리 점검한다.
- PT 내용은 세 가지 정도로 정리해서 말한다.
- PT 내용에는 자신의 생각이 담겨 있어야 한다.
- PT 중간에 자문자답 방식을 활용한다.
- 평소 지원하는 업계의 동향이나 직무에 대한 전문지식을 쌓아둔다.
- 부적절한 용어 사용이나 무리한 주장 등은 하지 않는다.

2. 면접의 실전 대책

(1) 면접 대비사항

① 지원 회사에 대한 사전지식을 충분히 갖는다.

필기시험 또는 서류전형의 합격통지가 온 후 면접시험 날짜가 정해지는 것이 보통이다. 이때 지원자는 면접시험을 대비해 사전에 본인이 지원한 계열사 또는 부서에 대해 폭넓은 지식을 가질 필요가 있다.

- 회사의 연혁
- 회사의 최근 이슈
- 신입사원의 인재상
- 회사의 사훈, 사시, 경영이념, 창업정신
- 회사의 대표적 상품, 특색
- 업종별 계열회사의 수
- 해외지사의 수와 그 위치
- 신 개발품에 대한 기획 여부
- 자신이 생각하는 회사의 장단점
- 회사의 잠재적 능력개발에 대한 제언

② 충분한 수면을 취한다.

충분한 수면으로 안정감을 유지하고 첫 출발의 신선한 마음가짐을 갖는다.

③ 아침에 인터넷 뉴스를 읽는다.

그날의 뉴스가 질문 대상에 오를 수가 있다. 특히 경제면, 정치면, 문화면 등을 유의해서 볼 필요가 있다.

이력서, 자기소개서, 지갑, 신분증(주민등록증), 휴지, 필기도구, 메모지 등을 준비한다.

(2) 면접 시 옷차림

면접에서 옷차림은 간결하고 단정한 느낌을 주는 것이 가장 중요하다. 색상과 디자인 면에서 지나치게 화려한 색상이나, 노출이 심한 디자인은 자칫 면접관의 눈살을 찌푸리게 할 수 있다. 단정한 차림을 유지하면서 자신만의 독특한 멋을 연출하는 것, 지원하는 회사의 분위기를 파악했다는 센스를 보여주는 것 등이 면접 복장의 포인트이다.

복장 점검

- 구두는 잘 닦여 있는가?
- 옷은 깨끗이 다려져 있으며 스커트 길이는 적당한가?
- 손톱은 길지 않고 깨끗한가?
- 머리는 흐트러짐 없이 단정한가?

(3) 면접요령

① 첫인상을 중요시한다.

상대에게 인상을 좋게 주지 않으면 어떠한 얘기를 해도 이쪽의 기분이 충분히 전달되지 않을 수 있다. 예를 들면 '저 친구는 표정이 없고 무엇을 생각하고 있는지 전혀 알 길이 없다.'라고 생각하게 만들면 최악의 상태이다. 청결한 복장과 바른 자세로 면접장에 침착하게 들어가 건강하고 신선한 이미지를 주도록 한다.

② 좋은 표정을 짓는다.

얘기할 때의 표정은 중요한 사항 중 하나다. 거울 앞에서는 웃는 얼굴의 연습을 해본다. 웃는 얼굴은 상대를 편안하게 만들고 특히 면접 등 긴박한 분위기에서는 큰 효과를 나타낼 것이다. 그렇다고 하여 항상 웃고만 있어서는 안 된다. 본인이 할 얘기를 진정으로 전하고 싶을 때는 진지한 표정으로 상대의 눈을 바라보며 이야기한다.

③ 결론부터 이야기한다.

본인의 의사나 생각을 상대에게 정확하게 전달하기 위해서는 먼저 무엇을 말하고자 하는가를 명확히 결정해 두어야 한다. 대답을 할 경우에는 결론을 먼저 이야기하고 나서 그에 따르는 설명과 이유를 나중에 덧붙이면 논지(論旨)가 명확해지고 이야기가 깔끔하게 정리된다.

한 가지 사실을 이야기하거나 설명하는 데는 3분이면 충분하다. 복잡한 이야기도 어느 정도의 길이로 요약해서 이야기하면 상대도 이해하기 쉽고 자기도 정리할 수 있다. 긴 이야기는 오히려 상대를 불쾌하게 할 수가 있다.

④ 질문의 요지를 파악한다.

면접 때의 이야기는 간결성만으로 부족하다. 상대의 질문이나 이야기에 대해 적절하고 필요한 대답을 하지 않으면 대화는 끊어지고 자기의 생각도 제대로 표현하지 못한다. 이는 면접관이 지원자의 인품이나 사고방식 등을 명확히 파악할 수 없도록 만들게 된다. 면접에서는 면접관이 무엇을 묻고 있는지, 무슨 이야기를 하고 있는지 그 요점을 정확히 알아내야 한다.

(4) 면접 시 주의사항

① 지각은 있을 수 없다.

면접 당일에 시간을 맞추지 못하여 지각하는 것은 있을 수 없는 일이다. 약속을 못 지키는 사람은 좋은 평가를 받을 수 없다. 면접 당일에는 지정시간 10 ~ 20분쯤 전에 미리 면접장에 도착해 마음을 가라앉히고 준비해야 한다.

② 손가락을 움직이지 마라.

면접 시에 손가락을 까딱거리거나 만지작거리는 행동은 유난히 눈에 띌 뿐만 아니라 면접관의 눈에 거슬리기 마련이다. 다리를 떠는 행동은 말할 것도 없다. 불안정하거나 산만하다는 느낌을 줄 수 있으므로 주의할 필요가 있다.

③ 옷매무새를 자주 고치지 마라.

외모에 너무 신경 쓴 나머지 머리를 계속 쓸어 올리거나, 깃과 치마 끝을 만지작거리지 않도록 한다. 인사담당자의 말에 의하면 이런 사람이 의외로 많다고 한다. 집중을 하지 못하고 어수선한 사람처럼 보일 수 있으니 이러한 행동을 삼가도록 한다.

④ 적당한 목소리 톤으로 말해라.

면접관과의 거리가 어느 정도 떨어져 있기 때문에 작은 소리로 웅얼거리는 것은 좋지 않다. 그러나 너무 큰 소리로 소리를 질러가며 말하는 사람은 오히려 거북스럽게 느껴진다.

⑤ 성의 있는 응답 자세를 보여라.

질문에 대해 너무 '예, 아니요'로만 답변하면 성의 없다는 인상을 심어주게 된다. 따라서 설명을 덧붙일 수 있는 질문에 대해서는 지루하지 않을 만큼의 설명을 붙인다.

⑥ 구두를 깨끗이 닦는다.

앉아있는 사람의 구두는 면접관의 위치에서 보면 눈에 잘 띈다. 그러나 의외로 구두에 대해 신경써서 미리 깨끗이 닦아둔 사람은 드물다. 면접 전날 반드시 구두를 깨끗이 닦아준다.

⑦ 지나친 화장은 피한다.

지나치게 짙은 화장은 거부감을 불러일으킬 수 있다. 또한 머리도 단정히 정리해서 이마가 가급적이면 드러나 보이게 하는 것이 좋다. 여기저기 흘러나온 머리는 지저분하고 답답한 느낌을 준다. 지나친 액세서리도 금물이다.

⑧ 기타 사항

㉠ 앉으라고 할 때까지 앉지 마라. 의자로 재빠르게 다가와 앉으면 무례한 사람처럼 보이기 쉽다.
㉡ 응답 시 너무 말을 꾸미지 마라.
㉢ 질문이 떨어지자마자 답변을 외운 것처럼 바쁘게 대답하지 마라.
㉣ 혹시 잘못 대답하였다고 해서 혀를 내밀거나 머리를 긁지 마라.
㉤ 머리카락에 손대지 마라. 정서불안으로 보이기 쉽다.
㉥ 면접실에 다른 지원자가 들어올 때 절대로 일어서지 마라.
㉦ 동종업계나 라이벌 회사에 대해 비난하지 마라.
㉧ 면접관 책상에 있는 서류를 보지 마라.
㉨ 농담을 하지 마라. 쾌활한 것은 좋지만 지나치게 경망스러운 태도는 취업에 대한 의지가 부족하게 보인다.

ⓩ 질문에 대해 대답할 말이 생각나지 않는다고 천장을 쳐다보거나 고개를 푹 숙이고 바닥을 내려다 보지 마라.

ⓚ 면접관이 서류를 검토하는 동안 말하지 마라.

ⓣ 과장이나 허세로 면접관을 압도하려 하지 마라.

ⓟ 최종 결정이 이루어지기 전까지 급여에 대해 언급하지 마라.

ⓗ 은연중에 연고를 과시하지 마라.

면접에서 고득점을 받을 수 있는 성공요령

- 기업이나 단체의 소재지(본사·지사·공장 등)를 정확히 알고 있다.
- 기업이나 단체의 정식 명칭을 알고 있다.
- 약속된 면접시간 10분 전에 도착하도록 스케줄을 짤 수 있다.
- 면접실에 들어가서 공손히 인사한 후 또렷한 목소리로 자기 수험번호와 성명을 말할 수 있다.
- 앉으라고 할 때까지는 의자에 앉지 않는다는 것을 알고 있다.
- 자신에 대해 3분간 이야기할 수 있는 준비가 되어 있다.
- 자신의 긍정적인 면을 상대방에게 바르게 전달할 수 있다.

MG새마을금고중앙회는 1차 면접으로 조별 토론을 진행한다. 이후 1차 합격자들을 대상으로 PT면접과 실무 및 인성면접을 진행한다.

(1) 조별 토론 기출질문

- 청소년 SNS 규제에 대해 찬성과 반대로 나눠 토론해 보시오.
- 엔데믹 이후 재택 업무에 대해 찬성과 반대로 나눠 토론해 보시오.

(2) PT면접 기출질문

- 공유경제가 금융권에 미치는 영향과 새마을금고중앙회의 대응 방안에 대해 설명해 보시오.
  - 조건 : 새마을금고중앙회의 핵심가치인 '고객만족 최우선'을 고려한 대응 방안이어야 함

(3) 실무 및 인성면접 기출질문

- 1분 동안 자기소개를 해 보시오.
- 최근 부동산 상황에 대해 아는 것을 말해 보시오.
- 이전에 다니던 회사 사람들에게 서운했던 것을 말해 보시오.
- 새마을금고중앙회와 시중은행의 차이점을 논해 보시오.
- 왜 새마을금고중앙회에 취입하러 하는지 말해 보시오.
- 학과 생활을 많이 한 이유를 설명해 보시오.
- 수평적인 조직문화와 수직적인 조직문화 중 어느 곳에서 일하고 싶은지 말해 보시오.
- 한국 금융의 역사를 설명해 보시오.
- 새마을금고가 카카오뱅크, 인터넷은행에 맞서 어떻게 나아가야 하는지 제시해 보시오.
- 오픈뱅킹이 무엇인지 설명하고 그로 인해 새마을금고에게 어떤 장단점이 있는지 말해 보시오.
- 금융소비자법에 대해 아는 대로 말해 보시오.
- 새마을금고가 MZ세대를 대상으로 어떻게 마케팅을 하면 좋을지 말해 보시오.
- 새마을금고가 노년층을 대상으로 어떻게 마케팅을 하면 좋을지 말해 보시오.
- 한국의 부동산 정책에 대해 비판해 보시오.
- 지역금융활성화 방안과 마케팅 방향을 제시해 보시오.
- 자신을 동물이나 꽃에 비유한다면 무엇인지 말하고 설명해 보시오.
- RBC가 무엇인지 설명해 보시오.
- 국제 환율 변화가 한국의 경제에 끼치는 영향을 논해 보시오.
- 금리가 변동하면 어떻게 해야 하는지 말해 보시오.

- 젠트리피케이션에 대해 아는 대로 설명해 보시오.
- 새마을금고 지점을 방문해 본 경험이 있다면 감상을 말해 보시오.
- 배당금과 출자금의 차이를 설명해 보시오.
- 새마을금고의 체크카드는 무엇이 있는지 소개해 보시오.
- 최근 경제와 관련하여 가장 기억에 남는 기사를 말해 보시오.
- 이용해 본 은행들 인터넷뱅킹의 특징은 무엇인지 말해 보시오.
- 비전공자인데 왜 은행에 관심을 갖게 되었지 말해 보시오.
- 자신의 단점을 소개하고, 일하면서 어떻게 극복할 것인지 설득해 보시오.
- 고객과 조직 중 어느 이익이 중요한지 답해 보시오.
- 은행원이 되기 위해 어떤 노력을 했는지 답해 보시오.
- 금융스터디에서 다룬 주제 중 가장 인상적인 것을 소개해 보시오.
- 자신만의 스트레스 환기 방법을 소개해 보시오.
- 동물실험에 대한 의견을 제시해 보시오.
- '현금 없는 사회'에 대한 생각을 말해 보시오.
- 세대 갈등에 대한 의견과 해결 방안을 제시해 보시오.
- 같이 일하고 싶은 이상적인 상사의 모습과 일하기 싫은 상사의 모습을 설명해 보시오.
- 자신을 한 단어로 표현해 보시오.
- 최근에 읽은 책을 소개해 보시오.
- 자신을 나타낼 키워드를 제시하고 키워드에 맞는 자기소개를 해 보시오.
- 새마을금고의 장단점을 말해 보시오.
- 디지털 금융에 있어서 무엇이 가장 중요한지 말해 보시오.
- 점포의 수를 늘려야 하는지 줄여야 하는지 말해 보시오.
- 지원한 직무에서 하고 싶은 일을 말해 보시오.
- 자신이 생각하는 새마을금고중앙회의 역할과 메리트에 대해 설명해 보시오.
- 새마을금고중앙회를 알게 된 계기를 말해 보시오.
- 인턴 생활을 했던 경험이 새마을금고중앙회에서 어떻게 작용할 수 있을지 피력해 보시오.
- 새마을금고 로열티 사용 방법에 대해 아는 대로 설명해 보시오.
- 자기소개서에 적힌 역량 외에 다른 역량이 있다면 피력해 보시오.
- PB에 대해 어떻게 생각하는지 말해 보시오.
- 현재 IT 발달로 지점방문고객이 줄고 있는데, 은행원을 줄여야 한다는 의견에 반박해 보시오.
- 숏폼 영상을 활용한 새마을금고 마케팅 방안을 제시해 보시오.
- 새마을금고의 광고모델이 누구인지 안다면 말해 보시오.
- 테이퍼링이 무엇인지 설명해 보시오.
- 주식 공매도의 문제점을 말해 보시오.
- 기준금리 FOMC가 무엇인지 설명해 보시오.
- 금융활동을 하고 있는 게 있다면 소개해 보시오.
- 새마을금고 부실채권 이슈에 대해 솔직한 생각을 말하고, 중앙회의 해결 방안을 제시해 보시오.
- 최근 관심을 갖고 있는 시사 문제가 있다면 말해 보시오.
- 실리콘밸리 은행의 파산 원인이 무엇이라고 생각하는지와 해결 방안에 대해 말해 보시오.
- 유동성비율 산출식을 안다면 설명해 보시오.
- 흑자도산에 대해 아는 대로 설명해 보시오.
- 새마을금고중앙회의 경영공시에 대한 의견을 말해 보시오.

앞선 정보 제공! 도서 업데이트

언제, 왜 업데이트될까?

도서의 학습 효율을 높이기 위해 자료를 추가로 제공할 때!
공기업·대기업 필기시험에 변동사항 발생 시 정보 공유를 위해!
공기업·대기업 채용 및 시험 관련 중요 이슈가 생겼을 때!

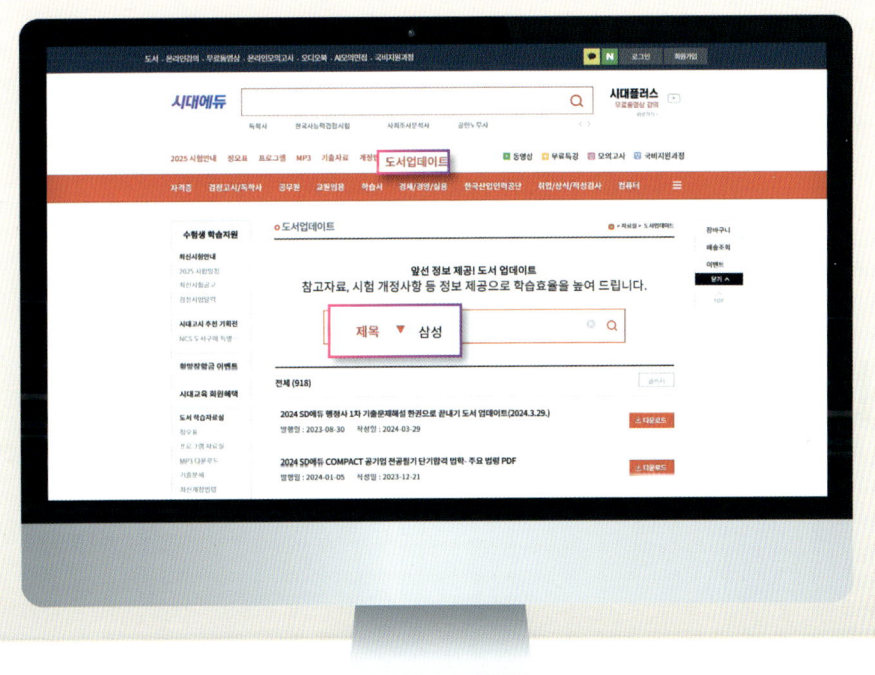

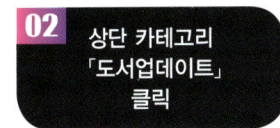

01 시대에듀 도서
www.sdedu.co.kr/book
홈페이지 접속

02 상단 카테고리
「도서업데이트」
클릭

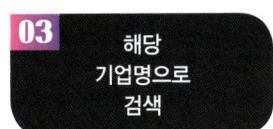

03 해당
기업명으로
검색

참고자료, 시험 개정사항 등 정보 제공으로 학습효율을 높여 드립니다.

시대에듀

금융권 필기시험
시리즈

알차다!
꼭 알아야 할 내용을
담고 있으니까

친절하다!
핵심내용을 쉽게
설명하고 있으니까

명쾌하다!
상세한 풀이로 완벽하게
익힐 수 있으니까

핵심을 뚫는다!
시험 유형과 흡사한
문제를 다루니까

"신뢰와 책임의 마음으로 수험생 여러분에게 다가갑니다."

"농협" 합격을 위한 시리즈

농협 계열사 취업의 문을 여는
Master Key!

2026 최신판

| 도서 동형 온라인 실전연습 서비스 · NCS 핵심이론 및 대표유형 무료 PDF · 온라인 모의고사 무료쿠폰

통합기본서

MG 새마을금고 중앙회

정답 및 해설

펴냄 | SDC(Sidae Data Center)

SDC는 시대에듀 데이터 센터의 약자로 약 30만 개의 NCS · 적성 문제 데이터를
바탕으로 최신 출제경향을 반영하여 문제를 출제합니다.

최신기출유형 ✚ 모의고사 1회 ✚ 온라인 모의고사 3회 ✚ 무료 NCS 특강

대표기출유형 및 기출응용문제로 필기전형 대비!

2025년 온라인 필기전형 출제경향 전면 반영!

시대에듀

PART 1

NCS 직업기초능력

끝까지 책임진다! 시대에듀!

QR코드를 통해 도서 출간 이후 발견된 오류나 개정법령, 변경된 시험 정보, 최신기출문제, 도서 업데이트 자료 등이 있는지 확인해 보세요! **시대에듀 합격 스마트 앱**을 통해서도 알려 드리고 있으니 구글 플레이나 앱 스토어에서 다운받아 사용하세요. 또한, 파본 도서인 경우에는 구입하신 곳에서 교환해 드립니다.

대표기출유형 01　기출응용문제

01
정답 ④

제시문은 20·30 청년들이 '영끌'을 통해 집을 구매한 이유를 '렌트푸어'와 '하우스푸어'의 양자택일로 인한 것임을 설명하고 있다. 따라서 '20·30 청년들의 영끌의 이유'가 가장 적절한 주제이다.

02
정답 ②

제시문에서는 종합 지급결제 사업자 제도가 등장한 배경과 해당 제도를 통해 얻을 수 있는 이익과 우려되는 상황에 대해 다루고 있다. 따라서 '종합 지급결제 사업자 제도의 득과 실'이 주제로 가장 적절하다.

오답분석

① 제시문에서는 은행의 과점체제 해소를 위한 여러 방안 중 금융당국 판단에서 가장 큰 효과가 기대되는 종합 지급결제 사업자 제도에 대해서만 언급하고 있으므로, 지나치게 포괄적인 주제이다.
③ 제시문은 비은행 업계가 은행의 권리를 침해한다기보다는 은행의 과점체제인 현 상황을 개선하기 위해 은행 업무 중 일부를 비은행 기관이 같이 하게 된 배경과 그로 인해 발생하는 장점과 단점을 다루고 있다. 따라서 제시문의 주제로 적절하지 않다.
④ 제시문은 종합 지급결제 사업자 제도의 도입으로 인한 은행과 비은행의 경쟁과 그로 인해 발생할 수 있는 장점과 단점을 다루고 있으며, 이는 소비자의 실익에만 국한되어 있지 않기 때문에 주제로 보기에는 적절하지 않다.

03
정답 ①

제시문은 일반적인 의미와 다른 나라의 사례를 통해 대체의학의 정의를 설명하고, 크게 세 가지 유형으로 나눠 대체의학의 종류를 설명하고 있다. 따라서 '대체의학의 의미와 종류'가 제목으로 가장 적절하다.

오답분석

② 대체의학이 지니는 문제점은 언급되지 않았다.
③ 대체의학에 따른 부작용 사례는 언급되지 않았다.
④ 대체의학이 무엇인지 설명하고 있을 뿐 개선방향에 대해서는 언급하지 않았다.

04
정답 ②

제시문은 시장집중률의 정의와 측정 방법 등 그 개념과 의의에 대해 설명하고 있다.

05
정답 ④

제시문은 물리학의 근본 법칙들이 사실을 정확하게 기술하기 위해 조건을 추가할 경우 오히려 일반적인 상황이 아닌 특수한 상황만을 설명하게 되는 문제점을 서술하고 있으므로 ④가 중심 내용으로 가장 적절하다.

01

정답 ④

제시문에 따르면 테크핀의 발전 원인에는 국내의 높은 IT 인프라, 전자상거래 확산, 규제 완화 등이 있다.

오답분석
① 핀테크와 테크핀의 부정적인 영향으로 혜택의 불균형이 있다.
② 핀테크는 금융기관이, 테크핀은 ICT 기업이 주도한다.
③ 테크핀은 금융보다 기술을 강조한다.

02

정답 ④

제시문에 따르면 1972년 8월 8・3조처로 1970년대에 대체로 30% 이상의 신장세를 유지하였으나, 1974년과 1979년에는 제외되었다.

오답분석
① 은행 조례에서 '임치'라는 말이 사용되었으며, 당시 예금자는 임주(任主)라고 불렀다.
② 1945년 광복 이후 1950년대 초까지는 정치적・사회적 혼란과 경제적 무질서, 그리고 극심한 인플레이션뿐만 아니라 일반 국민의 소득도 적었고 은행금리가 실세금리보다 낮았기 때문에 예금실적은 미미한 상태였다.
③ 1980년대에는 물가안정과 각종 우대금리의 확대에 따라 예금은행의 총예금이 1980년에 12조 4,219억 원, 1985년에는 31조 226억 원, 그리고 1990년에는 84조 2,655억 원에 이르렀다.

03

정답 ④

제시문에 따르면 높은 물가 상승률은 이자율의 상승과 함께 대출 조건을 악화시키므로 기업들은 생산 비용 상승과 이로 인한 이윤 감소에 직면하게 된다.

오답분석
① 높은 물가는 가계의 실질 소비력을 약화시키므로 소비 심리를 위축시켜 경기 둔화를 초래할 수 있다.
②・③ 세금 조정, 통화량 조절, 금리 조정 등 여러 금융 정책의 목적은 물가 상승률을 통제하여 안정성을 확보하는 것이다.

04

정답 ①

ㄱ. 에스페란토의 문자는 영어 알파벳 26개 문자에서 4개의 문자를 빼고 6개의 문자를 추가하여 만들어졌다고 하였으므로 28개임을 알 수 있다.
ㄷ. 단어의 강세는 항상 뒤에서 두 번째 모음에 있다고 하였으므로 '어머니'를 나타내는 patrino는 'i'에, 장모를 나타내는 bopatrino 역시 'i'에 강세가 있음을 알 수 있다.

오답분석
ㄴ. 제시된 사례에서 '사랑'의 어간은 'am'임을 알 수 있으며, 미래형의 경우는 어간에 −os를 붙인다고 하였으므로 '사랑할 것이다.'는 'amos'로 표현한다는 것을 알 수 있다.
ㄹ. 자멘호프는 1민족 2언어주의에 입각하여 같은 민족끼리는 모국어를, 다른 민족과는 에스페란토를 사용하자고 하였다.

05

정답 ④

제시문에 따르면 채권을 발행한 기업의 경영 환경이 악화되면 지급 불능 위험이 높아지므로, 채권가격은 떨어지게 된다.

06

정답 ①

빈칸 앞의 '금리는 현재가치에 반대 방향으로 영향을 준다.'와 빈칸 뒤의 '금리가 상승하면 채권의 현재가치가 하락하게 되고'는 논리적 모순 없이 인과관계를 이룬다. 그러므로 빈칸에는 '따라서'가 가장 적절하다.

대표기출유형 03 기출응용문제

01

정답 ④

제시문은 블록체인 기술에 대한 설명과 원리 및 장단점을 소개한 글이다. 그러므로 가장 먼저 블록체인 기술에 대해 소개하는 (라) 문단이 와야 한다. 이어서 블록체인 기술의 원리 중 블록에 대해 설명하는 (가) 문단과 블록에 적용되는 암호화 기술인 해싱에 대해 설명하는 (다) 문단이 이어지는 것이 적절하다. 마지막으로 블록체인 기술의 장점을 정리하고 그 한계점을 제시한 (나) 문단이 와야 한다. 따라서 (라) – (가) – (다) – (나) 순으로 나열하는 것이 적절하다.

02

정답 ③

제시문은 코젤렉의 '개념사'에 대한 정의와 특징에 대한 글이다. 따라서 (라) 개념에 대한 논란과 논쟁 속에서 등장한 코젤렉의 개념사 – (가) 코젤렉의 개념에 대한 분석 – (나) 개념에 대한 추가적인 분석 – (마) 개념사에 대한 추가적인 분석 – (다) 개념사의 목적과 코젤렉의 주장 순으로 나열하는 것이 가장 적절하다.

03

정답 ②

제시문은 고전주의의 예술관을 설명한 후 이에 반하는 수용미학의 등장과 수용미학을 처음 제시한 야우스의 주장에 대해 설명한다. 이어서 이것을 체계화한 이저의 주장을 소개하고 이저가 생각한 독자의 역할을 제시한 뒤 이것의 의의에 대해 설명하고 있는 글이다. 따라서 (가) 고전주의 예술관과 이에 반하는 수용미학의 등장 – (라) 수용미학을 제기한 야우스의 주장 – (다) 야우스의 주장을 정리한 이저 – (나) 이저의 이론 속 텍스트와 독자의 상호작용의 의의 순으로 나열하는 것이 가장 적절하다.

04

정답 ④

제시문은 자본주의의 발생과 한계, 그로 인한 수정자본주의의 탄생과 수정자본주의의 한계로 인한 신자유주의의 탄생에 대해 다루고 있다. 제시문의 마지막 문장인 '이러한 자본주의는 어떻게 발생하였을까?'를 통해 이어질 내용이 자본주의의 역사임을 유추할 수 있다. 따라서 (라) 자본주의의 태동 – (나) 자본주의의 학문화를 통한 영역의 공고화 – (가) 고전적 자본주의의 문제점을 통한 수정자본주의의 탄생 – (다) 수정자본주의의 문제점을 통한 신자유주의의 탄생 순으로 나열하는 것이 가장 적절하다.

05

정답 ③

제시문에서는 경기적 실업에 대한 고전학파의 입장을 설명하고 있으며, (나)의 '이들'은 바로 이 고전학파를 지시하고 있다. 따라서 제시문 바로 다음에 (나)가 와야 자연스럽다. 다음으로 (가)의 '이렇게 실질임금이 상승하게 되면'을 통해 실질임금 상승에 관해 언급하는 (나) 뒤에 (가)가 와야 함을 알 수 있다. 마지막으로 정부의 역할에 반대하는 고전학파의 주장을 강조하는 (다)는 결론에 해당하므로 (나) – (가) – (다) 순으로 나열하는 것이 가장 적절하다.

대표기출유형 04 기출응용문제

01

정답 ①

제시문의 (가)의 앞 문장에서 곰돌이 인형이 말하는 사람에게 주의를 기울여준다고 했으므로 그다음 내용은 그 이유를 설명하는 보기가 오는 것이 적절하다.

02

정답 ④

보기의 내용은 감각이 아닌 산술 혹은 기하학 등 단순한 것의 앎에 대한 의심으로써, '하느님과 같은 어떤 전능자가 명백하게 여겨지는 것에 대해서도 속을 수 있는 본성을 나에게 줄 수 있다.'라는 마지막 문장을 주시해야 한다. 또한, (라) 다음의 시작 부분에 '누구든지 나를 속일 수 있으면 속여 보라.'라는 문장을 보면 보기의 마지막과 (라)의 시작 부분이 연결됨을 알 수 있다. 따라서 보기의 내용은 (라)에 들어가는 것이 적절하다.

03

정답 ④

- (가) : ㄷ은 빈칸 앞 문장의 '음원의 위치가 정중앙이 아니라 어느 한쪽으로 치우쳐 있으면, 소리가 두 귀 중에서 어느 한쪽에 먼저 도달한다.'는 내용을 보충 설명한다. 따라서 빈칸 (가)에는 ㄷ이 적절하다.
- (나) : 빈칸 앞의 내용에서는 '소리의 크기를 통해 음원의 위치를 알 수 있다.'고 하였는데, 빈칸 뒤에서는 '소리가 저주파로만 구성되어 있는 경우 소리의 크기 차이를 이용한 위치 추적은 효과적이지 않다.'고 하였다. 따라서 빈칸 (나)에는 저주파에서는 소리의 크기 차이가 일어나지 않는다는 내용의 ㄴ이 적절함을 알 수 있다.
- (다) : 빈칸 앞의 내용에서 '머리와 귓바퀴의 굴곡'이 '고막에 도달하기 전'의 소리를 변형시키는 필터 역할을 한다고 하였으므로 빈칸 (다)에는 이러한 굴곡으로 인해 두 고막에 도달하는 소리의 음색 차이가 생긴다는 내용의 ㄱ이 적절함을 알 수 있다.

04

정답 ④

ㄱ. '점탄성체의 변형이 그대로 유지될 때'는 두 번째 문단에서 예시로 든 늘어난 고무줄의 길이를 그대로 고정해 놓은 경우를 가리키며, 이러한 경우에는 고무줄의 분자 배열 구조가 점차 변하며 응력이 서서히 감소한다. 즉, ㄱ은 두 번째 문단에서 든 예시를 통해 유추할 수 있는 과학적 사실을 요약한 것이므로 ㄱ의 위치는 (다)가 가장 적절하다.

ㄴ. 마지막 문단에서 설명한 응력 완화와 크리프 관련 내용을 통해 유추할 수 있는 과학적 사실에 해당한다. 따라서 ㄴ의 위치는 (마)가 가장 적절하다.

05

정답 ①

ㄱ. (가) 이후 '다시 말해서 ~'가 이어지는 것으로 보아 (가)에는 뒤 문장과 비슷한 내용을 언급하고 있는 문장이 와야 한다. ㄱ은 우주 안에서 일어나는 사건이라는 측면에서 과학에서 말하는 현상과 현상학에서 말하는 현상은 다를 바가 없고, (가)의 바로 뒤에 있는 문장에서는 현상학적 측면에서 볼 때 철학의 구조와 과학적 지식의 구조가 다를 바 없음을 말하고 있다. 따라서 ㄱ은 (가)에 들어가는 것이 가장 적절하다.

ㄴ. 언어학의 특징을 설명하고 있다. (나)의 앞에서 철학과 언어학의 차이를 언급하고 있으며, 뒤 문장에서는 언어학에 대한 설명이 이어지고 있으므로 ㄴ의 위치는 (나)가 가장 적절하다.

01

제시문에서 '멋'은 파격이면서 동시에 보편적이고 일반적인 기준을 벗어나지 않아야 하는 것임을 강조하고 있다. 따라서 멋은 사회적인 관계에서 생겨나는 것이라는 결론을 얻을 수 있다.

02

제시문에 따르면 평균세율은 세액을 과세표준으로 나눈 값이다. 따라서 과세표준 금액이 3,000만 원이고, 세액이 $1,000\times0.1+2,000\times0.2=500$만 원인 경우, 평균세율은 약 $500\div3,000\times100\fallingdotseq16.7\%$가 된다.

03

제시문에 따르면 기분조정 이론은 현재 시점에만 초점을 맞추고 있는 기분관리 이론을 보완한 이론으로, 기분조정 이론을 검증하기 위한 실험에서 피실험자들은 한 시간 후의 상황을 생각하며 미리 다른 음악을 선택하였다. 즉 기분조정 이론은 사람들이 현재 시점뿐만 아니라 다음에 올 상황을 고려하여 현재의 기분을 조정한다는 것이다. 따라서 빈칸에 들어갈 내용으로 ③이 가장 적절하다.

[오답분석]
①·④ 현재의 기분에 초점을 맞추고 있는 진술이므로 적절하지 않다.
② 기분조정 이론에 따르면 사람들은 다음에 올 상황을 고려하여 흥분을 유발하는 음악 또는 흥분을 가라앉히는 음악을 선택하여 기분을 조정한다. 따라서 흥분을 유발할 수 있는 음악을 선택한다는 진술은 적절하지 않다.

04

제시문에 따르면 미생물을 끓는 물에 노출하면 영양세포나 진핵포자는 죽일 수 있으나, 세균의 내생포자는 사멸시키지 못한다. 멸균은 포자, 박테리아, 바이러스 등을 완전히 파괴하거나 제거하는 것이므로 물을 끓여서 하는 열처리 방식으로는 멸균이 불가능함을 알 수 있다. 따라서 빈칸에 들어갈 내용으로는 소독은 가능하지만, 멸균은 불가능하다는 ③이 가장 적절하다.

01

제시문의 핵심 논점은 첫째 문단의 끝에서 '제로섬(Zero-sum)적인 요소를 지니는 경제 문제'와 둘째 문단의 끝에서 '우리 자신의 수입을 보호하기 위해 경제적 변화가 일어나는 것을 막거나 혹은 사회가 우리에게 손해를 입히는 공공정책이 강제로 시행되는 것을 막기 위해 싸울 것'에 대한 것이다. 제시문은 사회경제적인 총합이 많아지는 정책, 즉 '사회의 총생산량이 많아지게 하는 정책이 좋은 정책'이라는 주장에 대한 비판이라고 할 수 있다.

02

제시문에서는 기계화·정보화의 긍정적인 측면보다는 부정적인 측면을 부각시키고 있다. 따라서 기계화·정보화가 인간의 삶의 질 개선에 기여하고 있음을 경시한다고 지적할 수 있다.

03

정답 ①

제시문에서는 탑을 복원할 경우 탑에 담긴 역사적 의미와 함께 탑과 주변 공간의 조화가 사라지고, 정확한 자료 없이 탑을 복원한다면 탑을 온전하게 되살릴 수 없다는 점을 들어 탑을 복원하기보다는 보존해야 한다고 주장한다. 따라서 이러한 근거들과 관련이 없는 ①은 주장에 대한 반박으로 적절하지 않다.

04

정답 ④

제시문은 인간의 문제를 자연의 힘이 아니라 인간의 힘으로 해결해야 한다는 생각으로 정나라의 재상인 자산(子産)이 펼쳤던 개혁 정책의 특징과 결과를 설명한다. 보기는 통치자들의 무위(無爲)를 강조하고 인위적인 규정의 해체를 주장하는 노자의 사상을 설명하고 있는데, 이러한 노자의 입장에서는 인간의 힘으로 문제를 해결하려는 자산의 개혁 정책은 인위적이어서 사회를 해체해야 할 허위로 가득 차게 한다고 비판할 수 있다.

오답분석

①·③ 자산을 비판하는 입장이 아니라 자산의 입장에서 주장할 수 있는 내용이다.
② 자산의 입장에서 주장할 수 있는 내용이며, 보기의 노자는 오히려 인위적 사회 제도의 해체를 주장했다.

05

정답 ③

제시문의 ㉠은 '인간에게 반사회성이 없다면 인간의 모든 재능이 꽃피지(발전하지) 못하고 사장될 것'이라는 내용이므로 '사회성만으로도 재능이 계발될 수 있다.'가 ㉠에 대한 반박으로 가장 적절하다.

대표기출유형 07   기출응용문제

01

정답 ④

세시문의 두 번째 문단에 따르면 전문 화가들의 그림보다 문인사대부들의 그림을 더 높이 사는 풍조는 동양 특유의 문화 현상에서만 나타나는 것이므로 서양 문화에서는 아마추어격인 문인사대부들의 그림보다 전문 화가들의 그림을 더 높게 평가하였을 것이다.

오답분석

① 문인사대부들은 정교한 기법이나 기교에 바탕을 눈 상식석인 채색풍을 멀리히였고, 동기창(董其昌)은 정통적인 화공보다 이러한 문인사대부들의 그림을 더 높이 평가하였으므로 옳지 않다.
② 두 개의 회화적 전통이 성립된 곳은 오로지 극동 문화권뿐이라고 하였으므로 옳지 않다.
③ 문방사우를 이용해 그린 문인화(文人畵)는 화공들이 아닌 문인사대부들이 주로 그렸다.

02

정답 ①

제시문의 두 번째 문단에서 '절차적 지식을 갖기 위해 ~ 정보를 마음에 떠올릴 필요는 없다.'라고 하였다.

오답분석

② 마지막 문단에 따르면 '이 사과는 둥글다.'라는 지식은 둥근 사과의 이미지일 수도, '이 사과는 둥글다.'는 명제일 수도 있다.
③ 마지막 문단에서 '표상적 지식은 절차적 지식과 달리 특정한 일을 수행하는 능력과 직접 연결되어 있지 않다.'고 하였으나, 특정 능력의 습득에 도움을 줄 수 있는지 아닌지는 제시문의 내용을 통해서는 알 수 없다.
④ 인식론에서 나눈 지식의 유형에는 능력의 소유를 의미하는 절차적 지식과 정보의 소유를 의미하는 표상적 지식이 모두 포함된다.

03

정답 ③

제시문에 따르면 레일리 산란의 세기는 보랏빛이 가장 강하지만 우리 눈은 보랏빛보다 파란빛을 더 잘 감지하기 때문에 하늘이 파랗게 보이는 것이다.

오답분석

①·② 첫 번째 문단을 통해 추론할 수 있다.
④ 빛의 진동수는 파장과 반비례하고, 레일리 산란의 세기는 파장의 네제곱에 반비례한다. 즉, 빛의 진동수가 2배가 되면 파장은 1/2배가 되고, 레일리 산란의 세기는 $2^4 = 16$배가 된다.

04

정답 ②

제시문에 따르면 르네상스의 야만인 담론은 이전과는 달리 현실적 구체성을 띠고 있지만 서구의 전통 야만인관에 의해 각색되는 것은 여전하다.

오답분석

①·④ 두 번째 문단에서 확인할 수 있다.
③ 첫 번째 문단에서 확인할 수 있다.

05

정답 ①

A사원은 계획적이고 순차적으로 업무를 수행하므로 효율적인 업무 수행을 하고 있다.

오답분석

② 다른 사람의 업무에 지나칠 정도로 책임감을 느끼며 괴로워하는 B대리는 '배려적 일중독자'에 해당한다.
③ 음식을 과다 섭취하는 폭식처럼 일을 한 번에 몰아서 하는 C주임은 '폭식적 일중독자'에 해당한다.
④ 휴일이나 주말에도 일을 놓지 못하는 D사원은 '지속적인 일중독자'에 해당한다.

대표기출유형 01 기출응용문제

01

정답 ④

지원이가 자전거를 탄 시간을 x분이라고 하자. 걸어간 시간은 $(30-x)$분이다.

$50(30-x)+150x=4,000$

$\rightarrow 100x=2,500$

$\therefore x=25$

따라서 지원이는 25분 동안 자전거를 탔다.

02

정답 ④

• 순항 중일 때 날아간 거리 : $860 \times \left(3+\dfrac{30-15}{60}\right)=2,795$km

• 기상 악화일 때 날아간 거리 : $(860-40)\times\dfrac{15}{60}=205$km

$\therefore 2,795+205=3,000$

따라서 비행기가 날아간 총거리는 3,000km이다.

03

정답 ④

강을 거슬러 올라가는 데 걸리는 시간을 a시간, 내려오는 데 걸리는 시간을 b시간이라고 하자.

$a=\dfrac{5}{2}b \cdots \bigcirc$

$a+b=\dfrac{7}{4} \cdots \bigcirc$

㉠과 ㉡을 연립하면 $a=\dfrac{5}{4}$, $b=\dfrac{1}{2}$ 이다.

정지한 물에서의 배의 속력을 시속 $x$km, 강물의 속력을 시속 $y$km라고 하면 다음 식이 성립한다.

$\dfrac{5}{4}(x-y)=10 \cdots \bigcirc$

$\dfrac{1}{2}(x+y)=10 \cdots \bigcirc$

㉢과 ㉣을 연립하면 $x=14$, $y=6$이다.

따라서 정지한 물에서의 배의 속력은 14km/h이다.

01

정답 ③

농도가 4%인 소금물 300g에 들어있는 소금의 양은 $300 \times \dfrac{4}{100} = 12$g이므로 소금 100g을 추가로 넣었을 때 소금물의 농도는 $\dfrac{12+100}{300+100} \times 100 = 28\%$이다.

02

정답 ③

A, B, C설탕물의 설탕 질량을 구하면 다음과 같다.
• A설탕물의 설탕 질량 : $200 \times 0.12 = 24$g
• B설탕물의 설탕 질량 : $300 \times 0.15 = 45$g
• C설탕물의 설탕 질량 : $100 \times 0.17 = 17$g

A, B설탕물을 합치면 설탕물 500g에 들어있는 설탕은 $24+45=69$g, 농도는 $\dfrac{69}{500} \times 100 = 13.8\%$이다. 합친 설탕물을 300g만 남기고, C설탕물과 합치면 설탕물 400g이 되고 여기에 들어있는 설탕의 질량은 $300 \times 0.138 + 17 = 58.4$g이다. 이 합친 설탕물도 300g만 남기면 농도는 일정하므로 설탕물이 $\dfrac{3}{4}$으로 줄어든 만큼 설탕의 질량도 같이 줄어든다.

따라서 녹아있는 설탕의 질량은 $58.4 \times \dfrac{3}{4} = 43.8$g이다.

03

정답 ②

두 소금물을 합하면 소금물의 양은 800g이 된다. 이 소금물을 농도 10% 이상인 소금물로 만들기 위한 물의 증발량을 xg이라고 하자.
$$\frac{(300 \times 0.07) + (500 \times 0.08)}{800 - x} \times 100 \geq 10$$
$\rightarrow (21+40) \times 10 \geq 800 - x$
$\rightarrow x \geq 800 - 610$
$\therefore x \geq 190$
따라서 소금물 800g에서 최소 190g 이상의 물을 증발시켜야 농도가 10% 이상인 소금물을 얻을 수 있다.

01

정답 ③

갑의 1시간 동안 작업량을 x라고 한다면, 을과 병의 1시간 동안 작업량은 각각 $1.2x$, $0.7x$이다. 이를 정리하면 다음의 식이 성립한다.
$6 \times (x + 1.2x + 0.7x) = 435$
$\rightarrow 17.4x = 435$
$\therefore x = 25$
따라서 갑이 1시간 동안 조립하는 볼펜은 총 25개이다.

02

정답 ②

갑과 을이 함께 곰인형 132개를 만드는 데 걸리는 시간을 x시간이라고 하자.

갑과 을이 1시간 동안 만들 수 있는 곰인형의 수는 각각 $\frac{100}{4}=25$개, $\frac{25}{10}=2.5$개이다.

$(25+2.5)\times0.8\times x=132 \rightarrow 27.5x=165$

$\therefore x=6$

따라서 곰인형을 만드는 데 걸리는 시간은 6시간이다.

03

정답 ②

전체 일의 양을 1이라고 하면, A기계가 1시간 동안 작업할 수 있는 일의 양은 $\frac{1}{12}$ 이고, B기계가 1시간 동안 작업할 수 있는 일의 양은 $\frac{1}{18}$ 이다. 이미 절반의 작업이 수행되었으므로 남은 일의 양은 $1-\frac{1}{2}=\frac{1}{2}$ 이다.

이 중 A기계로 4시간 동안 작업을 수행했으므로 A기계와 B기계가 함께 작업해야 하는 일의 양은 $\frac{1}{2}-\left(\frac{1}{12}\times4\right)=\frac{1}{6}$ 이다.

따라서 A, B 두 기계를 모두 동원해 남은 $\frac{1}{6}$ 을 수행하는 데는 $\dfrac{\frac{1}{6}}{\left(\frac{1}{12}+\frac{1}{18}\right)}=\dfrac{\frac{1}{6}}{\frac{5}{36}}=\frac{6}{5}$ 시간, 즉 1시간 12분이 걸린다.

대표기출유형 04 기출응용문제

01

정답 ④

공책의 가격을 x원이라고 하면 다음과 같은 식이 성립한다.

$2(2,000-x)=2,400-x$

$\therefore x=1,600$

따라서 공책의 가격은 1,600원이다.

02

정답 ④

작년 교통비를 x원, 숙박비를 y원이라 하자.

$1.15x+1.24y=1.2(x+y) \cdots \bigcirc$

$x+y=36 \cdots \bigcirc$

㉠과 ㉡을 연립하면 $x=16$, $y=20$이다.

따라서 올해 숙박비는 $20\times1.24=24.8$이므로 248,000원이다.

03

정답 ③

A원두의 100g당 원가를 a원, B원두의 100g당 원가를 b원이라고 하자.

$1.5(a+2b)=3,000 \cdots \bigcirc$

$1.5(2a+b)=2,850 \cdots \bigcirc$

㉠과 ㉡을 연립하면 $a=600$, $b=700$이다.

따라서 B원두의 100g당 원가는 700원이다.

01

정답 ②

5명이 노란색 원피스 2벌, 파란색 원피스 2벌, 초록색 원피스 1벌 중 한 벌씩 선택하여 사는 경우의 수를 구하기 위해서는 먼저 5명을 2명, 2명, 1명으로 이루어진 3개의 팀으로 나누는 경우의 수를 구해야 한다.

$$_5C_2 \times _3C_2 \times _1C_1 \times \frac{1}{2!} = \frac{5 \times 4}{2} \times 3 \times 1 \times \frac{1}{2} = 15가지$$

원피스 색깔 중 2벌인 색은 노란색과 파란색 2가지이므로 선택할 수 있는 경우의 수는 $15 \times 2 = 30$가지이다.

02

정답 ③

반장과 부반장을 서로 다른 팀에 배치하는 경우는 2가지이다. 2명을 제외한 인원을 2명, 4명으로 나누는 경우는 먼저 6명 중 2명을 뽑는 방법과 같으므로 $_6C_2 = \frac{6 \times 5}{2} = 15$가지이다.

따라서 래프팅을 두 팀으로 나눠 타는 경우의 수는 $2 \times 15 = 30$가지이다.

03

정답 ④

한 번에 5장의 카드를 뽑아 두 자리 짝수와 세 자리 홀수를 만들어야 하므로 카드 중 홀수와 짝수가 각각 1장씩은 필요하다.
- 두 자리 짝수의 일의 자리가 0인 경우
  카드 중 홀수는 1, 3, 5, 7, 9 총 5가지이고, 이 중 1장을 뽑는다. 반드시 들어가야 하는 0을 제외하고 나머지 8장 중 3장을 뽑아 배치하고, 순서는 바꿀 수 있으므로 $_8P_3 = 8 \times 7 \times 6 = 336$가지가 나온다. 그러므로 5장의 카드로 짝수와 홀수를 만들 수 있는 경우의 수는 $5 \times 56 \times 6 = 1,680$가지이다.
- 두 자리 짝수의 일의 자리가 0을 제외한 짝수 카드 숫자인 경우
  두 자리 짝수의 일의 자리로 2, 4, 6, 8이 적힌 카드 4가지가 가능하고, 세 자리 홀수의 일의 자리는 1, 3, 5, 7, 9가 적힌 카드 5가지가 가능하다. 또한 짝수의 십의 자리와 홀수의 백의 자리는 0이 올 수 없으므로 0을 제외한 7장 카드 중에서 2장을 뽑아 배치하고, 순서는 바꿀 수 있으므로 $_7P_2 = 7 \times 6 = 42$가지가 나온다. 홀수의 십의 자리에는 나머지 0을 포함한 6장의 카드 중 1장을 뽑는다. 그러므로 5장의 카드로 만들 수 있는 경우의 수는 $4 \times 5 \times 42 \times 6 = 5,040$가지이다.

따라서 10장의 카드 중 5장을 뽑아 두 자리 짝수와 세 자리 홀수를 만들 수 있는 경우의 수는 $1,680 + 5,040 = 6,720$가지이다.

01

정답 ①

두 개의 주사위를 굴려서 나올 수 있는 모든 경우의 수는 $6 \times 6 = 36$가지이고, 눈의 합이 2 이하가 되는 경우는 주사위의 눈이 (1, 1)이 나오는 경우 한 가지이다.

따라서 눈의 합이 2 이하가 나오는 확률은 $\frac{1}{36}$이다.

02

정답 ②

- 비가 왔을 때 이길 확률 : $\dfrac{2}{5} \times \dfrac{1}{3} = \dfrac{2}{15}$

- 비가 오지 않았을 때 이길 확률 : $\dfrac{3}{5} \times \dfrac{1}{4} = \dfrac{3}{20}$

$\therefore \dfrac{2}{15} + \dfrac{3}{20} = \dfrac{17}{60}$

따라서 내일 이길 확률은 $\dfrac{17}{60}$ 이다.

03

정답 ④

- 두 사원이 1 ~ 9층에 내리는 경우의 수 : 9×9=81가지
- A가 1 ~ 9층에 내리는 경우의 수 : 9가지
- B가 1 ~ 9층에 내리는 경우의 수 : 8가지($\because$ B는 A가 내리지 않은 층에서 내려야 함)

따라서 두 사원이 서로 다른 층에 내릴 확률은 $\dfrac{9 \times 8}{81} = \dfrac{8}{9}$ 이다.

대표기출유형 07   기출응용문제

01

정답 ②

성호가 먼저 20만 원을 지불하고 남은 금액은 80만 원이다.
매달 갚아야 할 금액을 a만 원이라고 하면, 매달 성호가 a만 원을 갚고 남은 금액은 다음과 같다.

- 1개월 후 : $(80 \times 1.03 - a)$만 원
- 2개월 후 : $(80 \times 1.03^2 - a \times 1.03 - a)$만 원
- 3개월 후 : $(80 \times 1.03^3 - a \times 1.03^2 - a \times 1.03 - a)$만 원

$$\vdots$$

- 6개월 후 : $(80 \times 1.03^6 - a \times 1.03^5 - a \times 1.03^4 - a \times 1.03^3 - a \times 1.03^2 - a \times 1.03 - a)$만 원=0원

이를 정리하면 다음과 같은 식이 성립한다.

$$80 \times 1.03^6 = \frac{a(1.03^6 - 1)}{1.03 - 1}$$

$$\rightarrow 80 \times 1.2 = \frac{a \times (1.2 - 1)}{0.03}$$

$$\therefore a = 80 \times 1.2 \times \frac{0.03}{0.2} = 14.4$$

따라서 성호는 매달 14.4만 원씩 갚아야 한다.

02

정답 ①

해당 상품의 단리이자를 구하면 $500,000 \times \dfrac{24 \times 25}{2} \times \dfrac{0.024}{12} = 300,000$원이고, 적금의 원금은 $500,000 \times 24 = 1,200$만 원이다.
따라서 만기환급금은 $12,000,000 + 300,000 = 12,300,000$원이다.

03

정답 ④

해당 상품의 단리이자를 구하면 $200,000 \times \dfrac{24 \times 25}{2} \times \dfrac{0.02}{12} = 100,000$원이고, 적금의 원금은 $200,000 \times 24 = 480$만 원이다.

따라서 A사원이 갑에게 안내할 금액은 $200,000 \times 24 + 100,000 = 4,900,000$원이다.

04

정답 ③

연단리와 연복리 예금의 만기환급금을 계산하는 문제는 다음 식을 사용하여 풀이한다(원금 a원, 연이율 $r\%$, 예치기간 n년).
- (연단리 예금 만기환급금) $= a(1+nr)$
- (연복리 예금 만기환급금) $= a(1+r)^n$

단리 예금상품의 만기환급금은 $4,000 + 4,000 \times 3 \times 0.07 = 4,840$만 원이고,

복리 예금상품의 만기환급금은 $4,000 \times (1+0.1)^3 = 4,000 \times 1.331 = 5,324$만 원이다.

따라서 두 예금상품의 만기 시 수령액 차이는 $5,324 - 4,840 = 484$만 원임을 알 수 있다.

05

정답 ③

기본이율과 앱 가입 시 이율일 때의 단리 예금상품의 금액 차이는 두 경우 모두 원금이 동일하므로 이자 금액의 차이와 같다.
따라서 $4,000 \times (0.09 \times 3 - 0.07 \times 3) = 240$만 원임을 알 수 있다.

대표기출유형 08   기출응용문제

01

정답 ②

매년 A, B, C 각 학과의 입학자와 졸업자의 차이는 13명으로 일정하다.
따라서 빈칸에 들어갈 값은 $58 - 13 = 45$이다.

02

정답 ②

2023년	2024년	2025년	확률
C등급	A등급	C등급	$0.1 \times 0.1 = 0.01$
	B등급		$0.22 \times 0.33 = 0.0726$
	C등급		$0.68 \times 0.68 = 0.4624$

따라서 2023년 C등급이 2025년에도 C등급으로 유지될 가능성은 $0.01 + 0.0726 + 0.4624 = 0.545$이다.

03

정답 ③

주어진 자료를 바탕으로 지점 수를 정리하면 다음과 같다. 증감표의 부호를 반대로 하여 2024년 지점 수에 대입하면 쉽게 계산이 가능하다.

(단위 : 개)

구분	2021년 지점 수	2022년 지점 수	2023년 지점 수	2024년 지점 수
서울	15	17	19	17
경기	13	15	16	14
인천	14	13	15	10
부산	13	11	7	10

2021년에 지점 수가 두 번째로 많은 지역은 인천이며, 지점 수는 14개이다.

04

정답 ④

2024년 15세 미만 인구를 x, 65세 이상 인구를 y, 15 ~ 64세 인구를 a라 하면, 15세 미만 인구 대비 65세 이상 인구 비율은 $\frac{y}{x} \times 100$이다.

(2024년 유소년부양비)$= \frac{x}{a} \times 100 = 19.5 \rightarrow a = \frac{x}{19.5} \times 100 \cdots \bigcirc$

(2024년 노년부양비)$= \frac{y}{a} \times 100 = 17.3 \rightarrow a = \frac{y}{17.3} \times 100 \cdots \bigcirc$

$\bigcirc$과 $\bigcirc$을 연립하면, $\frac{x}{19.5} = \frac{y}{17.3} \rightarrow \frac{y}{x} = \frac{17.3}{19.5}$

따라서 2024년 15세 미만 인구 대비 65세 이상 인구의 비율은 $\frac{17.3}{19.5} \times 100 ≒ 88.7\%$이다.

05

정답 ②

- (가) : 순수보장형 1년 납입보험료가 22만 원이므로 3년 납입보험료 누계액은 22×3=66만 원이다.

- (나) : (해지환급금)=(납입보험료 누계액)×$\frac{(환급률)}{100}$이므로, 순수보장형 보험에 가입하여 20년 후에 해지할 시 해지환급금은 220×0.15=33만 원이다.

- (다) : (환급률)=$\frac{(해지환급금)}{(납입보험료\ 누계액)} \times 100$이므로, 환급형 보험으로 가입하여 20년 후에 해지할 시 환급률은 $\frac{1,140}{1,200} \times 100 = 95\%$이다.

따라서 각 빈칸에 들어갈 수치는 (가) 66, (나) 33, (다) 95이다.

01

정답 ①

ㄱ. 자체 재원조달금액 중 국내투자에 사용되는 금액이 차지하는 비중은 $\frac{2,682}{4,025} \times 100 ≒ 66.6\%$이므로 옳은 설명이다.

ㄴ. 해외재원은 국내투자와 해외투자로 양분되나 국내투자분이 없으므로 옳은 설명이다.

오답분석

ㄷ. 국내재원 중 정부조달금액이 차지하는 비중은 $\frac{2,288}{6,669} \times 100 ≒ 34.3\%$이므로 40% 미만이다.

ㄹ. 국내재원 중 해외투자금액 대비 국내투자금액의 비율은 $\frac{5,096}{1,573} \times 100 ≒ 323.9\%$이므로 3배 이상이다. 따라서 옳지 않은 설명이다.

02

정답 ④

2019년의 노령연금 대비 유족연금의 비율은 $\frac{485}{2,532} \times 100 ≒ 19.2\%$이고, 2020년의 비율은 $\frac{571}{3,103} \times 100 ≒ 18.4\%$이다.
따라서 2019년이 2020년보다 높다.

오답분석

① 매년 가장 낮은 것은 장애연금 지급액이다.
② 일시금 지급액은 2021년과 2022년에 감소했다.
③ 2019년 지급총액의 2배는 3,586×2=7,172억 원이므로 2023년에 처음으로 2배를 넘어섰다.

03

정답 ③

현재 유지관리하는 도로의 총거리는 4,113km이고, 1990년대는 367.5+1,322.6+194.5+175.7=2,060.3km이다.
따라서 1990년대보다 현재 도로는 4,113-2,060.3=2,052.7km 더 길어졌다.

오답분석

① 2000년대 4차로 도로의 거리는 3,426-(155+450+342)=2,479km이므로 1960년대부터 유지관리하는 4차로 도로의 거리는 현재까지 계속 증가했다.
② 현재 유지관리하는 도로 한 노선의 평균거리는 $\frac{4,113}{29} ≒ 141.8$km로 120km 이상이다.
④ 차선이 만들어진 순서는 4차로(1960년대) - 2차로(1970년대) - 6차로(1980년대) - 8차로(1990년대) - 10차로(현재)이다.

04

정답 ④

ㄴ. 보험금 지급 부문에서 지원된 금융 구조조정 자금 중 저축은행이 지원받은 금액의 비중은 $\frac{72,892}{303,125} \times 100 ≒ 24.0\%$로, 20%를 초과한다.

ㄷ. 제2금융에서 지원받은 금융 구조조정 자금 중 보험금 지급 부문으로 지원받은 금액이 차지하는 비중은 $\frac{182,718}{217,080} \times 100 ≒ 84.2\%$로, 80% 이상이다.

ㄹ. 부실자산 매입 부문에서 지원된 금융 구조조정 자금 중 은행이 지급받은 금액의 비중은 $\frac{81,064}{105,798} \times 100 ≒ 76.6\%$로, 보험사가 지급받은 금액의 비중의 20배인 $\frac{3,495}{105,798} \times 100 \times 20 ≒ 66.1\%$ 이상이다.

오답분석

ㄱ. 출자 부문에서 은행이 지원받은 금융 구조조정 자금은 222,039억 원으로, 증권사가 지원받은 금융 구조조정 자금의 3배인 99,769×3=299,307억 원보다 작다.

01

변환된 그래프의 단위는 백만 주이고, 주어진 자료에는 주식 수의 단위가 억 주이므로 이를 주의하여 종목당 평균 주식 수를 구하면 다음과 같다.

구분	2014년	2015년	2016년	2017년	2018년	2019년	2020년	2021년	2022년	2023년	2024년
종목당 평균 주식 수 (백만 주)	9.39	12.32	21.07	21.73	22.17	30.78	27.69	27.73	27.04	28.25	31.13

이를 토대로 전년 대비 증감 추이를 나타내면 다음과 같다.

구분	2014년	2015년	2016년	2017년	2018년	2019년	2020년	2021년	2022년	2023년	2024년
전년 대비 변동 추이	–	증가	증가	증가	증가	증가	감소	증가	감소	증가	증가

이와 동일한 추이를 보이는 그래프는 ②이다.

02

오답분석

① 2022 ~ 2024년 동안의 40대 여성 취업자 수가 자료보다 높다.
② 20대와 30대의 전체 수치가 바뀌었다.
④ 40대와 50대 이상의 전체 수치가 바뀌었다.

03

네 번째 문단에 제시된 영업용으로 등록된 특수차의 수에 따라 2021 ~ 2024년 전년 대비 증가량 중 2021년과 2024년의 전년 대비 증가량이 자료보다 높다.

(단위 : 대)

구분	2021년	2022년	2023년	2024년
증가량	59,281−57,277=2,004	60,902−59,281=1,621	62,554−60,902=1,652	62,946−62,554−392

오답분석

① 두 번째 문단에서 자가용으로 등록된 특수차의 연도별 수를 계산하면 2020년 2만 대, 2021년 2.4만 대, 2022년 2.8만 대이며, 2023년 3만 대, 2024년 3.07만 대가 된다.
② 두 번째 문단에서 자가용으로 등록된 연도별 승용차 수와 일치한다.
③ 네 번째 문단에서 영업용으로 등록된 연도별 특수차 수와 일치한다.

문제해결능력

대표기출유형 01   기출응용문제

01

정답 ④

명제들을 통해서 적극적인 사람은 활동량이 많으며 활동량이 많을수록 잘 다치고 면역력이 강화된다는 것을 알 수 있다. 활동량이 많지 않은 사람은 적극적이지 않은 사람이며, 적극적이지 않은 사람은 영양제를 챙겨먹는다는 것을 알 수 있다. 하지만 영양제를 챙겨먹으면 면역력이 강화되는지는 알 수 없다.

오답분석
① 1번째 명제, 2번째 명제 대우를 통해 추론할 수 있다.
② 1번째 명제, 3번째 명제를 통해 추론할 수 있다.
③ 2번째 명제, 1번째 명제 대우, 4번째 명제를 통해 추론할 수 있다.

02

정답 ④

'야근을 하는 사람'을 A, 'X분야의 업무를 하는 사람'을 B, 'Y분야의 업무를 하는 사람'을 C라고 하면, 첫 번째 명제와 두 번째 명제를 다음과 같이 벤 다이어그램으로 나타낼 수 있다.

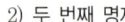

1) 첫 번째 명제

2) 두 번째 명제

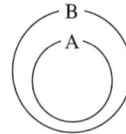

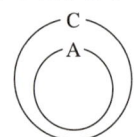

이를 정리하면 다음과 같은 벤 다이어그램이 성립한다.

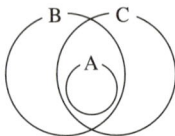

따라서 빈칸에 들어갈 명제는 'Y분야의 업무를 하는 어떤 사람은 X분야의 업무를 한다.'이다.

03

정답 ①

'김팀장이 이번 주 금요일에 월차를 쓴다.'를 A, '최대리가 이번 주 금요일에 월차를 쓴다.'를 B, '강사원의 프로젝트 마감일은 이번 주 금요일이다.'를 C라고 하면 제시된 명제는 A → ~B → C이므로 대우 ~C → B → ~A가 성립한다. 따라서 '강사원의 프로젝트 마감일이 이번 주 금요일이 아니라면 김팀장은 이번 주 금요일에 월차를 쓰지 않을 것이다.'는 반드시 참이 된다.

04

정답 ④

'등산을 하는 사람'을 A, '심폐지구력이 좋은 사람'을 B, '마라톤 대회에 출전하는 사람'을 C, '자전거를 타는 사람'을 D라고 하면, 첫 번째 명제와 세 번째 명제, 네 번째 명제는 다음과 같은 벤 다이어그램으로 나타낼 수 있다.

1) 첫 번째 명제   2) 세 번째 명제   3) 네 번째 명제

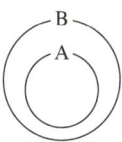 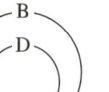 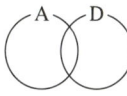

이를 정리하면 다음과 같은 벤 다이어그램이 성립한다.

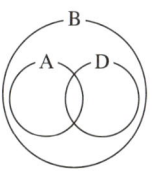

따라서 반드시 참인 명제는 '심폐지구력이 좋은 어떤 사람은 등산을 하고 자전거도 탄다.'이다.

05

정답 ④

'요리'를 p, '설거지'를 q, '주문 받기'를 r, '음식 서빙'을 s라고 하면 '$p \rightarrow \sim q \rightarrow \sim s \rightarrow \sim r$'이 성립한다.
따라서 항상 참인 것은 ④이다.

06

정답 ②

재은이가 요일별로 달린 거리를 정리하면 다음과 같다.

월	화	수	목
200−50=150m	200m	200−30=170m	170+10=180m

따라서 재은이가 목요일에 화요일보다 20m 적게 달린 것을 알 수 있다.

대표기출유형 02   기출응용문제

01

정답 ②

먼저 B의 진술이 거짓일 경우 A와 C는 모두 프로젝트에 참여하지 않으며, C의 진술이 거짓일 경우 B와 C는 모두 프로젝트에 참여한다. 따라서 B와 C의 진술은 동시에 거짓이 될 수 없으므로 둘 중 1명의 진술은 반드시 참이 된다.

1) B의 진술이 참인 경우
   A는 프로젝트에 참여하지 않으며, B와 C는 모두 프로젝트에 참여한다. B와 C 모두 프로젝트에 참여하므로 D는 프로젝트에 참여하지 않는다.

2) C의 진술이 참인 경우
   A의 진술은 거짓이므로 A는 프로젝트에 참여하지 않으며, B는 프로젝트에 참여한다. C는 프로젝트에 참여하지 않으나, B가 프로젝트에 참여하므로 D는 프로젝트에 참여하지 않는다.

따라서 반드시 프로젝트에 참여하는 사람은 B이다.

02

우선 A의 아이가 아들이라고 하면 A의 진술에 따라 B, C의 아이도 아들이 되므로 이것은 아들이 2명밖에 없다는 조건에 모순된다. 그러므로 A의 아이는 딸이다.

또한 C의 아이가 아들이라고 하면 C의 진술에서 D의 아이는 딸이 되므로 B의 아이는 아들이어야 한다. 그런데 이것은 아들의 아버지인 B가 거짓말을 한 것이 되므로, 아들의 아버지인 2명만 진실을 말한다는 조건에 모순된다. 그러므로 C의 아이도 딸이다. 따라서 아들의 아버지는 B와 D이다.

03

A와 B는 하나가 참이면 하나가 거짓인 명제이다. 문제에서 1명이 거짓말을 한다고 하였으므로, A와 B 2명 중 1명이 거짓말을 하였다.

• A가 거짓말을 했을 경우

1층	2층	3층	4층	5층
C	D	B	A	E

• B가 거짓말을 했을 경우

1층	2층	3층	4층	5층
B	D	C	A	E

따라서 두 경우를 고려했을 때, A는 항상 D보다 높은 층에서 내린다.

04

A가 참을 말하는 경우와 A가 거짓을 말하는 경우로 나눌 수 있다. 만약 A가 거짓이라면 B와 C가 모두 범인인 경우와 모두 범인이 아닌 경우로 나눌 수 있고, A가 참이라면 B가 범인인 경우와 C가 범인인 경우로 나눌 수 있다.

• A가 거짓이고 B와 C가 모두 범인인 경우

B, C, D, E의 진술이 모두 거짓이 되어 5명이 모두 거짓말을 한 것이 되므로 조건에 모순된다.

• A가 거짓이고 B와 C가 모두 범인이 아닌 경우

B가 참이 되므로 C, D, E 중 1명만 거짓, 나머지는 참이 되어야 한다. C가 참이면 E도 반드시 참, C가 거짓이면 E도 반드시 거짓이므로 D가 거짓, C, E가 참을 말하는 것이 되어야 한다. 따라서 이 경우 D와 E가 범인이 된다.

• A가 참이고 B가 범인인 경우

B가 거짓이 되기 때문에 C, D, E 중 1명만 거짓, 나머지는 참이 되어야 하므로 C, E가 참, D가 거짓이 된다. 따라서 이 경우 B와 E가 범인이 된다.

• A가 참이고 C가 범인인 경우

B가 참이 되기 때문에 C, D, E 중 1명만 참, 나머지는 거짓이 되어야 하므로 C, E가 거짓, D가 참이 된다. 따라서 범인은 A와 C가 된다.

따라서 선택지 중 ④만 동시에 범인이 될 수 있다.

05

5명 중 단 1명만이 거짓말을 하고 있으므로 C와 D 중 1명은 반드시 거짓을 말하고 있다.

• C의 진술이 거짓일 경우

B와 C의 말이 모두 거짓이 되므로 1명만 거짓말을 하고 있다는 조건이 성립하지 않는다.

• D의 진술이 거짓일 경우

구분	A	B	C	D	E
출장지역	잠실		여의도	강남	

이때, B는 상암으로 출장을 가지 않는다는 A의 진술에 따라 상암으로 출장을 가는 사람은 E임을 알 수 있다.

따라서 ④는 반드시 거짓이 된다.

06

정답 ③

B의 진술에 따르면 A가 참이면 B도 참이므로, A와 B는 모두 참을 말하거나 모두 거짓을 말한다. 또한 C와 E의 진술은 서로 모순되므로 둘 중에 1명의 진술은 참이고, 다른 1명의 진술은 거짓이 된다. 이때, A와 B의 진술이 모두 거짓일 경우, E의 진술도 거짓이 되어 3명의 진술이 거짓이 되므로 2명의 학생이 거짓을 말한다는 조건에 맞지 않는다. 따라서 A와 B의 진술은 모두 참이 된다.
• C와 D의 진술이 거짓인 경우
  C와 E의 진술에 따라 범인은 C이다.
• D와 E의 진술이 거짓인 경우
  C의 진술에 따르면 A가 범인이나, A와 B의 진술에 따르면 A는 양호실에 있었으므로 성립하지 않는다.
따라서 범인은 C이다.

대표기출유형 03   기출응용문제

01

정답 ①

주어진 조건에 따라 행원 순서를 배치해보면 다음과 같다.

1	2	3	4	5	6	7	8
마 행원	다 행원	가 행원	아 행원	바 행원	나 행원	사 행원	라 행원

따라서 3번째에 올 행원은 가 행원이다.

02

정답 ②

조건에 따라 A, B, C, D의 사무실 위치를 정리하면 다음과 같다.

구분	2층	3층	4층	5층
경우 1	부장	B과장	대리	A부장
경우 2	B과장	대리	부장	A부장
경우 3	B과장	부장	대리	A부장

B가 과장이므로 대리가 아닌 A는 부장의 직위를 가진다.

[오답분석]

① A부장 외의 또 다른 부장은 2층, 3층 또는 4층에 근무한다.
③ 대리는 3층 또는 4층에 근무한다.
④ B는 2층 또는 3층에 근무한다.

03

정답 ③

세 번째 조건에 따라 D는 6명 중 두 번째로 키가 크므로 1팀에 배치되는 것을 알 수 있다. 또한 두 번째 조건에 따라 B는 2팀에 배치되므로 한 팀에 배치되어야 하는 E와 F는 아무도 배치되지 않은 3팀에 배치되는 것을 알 수 있다. 마지막으로 네 번째 조건에 따라 B보다 키가 큰 A는 2팀에 배치되므로 결국 A ~ F는 다음과 같이 배치된다.

1팀	2팀	3팀
C>D	A>B	E, F

따라서 키가 가장 큰 사람은 C이다.

04

주어진 조건을 정리하면 다음과 같다.

구분	1층	2층	3층	4층	5층
경우 1	B팀	A팀	D팀	C팀	E팀
경우 2	B팀	C팀	D팀	A팀	E팀

따라서 항상 참인 것은 ③이다.

[오답분석]
①·② 주어진 조건만으로는 판단하기 힘들다.
④ 2층을 쓰게 될 가능성이 있는 팀은 총 두 팀이다.

05

두 번째 조건에 따라 회장실의 위치를 기준으로 각 팀의 위치를 정리하면 다음과 같다.
• A가 회장실인 경우
  세 번째 조건에 의해 회장실 맞은편인 E는 응접실이다. 네 번째 조건에 의해 B는 재무회계팀이고, F는 홍보팀이다. 다섯 번째 조건에 의해 G는 법무팀이고 일곱 번째 조건에 의해 C는 탕비실이다. 여섯 번째 조건에 의해 H는 연구개발팀이므로 남은 D가 인사팀이다.
• E가 회장실인 경우
  세 번째 조건에 의해 회장실 맞은편인 A는 응접실이다. 네 번째 조건에 의해 F는 재무회계팀이고, B는 홍보팀이다. 다섯 번째 조건에 의해 C는 법무팀이고 일곱 번째 조건에 의해 G는 탕비실이다. 여섯 번째 조건에 의해 H는 연구개발팀이므로 남은 D가 인사팀이다.
따라서 모든 경우에서 인사팀의 위치는 D이다.

대표기출유형 04 기출응용문제

01

• 부서배치
  - 성과급 평균은 48만 원이므로, A는 영업부 또는 인사부에서 일한다.
  - B와 D는 비서실, 총무부, 홍보부 중에서 일한다.
  - C는 인사부에서 일한다.
  - D는 비서실에서 일한다.
  따라서 A - 영업부, B - 총무부, C - 인사부, D - 비서실, E - 홍보부에서 일한다.
• 휴가
  - A는 D보다 휴가를 늦게 간다. 따라서 C - D - B - A 또는 D - A - B - C 순으로 휴가를 간다.
• 성과급
  - D사원 : 60만 원
  - C사원 : 40만 원

[오답분석]
② C가 제일 마지막에 휴가를 갈 경우, B는 A보다 늦게 출발한다.
③ A의 3개월 치 성과급은 20×3=60만 원, C의 2개월 치 성과급은 40×2=80만 원으로 A가 더 적다.
④ C가 제일 먼저 휴가를 갈 경우, A가 제일 마지막으로 휴가를 가게 된다.

02

정답 ④

출산장려금 지급 시기의 가장 우선순위인 임신일이 제일 긴 임산부는 B, D, E임산부이다. 이 중에서 만 19세 미만인 자녀 수가 많은 임산부는 D, E임산부이고, 소득 수준이 더 낮은 임산부는 D임산부이다. 따라서 D임산부가 가장 먼저 출산장려금을 받을 수 있다.

03

정답 ④

F카드사는 전월 52만 원을 사용했을 때 K통신사에 대한 할인금액이 15,000원으로 가장 많다.

오답분석

① C카드사는 전월 카드 1회 사용 시 5천 원 할인 가능하다.
② S통신사를 이용할 경우 가장 많은 통신비를 할인받을 수 있는 제휴카드사는 C카드사이다.
③ 전월에 33만 원을 사용했을 경우 L통신사에 대한 할인금액은 G카드사는 1만 원, D카드사는 9천 원이므로 G카드사가 더 많다.

04

정답 ④

산재근로자의 장해등급 구분에 영향을 미치는 요인은 '산재근로자의 노동시장 참여(2)'에서 다룬다.

대표기출유형 05 | 기출응용문제

01

정답 ③

VRIO 분석이 기업 내부의 자원·능력의 분석에 초점을 둔다면, SWOT 분석은 기업 내부(강점·약점)와 외부(기회·위협) 요인을 광범위하게 분석한다는 점에서 SWOT 분석의 범위가 더 넓다고 말할 수 있다.

02

정답 ③

ⓒ에는 외부위협요인을 줄이거나 제거하는 ST전략이 와야 한다. ③은 안정적인 자금력(S)를 통해 약점(W)인 부유층 고객을 늘리거나, 부유층 고객이 이동하는 기회(O)를 잡으려는 전략(SW, SO)에 해당하므로 옳지 않다.

03

정답 ④

전문가용 카메라가 일반화됨에 따라 사람들은 사진관을 이용하지 않고도 고화질의 사진을 촬영할 수 있게 되었다. 따라서 전문가용 카메라의 일반화는 사진관을 위협하는 외부환경에 해당한다.

04

정답 ③

리스크 관리 능력의 부족은 기업 내부환경의 약점 요인에 해당한다. 위협은 외부환경 요인에 해당하므로 위협 요인에는 회사 내부를 제외한 외부에서 비롯되는 요인이 들어가야 한다.

05

ㄱ. 회사가 가지고 있는 신속한 제품 개발 시스템의 강점을 활용하여 새로운 해외시장의 소비자 기호를 반영한 제품을 개발하는 것은 강점을 통해 기회를 포착하는 SO전략에 해당한다.

ㄷ. 공격적 마케팅을 펼치고 있는 해외 저가 제품과 달리 오히려 회사가 가지고 있는 차별화된 제조 기술을 활용하여 고급화 전략을 추구하는 것은 강점으로 위협을 회피하는 ST전략에 해당한다.

[오답분석]

ㄴ. 저임금을 활용한 개발도상국과의 경쟁 심화와 해외 저가 제품의 공격적 마케팅을 고려하면 국내에 화장품 생산 공장을 추가로 건설하는 것은 적절한 전략으로 볼 수 없다. 약점을 보완하여 위협을 회피하는 전략을 활용하기 위해서는 오히려 저임금의 개발도상국에 공장을 건설하여 가격 경쟁력을 확보하는 것이 옳다.

ㄹ. 낮은 브랜드 인지도가 약점이기는 하나, 해외시장에서의 한국 제품에 대한 선호가 증가하고 있는 점을 고려하면 현지 기업의 브랜드로 제품을 출시하는 것은 적절한 전략으로 볼 수 없다. 약점을 보완하여 기회를 포착하는 전략을 활용하기 위해서는 오히려 한국 제품임을 강조하는 홍보 전략을 세우는 것이 옳다.

06

해결해야 할 전략 과제란 취약한 부분에 대해 보완해야 할 과제를 말한다. 따라서 이미 우수한 고객서비스 부문을 강화한다는 것은 전략 과제로 삼기에 옳지 않다.

[오답분석]

① 해외 판매망이 취약하다고 분석되었으므로 중국 시장의 판매유통망을 구축하는 전략 과제를 세우는 것은 옳다.

② 중국 시장에서 보조배터리 제품의 구매 방식이 대부분 온라인으로 이루어지는 데 반해, 자사의 온라인 구매시스템은 미흡하기 때문에 온라인 구매시스템을 강화한다는 전략 과제는 옳다.

④ 보조배터리 제품에 대해 중국기업들 간의 가격 경쟁이 치열하다는 것은 제품의 가격이 내려가고 있다는 의미인데, 자사는 생산원가가 높다는 약점이 있다. 그러므로 원가 절감을 통한 가격경쟁력 강화 전략은 옳다.

PART 2

금융 · 경제 상식

CHAPTER 03 기출응용문제

01	02	03	04	05	06	07	08	09	10	11	12	13	14	15	16	17	18	19	20
②	④	①	④	④	③	②	④	①	③	①	②	④	④	③	④	②	①	①	①

21	22	23	24	25															
③	④	②	①	④															

01

정답 ②

채권시장안정펀드는 채권시장의 경색으로 자금난을 겪는 기업에 유동성을 지원하고, 국고채와 회사채의 과도한 스프레드(금리) 차이를 해소하기 위해 조성하는 펀드이다. 최근 금융 시장의 불안감이 확대됨에 따라 정부는 채권시장안정펀드를 조성하였다.

오답분석
① 통화채권펀드 : 증권회사가 통화안정증권 또는 보유회사채를 투자신탁회사에 맡기고, 투자신탁회사에서 발행하는 수익증권을 인수하여 이를 투자자에게 판매하는 형태의 펀드
③ 모태펀드 : 개별 기업에 직접 투자하는 대신 펀드(투자조합)에 출자하여 간접적으로 투자하는 방식의 펀드로, 국내에서는 정부가 중소·벤처기업을 육성하기 위해 벤처캐피털에 출자하는 방식의 펀드를 말함
④ IP펀드 : NPE(특허 괴물)로부터 기업을 보호하는 동시에 기업 특허를 투자대상으로 삼아 수익을 창출하는 펀드

02

정답 ④

수출이 수입보다 크게 증가하여 수지가 개선되는 경우 환율은 하락하고 원화는 평가절상된다.

03

정답 ①

하이브리드 채권은 채권처럼 매년 확정이자를 받을 수 있고 주식처럼 만기가 없으면서도 매매가 가능한 신종자본증권으로, 주식과 채권의 중간적 성격을 띤다.

오답분석
② 금융 채권 : 특수 금융 기관이 자금을 조달하기 위하여 특별법에 따라 발행하는 채권
③ 연대 채권 : 수인의 채권자가 같은 내용의 급부에 관하여 각자 독립하여 채무자에게 전부의 급부청구권을 가지고, 그 중의 1인이 급부를 수령하면 모든 채권자의 채권이 소멸하는 채권
④ 지역개발 채권 : 서울을 제외한 지방자치단체가 지방재정법에 근거하여 해당지역의 교통, 교육, 수도사업 등에 필요한 재원을 조달하기 위해 발행하는 채권

04

정답 ④

스튜어드십 코드(Stewardship Code)는 투자 수탁자들이 고객의 자금을 투명하게 운용하고 수익률을 높이는 데 목적을 둔 일종의 가이드라인이다. 우리나라도 2018년 7월에 도입하여 국민연금 운용에 적용하고 있다.

05

정답 ④

이자보상배율이란 영업이익을 금융비용 즉, 이자비용으로 나눈 것으로 기업의 채무상환능력을 나타낸다. 기업이 영업이익으로 대출금에 대한 이자비용을 얼마나 감당할 수 있는지를 보여주는 지표이다.

06

정답 ③

2013년 당시 벤 버냉키 미국 연방준비제도(Fed) 의장이 처음으로 양적완화 종료를 시사한 뒤 신흥국의 통화 가치와 증시가 급락하는 현상이 발생했는데, 이를 가리켜 강대국의 금리 정책에 대한 신흥국의 '긴축발작(Taper Tantrum)'이라고 부르게 되었다. 미국의 금리인상 정책 여부에 따라 신흥국이 타격을 입을 때마다 관심이 집중되는 용어이다.

07

정답 ②

기준금리란 중앙은행이 시중은행에 돈을 빌려주는 금리로, 기준금리의 조정을 통해 경기부양과 부채축소를 조절할 수 있다. 미국이나 일본 등의 기준금리가 올라갈 경우 한국은 외국 자본이 빠져나가 경기가 침체되는 현상이 나타난다.

기준금리

한국은행 금융통화위원회에서 결정하는 정책금리를 말한다. 한국은행과 금융기관 간에 환매조건부채권매매(RP)와 대기성 여수신 등의 자금거래를 할 때 기준으로 적용된다. 2008년 3월부터 한국은행은 정책금리의 실체를 종전의 '익일물 콜금리 목표'에서 '기준금리(Base Rate)'로 변경하였다. 콜금리는 대표적인 시장금리 중 하나로 초단기 금융시장의 자금상황을 반영하는 금리이다. 그러나 1999년 콜금리목표제를 도입한 이후 콜금리가 자금수급사정에 관계없이 목표수준에서 고정되면서 콜금리의 시장신호 전달 및 자금배분 기능이 약화되었고, 단기자금거래가 콜시장에 과도하게 집중되어 금융기관 간 RP 등 기일물 단기자금시장의 발달이 저해되는 부작용이 발생하였다. 한국은행이 정책금리의 실체를 '기준금리'로 변경한 것은 이러한 문제를 해소하는 한편 통화정책 파급경로(정책금리 변경 → 단기 및 장기 시장금리 변동)의 원활한 작동을 도모한 것이다.

08

정답 ④

업틱룰(Up-tick Rule)은 주식을 공매도할 경우 직전 거래가격 이상으로 매도호가를 제시하도록 한 규정이다. 그럼으로써 대규모 공매도로 인한 주가 하락을 방지하려는 조치이다. 공매도는 보통 기관 등 고액 투자자들에 의해 이루어진다. 주가가 하락할 것이라 예상되는 종목을 빌려 투자한 뒤 하락하면 낮은 가격에 구입해 갚고 이익을 얻는다. 이 과정에서 해당 종목의 주가는 추가적으로 하락하게 되는데, 이로 인한 소액 투자자들의 피해를 막기 위한 것이다.

09

정답 ①

BIB(금융복합점포)는 기존 금융회사 점포 일부에 별도로 다른 금융회사가 영업소나 부스 형태로 들어와 운영하는 소규모 점포를 뜻하는 용어이다.

[오답분석]

② CDD(고객확인의무) : 금융회사가 자신의 서비스가 자금세탁 등 불법행위에 이용되지 않도록 고객의 신원, 실제 당사자 여부 및 거래목적 등을 확인하는 제도이다.
③ CTR(고액현금거래보고제도) : 불법 자금 거래를 효과적으로 차단하기 위해 금융회사가 고객과 일정 기준금액 이상의 고액현금 거래를 할 경우 금융위원회 금융정보분석원에 자동으로 보고되는 제도이다.
④ EDD(강화확인의무) : CDD보다 강화된 고객확인의무제도이다.

10

정답 ③

금융업계에서 브래키팅(Bracketing)은 새롭게 발행하는 주식(신주)을 모집할 때 인수기관들의 중요성을 기준으로 그 이름을 순서대로 표시하는 것을 말한다.

오답분석

① 섀도보팅(Shadow Voting) : 의결권 분산을 목적으로 뮤추얼 펀드가 특정 기업의 경영권을 지배할 정도로 지분을 보유할 경우, 그 의결권을 중립적으로 행사하도록 제한하는 것을 뜻한다. 그러나 섀도보팅을 활용하면 쉽게 의결정족수를 확보할 수 있지만, 소액주주의 권리를 경시하는 풍조가 생겼다는 비판이 제기돼 2017년 말 폐지되었다.
② 캐리트레이드(Carry Trade) : 투자자가 자기 자본에 대한 수익률을 높이기 위하여 투자 기대 수익률보다 낮은 이자율로 빌린 돈으로 유가증권 등의 금융 자산을 사들였다가 일정한 기간이 지난 후에 팔아 그 차액으로 수익을 얻으려고 하는 거래나 투자 기법이다.
④ 피보팅(Pivoting) : 외부 환경의 급변에 대응해 기존 사업 아이템이나 모델을 바탕으로 사업의 방향을 전환하는 것을 뜻한다.

11

정답 ①

국제결제은행(BIS)이 은행의 건전성과 안정성을 확보할 목적으로 은행의 위험자산에 대해 일정 비율 이상의 자기자본을 보유하도록 하는 것으로, 은행의 신용위험과 시장위험에 대비해 최소 8% 이상이 되도록 권고하며 10% 이상이면 우량은행으로 평가받는다.

12

정답 ②

국제은행간통신협회(SWIFT)는 전 세계의 금융기관들이 국제 금융거래를 원활하게 할 수 있도록 지원하는 기구이다. 가입된 금융기관에 국제적으로 표준화된 금융정보 및 서비스·통신망을 제공한다. 거의 모든 국가의 금융기관이 외환거래를 위해 SWIFT를 이용하고 있고, 여기서 퇴출되면 사실상 금융거래는 불가능하다.

13

정답 ④

자기자본은 재무상태표를 구성하는 요소 중 하나로 흔히 소유자지분 혹은 주주지분으로 칭한다. 회계적으로는 전체 자산 중 부채를 제외한 나머지 금액이며, 주주들 소유이다. 이러한 자기자본의 계정과목으로는 자본금, 자본잉여금, 이익잉여금, 자본조정, 기타포괄손익누계액이 해당한다. 차입금은 부채계정 중 유동부채에 해당한다.

14

정답 ④

$$(부채비율)=\frac{(타인자본)}{(자기자본)}\times100$$

당기 말 M사의 부채비율은 200%이고, 전년도 대비 부채비율은 100%p 하락하였다.
따라서 당기 말 기준 전년도 대비 부채비율의 변동률은 33.33≒33%p 하락하였다.

15

정답 ③

$$(자기자본이익률)=\frac{(당기순이익)}{(자본총액)}\times100$$

$$\frac{240,000}{(1,300,000+400,000)}\times100=14.1176≒14\%$$

따라서 A사의 2024년 자기자본이익률은 14%이다.

16

정답 ④

순수 관계 연산자
셀렉트(Select), 조인(Join), 프로젝트(Project), 디비전(Division)

17

정답 ②

중복 투명성(Replication Transparency)
데이터의 개체는 서로 다른 사이트에 중복될 수 있으며, 중복 데이터의 일관성 유지는 사용자와 관계없이 시스템에 의해 수행된다. 트랜잭션이 데이터의 중복 개수나 중복 사실을 모르고도 데이터 처리가 가능하다.

18

정답 ①

데이터 정의어(DDL)
• 생성 : CREATE TABLE
• 제거 : DROP TABLE
• 구조변경 : ALTER TABLE

19

정답 ①

탈중앙화된 금융(Decentralized Finance), 즉 디파이는 중앙기관이 통제하지 않고 블록체인 기술로 금융서비스를 제공하는 것을 말한다. 정부·은행 등 중앙기관의 개입·중재·통제를 배제하고 거래 당사자들끼리 직접 송금·예금·대출·결제·투자 등의 금융거래를 하자는 것이 주요 골자이다. 디파이 서비스에서는 책임 주체가 없기 때문에 보안사고 등의 문제가 발생했을 때 문제에 대한 책임 소재 논란이 발생할 수 있다. 또한 아직은 법적 규제와 이용자 보호 장치가 미흡해 금융사고 발생 가능성이 있고 상품 안정성이 낮다.

오답분석
② 디파이는 거래의 신뢰를 담보하기 위해 높은 보안성, 비용 절감 효과, 넓은 활용 범위를 자랑하는 블록체인 기술을 기반으로 한다.
③ 디파이는 서비스를 안정적으로 제공하기 위해 기존의 법정화폐에 연동되거나, 비트코인 같은 가상자산을 담보로 발행된 스테이블코인을 거래 수단으로 주로 사용한다.
④ 디파이는 거래의 속도를 크게 높이고 거래 수수료 등 부대비용이 거의 들지 않기 때문에 비용을 절감할 수 있다. 또한 인터넷에 연결되기만 하면 누구나 언제 어디서든 디파이에 접근할 수 있으며, 응용성·결합성이 우수해 새로운 금융서비스를 빠르게 개발할 수 있다.

20

정답 ①

튜플 단위의 삭제 명령은 DELETE이고 'DELETE FROM 삭제할 자료의 테이블명 WHERE 조건'과 같은 형식으로 사용한다.

오답분석
③ DROP TABLE 테이블명 [CASCADE/RESTRICT]는 테이블을 삭제하는 명령이다.

21

정답 ③

물리적 설계(데이터 구조화)는 데이터베이스 파일의 저장 구조, 레코드 형식, 접근 경로와 같은 정보를 사용하여 데이터가 컴퓨터에 저장되는 방법을 묘사하며, 반드시 포함되어야 할 것은 저장 레코드의 양식 설계, 레코드 집중(Record Clustering)의 분석 및 설계, 접근 경로 설계 등이다.

22

데이터 마이닝은 많은 데이터 가운데 숨겨져 있는 유용한 상관관계를 발견하여 미래에 실행 가능한 정보를 추출해내고 의사 결정에 이용하는 과정으로, 통계분석 기술인 연관규칙 분석, 로지스틱 회귀분석 등의 기법 등을 사용한다.

[오답분석]

ㄱ. 기대했던 정보뿐만 아니라 기대하지 않았던 정보를 찾아내는 기술을 의미한다.
ㄴ. 비계획적으로 축적한 대용량의 데이터를 대상으로 한다.

23

데이터베이스의 특성
- 동시 공유(Concurrent Sharing)
- 계속적 변화(Continuous Evolution)
- 내용에 의한 참조(Content Reference)
- 실시간 접근성(Real-Time Accessibility)

24

R3CEV는 세계 최대 블록체인 컨소시엄(Blockchain Consortium)으로, BOA, 씨티, 골드만삭스 등 50개 금융회사가 참여하고 있으며 미국 블록체인 업체인 R3와 제휴해 블록체인 표준 플랫폼을 공동 개발하고 있다. 우리나라는 2016년 R3CEV에 하나은행, 국민은행, 기업은행, 신한은행, 우리은행 등이 가입하였다.

[오답분석]

② 쉔쉔(Shenshen) : 핑안은행, 텐센트 등 31개 중국기업으로 구성된 컨소시엄이다.
③ 하이퍼레저(Hyperledger) : IBM, 시스코, Ripple 등 비금융권 IT기업 중심으로 운영되고 있으며, 리눅스 재단 산하 오픈 소스 기반 블록체인 표준을 개발 중이다.

25

빅데이터의 특징
- 3V : 일반적으로 빅데이터의 특징을 다음의 3V로 요약한다.
  - 크기(Volume) : 빅데이터의 물리적 크기는 폭발적으로 증가한다(초대용량).
  - 속도(Velocity) : 빅데이터는 실시간으로 생성되며 빠른 속도로 변화 · 유통된다.
  - 다양성(Variety) : 빅데이터는 정형, 반(半)정형, 비(非)정형 등 포맷 · 형식이 다양하다.
- 4V : 위의 3V에 '가치(Value)' 또는 '정확성(Veracity)'을 더해 4V로 요약하기도 한다.
  - 가치(Value) : 빅데이터는 새로운 가치를 창출한다.
  - 정확성(Veracity) : 빅데이터는 데이터의 원천과 형태의 다양하지만 신뢰성을 보장한다.
- 5V : 위의 3V에 '가치(Value)'와 '정확성(Veracity)'을 모두 더해 5V로 요약하기도 한다.
- 6V : 5V에 가변성(Variability)을 더해 6V로 요약하기도 한다.
  - 가변성(Variability) : 빅데이터는 맥락에 따라 의미가 달라진다.

PART3

직무전공

경영 기출응용문제

| 객관식 |

01	02	03	04	05	06	07	08	09	10	11	12	13	14	15					
④	①	①	②	③	①	②	①	③	④	④	①	②	④	④					

01

정답 ④

기업이 글로벌 전략을 수행하면 외국 현지법인과의 커뮤니케이션 비용이 증가하고 외국의 법률이나 제도 개편 등 기업 운영상 리스크에 대한 본사 차원의 대응 역량이 더욱 요구되므로, 경영상의 효율성은 오히려 낮아질 수 있다.

오답분석

① 글로벌 전략을 통해 대량생산을 통한 원가절감, 즉 규모의 경제를 이룰 수 있다.
② 글로벌 전략을 통해 세계 시장에서 외국 기업들과의 긴밀한 협력이 가능하다.
③ 외국의 무역장벽이 높으면, 국내 생산 제품을 수출하는 것보다 글로벌 전략을 통해 외국에 직접 진출하는 것이 효과적일 수 있다.

02

정답 ①

팹리스(Fabless)는 반도체를 직접 생산하지 않고 반도체 설계와 기술개발에만 집중하며 생산은 위탁하는 회사를 말한다. 대표적인 팹리스 기업으로는 엔비디아, 애플, 퀄컴 등이 있다.

오답분석

② 아이디엠(IDM; Integrated Device Manufacturer, 종합 반도체 업체) : 반도체 생산과 설계를 종합적으로 다루는 회사
③ 클린룸(Clean-room) : 공장이나 연구실에 설치하는 먼지 없는 작업장
④ 파운드리(Foundry) : 외부에서 제품 설계를 넘겨받아 반도체를 전담 생산하는 일 또는 그런 방식으로 생산하는 업체

03

정답 ①

매슬로는 인간의 욕구에 대해 5단계로 설명하고 있으며, 하위 단계의 욕구가 충족되지 못하면 상위 단계로 올라가지 못한다. 1단계 생리적 욕구 – 2단계 안전 욕구 – 3단계 소속 욕구(애정과 공감의 욕구) – 4단계 존중 욕구 – 5단계 자아실현의 욕구이다.

04

정답 ②

'리더십 스타일'이란 구성원들을 이끌어 나가는 전반적인 조직관리 스타일을 가리키는 것으로, 조직구성원들의 행동이나 사고를 특정 방향으로 이끌어 가는 원칙이나 기준은 '공유가치'이다.

오답분석

ㄱ. 미국 선진 기업의 성공 사례를 연구한 Peters와 Waterman의 저서 『In Search of Excellence』에서는 7-S모형이 제시되어 있는데, 여기에 제시된 조직문화 구성요소는 공유가치, 리더십 스타일, 구성원, 제도, 절차, 구조, 전략, 스킬이다.
ㄷ. 7-S모형에서 '구조'는 조직의 전략을 수행하는 데 필요한 틀로서 구성원의 역할과 그들 간의 상호관계를 지배하는 공식요소를 가리킨다.
ㄹ. 7-S모형에서 '전략'은 조직의 장기적인 목적과 계획 그리고 이를 달성하기 위한 장기적인 행동지침을 가리킨다.

05

워크샘플링법은 직무분석 방법에 해당한다.

직무평가 방법
- 서열법 : 직무의 상대적 가치에 따라 서열을 매기는 방법
- 분류법 : 직무를 조사하여 직무 요소에 따라 미리 설정해둔 등급에 분류 및 배치하는 방법
- 점수법 : 직무의 가치를 점수로 나타내어 평가하는 방법
- 요소비교법 : 기준직무 선정 후, 각 직무와 기준직무의 평가요소를 비교함으로써 직무의 상대적 가치를 결정하는 방법

06

정답 ①

성장기에는 신제품을 인지시키기 위한 정보제공형 광고에서 소비자의 선호도를 높이기 위한 제품선호형 광고로 전환한다.

07

정답 ②

자금젖소(Cash Cow)는 시장점유율이 높아 이윤이나 현금흐름은 양호하지만 향후 성장가능성은 낮은 사업이다.

08

정답 ①

공급사슬관리(SCM)는 공급업체, 구매기업, 유통업체 그리고 물류회사들이 주문, 생산, 재고 수준과 제품 및 서비스의 배송에 관한 정보를 공유하도록 하여 제품과 서비스를 효율적으로 구매, 생산, 배송할 수 있도록 지원하는 시스템이다.

오답분석
② 적시생산시스템(JIT) : 모든 프로세스에 걸쳐 필요한 때 필요한 것을 필요한 만큼만 생산하는 생산시스템
③ 유연생산시스템(FMS) : 다양한 제품을 높은 생산성으로 유연하게 제조하는 것을 목적으로 생산을 자동화한 시스템
④ 컴퓨터통합생산(CIM) : 제조 – 개발 – 판매로 연결되는 과정을 일련의 정보시스템으로 통합한 생산관리시스템

09

정답 ③

재고 부족현상이 발생하게 되면 EOQ모형을 적용하기 어렵다. 하지만 실제 상황에서는 갑작스러운 수요 상승으로 인한 재고 부족이 나타날 수 있고 이러한 단적으로 인해 실제로는 추가적으로 여러 가지 요소들을 함께 고려해야 EOQ모형을 적절하게 사용할 수 있다. 따라서 EOQ모형을 사용하기 위한 과정에 재고 부족현상은 발생하지 않고, 수분 시 정확한 리드타임이 적용된다는 것을 가정하여 계산한다.

10

정답 ④

니블링 전략(Nibbling Tactics)은 협상 마무리 단계에서 작은 것을 요구해 얻어내 약간의 양보를 받는 것이다. '야금야금 먹는다.'는 뜻의 '니블(Nibble)'이라는 단어에서 착안했다. 대부분의 협상가는 그동안의 협상에 들인 시간이나 성과를 망치는 것을 주저하기 때문에 상대방의 니블링을 받아들이는 가능성이 높다. 이와 반대로 상대가 수용하는 것을 전제로 상대 요구를 받아들일 의사가 있다고 맞받아치는 역니블링(Counter Nibbling)도 있다.

11

정답 ④

경영활동은 크게 기술활동, 상업활동, 재무활동, 보호활동, 회계활동, 관리활동으로 구분할 수 있다. 그중에 페이욜은 관리활동을 '계획, 조직, 지휘, 조정, 통제'로 구분하여 '관리 5요소론'을 정립하였다. '분업'은 14가지 관리일반원칙에 해당한다.

12

정답 ①

마이클 포터(Michael E. Porter)의 경쟁전략 유형
• 원가우위 전략
• 차별화 전략
• 원가집중화 전략
• 차별적 집중화 전략

13

정답 ②

공정성이론은 조직구성원은 자신의 투입에 대한 결과의 비율을 동일한 직무 상황에 있는 준거인의 투입 대 결과의 비율과 비교해 자신의 행동을 결정하게 된다는 이론이다.

[오답분석]
① 기대이론 : 구성원 개인의 동기 강도를 성과에 대한 기대와 성과의 유의성에 의해 설명하는 이론
③ 욕구단계이론 : 인간의 욕구는 위계적으로 조직되어 있으며 하위 단계의 욕구 충족이 상위 계층 욕구의 발현을 위한 조건이 된다는 이론
④ 목표설정이론 : 의식적인 목표나 의도가 동기의 기초이며 행동의 지표가 된다고 보는 이론

14

정답 ④

평가센터법 안에서 다양한 방법의 평가기법들이 사용되기 때문에 표준화가 어렵고 상대적 비교도 어려우며, 시간과 비용이 많이 든다.

15

정답 ④

최저임금제의 필요성
• 계약자유 원칙의 한계 보완 : 계약의 자유가 소유권과 결합하여 오히려 경제적 강자를 보호하고 경제적 약자를 지배하는 제도로 전환되는 한계를 보완
• 사회적 약자 보호 : 생존임금과 생활임금을 보장하여 저임금 노동자 등의 사회적 약자들을 보호
• 시장실패 보완 : 임금이 하락함에도 불구하고 노동공급은 줄어들지 않고 계속 증가하여, 임금이 계속 떨어지는 현상인 왜곡된 임금구조를 개선
• 유효수요 증대 : 저소득층의 한계소비성향을 높여 사회 전반적인 수요 증대

| 주관식 |

01	02	03	04	05	06	07
3.2	ㄱ, ㅅ	500,000	95,000	ㅁ, ㅅ, ㅇ	1,970	982

01

정답 3.2

• (매출액)−(매출원가)=(매출총이익) → 10억−6.5억=3.5억 원
• (매출총이익)−(판관비)=(영업이익) → 3.5억−0.5억=3억 원
• (영업이익)+(영업외이익)−(영업외비용)=(경상이익) → 3억+1억−0.4억=3.6억 원
∴ (경상이익)+(특별이익)−(특별손실)−(법인세비용)=(당기순이익) → 3.6억+0.4억−0.6억−0.2억=3.2억 원

02

살찐 고양이법은 1928년 저널리스트 프랭크 켄트가 발간한 저서 『정치적 행태』에서 처음 등장한 용어로 탐욕스럽고 배부른 자본가나 기업가를 지칭한다. 또한 황금 낙하산은 인수대상 기업의 이사가 임기 전에 물러나게 될 경우 일반적인 퇴직금 외에 거액의 특별 퇴직금이나 보너스 등을 주도록 하는 제도를 의미한다.

03

- 매출원가 : 3,000,000(기중상품매출)×(1−0.4)=1,800,000원
- 기중외상매입 : 1,800,000(매출원가)+500,000(기말상품재고액)−100,000(기초상품재고액)=2,200,000원
- ∴ (기말 외상매입금 잔액)=300,000(기초외상매입금)+2,200,000(기중외상매입금)−2,000,000(기중외상매입금 지급)=500,000원
따라서 기말 외상매입금 잔액은 500,000원이다.

04

매출원가는 재고자산과 당기매입액을 더한 값에 기말재고를 뺀 값이다.
- 유동비율(110%) : 77,000(유동자산)÷70,000(유동부채)
- 당좌비율(80%) : 56,000(당좌자산)÷70,000(유동부채)
- 기말재고자산 : 77,000(유동자산)−56,000(당좌자산)=21,000원
- ∴ 20,000(기초재고자산)+96,000(당기매입액)−21,000(기말재고자산)=95,000원
따라서 2024년 매출원가는 95,000원이다.

05

매파는 긴축정책과 금리인상을 주장하며 경제적으로 진보성향을 주장하는 강경파이며, 비둘기파는 양적완화와 금리인하를 주장하며 경제적으로 보수성향을 띠는 온건파이다. 올빼미파는 양측의 의견을 지지하지 않고 상황을 지켜보는 중립파이다.

06

(현금 및 현금성자산)=(당좌예금)+(배당금지급통지표)+(우편환증서)+(타인발행수표)
∴ 1,000+455+315+200=1,970원
따라서 재무상태표에 표시될 현금 및 현금성자산은 1,970원이다.

07

기업은 유상증자를 통해 자금조달을 단행한다. 이때, 주주가 가지게 되는 주식을 살 수 있는 권리를 신주인수권이라고 한다. 보통 신주를 인수할 수 있는 가격은 기존 주식 가격보다 저렴하며 신주인수권은 비싼 주식을 싸게 살 수 있는 권리이므로 경제적 가치가 발생하고 그 가치를 가격으로 하여 거래를 할 수 있다.

$$(신주인수권가치)=\frac{(기업 \ 전체가치)}{(총 \ 발행 \ 주식수)}=\frac{(기존발행 \ 주식수×주가)+(유상증자 \ 발행 \ 주식수×유상증자 \ 발행주가)}{(기존발행 \ 주식수+유상증자 \ 발행 \ 주식수)}$$

따라서 $\frac{(10,000×1,000)+(1,000×800)}{11,000}≒982$원이다.

| 객관식 |

01	02	03	04	05	06	07	08	09	10	11	12	13	14	15				
④	②	③	②	①	①	③	②	③	①	②	④	④	②	②				

01
정답 ④

부가가치란 생산자가 생산과정에서 새로 창출한 가치이며, 이는 총생산액에서 감가상각비를 공제한 금액이다.

02
정답 ②

인플레이션
통화량의 증가로 화폐가치가 하락하고, 모든 상품의 물가가 전반적으로 꾸준히 오르는 경제현상으로, 인플레이션의 원인에는 초과수요, 생산비용 상승, 수요의 이동, 공공요금의 인상, 낮은 생산성이 있다.

03
정답 ③

화폐수량설에 따르면 $MV = PY \rightarrow \dfrac{\Delta M}{M} + \dfrac{\Delta V}{V} = \dfrac{\Delta P}{P} + \dfrac{\Delta Y}{Y}$ 이다.

따라서 $\dfrac{\Delta P}{P} = \dfrac{\Delta M}{M} + \dfrac{\Delta V}{V} - \dfrac{\Delta Y}{Y} = 6+0-3 = 3\%$이다.

피셔방정식에 따르면 i(명목이자율)$= r$(실질이자율)$+ \pi$(물가상승률)이다.

따라서 $r = i - \pi = 10-3 = 7\% \left(\pi = \dfrac{\Delta P}{P} \right)$이다.

04
정답 ②

케인스학파는 생산물시장과 화폐시장을 동시에 고려하는 IS - LM 모형으로 재정정책과 통화정책의 효과를 분석했다. 케인스학파에 의하면 투자의 이자율탄력성이 작기 때문에 IS 곡선은 대체로 급경사이고, 화폐수요의 이자율탄력성이 크므로 LM 곡선은 매우 완만한 형태이다. 따라서 재정정책은 매우 효과적이나, 통화정책은 별로 효과가 없다는 입장이다.

05
정답 ①

필립스곡선은 실업률이 높을 때에는 기울기가 완만하고 실업률이 낮을 때에는 기울기가 가파르다. 이는 실업률이 낮을 때에 실업을 줄이기 위해서 감수해야 할 물가상승률의 증가가 더 크다는 것을 의미한다.

06

정답 ①

IS 곡선 혹은 LM 곡선이 우측으로 이동하면 총수요곡선도 우측으로 이동한다.
개별소득세가 인하되면 투자가 증가하며, 장래경기에 대한 낙관적인 전망은 미래 소득 및 미래 소비심리의 상승에 영향을 미치기 때문에 소비가 증가하여 IS 곡선이 오른쪽으로 이동한다.
• IS 곡선의 우측이동 요인 : 소비 증가, 투자 증가, 정부지출 증가, 수출 증가
• LM 곡선의 우측이동 요인 : 통화량 증가

07

정답 ③

재산권이 확립되어 있다고 하더라도 거래비용이 너무 크면 협상이 이루어지지 않기 때문에 협상을 통해 외부성 문제가 해결될 수 없다.

08

정답 ②

개별기업의 수요곡선을 수평으로 합한 시장 전체의 수요곡선은 우하향하는 형태이다. 그러나 완전경쟁기업은 시장에서 결정된 시장가격으로 원하는 만큼 판매하는 것이 가능하므로, 개별기업이 직면하는 수요곡선은 수평선으로 도출된다.

09

정답 ③

X재 수입에 대해 관세를 부과하면 X재의 국내 가격이 상승한다. X재의 국내 가격이 상승하면 국내 생산량은 증가하고 소비량은 감소하게 된다. 또한 국내 가격 상승으로 생산자잉여는 증가하지만 소비자잉여는 감소하게 된다. X재에 대한 수요와 공급의 가격탄력성이 낮다면 관세가 부과되더라도 수입량은 별로 줄어들지 않으므로, 관세부과에 따른 손실이 작아진다.

10

정답 ①

가격차별(Price Discrimination)이란 동일한 상품에 대하여 서로 다른 가격을 설정하는 것을 의미하며, 다른 시장 간에는 재판매가 불가능해야 한다.

[오답분석]
② 가격차별이 가능하기 위해서는 소비자를 특성에 따라 구분할 수 있어야 한다.
③ 가격차별이 가능하다는 것은 기업에 시장지배력이 있다는 의미이다.

11

정답 ②

[오답분석]
① 한계소비성향과 한계저축성향의 합은 언제나 1이다.
③ 생애주기가설에 따르면 소비는 일생 동안의 총소득에 의해 결정된다.
④ 불황기의 평균소비성향이 호황기의 평균소비성향보다 크다. 호황기에는 일시적으로 소득이 증가하며 이러한 일시소득이 대부분 저축되는 반면, 일시적으로 소득이 감소하는 불황기에는 돈의 차입 등을 통해 종전과 비슷한 소비수준을 유지한다.

12

정답 ④

화폐발행이득은 화폐발행의 특권에서 나오는 이득을 의미하는 것으로, ㄱ, ㄴ, ㄷ 모두 옳은 설명이다.

13

정답 ④

$MR_A = MC_A$, $MR_B = MC_B$를 이용하여 A기업과 B기업의 반응곡선을 구한다.

$84 - 2Q_A - Q_B = 28$, $Q_A = -\dfrac{1}{2}Q_B + 28$

$84 - Q_A - 2Q_B = 20$, $Q_B = -\dfrac{1}{2}Q_A + 32$

쿠르노 모형의 균형은 두 기업의 반응곡선이 교차하는 점에서 이루어지므로 다음과 같다.

$-2Q_A + 56 = -\dfrac{1}{2}Q_A + 32$

$\rightarrow \dfrac{3}{2}Q_A = 24$

따라서 $Q_A = 16$, $Q_B = 24$이다.

14

정답 ②

두 나라의 쌀과 옷 생산의 기회비용을 계산해 보면 다음과 같다.

구분	A국	B국
쌀(섬)	1	0.5
옷(벌)	1	2

쌀 생산의 기회비용은 B국이 더 작고, 옷 생산의 기회비용은 A국이 더 작으므로 A국은 옷 생산에 비교우위가 있고, B국은 쌀 생산에 비교우위가 있다. 따라서 A국은 옷을 수출하고 쌀을 수입한다.

15

정답 ②

이자율 상승으로 요구불예금이 증가하면 시장에 있는 현금들이 예금 쪽으로 들어와서 민간 화폐보유성향이 낮아져 통화승수가 증가한다.

| 주관식 |

01	02	03	04	05
4.25	ㄱ, ㄷ, ㅂ, ㅇ	ㄴ	80	ㄴ, ㄷ, ㄹ

01

정답 4.25

100만 원$\times(1 + 0.05)^2 = 1{,}102{,}500$원이므로 명목이자율은 10.25%이다. 따라서 실질이자율은 명목이자율에서 물가상승률을 뺀 값이므로 $10.25 - \left(\dfrac{53 - 50}{50} \times 100 \right) = 10.25 - 6 = 4.25$%이다.

02

정답 ㄱ, ㄷ, ㅂ, ㅇ

완전경쟁시장의 성립요건으로는 다수의 공급자와 다수의 수요자(ㄱ), 완전한 정보의 공유(ㄷ), 동질의 상품(ㅂ), 자유로운 시장 진입과 이탈(ㅇ)이 있다.

03

정답 ㄴ

디노미네이션(Denomination)은 한 국가 내에서 통용되는 모든 화폐의 가치는 그대로이고 액면가를 낮추는 것을 의미하며 이를 위해서는 국회의 동의가 필요하다.

오답분석

ㄱ. 스태그플레이션(Stagflation) : 경제불황 속에서 물가 상승이 동시에 발생하고 있는 상태

ㄷ. 리디노미네이션(Redenomination) : 화폐의 가치를 비율에 따라 조정하는 화폐개혁으로 국회의 동의 없이 정부와 중앙은행의 독단적 집행이 가능

ㄹ. 카니벌라이제이션(Cannibalization) : 기능이나 디자인이 탁월한 후속 제품이 나오면서 해당 기업이 먼저 내놓은 비슷한 제품의 시장점유율이 하락하거나, 해외의 값싼 노동력으로 제작한 저가 상품이 국내 시장에 들어와 해당 기업이 만든 고가의 제품을 밀어내는 현상

ㅁ. 통화스왑(Currency swap) : 두 거래 당사자가 계약일에 약정된 환율에 따라 해당 통화를 일정 시점에 상호 교환하는 외환거래

ㅂ. 젠트리피케이션(Gentrification) : 낙후된 구도심 지역이 활성화되면 중산층의 이상 계층의 유입으로 기존 저소득 거주자가 살던 지역에서 쫓겨나 이주하는 현상

ㅅ. 하이브리드(Hybrid) : 이질적인 요소가 서로 섞인 것으로 이종, 혼합, 혼성, 혼혈을 의미

ㅇ. 밸류에이션(Valuation) : 특정 자산 혹은 특정 기업의 가치를 평가하는 프로세스

04

정답 80

총수입 TR은 다음과 같이 나타낼 수 있다.

$TR = P \times Q = (100 - 2Q) \times Q = 100Q - 2Q^2$

이윤극대화의 조건은 한계수입과 한계비용이 같아야 하기 때문에 MR＝MC가 된다.

한계비용은 1단위당 60원이므로 MC＝60이 된다.

$MR = \dfrac{\Delta TR}{\Delta Q} = 100 - 4Q$

→ $100 - 4Q = 60$

→ $4Q = 40$

∴ $Q = 10$

이 값을 시장 수요 곡선식인 $P = 100 - 2Q$에 대입하면 P＝80이다.

따라서 이 독점기업의 이윤극대화 가격은 80원이고, 생산량은 10개이다.

05

정답 ㄴ, ㄷ, ㄹ

A는 비경제활동인구로 일할 능력은 있지만 일할 의사가 없거나 아예 일할 능력이 없는 사람들을 의미하며, 가정주부, 학생, 취업준비생, 고령자, 심신장애자, 실망노동자 등이 여기에 해당한다. 또한 B는 취업자를 나타내며 수입을 목적으로 1주일에 1시간 이상 일을 하는 사람, 가족이 경영하는 사업체에서 일하는 사람, 일시적으로 휴직하는 사람 등이 해당한다.

| 객관식 |

01	02	03	04	05	06	07	08	09	10	11	12	13	14	15					
③	②	②	①	④	④	④	③	③	②	①	①	①	④	③					

01
정답 ③

우리 민법 제1조는 "민사에 관하여 법률에 규정이 없으면 관습법에 의하고 관습법이 없으면 조리에 의한다"고 규정하여 성문법주의를 취함과 동시에 관습법과 조리도 법원으로 인정하고 있다.

02
정답 ②

법정대리의 소멸원인에는 본인의 사망, 대리인의 사망, 대리인의 성년후견의 개시 또는 파산 등이 있다(민법 제27조).

03
정답 ②

사단법인의 정관은 '총사원 2/3 이상'의 동의가 있는 때에 한하여 이를 변경할 수 있다. 그러나 정수에 관하여 정관에 다른 규정이 있을 때에는 그 규정에 의한다(민법 제42조). 따라서 사원의 정수에 대한 정관규정만 허용되므로 정관변경은 사원총회를 반드시 거쳐야 한다.

04
정답 ①

모든 자연인은 권리능력의 주체가 될 수 있다. 그러나 건전한 판단력을 갖지 못한 자의 행위는 유효하지 못하다. 단독으로 유효한 법률행위를 할 수 있는 자를 행위능력자라고 부르고 이러한 능력이 없는 자를 제한능력자라 한다. 행위능력이 없으면 원칙적으로 취소 사유가 된다.

05
정답 ④

근대 민법은 추상적 인격의 형식적 평등을 보장하려 했으나, 현대 민법은 구체적 인격의 실질적 평등을 보장하려 하고 있다.

06
정답 ④

민법은 태아에 관해 구체적 사례에서 개별적으로 보호하자는 개별보호주의에 입각하고 있다. 계약의 경우에는 권리능력이 인정되지 않는다.

민법의 지도이념(민법 제2조)	
신의성실의 원칙	권리의 행사와 의무의 이행은 신의에 좇아 성실히 하여야 한다. 따라서 신의성실의 원칙에 반하는 권리행사는 권리남용이 되고 의무이행도 신의성실의 원칙에 반할 때에는 의무불이행으로 간주된다.
권리남용금지의 원칙	민법 제2조 제2항은 "권리는 남용하지 못한다."라고 하여 권리남용금지의 법리를 규정하고 있다. 권리남용이라 함은 외형적으로는 권리의 행사인 것처럼 보이나, 실질적으로 보면 신의성실의 원칙과 권리의 사회성에 반하는 권리행사로 인정되는 경우이다.

07
정답 ④

도급인이 파산선고를 받은 때에는 수급인 또는 파산관재인은 계약을 해제할 수 있다. 이 경우 각 당사자는 상대방에 대하여 계약해제로 인한 손해의 배상을 청구하지 못한다(민법 제674조).

08
정답 ③

기한이익상실의 특약이 채권자를 위하여 둔 것인 점에 비추어 정지조건부 기한이익상실의 특약이라고 볼만한 특별한 사정이 없는 한 형성권적 기한이익상실의 특약으로 추정한다.

09
정답 ③

손님이 목욕탕 주인에게 귀중품을 맡기지 않고 목욕 중 귀중품을 잃어버렸다면 분실에 대한 고의와 과실이 없는 한 책임이 없다.

10
정답 ②

물권적 청구권이라 함은 물권내용의 완전한 실현이 어떤 사정으로 방해되었거나 또는 방해될 염려가 있는 경우에 그 방해사실을 제거 또는 예방하여 물권내용의 완전한 실현을 가능케 하는 데 필요한 행위를 청구할 수 있는 권리로써 이는 사권의 보호를 위한 한 수단이다.

11
정답 ①

성년후견인과 피한정후견인의 요건으로 가장 중요한 것이 법원의 선고를 받아야 한다는 점이다. 상습도박이나 낭비벽으로 자기나 가족의 생활을 궁박하게 할 염려가 있는 자라 하더라도 법원의 피한정후견의 심판이 없다면 피한정후견인에 해당되지 않는다.

제한능력자

구분	미성년자	피한정후견인	피성년후견인
요건	19세 미만자	질병, 장애, 노령, 그 밖의 사유로 인한 정신적 제약으로 사무를 처리할 능력이 부족한 사람	질병, 장애, 노령, 그 밖의 사유로 인한 정신적 제약으로 사무를 처리할 능력이 지속적으로 결여된 사람
행위	법정대리인이 대리하여 하거나 법정대리인의 동의를 얻어서 함	한정후견인의 동의가 필요한 법률행위를 동의 없이 하였을 때에는 취소할 수 있다. 다만, 일용품의 구입 등 일상생활에 필요하고 그 대가가 과도하지 아니한 법률행위에 대하여는 그러하지 아니하다.	피성년후견인의 법률행위는 취소할 수 있다. 단, 일용품의 구입 등 일상생활에 필요하고 그 대가가 과도하지 아니한 법률행위는 성년후견인이 취소할 수 없다.
해소	19세가 되거나 혼인(성년의제)	한정후견종료의 심판	성년후견종료의 심판

12
정답 ①

우리 민법은 특별실종으로 선박실종, 전쟁실종, 항공기실종, 위난실종을 인정하고 있다(민법 제27조 제2항).

13

정답 ①

집세나 이자 등은 원물을 타인에게 사용시킨 대가로 얻는 과실로 법정과실이다(민법 제101조 제2항).

[오답분석]

② · ④ 토지 및 그 정착물은 부동산이므로 건물은 토지로부터 독립한 부동산으로 다루어질 수 있다(민법 제99조 제1항).
③ 유체물 및 전기 기타 관리할 수 있는 자연력은 물건인데(민법 제98조), 부동산(토지 및 그 정착물) 이외의 물건은 동산이므로(민법 제99조 제2항) 관리할 수 있는 자연력은 동산이다.

14

정답 ④

아파트 경비원이 상가 건물주의 이익에 반하지만 공공의 이익을 위해 화재를 진압하다가 손해를 끼친 경우 경비원에게 중대한 과실이 없으면 배상할 책임이 없다(민법 제734조 제3항).

[오답분석]

① 민법 제734조 제1항에서 확인할 수 있다.
② 경비업무의 범위를 벗어난 화재 진압은 경비업무의 법적의무 사항이 아니다.
③ 민법 제735조에서 확인할 수 있다.

사무관리의 내용(민법 제734조)
① 의무없이 타인을 위하여 사무를 관리하는 자는 그 사무의 성질에 좇아 가장 본인에게 이익되는 방법으로 이를 관리하여야 한다.
② 관리자가 본인의 의사를 알거나 알 수 있는 때에는 그 의사에 적합하도록 관리하여야 한다.
③ 관리자가 전2항의 규정에 위반하여 사무를 관리한 경우에는 과실없는 때에도 이로 인한 손해를 배상할 책임이 있다. 그러나 그 관리행위가 공공의 이익에 적합한 때에는 중대한 과실이 없으면 배상할 책임이 없다.

긴급사무관리(민법 제735조)
관리자가 타인의 생명, 신체, 명예 또는 재산에 대한 급박한 위해를 면하게 하기 위하여 그 사무를 관리한 때에는 고의나 중대한 과실이 없으면 이로 인한 손해를 배상할 책임이 없다.

15

정답 ③

입양으로 인한 친족관계는 입양의 취소 또는 파양으로 인하여 종료한다(민법 제776조).

[오답분석]

① · ④ 민법 제768조에서 확인할 수 있다.
② 민법 제769조에서 확인할 수 있다.

| 주관식 |

01	02	03	04	05
ㄴ, ㄷ	ㄱ	60, 30	ㄱ	×, ○

01
정답 ㄴ, ㄷ

원시취득
신축한 주택에 대한 소유권 취득, 무주물에 대한 선점, 유실물 습득, 동산의 선위취득, 인격권·신분권 등의 취득, 시효취득
승계취득
매매, 상속, 타인의 토지에 지상권을 설정하여 이를 취득, 회사의 합병

02
정답 ㄱ

배우자의 생사가 3년간 분명하지 아니한 때에 재판상 이혼 원인이 된다(민법 제840조 제5호).

03
정답 60, 30

주택임대차보호법 처리기간(제23조 제1항)에 의하면 조정위원회는 분쟁의 조정신청을 받은 날부터 60일 이내에 그 분쟁조정을 마쳐야 한다. 다만, 부득이한 사정이 있는 경우에는 조정위원회의 의결을 거쳐 30일의 범위에서 그 기간을 연장할 수 있다.

04
정답 ㄱ

불법행위란 불법으로 타인의 권리 혹은 이익을 침해하여 손해를 입히는 것을 말하며, 손해를 입은 자에게 불법행위자 혹은 그와 긴밀한 관계에 있는 자가 지는 배상책임으로 재산상의 손해는 물론 정신적 피해도 포함될 수 있다.

05
정답 ×, ○

전세권자의 손해배상책임(민법 제315조)에 따르면 전세권의 목적물의 전부 또는 일부가 전세권자의 책임 있는 사유로 인하여 멸실된 때에는 전세권자는 손해를 배상할 책임이 있다. 또한 이 경우 전세권설정자는 전세권이 소멸된 후 전세금으로써 손해의 배상에 충당하고 잉여기 있으면 반환하여야 하며 부족이 있으면 다시 청구할 수 있다.

| 객관식 |

01	02	03	04	05	06	07	08	09	10	11	12	13	14	15				
②	①	④	④	④	④	②	③	③	④	②	④	②	④	②				

01

정답 ②

FDDI(Fiber Distributed Data Interface, 광섬유 분배 데이터 인터페이스)는 광섬유를 사용한 LAN에서의 인터페이스 규격의 일종으로, 100Mb/s의 토큰 링(이중) 방식이 쓰인다.

네트워크 구성형태 종류

종류	내용
성형	• 포인트 투 포인트 방식으로 회선을 연결하고 단말장치 추가 및 제거가 용이 • 각 단말장치들은 중앙 컴퓨터를 통하여 데이터를 교환 • 하나의 단말장치가 고장나더라도 다른 단말장치에는 영향을 주지 않지만, 중앙 컴퓨터가 고장나면 전체 통신망의 기능이 정지
링형	• 컴퓨터와 단말장치들을 서로 이웃하는 것끼리 포인트 투 포인트 방식으로 연결 • 데이터는 단방향 또는 양방향으로 전송할 수 있으며, 단방향의 경우 컴퓨터, 단말 장치, 통신회선 중 어느 하나라도 고장나면 전체 통신망에 영향을 미침 • 양방향 링(이중링형)은 노드에 이상이 생겼을 경우 다른 방향으로 우회할 수 있으므로 정상적인 노드들끼리는 통신이 가능함
버스형	• 한 개의 통신회선에 여러 대의 단말장치가 연결되어 있는 형태 • 단말장치가 고장나더라도 통신망 전체에 영향을 주지 않기 때문에 신뢰성을 보장하지만 전송회선이 단절되면 전체 네트워크가 중단됨 • 기밀 보장이 어렵고 통신 회선의 길이에 제한이 있음
트리형 (＝계층형)	• 중앙 컴퓨터와 일정 지역의 단말장치까지는 하나의 통신회선으로 연결시키고, 이웃하는 단말장치는 일정 지역 내에 설치된 중간 단말장치(허브)로부터 다시 연결시키는 형태 • 분산 처리 시스템을 구성하는 방식이다.
망형	• 모든 지점의 컴퓨터와 단말장치를 서로 연결한 형태로, 노드의 연결성이 높음 • 보통 공중 데이터 통신망에서 사용되며, 통신 회선의 총 경로가 가장 김 • 통신 회선 장애 시 다른 경로를 통하여 데이터를 전송할 수 있음 • 노드의 수가 N개 일 때 $\dfrac{N(N-1)}{2}$ 개의 회선이 필요

02

정답 ①

네트워크 공격기법
- Spoofing Attack : 자신의 식별정보를 속여 대상 시스템을 공격하는 기법
  예 IP Spoofing, DNS Spoofing, E-mail Spoofing, ARP Spoofing
- Sniffing Attack : 네트워크상에서 패킷을 도청하는 공격기법
  예 Switch Jamming, ARP Redirect, ICMP Redirect
- DoS Attack(서비스 거부 공격) : 관리자 권한 없이도 특정서버에 처리할 수 없을 정도로 대량의 접속 신호를 한꺼번에 보내 해당 서버가 마비되도록 하는 해킹 기법
  예 TCP SYN Flooding, SMURF, Land, Ping of Death, Targa, Teardrop
- Session Hijacking : 타인의 세션을 가로채어 자신이 원하는 데이터를 보낼 수 있는 기법

03

정답 ④

SELECT 절은 질의 결과에 포함될 데이터 열 또는 계산 열들을 기술한다.

04

정답 ④

점수가 59점보다 큰 경우만 지원학과별 점수를 내림차순으로 정렬하라는 의미로, '지원자 전체'에 대해서가 아니라 '지원학과'별로 점수를 정렬한다.

05

정답 ④

해밍 코드(Hamming Code)는 오류를 스스로 검출할 수 있을 뿐만 아니라 오류를 수정(교정)할 수 있는 코드이다. 그러나 1Bit의 오류는 검출할 수 있으나 2개 이상의 오류는 검출할 수 없다.

06

정답 ④

히드웨어적 판별 방법은 CPU와 인터럽트를 요청할 수 있는 장치 사이에 해당 버스를 병렬이나 직렬로 연결하여 요청 장치의 번호를 CPU에 알리는 방법으로 장치 판별 과정이 간단해서 응답 속도가 빠르다.

07

정답 ②

데이터의 논리적 구조와 물기적 구조 사이에 변환이 가능토록 두 구조 간 사상을 명시하는 것은 정의 기능(Definition Facility)에 대한 설명이다.

08

정답 ③

최적 적합은 사용 가능한 공간들 중에서 가장 적합한 또는 작은 공간에 할당하므로 10K 이상의 공간을 가진 기억 장소 중 남은 공간이 가장 적은 곳을 찾으면 D에 할당된다.

09

정답 ③

재해싱(Rehashing) 방식은 여러 개의 해싱 함수를 준비한 후 충돌이 발생하면 새로운 해싱 함수를 이용하여 새로운 홈 주소를 구하는 방식이다.

10
④

설계는 논리적으로 특정한 기능과 부(서브루틴)기능을 수행하는 요소들로 분할되어야 한다.

11
정답 ②

프로그램이 요구 사항에 따라 운영되는 확률은 가용성(이용 가능성)에 대한 설명이다.

12
정답 ④

JK 플립플롭은 RS 플립플롭(R=1, S=1일 때 부정)의 단점을 개선한 플립플롭으로, J=1, K=1일 때 반전된다.

13
정답 ②

프로토타입(Prototype)은 사용자의 요구 사항을 정확히 파악하기 위해 실제 개발될 소프트웨어에 대한 견본(시제품)을 만들어 최종 결과물을 예측하는 모형이다. 골격이 되는 코드로 폭포수 모형의 단점을 보완하며 유지보수 단계가 개발 단계 안에 포함된다. 또한, 요구사항을 충실히 반영한다는 특징이 있다.
• 요구 수집 – 빠른 설계 – 프로토타입 구축 – 고객 평가 – 프로토타입 조정 – 구현

14
정답 ④

심사(Inspection)에 대한 설명으로, 심사는 팀 관리 조정자가 과정에서 얻은 출력을 일반 설정과 비교하여 오류가 제거되도록 한다.

15
정답 ②

main( ) 함수는 아래쪽으로 " { "로 시작하여 " } "로 종료된다(블록 단위로 묶음).

| 주관식 |

01

정답 ㄱ, ㄷ, ㄹ

ㄱ. 제로 트러스트 모델(Zero Trust Model)이란 아무도 신뢰하지 않는다는 뜻으로 내부와 외부를 막론하고 적절한 인증 절차 없이는 그 누구도 신뢰하지 않는다는 원칙을 적용한 보안 모델이다.

ㄷ. 기업 내부에서 IT 인프라 시스템에 대한 접근 권한이 있는 내부인에 의해 보안 사고가 발생함에 따라 만들어진 IT 보안 모델이다.

ㄹ. MFA(Multi-Factor Authentication)란 사용자 다중 인증으로, 패스워드 강화 및 추가적인 인증 절차를 통해 접근 권한을 부여하는 것이다. IAM(Identity and Access Management)은 식별과 접근 관리를 말하는 것으로, ID와 패스워드를 종합적으로 관리해 주는 역할 기반의 사용자 계정 관리 솔루션이다.

오답분석

ㄴ. 네트워크 설계의 방향은 내부에서 외부로 설정한다.

02

정답 5

속성(Attribute)은 하나의 릴레이션에서 열(Column)의 이름을 의미하므로 속성(학번, 이름, 학과, 성별, 학년)의 개수는 5개이다.

03

정답 64

샘플링을 할 때 레벨을 어느 정도로 잘게 나누어 기록할지를 나타낸다. 예를 들면 16비트인 경우는 $2^{16}=65,536$단계로 레벨을 기록할 수 있다. 따라서 양자화 비트수가 6비트일 때 양자화 계단 수는 $2^6=64$단계이다.

04

정답 Brooks(브룩스)

Brooks(브룩스)의 법칙은 지연된 소프트웨어 프로젝트에 인원을 추가 투입하면 일정이 더 늦어짐을 의미하는 법칙이다. 인원을 추가할 경우 일정이 더 늦어지는 이유는 기존 인력이 충원 인력의 교육을 담당해야 하므로 개발 시간이 감소하고, 충원 인원은 적응기간이 필요해서 업무속도가 저하되기 때문이다. 또한, 업무의 상관도가 높은 경우 분업이 불가능하므로 업무의 속도가 더 느려진다.

05

정답 B

NOT 함수는 인수의 반대값을 표시하는 함수로 =NOT(4>5)의 결괏값은 TRUE이다.

MEMO

PART 4

최종점검 모의고사

최종점검 모의고사

01	02	03	04	05	06	07	08	09	10	11	12	13	14	15	16	17	18	19	20
③	②	②	②	②	①	③	②	③	③	③	④	①	①	③	④	③	③	④	①
21	22	23	24	25	26	27	28	29	30	31	32	33	34	35	36	37	38	39	40
④	③	①	③	③	④	②	①	①	③	②	④	①	④	②	④	③	③	③	③
41	42	43	44	45	46	47	48	49	50										
②	③	②	④	②	①	②	④	④	④										

01
정답 ③

인플레이션이란 물가수준이 계속하여 상승하는 현상이다. 제시문에서 새해 공공요금 인상의 영향으로 농축산물과 가공식품 등 물가가 계속하여 상승하고 있다고 우려하고 있다. 따라서 빈칸에 들어갈 가장 적절한 용어는 '인플레이션'이다.

오답분석
① E플레이션 : 에너지 자원의 수요는 증가하는데 공급이 이에 충분하지 않아 이것이 물가 상승으로 이어지는 현상이다. 제시문은 에너지 자원 요금의 상승이 물가 상승에 영향을 끼치고 있다는 내용을 다루고는 있지만, 에너지 자원만의 문제점으로는 보고 있지 않다.
② 디플레이션 : 물가수준이 계속하여 하락하는 현상으로, 계속하여 물가가 상승하고 있다는 제시문의 취지와 맞지 않는 내용이다.
④ 디스인플레이션 : 물가를 현재 수준으로 유지하면서 인플레이션 상황을 극복하기 위한 경제조정정책이다. 제시문은 인플레이션 상황에 대해 다루고 있지만, 이를 극복하기 위한 경제조정정책에 대해서는 다루고 있지는 않다.

02
정답 ②

제시문은 우리나라 작물의 낮은 자급률에 대해 설명하고 있다. 보기의 문장은 우리나라 작물의 낮은 자급률을 보여주는 구체적인 수치이다. 따라서 '하지만 실상은 벼, 보리, 배추 등을 제외한 많은 작물의 종자를 수입하고 있어 그 자급률이 매우 낮다고 한다.' 뒤에 위치하는 것이 적절하다.

03
정답 ②

제시문은 세계 대공황의 원인으로 작용한 '보이지 않는 손'과 그에 대한 해결책으로 새롭게 등장한 케인스의 '유효수요이론'을 설명하고 있다. 따라서 제시문의 주제로는 '세계 대공황의 원인과 해결책'이 가장 적절하다.

오답분석
① 고전학파 경제학자들이 주장한 '보이지 않는 손'은 세계 대공황의 원인에 해당하는 부분이므로 글 전체의 주제가 될 수 없다.
③·④ 유효수요이론은 해결책 중 하나로 언급되었으며, 일부에 지나지 않으므로 글 전체의 주제가 될 수 없다.

04

정답 ②

제시문은 신탁 원리의 탄생 배경인 12세기 영국의 상황에 대해 이야기하고 있다. 따라서 이어지는 문단은 (가) 신탁 제도의 형성과 위탁자, 수익자, 수탁자의 관계 등장 – (다) 불안정한 지위의 수익자 – (나) 적극적인 권리 행사가 허용되지 않는 연금 제도에 기반한 신탁 원리 – (라) 연금 운용 권리를 현저히 약화시키는 신탁 원리와 그 대신 부여된 수탁자 책임의 문제점 순으로 나열하는 것이 적절하다.

05

정답 ②

제시문에 따르면 매몰비용효과는 이미 지불한 비용에 대한 노력을 계속하려는 경향이며, 거래커플링이 강할 때 높게 나타난다고 했다. 따라서 이 두 가지 조건을 모두 만족하는 것은 ②이다.

06

정답 ①

제시문은 '휴리스틱'의 개념 설명을 시작으로 휴리스틱에 반대되는 '알고리즘'에 대한 내용이 이어지고, 다음으로는 휴리스틱을 이용하는 방법인 '이용가능성 휴리스틱'에 대한 설명과 휴리스틱의 문제점인 '바이어스(Bias)'의 개념을 연이어서 설명하고 있다. 따라서 휴리스틱에 대한 정보의 폭을 넓혀가며 설명하고 있음을 알 수 있다.

07

정답 ③

확률이나 빈도를 바탕으로 주관적인 판단에 따라(이유가 있음) 사건을 예측하였지만 예측하지 못한 결과가 발생하는 것, 주관적인 판단과 객관적인 판단 사이에 오는 차이를 바이어스라고 한다. ③과 같이 확률이나 빈도를 바탕으로 주관적인 확률에 따라 사건(최근 한 달 동안 가장 높은 타율)을 예측하였지만 결과가 예상할 수 없었던 모습(4타수 무안타)으로 나타나는 것을 말한다.

08

정답 ②

제시문은 은행의 종류와 역할에 대한 설명을 통해 독자에게 새로운 정보를 제공하고 있다.

09

정답 ③

제시문에 따르면 투자신탁회사, 자산운용회사는 투자자들이 맡긴 돈을 모아 뭉칫돈으로 만들어 증권이나 채권 등에 투자해 수익을 올리지만, 돈을 빌려주지는 않는다.

10

정답 ③

제시문의 세 번째 문단은 안전보장이사회의 결의안 채택 방식을 소개하고 있으며 상임이사국의 거부권 행사는 그중 일부 내용이므로 문단의 제목으로는 적절하지 않다.

11

정답 ③

국제사법재판소의 판결이행사항 이행은 안전보장이사회의 역할 중 하나이다.

[오답분석]
① 분쟁의 평화적 해결 문제를 다루는 것은 UN헌장 제6장이다.
② 5개의 상임이사국은 미국, 영국, 프랑스, 러시아, 중국으로 구성되어 있다.
④ 냉전종식 이후 UN헌장 제7장이 더 많이 활용되고 있다.

12

제시문에서 펀드 가입 절차에 대한 내용은 찾아볼 수 없다.

오답분석

① 펀드에 가입하면 돈을 벌 수도 손해를 볼 수도 있음을 세 번째 문단에서 확인할 수 있다.

② 첫 번째 문단에서 확인할 수 있다.

③ 마지막 문단에서 확인할 수 있다.

13

주식 투자 펀드의 수익률 차이가 심하게 나는 것은 주식이 경기 변동의 영향을 많이 받기 때문이다.

오답분석

② 채권 투자 펀드에 대한 설명이다.

③ 채권을 사서 번 이익에서 투자 기관의 수수료를 뺀 금액이 수익이 된다.

④ 주식 투자 펀드에 대한 설명이다.

14

제시문의 첫 번째 문단에 따르면 노량진수산시장 지하보도는 1975년 마련된 이후 장기간 방치되어 시설 노후화로 인한 도시 미관 저해, 안전 문제 등이 꾸준히 제기되어 왔다.

오답분석

② D구와 A조합은 노량진수산시장 지하보도 관리를 위해 지속적으로 협의했으며, 그 결과 지난해 '노량진수산시장 지하보도 관리 협력을 위한 업무협약(MOU)'을 체결하게 되었다. 따라서 지속적으로 협력해온 것은 아니다.

③ 두 번째 문단에 따르면 지하보도 안전진단을 시행한 후 시설 보수 및 차량 진입 동선 개선 등에도 힘쓸 예정이다.

④ 제시문에서 확인할 수 없는 내용이다.

15

제시문의 세 번째 문단에 따르면 '자세한 결과 발표는 노량진수산시장 홈페이지를 통해 확인할 수 있다.'고 하였을 뿐, 발표 일정은 확인할 수 없다.

16

• 팀장 1명을 뽑는 경우의 수 : $_{10}C_1 = 10$가지

• 회계 담당 2명을 뽑는 경우의 수 : $_9C_2 = \dfrac{9 \times 8}{2!} = 36$가지

따라서 구하고자 하는 경우의 수는 $10 \times 36 = 360$가지이다.

17

출발지에서 목적지까지 거리를 $x$km라고 하면 다음과 같은 식이 성립한다.

• 목적지까지 가는 데 걸리는 시간 : $\dfrac{x}{80}$ 시간

• 목적지에서 돌아오는 데 걸리는 시간 : $\dfrac{x}{120}$ 시간

$$\frac{x}{80} + \frac{x}{120} \leq 1 \rightarrow 5x \leq 240$$

$$\therefore \ x \leq 48$$

따라서 최대 48km 떨어져 있어야 한다.

18

• 6개월 후 지급 이자 : $100,000 \times 10\% \times \dfrac{6}{12} = 5,000$원

• 1년 후 지급 이자 : $105,000$원$\times 10\% \times \dfrac{6}{12} = 5,250$원

따라서 만기 시 받을 이자금액은 $5,000 + 5,250 = 10,250$원이다.

19

정답 ④

ㄴ. 2024년 1분기의 영업이익률은 $\dfrac{-278}{9,332} \times 100 \fallingdotseq -2.98\%$이며, 4분기의 영업이익률은 $\dfrac{-998}{9,192} \times 100 \fallingdotseq -10.86\%$이다. 따라서 2024년 4분기의 영업이익률은 1분기보다 감소하였음을 알 수 있다.

ㄹ. 2024년 3분기의 당기순손실은 직전 분기 대비 $\dfrac{1,079-515}{515} \times 100 \fallingdotseq 109.51\%$ 증가하였으므로 100% 이상 증가하였음을 알 수 있다.

[오답분석]

ㄱ. 영업손실이 가장 적은 1분기의 영업이익이 가장 크다.

ㄷ. 2024년 2분기와 4분기의 매출액은 직전 분기보다 증가하였으나, 3분기의 매출액은 2분기보다 감소하였다.

20

정답 ①

소비자 물가지수는 상품의 가격 변동을 수치화한 것으로, 각 상품의 가격은 알 수 없다.

[오답분석]

② 2024년의 자장면 물가지수의 2020년 대비 증가지수는 $115-100=15$로, 가장 가격이 많이 오른 음식이다.

③ 설렁탕은 2015년에 물가지수가 가장 낮은 품목이며, 2020년 세 품목의 물가지수는 100으로 동일하다. 따라서 설렁탕이 2015년부터 2020년까지 가격이 가장 많이 오른 음식이다.

④ 세 품목의 2020년 물가지수 100이 기준이기 때문에 2024년에 물가지수가 높은 순서대로 가격 상승률이 높았다. 따라서 2020년 대비 2024년은 '자장면 – 설렁탕 – 커피' 순으로 가격 상승률이 높았다.

21

정답 ④

ㄴ. 보험금 지급 부문에서 지원된 금융구조조정자금 중 저축은행이 지원받은 금액의 비중은 $\dfrac{72,892}{303,125} \times 100 \fallingdotseq 24.0\%$로 20%를 초과한다.

ㄷ. 제2금융에서 지원받은 금융구조조정자금 중 보험금 지급 부문으로 지원받은 금액이 차지하는 비중은 $\dfrac{182,718}{217,080} \times 100 \fallingdotseq 84.2\%$로, 80% 이상이다.

ㄹ. 부실자산 매입 부문에서 지원된 금융구조조정자금 중 은행이 지급받은 금액의 비중은 $\dfrac{81,064}{105,798} \times 100 \fallingdotseq 76.6\%$로, 보험사가 지급받은 금액의 비중의 20배인 $\dfrac{3,495}{105,798} \times 100 \times 20 \fallingdotseq 66.1\%$ 이상이므로 옳은 설명이다.

PART 4 최종점검 모의고사 • 53

ㄱ. 출자 부문에서 은행이 지원받은 금융구조조정자금은 222,039억 원으로, 증권사가 지원받은 금융구조조정자금의 3배인 99,769×3=299,307억 원보다 적다.

22

근속연수가 20년 이상인 직원들의 경우 육아 휴직 활성화에 대한 응답률(27%)이 가장 높다.

① 근속연수별 가장 높은 응답률을 보인 항목은 5년 미만의 경우 사내 문화 개선, 5년 이상 20년 미만의 경우 임금 인상, 20년 이상의 경우 육아 휴직 활성화이므로 서로 동일하지 않다.
② 연차 사용 보장 항목을 선택한 근속연수별 직원의 비율은 서로 비교 가능하지만, 근속연수별 직원의 수는 알 수 없으므로 서로 비교할 수 없다.
④ 임금 인상 항목에 대한 응답률이 가장 낮으나, 이는 개선 필요성을 고려한 것일 뿐 부정적인 판단으로 볼 수 없다.

23

근속연수별 직원의 비율이 1:1:1이라면, 근무 형태 유연화를 선택한 직원 수는 다음과 같다.

(단위 : 명)

구분 \ 근속연수	5년 미만	5년 이상 20년 미만	20년 이상	합계
직원 수	300	300	300	900
응답자 수	300×0.19=57	300×0.23=69	300×0.15=45	171

따라서 근무 형태 유연화를 선택한 직원은 150명 이상이다.

ㄴ. 근속연수별 직원의 비율이 3:5:1이라면, 육아 휴직 활성화를 선택한 직원 수는 다음과 같다.

(단위 : 명)

구분 \ 근속연수	5년 미만	5년 이상 20년 미만	20년 이상	합계
직원 수	300	500	100	900
응답자 수	300×0.11=33	500×0.19=95	100×0.27=27	155

따라서 육아 휴직 활성화를 선택한 직원 중 근속연수가 5년 이상 20년 미만인 직원의 수가 가장 많다.

ㄷ. 근속연수별 직원의 비율이 4:3:2라면, 근속연수가 20년 이상인 직원은 $900 \times \frac{2}{9} = 200$명이므로 이들 중 사내 문화 개선을 선택한 직원은 200×0.15=30명이다.

24

2021년 대비 2024년 사업자 수가 감소한 호프전문점, 간이주점, 구내식당 세 곳의 감소율은 다음과 같다.

• 호프전문점 : $\frac{41,796-37,543}{41,796} \times 100 ≒ 10.2\%$

• 간이주점 : $\frac{19,849-16,733}{19,849} \times 100 ≒ 15.7\%$

• 구내식당 : $\frac{35,011-26,202}{35,011} \times 100 ≒ 25.2\%$

따라서 2021년 대비 2024년 사업자 수의 감소율이 두 번째로 큰 업종은 간이주점으로, 감소율은 15.7%이다.

25

정답 ③

2021년 대비 2023년 일식전문점 사업자 수의 증감률은 $\frac{14,675-12,997}{12,997}\times100\fallingdotseq12.9\%$이다.

오답분석

① 제시된 자료를 통해 사업자 수가 해마다 감소하는 업종은 간이주점, 구내식당 두 곳임을 알 수 있다.

② 기타음식점의 2024년 사업자 수는 24,509명, 2023년 사업자 수는 24,818명이므로 24,818-24,509=309명 감소했다.

④ 2022년의 전체 음식 업종 사업자 수에서 분식점 사업자 수가 차지하는 비중은 $\frac{52,725}{659,123}\times100\fallingdotseq8.0\%$, 패스트푸드점 사업자

수가 차지하는 비중은 $\frac{31,174}{659,123}\times100\fallingdotseq4.7\%$이므로, 둘의 차이는 8.0-4.7=3.3%p이다.

26

정답 ④

(가) : 7,176-(98+3,270+3,311+55)=442
(나) : 170+2,599+451+3,270+64=6,554
따라서 (가)+(나)는 442+6,554=6,996이다.

27

정답 ②

오답분석

① 2024년 총취수량은 6,554백만 m^3로 전년보다 감소하였다.
③ 하천표류수의 양이 가장 많았던 해는 2017년, 댐의 취수량이 가장 많았던 해는 2022년이다.
④ 지하수의 양이 총취수량의 2% 미만이면 지표수의 양은 총취수량의 98% 이상이다.

- 2023년 총취수량 중 지하수의 비중 : $\frac{163}{7,300}\times100\fallingdotseq2.23\%$

- 2024년 총취수량 중 지하수의 비중 : $\frac{170}{6,554}\times100\fallingdotseq2.59\%$

따라서 2023 ~ 2024년에는 지표수의 양이 총취수량의 98%에 미치지 못한다.

28

정답 ①

최고 기온이 17℃ 이상인 지점은 춘천, 강릉, 충주, 서산이다. 이 중 최서 기온이 7℃ 이상인 지점은 강릉과 서산으로, 두 관측지점의 강수량을 합하면 1,464+1,285=2,749mm이다.

29

정답 ①

동해의 최고 기온과 최저 기온의 평균은 $\frac{16.8+8.6}{2}=\frac{25.4}{2}=12.7$℃이다.

오답분석

② 최고 기온과 최저 기온의 차이가 가장 큰 지점은 17.7-5.9=11.8℃인 충주이다.
③ 속초는 관측지점 중 평균 기온이 세 번째로 높고, 강수량은 두 번째로 많다.
④ 강릉은 평균 기온과 최저 기온이 가장 높고, 강수량도 가장 많다. 그러나 최고 기온은 충주가 가장 높다.

30

정답 ③

여성 조사인구가 매년 500명일 때, 2023년에 '매우 노력함'을 선택한 인원은 500×0.16=80명이고, 2024년에는 500×0.2=100명으로 2023년 대비 20명이 증가하였다.

오답분석

① 남성과 여성 모두 정확한 조사대상 인원이 나와 있지 않으므로 알 수 없다.

② 2024년에 '노력 안 함'을 선택한 비율이 가장 낮은 연령대는 40대이다.

④ 2024년에 60대 이상에서 '조금 노력함'을 선택한 비율은 전년 대비 $\frac{30.0-29.7}{30.0} \times 100 = 1\%$ 감소하였다.

31

정답 ②

먼저 A사원의 말이 거짓이라면 A사원과 D사원 2명이 3층에서 근무하게 되고, 반대로 D사원의 말이 거짓이라면 3층에는 아무도 근무하지 않게 되므로 조건에 어긋난다. 그러므로 A사원과 D사원은 진실을 말하고 있음을 알 수 있다. 또한 C사원의 말이 거짓이라면 아무도 홍보팀에 속하지 않으므로 C사원도 진실을 말하고 있음을 알 수 있다. 따라서 거짓말을 하고 있는 사람은 B사원이며, 이때 B사원은 총무팀 소속으로 6층에서 근무하고 있다.

32

정답 ④

다른 직원들의 휴가 일정이 겹치지 않고 주말과 공휴일이 아닌 평일이며, 전체 일정도 없는 20 ~ 21일이 적절하다.

오답분석

① 7월 1일은 김사원의 휴가이므로 휴가일로 적절하지 않다.

② 7월 4일은 M은행 전체회의 일정이 있어 휴가일로 적합하지 않다.

③ 7월 9일은 주말이므로 휴가일로 적절하지 않다.

33

정답 ①

전체회의 일정과 주말을 제외하면 7월에 휴가를 사용할 수 있는 날은 총 20일이다.
직원이 총 12명이므로 1명당 1일을 초과할 수 없다.

34

정답 ④

현재 환율을 기준으로 1,500유로 환전에 필요한 금액을 구하면 각각 다음과 같다.

• 영업점을 방문하여 환전할 경우

1,277.06×1,500=1,915,590원

• 인터넷뱅킹을 이용할 경우(유로화 환전 수수료 80% 할인쿠폰 적용)

– (환전 수수료)=(현찰매수)−(매매기준율)

– 환전 수수료 80% 할인된 수수료 금액 : (환전 수수료)×(1−0.8)=(1,277.06−1,252.15)×0.2=4,982원

∴ (1,252.15+4,982)×1,500=1,885,698원

35

정답 ②

국내 간 외화송금 시 인터넷뱅킹 수수료는 5,000원이고, 영업점의 수수료는 송금 금액에 따라 다른데 JPY 100=USD 0.92이므로 800,000엔을 미국 USD로 변환하면 8,000×0.92=7,360달러이다. USD 10,000 이하이므로 수수료는 7,000원이다.
따라서 두 수수료의 차이는 2,000원이다.

36

정답 ④

해외로 송금할 경우 송금 금액과 각각의 수수료를 계산하면 다음과 같다.

- 송금 금액 : $4,000 \times 1,132.90 = 4,531,600$원
- 송금 수수료 : $15,000 \times 0.7 = 10,500$원($\because$ USD 5,000 이하)
- 중계은행 수수료 : $18 \times 1,132.90 = 20,392.2$원
- 전신료 : 8,000원

따라서 $4,531,600 + 10,500 + 20,392.2 + 8,000 \fallingdotseq 4,570,492$원을 지불해야 한다.

37

정답 ③

연경, 효진, 다솜, 지민, 지현의 증언을 차례대로 검토하면서 모순 여부를 찾아내면 쉽게 문제를 해결할 수 있다.

- 연경이의 증언이 참일 경우
  효진이의 증언도 참이다. 그런데 효진이의 증언이 참이라면 지현이의 증언은 거짓이 된다.
- 지현이의 증언이 거짓일 경우
  '나와 연경이는 꽃을 꽂아두지 않았다.'는 말 역시 거짓이 되어 연경이와 지현이 중 적어도 1명은 꽃을 꽂아두었다고 봐야 한다.
  그런데 효진이의 증언은 지민이를 지적하고 있으므로 역시 모순이다. 결국 연경이와 효진이의 증언은 거짓이다.

따라서 다솜, 지민, 지현이의 증언이 참이 되며, 이들이 언급하지 않은 다솜이가 꽃을 꽂아두었다.

38

정답 ③

을이 5점, 5점, 6점을 획득하는 경우도 있다.

오답분석

① · ② 을이 주사위를 두 번 던지면 16점을 얻을 수 없다. 따라서 을은 최소 3번 주사위를 던졌다. 이때, 갑이 가장 많은 횟수를 던졌는데 3번 던졌다고 가정하면 을과 병 중 1명이 4번을 던졌다는 뜻이 된다. 이는 세 번째 조건과 모순이므로 갑이 4번을 던졌고, 을과 병은 3번씩 던졌다.

④ 병은 최소 16점을 넘어야 한다. 6이 한 번도 나오지 않는다면 최대 15점을 얻을 수 있다. 따라서 6이 나온 적이 있다.

39

정답 ③

첫 번째 조건과 두 번째 조건에 따라 책정된 총회식비는 $13 \times 3 = 39$만 원이며, 이를 초과하는 회식장소는 없다. 다음으로 세 번째 조건에 따라 회식은 3일 뒤에 진행하므로 일주일 전에 예약이 필요한 D뷔페와 19시에 영업을 시작하는 B치킨은 제외된다. 마지막으로 팀원 중 해산물을 먹지 못하는 사람이 있으므로 A수산은 제외된다. 따라서 모든 조건을 충족하는 회식장소는 C갈비이다.

40

정답 ③

'커피를 좋아함'을 p, '홍차를 좋아함'을 q, '우유를 좋아함'을 r, '콜라를 좋아함'을 s라고 하면 $p \rightarrow q \rightarrow \sim r \rightarrow s$가 성립한다. 따라서 $p \rightarrow s$이므로 '커피를 좋아하는 사람은 콜라를 좋아한다.'는 참이다.

41

정답 ②

WO전략은 약점을 극복함으로써 기회를 활용할 수 있도록 내부 약점을 보완해 좀 더 효과적으로 시장 기회를 추구한다. 따라서 바로 옆에 유명한 프랜차이즈 레스토랑이 생겼다는 사실을 이용하여 홍보가 미흡한 점을 보완할 수 있도록 레스토랑과 제휴하여 레스토랑 내에 홍보물을 비치하는 방법이므로 가장 적절하다.

42

정답 ③

각각의 조건에서 해당하지 않는 쇼핑몰을 체크하여 선택지에서 하나씩 제거하는 방법으로 푸는 것이 좋다.
• 철수 : C, D, F는 포인트 적립이 안 되므로 해당 사항이 없다(②, ④ 제외).
• 영희 : A에는 해당 사항이 없다.
• 민수 : A, B, C에는 해당 사항이 없다(① 제외).
• 철호 : 환불 및 송금수수료, 배송료가 포함되었으므로 A, D, E, F에는 해당 사항이 없다.
따라서 바르게 짝지은 것은 ③이다.

43

정답 ②

제품번호 'IND22Q03D9210'을 항목에 따라 구분하면 다음과 같다.
[IND] – [22] – [Q03] – [D92] – [10]
따라서 인도네시아에서 2022년에 생산되었으며, 생산 분기는 3분기이고, 의류에 해당하며, 일반운송 대상임을 알 수 있다.

44

정답 ④

각 펀드의 총점을 통해 비교 결과를 유추하면 다음과 같다.
• A펀드 : 1번은 우수(5점), 1번은 우수 아님(2점)
• B펀드 : 1번은 우수(5점), 1번은 우수 아님(2점)
• C펀드 : 2번 모두 우수 아님(2+2점)
• D펀드 : 2번 모두 우수(5+5점)

각 펀드의 비교 대상은 다른 펀드 중 2개이며, 총 4번의 비교를 했다고 하였으므로 다음과 같은 경우를 고려할 수 있다.

i)

A		B		C		D	
B	D	A	C	B	D	A	C
5	2	2	5	2	2	5	5

표의 결과를 정리하면 D>A>B, A>B>C, B・D>C, D>A・C이므로 D>A>B>C이다.

ii)

A		B		C		D	
B	C	A	D	A	D	C	B
2	5	5	2	2	2	5	5

표의 결과를 정리하면 B>A>C, D>B>A, A・D>C, D>C・B이므로 D>B>A>C이다.

iii)

A		B		C		D	
D	C	C	D	A	B	A	B
2	5	5	2	2	2	5	5

표의 결과를 정리하면 D>A>C, D>B>C, A・B>C, D>A・B이므로 D>A・B>C이다.

ㄱ. 세 가지 경우에서 모두 D펀드는 C펀드보다 우수하다.
ㄴ. 세 가지 경우에서 모두 B펀드보다 D펀드가 우수하다.
ㄷ. 마지막 경우에서 A펀드와 B펀드의 우열을 가릴 수 있으면 A ~ D까지 우열순위를 매길 수 있다.

45

경우의 수를 나누어 생각하면 다음과 같다.

구분	첫 번째	두 번째	세 번째	네 번째	다섯 번째	여섯 번째
경우 1	A	D	F	B	E	C
경우 2	A	F	D	B	E	C
경우 3	D	F	B	E	C	A
경우 4	F	D	B	E	C	A
경우 5	D	F	C	E	B	A
경우 6	F	D	C	E	B	A

A가 맨 앞에 서면 E는 다섯 번째에 설 수밖에 없다.

오답분석

① A가 맨 뒤에 서 있는 경우 맨 앞에는 D가 서 있을 수도, F가 서 있을 수도 있다.
③ 경우 1과 경우 3에서 F와 B는 앞뒤로 서 있다.
④ 경우 1과 경우 2에서 C는 맨 뒤에 서 있다.

46

해당 카드를 처음 발급받은 경우 카드발급일로부터 다음 달 말일까지는 이용 금액과 관계없이 모든 청구 할인 서비스를 받을 수 있다. 따라서 A법인은 지난달 카드를 처음 발급받아 현재까지 사용 내역이 없더라도 모든 청구 할인 서비스를 받을 수 있다.

오답분석

② 주유 할인의 경우 영업용 차량 주유 금액을 제외한 이용 금액이 30만 원 이상일 경우에만 제공되므로 영업용 차량 주유 비용 외에 다른 사용 내역이 없다면 B법인은 주유소에서의 할인 서비스를 받을 수 없다.
③ 전월 이용 금액 산정 시 상품권 이용 금액은 제외되므로 상품권 구매 비용 외에 다른 사용 내역이 없다면 C법인은 모든 청구 할인 서비스를 받을 수 없다.
④ 백화점에 입점한 W커피에서는 청구 할인 서비스를 받을 수 없으므로 D법인이 지난달 이용 실적을 만족하였더라도 백화점 내의 W커피에서는 청구 할인 서비스를 받을 수 없다.

47

기회는 외부 환경에서 비롯된 요인 중 해당 회사에 긍정적으로 작용할 수 있는 요인을 뜻한다. 따라서 관광 분야 예산 확대 등 정부의 여행 산업 육성 정책은 여행 산업에 긍정적인 영향을 끼치므로 M사에는 충분히 기회로 활용할 수 있는 외무석 요인이 된다.

오답분석

① 약점은 내부 환경에서 비롯된 요인 중에서 기업 목표 달성을 저해할 수 있으나 통제가 가능한 요인을 말한다. 자회사들의 수년 간 누적된 적자는 경영 목표 달성을 방해할 수 있으나 노력의 정도에 따라 통제 가능하므로 약점 요인에 해당한다.
③ 위협은 외부 환경에서 비롯된 요인 중에서 통제하기 어려우며 해당 회사에 부정적으로 작용할 수 요인을 뜻한다. 여행사를 이용하지 않는 여행객의 증가 추세는 여행사인 M사에게는 경영 여건을 위협하는 외부적 요인이므로 위협 요인에 해당한다. 또한 온라인 플랫폼(OTA) 기업들의 여행업 진출은 새로운 경쟁자와의 경쟁 심화를 초래할 수 있는 외부적 요인이므로 위협 요인에 해당한다.
④ 강점은 경영 자원 등 기업 목표 달성을 촉진할 수 있는 통제 가능한 내부적 요인을 뜻한다. 고객과의 소통이 원활한 기업이라는 평가는 이미 충분히 갖추고 있는 강점 요인에 해당한다.

48

휴대품 손해로 인한 보상 시, 휴대품 1개 또는 1쌍에 대해서만 20만 원 한도로 보상한다.

49

A씨의 생활을 살펴보면 출퇴근길에 자가용을 사용하고 있다. 그리고 주유비에 대해서 부담을 가지고 있으며, 곧 겨울이 올 것을 대비해 차량 점검을 할 예정이다. 이러한 사항을 고려해 볼 때 A씨는 자동차와 관련된 혜택을 받을 수 있는 카드인 D카드를 선택하는 것이 가장 적절하다고 볼 수 있다.

50

정답 ④

스마트 OTP는 금융거래에서 정보보안을 강화하는 데 주목적이 있다. 따라서 보안과 관련된 전략 과제에 적절한 실행방안이 된다. 그러나 문제에서 제시된 전략 과제 중에는 보안과 관련된 것이 없다.

오답분석
① '2. 모바일 뱅킹 서비스 친숙도 증대'의 실행방안으로 적절하다.
② '1. 최초 접근 채널 다양화'의 실행방안으로 적절하다.
③ '7. 이용단계 간소화 및 오류 제거'의 실행방안으로 적절하다.

---

02 | 금융·경제 상식

01	02	03	04	05	06	07	08	09	10	11	12	13	14	15	16	17	18	19	20
③	②	④	①	④	③	③	①	②	①	①	①	④	④	④	①	③	①	③	③

01

정답 ③

실기주과실이란 명의개서를 하지 않은 실기주에 대해 발생한 배당금 또는 주식을 가리킨다.

02

정답 ②

CMA(Cash Management Account)는 예탁금을 어음이나 채권에 투자하여 그 수익을 고객에게 돌려주는 실적배당 금융상품으로, 어음관리계좌 또는 종합자산관리계정이라고도 한다. 또한, CMA는 고객이 예치한 자금을 기업어음(CP)이나 양도성 예금증서(CD), 국공채 등의 채권에 투자하여 그 수익을 고객에게 돌려주는 금융상품이다.

오답분석
① 신탁상품 : 은행, 투신사 등 금융기관이 개인이나 법인 등 고객으로부터 예금을 받아 일정기간 동안 이 자산을 운용해서 수익을 돌려주는 금융상품으로 이자율에 따른 수익 배당과 실적배당형 상품이 있다.
③ MMDA(Money Market Deposit Account) : 금융기관이 취급하는 수시입출식 저축성예금의 하나이다.
④ 수익증권 : 고객이 맡긴 재산을 투자 운용해 거기서 발생하는 수익을 받을 권리를 표시하는 증권이다.

03

정답 ④

임베디드 금융(Embedded Finance)은 비금융기업이 자사의 플랫폼에 금융상품을 제공하는 핀테크 기능을 내장하는 것을 의미한다. 최근 금융서비스를 비대면·모바일로 이용하려는 수요가 늘면서 임베디드 금융이 기업들 사이에 확대되고 있다. 예를 들어 테슬라는 자동차 시스템에 수집되는 정보로 운전자의 사고위험과 수리비용을 예측하는 보험 서비스를 제공하고 있다.

04

민간투자 혹은 민간소비가 불안정적이어서 IS곡선이 왼쪽이나 오른쪽으로 이동하는 경우에는 통화량을 일정하게 유지하는 통화량 타깃팅이 경제안정화에 더 효과적이나, 화폐수요가 불안정적이어서 LM곡선이 왼쪽이나 오른쪽으로 이동하는 경우에는 이자율을 일정하게 유지하는 이자율 타깃팅이 경제안정화에 더 효과적이다. 한편, 생산물시장의 불안정성으로 인해 IS곡선이 왼쪽이나 오른쪽으로 이동하는 경우에는 통화량과 이자율을 모두 일정하게 유지하는 것이 불가능하나, 화폐부문이 불안정적일 때는 이자율 타깃팅을 실시하면 LM곡선이 목표이자율 수준에서 수평선의 형태가 되므로 이자율과 통화량을 모두 일정하게 유지할 수 있다.

05

고전학파는 실물시장과 화폐시장의 고전적 이분성(Classical Dichotomy)으로 인해 통화량의 변화가 실질변수에 아무런 영향을 미치지 못하는 화폐의 중립성(Neutrality of Money)이 성립한다고 주장하였다. 반면, 케인스학파는 실물시장과 화폐시장은 상호 연계되어 있기 때문에 실물 현상은 화폐 부문의 변화에 크게 영향을 받는다고 주장하였다. 따라서 케인스학파 이론에 따르면 중앙은행이 통화량을 늘리면 단기적으로 이자율이 하락한다. 이자율이 하락하면서 실물 투자가 활성화되기 때문에 국내총생산(GDP)이 증가하게 된다. 하지만 장기적으로는 통화량 증가로 인해 물가가 상승하게 되므로 국내총생산(GDP)이 원래 수준으로 복귀된다.

06

경상수지와 자본수지의 합은 항상 0이므로 경상수지와 자본수지는 항상 반대 방향으로 발생한다.

07

구매력평가설은 환율이 두 나라 통화의 구매력에 의해 결정된다는 이론이다. 즉, 환율은 두 나라의 물가 수준에 따라 결정된다. $P=e \times P_f$, $e=\dfrac{P}{P_f}$(e : 환율, P : 국내 물가수준, P_f : 외국 물가수준)이므로 물가가 상승하면 환율이 상승해 해당 통화가치는 하락하고, 물가가 하락하면 환율이 하락해 해당 통화가치는 상승한다.

08

직접금융시장이란 자금의 수요자가 금융기관을 중개하지 않고 공급자와 자금을 직접 거래하는 시장으로 주식시장, 채권시장 등이 있다. 간접금융에는 은행 등 제3자를 통해서 돈을 빌리는 방법이 있다.

09

원화가치 상승은 해외에서 원화의 구매력을 높이고 수출품의 가격 상승 효과를 발생시킨다.

[오답분석]
ㄱ. 해외로 여행 가는 내국인들에게 이익이다.
ㄷ. 한국산 수출상품의 가격 경쟁력이 약해질 가능성이 크다.
ㅁ. 외화부채가 많은 기업들은 원화 가치가 상승한 만큼 부채 부담이 줄어든다.

10

달러화 가치가 하락하면 달러로 상환해야 할 금융채무 부채비율이 낮아진다.

11

자연이자는 실물이자이고 시장이자는 화폐이자이다. '자연이자>시장이자'인 경우 경기과열이 초래되고, '자연이자<시장이자'인 경우에는 경기가 침체된다.

12

정답 ①

공매도란 주식이나 채권을 가지고 있지 않은 상태에서 매도 주문을 내는 것으로 주가의 하락이 예상될 때 시세차익을 노리는 방식이다. 공매도한 투자자가 예상한 대로 주가가 하락하게 되면 많은 시세차익을 낼 수 있으나, 주가가 상승하게 되면 오히려 손해를 보게 된다. 공매도는 증권시장의 유동성을 높이는 역할을 하는 반면, 시세조종과 채무불이행을 유발할 수 있다.

13

정답 ④

경기침체 시 정부지출 증가나 소득세율 인하도 경기를 진작시키는 방법이지만 구축효과로 인해 이자율이 상승하게 된다. 이자율 상승 없이 경기를 진작시키는 방법에는 공개시장에서 중앙은행의 채권매입, 재할인율·법정지급준비율 인하가 있다.

14

정답 ④

금리가 매우 낮은 경우 모든 경제주체들이 채권가격의 하락을 예상하여 화폐수요를 무한히 증가시키는 유동성 함정 구간에서는 화폐수요가 이자율에 완전탄력적이 되어 금리를 아무리 낮춰도 화폐수요만 늘어날 뿐 투자와 소비로 이어지지 않게 된다.

15

정답 ④

주가연계증권 특징
• 다양성 : 다양한 원금보장수준(100%, 95%, 90%, 비보장 등)의 상품설계가 가능
• 안정성 : 기초자산 하락 시에도 원금 또는 원금의 일정부분 보장이 가능
• 수익성 : 기초자산 실적과 연계, 초과수익 향유 가능
• 확정성 : 주가지수 움직임에 따라 사전에 약정된 수익률 확보

16

정답 ①

오답분석
② 유틸리티(Utility) : 프로그램 작성에 도움이 되거나 컴퓨터 운영에 도움이 되는 소프트웨어이다.
③ 블로트웨어(Bloatware) : 꼭 필요한 기능 외에도 사용 빈도와 효용성이 낮은 기능까지 갖추다 보니 지나치게 많은 메모리를 요구하게 되어 저장 공간을 과다하게 차지하는 소프트웨어를 말한다.
④ 블루투스(Bluetooth) : 개인 휴대 단말기 따위의 각종 무선 통신 기기와 컴퓨터, 프린터 따위의 사무용 전자 제품 간에 데이터를 근거리에서 무선으로 주고받을 수 있는 무선 통신 기술이나 시스템을 말한다.

17

정답 ③

제시문은 유비쿼터스(Ubiquitous)에 대한 설명이다.

오답분석
① 딥 러닝(Deep Learning) : 컴퓨터가 여러 데이터를 이용해 마치 사람처럼 스스로 학습할 수 있게 하기 위해 인공 신경망(ANN; Artificial Neural Network)을 기반으로 구축한 기계 학습 기술을 의미한다.
② AI(Artificial Intelligence) : 인간과 같이 사고하고, 생각하고, 학습하고, 판단하는 논리적인 방식을 사용하는 인간지능을 본 딴 고급 컴퓨터 프로그램을 말한다.
④ 블록체인(Block Chain) : 누구나 열람할 수 있는 장부에 거래 내역을 투명하게 기록하고, 여러 대의 컴퓨터에 이를 복제해 저장하는 분산형 데이터 저장기술이다.

18

정답 ①

오답분석
② 트랩 도어(Trap Door) : 응용 프로그램이나 운영체제 개발 시 프로그램 오류를 쉽게 발견하기 위해 코드 중간에 중단 부분을 만들어 놓는 행위를 일컫는다.

③ 피싱(Phishing) : 불특정 다수에게 메일을 발송해 위장된 홈페이지로 접속하도록 한 후 인터넷 이용자들의 금융 정보 등을 빼내는 신종 사기 수법 중 하나이다.

④ 침입 방지 시스템(IPS) : 공격자가 특정 공격을 시도하기 전에 공격을 미리 차단하는 시스템을 말한다.

19

정답 ③

제로데이 공격(Zero Day Attack)은 네트워크나 시스템 운영체제의 보안 취약점이 발견돼 이를 보완하기 위한 조치가 이뤄지기도 전에 그 취약점을 이용해 네트워크에 침입하여 공격을 가하는 것을 말한다. 취약점이 뚫리지 않게 하기 위한 보안 패치가 배포되기도 전에 공격을 감행해 네트워크는 속수무책으로 당할 수밖에 없다.

20

정답 ③

오답분석

① 풀(Pull) : 브라우저가 웹 서버로부터 요청하여 받은 웹 페이지를 화면에 보여주는 방식이다.

② 푸시(Push) : 요청하지 않은 정보를 웹 서버가 보내주며, 사용자는 이런 기술을 지원받기 위해서 별도의 플러그인 소프트웨어가 필요하다.

④ 캐싱(Caching) : 자주 사용하는 사이트를 하드 디스크에 저장하고, 해당 자료에 접근하면 미리 저장한 하드 디스크의 자료를 빠르게 보여준다.

03 직무전공(경영ㆍ경제ㆍ민법)

| 객관식 |

01	02	03	04	05	06	07	08	09	10	11	12	13	14	15	16	17	18	19	20
①	①	③	①	①	④	④	④	①	④	④	②	③	②	②	③	③	③	③	②
21	22	23	24	25															
①	②	③	③	②															

01

정답 ①

오답분석

② 주가순자산비율은 성장성이 아닌 안정성을 보여주는 지표이다.

③ 주가순자산비율은 채권자가 아닌 주주가 배당받을 수 있는 자산의 가치를 의미한다.

④ 주가순자산비율은 순자산보다 주가가 높게 형성되어 고평가되었다고 판단한다.

02

정답 ①

임프로쉐어 플랜에 대한 설명이다.

오답분석

② 스캔런 플랜 : 생산의 판매가치에 대한 인건비 비율이 사전에 정한 표준 이하의 경우 종업원에게 보너스를 주는 제도이다.

③ 메리크식 복률성과급 : 표준생산량을 83% 이하, 83 ~ 100% 그리고 100% 이상으로 나누어 상이한 임금률을 적용하는 방식이다.

④ 테일러식 차별성과급 : 근로자의 하루 표준 작업량을 시간연구 및 동작연구에 의해 과학적으로 설정하고 이를 기준으로 하여 고ㆍ저 두 종류의 임금률을 적용하는 제도이다.

03

매트릭스 조직

조직의 구성원이 원래 속해 있던 종적계열과 함께 횡적계열이나 프로젝트 팀의 일원으로 속해 동시에 임무를 수행하는 조직형태로, 결국 한 구성원이 동시에 두 개의 팀에 속하게 된다. 특징은 계층원리와 명령일원화 원리의 불적용, 라인·스태프 구조의 불일치, 프로젝트 임무 완수 후 원래 속한 조직업무로의 복귀 등이 있다.

• 장점 : 지식공유가 일어나는 속도가 빠르므로 프로젝트를 통해 얻은 지식과 경험을 다른 프로젝트에 활용하기 쉽고, 프로젝트 또는 제품별 조직과 기능식 조직 간에 상호 견제가 이루어지므로 관리의 일관성을 꾀할 수 있으며 인적자원 관리도 유연하게 할 수 있다. 또한 시장의 요구에 즉각적으로 대응할 수 있으며 경영진에게도 빠르게 정보를 전달할 수 있다.

• 단점 : 조직의 특성상 구성원은 자신의 위치에 대해 불안감을 가질 수 있고, 이것이 조직에 대한 몰입도나 충성심 저하의 원인이 될 수 있다. 관리비용의 증가 문제 역시 발생할 수 있다.

04

2023년	2024년
(이자보상배율)$=\dfrac{485}{320}=1.515625≒1.5$배	(이자보상배율)$=\dfrac{525}{540}=0.9722222\cdots≒1$배
(이자보상비율)$=1.5×100=150\%$	(이자보상비율)$=1×100=100\%$

2023년의 이자보상비율은 150%로 2024년의 100%보다 50%가량 높다.

> • (이자보상배율)$=\dfrac{(영업이익)}{(이자비용)}$ • (이자보상비율)$=\dfrac{(영업이익)}{(이자비용)}×100$

05

자재소요계획은 생산일정계획의 완제품생산일정(MPS)과 자재명세서(BOM), 재고기록철(IR)에 대한 정보를 근거로 MRP를 수립하여 재고 관리를 모색한다.

[오답분석]

① MRP는 푸시 생산방식(Push System)이다.

② MRP는 종속수요를 갖는 부품들의 생산수량과 생산시기를 결정하는 방법이다.

③ 부품별 계획 주문 발주시기는 MRP의 결과물이다.

06

BCG매트릭스는 미국의 보스턴 컨설팅 그룹이 개발한 사업전략의 평가 기법으로 '성장 – 점유율 분석'이라고도 한다. 상대적 시장점유율과 시장성장률 2가지를 각각 X, Y축으로 하여 매트릭스(2차원 공간)에 해당 사업을 위치시켜 사업전략을 위한 분석과 판단에 이용한다. 여기서 해당 사업 단위의 매출액 크기를 원의 크기로 나타낸다.

07

다음 표를 통해 이윤 극대화 지점을 알 수 있다.

생산량(개)	0	1	2	3	4	5
총비용(만 원)	5	7	10	15	17	25
총수입(만 원)	0	7	14	21	28	35
이윤(만 원)	−5	0	4	6	11	10

따라서 상품 4개를 생산할 때 이윤이 극대화된다.

08

정답 ④

단위당 판매가격을 x원이라고 하면 다음과 같은 식이 성립한다.
(영업이익)＝(매출)－(변동비용)－(고정비용)
→ $30,000 \times x - 0.6 \times 30,000 \times x - 3,000,000 = 2,000,000$
따라서 단위당 판매가격은 416.67원이다.

09

정답 ①

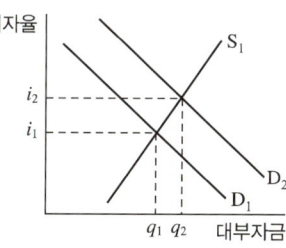

기업들에 대한 투자세액공제가 확대되면, 투자가 증가하므로 대부자금에 대한 수요가 증가($D_1 \rightarrow D_2$)한다. 이렇게 되면 실질이자율이 상승($i_1 \rightarrow i_2$)하고 저축이 늘어난다. 그 결과 대부자금의 균형거래량은 증가($q_1 \rightarrow q_2$)한다.

10

정답 ④

• 매출원가를 계산하는 문제에서 당기제품 제조원가가 주어진 경우(공식 이용)
  당기제품 제조원가(280,000)＋기초제품(17,000)－기말제품(15,000)＝282,000원
• 제품계정을 이용하는 경우

(단위 : 원)

제품			
기초재고액	17,000	매출원가	282,000
당기제품 제조원가	280,000	기말재고액	15,000

11

정답 ④

$$MR = P \times \left(1 - \frac{1}{e} \right) = 10 \times \left(1 - \frac{1}{0.5} \right) = -10$$

12

정답 ②

[오답분석]
① 매입운임은 매입원가에 포함한다.
③ · ④ 선입선출법의 경우에는 계속기록법을 적용하든, 실지재고조사법을 적용하든 기말재고자산, 매출원가, 매출총이익 모두 동일한 결과가 나온다.

13

주어진 수요함수를 P_X, P_Y, M에 대해 미분하면, $\dfrac{dQ_X}{dP_X}=-4$, $\dfrac{dQ_X}{dP_Y}=0.6$, $\dfrac{dQ_X}{dM}=1$이다.

$Q_X=380-4\times100+0.6\times200+1.0\times400=500$이므로, 탄력성을 계산하면 다음과 같다.

- 가격탄력성 $=-\dfrac{dQ_X}{dP_X}\times\dfrac{P_X}{Q_X}=4\times\dfrac{100}{500}=0.8$

- 교차탄력성 $=\dfrac{dQ_X}{dP_Y}\times\dfrac{P_Y}{Q_X}=0.6\times\dfrac{200}{500}=0.24$

- 소득탄력성 $=\dfrac{dQ_X}{dM}\times\dfrac{M}{Q_X}=1\times\dfrac{400}{500}=0.8$

정상재의 여부는 수요의 소득탄력성을 통해 알 수 있으며, 0보다 클 경우 정상재, 0보다 작을 경우 열등재이다.
보완재의 여부는 수요의 교차탄력성을 통해 알 수 있으며, 0보다 작을 경우 보완재이며, 0보다 클 경우 대체제, 0일 경우에는 독립재이다.
가격탄력성이 1보다 작을 경우는 비탄력적인 재화이며 가격탄력성이 1보다 큰 경우에는 탄력적 재화이다. 비탄력적 재화의 총수입을 극대화하기 위해서는 가격을 인상하는 것이 바람직하다.

14

객관성은 지니계수의 주요 원리와 관계가 없다.

오답분석
① 지니계수를 구할 때 모집단의 정보를 외부 등에 공개하지 않는다.
③ 지니계수는 경제규모, 측정방식 등에 영향을 받지 않는다.
④ 지니계수는 모집단의 크기와 관계없이 계산이 가능하다.

15

ㄱ. 제시된 경제 현상은 물가의 변동으로 인해 소득의 실질가치는 변하지 않아도, 명목임금이 증가했을 때 소득이 상승했다고 인식하는 화폐환상에 대한 내용이다.
ㄷ. 케인스학파는 물가하락으로 인해 명목임금이 하락하더라도 실질임금이 유지되나, 화폐환상으로 인해 근로자들이 이를 인지하지 못하고, 명목임금의 하방경직성에 따라 명목임금이 실업 발생 이전 수준을 유지하게 되므로 노동 수요가 증가하지 못해 실업이 자연 해소되지 않는다고 보았다. 케인스학파는 이를 토대로 정부개입의 필요성을 주장하였다.

오답분석
ㄴ. 화폐환상은 물가의 상승으로 인해 명목임금이 상승하였더라도 명목임금을 물가로 나눈 실질임금이 상승하지 않았지만, 명목임금의 상승만을 근거로 임금이 올랐다고 인식하는 현상을 가리킨다. 명목임금상승률과 물가상승률의 차이가 크더라도, 명목임금상승률이 더 높은 경우에는 실질임금이 상승한 것이므로 화폐환상에 해당되지 않는다.

16

$$(\text{실업률})=\frac{(\text{실업자 수})}{(\text{경제활동인구})}\times100=\frac{(\text{실업자 수})}{(\text{취업자 수})+(\text{실업자 수})}\times100$$

ㄴ. 실업자가 비경제활동인구로 전환되면 분자와 분모 모두 작아지게 되는데 이때 분자의 감소율이 더 크므로 실업률은 하락한다.
ㄷ. 비경제활동인구가 취업자로 전환되면 분모가 커지게 되므로 실업률은 하락한다.

오답분석
ㄱ. 취업자가 비경제활동인구로 전환되면 분모가 작아지므로 실업률은 상승한다.
ㄹ. 비경제활동인구가 실업자로 전환되면 분자와 분모 모두 커지게 되는데 이때 분자의 상승률이 더 크므로 실업률은 상승한다.

17

• 연수합계법

(단위 : 원)

연도별	계산과정	감가상각비	감가상각누계액	장부금액
20×1.12.31	$(10,000-0)\times\dfrac{4}{10}$	4,000	4,000	6,000
20×2.12.31	$(10,000-0)\times\dfrac{3}{10}$	3,000	7,000	3,000
20×3.12.31	$(10,000-0)\times\dfrac{2}{10}$	2,000	9,000	1,000
20×4.12.31	$(10,000-0)\times\dfrac{1}{10}$	1,000	10,000	0

• 연수합계 : 4+3+2+1=10년

• 감가상각누계액의 계산 : $[(\text{취득원가})-(\text{잔존가치})]\times\dfrac{(\text{잔존연수합계})}{(\text{연수합계})}$

20×2년 감가상각비는 (−)3,000원이고, 20×2년에 장부금액(3,000원)을 4,000원에 처분하였으므로 (+)1,000원의 이익이 있다. 따라서 동 유형자산의 감가상각비와 처분손익이 20×2년 당기순이익에 미치는 영향의 합계는 (−)2,000원이다.

18

금융자산	금융부채
• 현금 • 다른 기업의 지분상품(지분증권) • 거래상대방에게서 현금 등 금융자산을 수취할 계약상 권리 • 잠재적으로 유리한 조건으로 거래상대방과 금융부채를 교환하기로 한 계약상 권리 • 수취할 자기 지분 상품의 수량이 변동가능한 비파생상품계약	• 매입채무 • 미지급금 • 차입금 • 사채 • 부채의 정의를 충족하는 확정계약의무가 있는 현금이나 그 밖의 금융자산으로 결제되는 부채

19

통화승수는 통화량을 본원통화로 나눈 값이다.

통화승수 $m=\dfrac{1}{c+z(1-c)}$ 이므로, 현금통화비율(c)이 하락하거나 지급준비율(z)이 낮아지면 통화승수가 커진다.

20

수요의 가격탄력성을 계산하는 문제이며, 이를 계산하면 다음과 같다.

$$\varepsilon=\dfrac{\dfrac{(Q_2-Q_1)}{\left(\dfrac{Q_2+Q_1}{2}\right)}}{\dfrac{(P_2-P_1)}{\left(\dfrac{P_2+P_1}{2}\right)}}=\dfrac{\dfrac{(200-125)}{\dfrac{325}{2}}}{\dfrac{(150-100)}{\dfrac{250}{2}}}=\dfrac{75\times125}{50\times162.5}=1.15$$

21

오답분석

② 유형자산을 재평가할 때, 그 자산의 장부금액을 재평가금액으로 조정한다.

③ 재평가가 단기간에 수행되며 계속적으로 갱신된다면, 동일한 분류에 속하는 자산이라 하더라도 순차적으로 재평가할 수 있다.

④ 자산의 장부금액이 재평가로 인하여 감소된 경우에 그 감소액은 당기손익으로 인식한다. 그러나 그 자산에 대한 재평가잉여금의 잔액이 있다면 그 금액을 한도로 재평가감소액을 기타포괄손익으로 인식한다.

22

민법상 부당이득의 경우 수익은 법률행위에 의하여 얻은 것에 국한되지 않으며, 사실행위를 통하여 얻은 것도 인정된다.

23

민법 지명채권양도의 대항요건(민법 제450조 제1항)에 따르면 지명채권의 양도는 양도인이 채무자에게 통지하거나 채무자가 승낙하지 않는 이상 채무자 기타 제삼자에게 대항하지 못한다.

오답분석

① 채권의 양도성(민법 제449조 제1항)을 통해 확인할 수 있다.

② 채권의 양도성(민법 제449조 제2항)을 통해 확인할 수 있다.

④ 승낙, 통지의 효과(민법 제451조 제2항)를 통해 확인할 수 있다.

24

주택임대차보호법 민법에 따른 주택임대차등기의 효력 등(제3조의4) 제2항에 따르면 임차인이 민법에 따라 임대인의 협력을 얻어 임대차등기를 신청하는 경우에 신청서에 기재해야 하는 내용은 다음과 같다.

• 주민등록을 마친 날

• 임차주택을 점유(占有)한 날

• 임대차계약증서상의 확정일자를 받은 날

25

수인의 채무자가 채무전부를 각자 이행할 의무가 있고 채무자 1인의 이행으로 다른 채무자도 그 의무를 면하게 되는 때에 그 채무는 연대채무로 한다(민법 제413조).

오답분석

① 분할채권 : 같은 채권에 2인 이상의 채권자 또는 채무자가 있을 때 분할할 수 있는 채권을 말한다. 이런 채권을 가분채권(분할채권)이라고도 한다.

③ 보증채무 : 채권자와 보증인 사이에 체결된 보증계약에 의하여 성립하는 채무로서 주채무자가 그 채무를 이행하지 않는 경우에 보증인이 이를 보충적으로 이행하여야 하는 채무를 말한다.

④ 양도담보 : 채권담보의 목적으로 일정한 재산을 양도하고, 채무자가 채무를 이행하지 않는 경우에 채권자는 목적물로부터 우선변제(優先辨濟)를 받게 되나, 채무자가 이행을 하는 경우에는 목적물을 채무자에게 반환하는 방법에 의한 담보를 말한다.

| 주관식 |

26	27	28	29	30
20,000	7,500,000	330,000	ㄴ	3

26

 정답 20,000

교환과정에서 A회사가 지급한 현금을 구하는 식은 다음과 같다.
470,000(기계장치)+340,000+10,000(처분손실)−800,000=20,000
따라서 A회사가 지급한 현금은 20,000원이다.

27

정답 7,500,000

실질 GDP는 물가상승요인을 제거하기 위하여 기준년도 가격에 해당연도 생산량을 곱하여 계산한다. 따라서 50만(2023년 가격)×
15(2024년 생산량)=7,500,000원이다.

28

정답 330,000

당기순이익(발생주의)	300,000원
감가상각비	30,000원
재고자산 증가	−(40,000)원
매입채무 증가	60,000원
유형자산처분이익	−(20,000)원
영업활동순현금흐름(현금주의)	330,000원

29

정답 ㄴ

제시된 사례는 대표적인 서번트 리더십에 대한 내용이다. 서번드 리더십(Scrvant Leadership)이란 구성원들의 자발적 희생은
리더의 자기희생에서 비롯됨을 말하며 해당 사례는 자기희생을 통해 현장을 체험한 리더가 직접적으로 직원들이 고충을 몸소 겪으며
직원들의 적극적 행동을 유발하여 조직의 환경 변화에 대한 적응력을 높인 사례로 볼 수 있다.

30

정답 3

완전경쟁시장에서는 시장수요곡선과 시장공급곡선이 교차하는 점에서 재화의 균형가격과 균형거래량이 결정된다. 시장가격이 3일
때 시장수요량과 공급량이 17로 일치하므로 완전경쟁시장의 시장가격은 3이다. 그리고 완전경쟁시장의 시장가격은 한계수입과
일치하므로 한계수입도 3이다.

PART 4

| 객관식 |

01	02	03	04	05	06	07	08	09	10	11	12	13	14	15	16	17	18	19	20
③	②	④	①	①	①	①	②	①	④	④	④	④	③	④	③	④	③	④	④
21	22	23	24	25															
③	①	②	④	③															

01
정답 ③

관계형 데이터베이스에서 도메인이란 하나의 애트리뷰트가 취할 수 있는 원자값의 집합을 말한다. 도메인을 이용하여 그 값이 합당한지의 여부를 검사할 수 있다.

02
정답 ②

산술 논리 장치(ALU; Arithmetic and Logic Unit)는 산술적인 연산과 논리적인 연산을 담당한다. 또한 10진 연산(사칙 연산), 고정 소수점 연산, 부동 소수점 연산 등이 포함되며, 논리 연산은 AND(데이터 삭제), OR(데이터 추가), NOT(보수) 등이 있다.

03
정답 ④

• Clear : 전체 지우기
• Clear Contents : 내용만 지우기
• Clear Formats : 서식만 지우기

04
정답 ①

데이터 제어어(DCL)는 데이터를 보호하고 데이터를 관리하는 목적으로 사용되며, 데이터베이스를 공용하기 위해 데이터 제어를 정의하고 기술하는 언어이다.

05
정답 ①

개념 스키마(Conceptual Schema)는 데이터베이스의 전체적인 논리적 구조로써, 모든 응용 프로그램이나 사용자들이 필요로 하는 데이터를 통합한 조직 전체의 데이터베이스이다.

오답분석
② 외부 스키마(External Schema) : 사용자나 응용 프로그래머가 각 개인의 입장에서 필요로 하는 전체 데이터베이스의 한 논리적 부분
③ 내부 스키마(Internal Schema) : 물리적 저장장치의 입장에서 전체 데이터베이스가 저장되는 방법을 명세한 것
④ 관계 스키마(Relational Schema) : 시간에 관계없는 정적 성질을 갖는 릴레이션의 연구 부분인 릴레이션의 내포를 명세화한 것

06
정답 ①

물리적 설계는 논리적 설계 단계에서 생성된 논리적 구조를 실제로 구축할 컴퓨터 시스템의 저장 장치와 운영체제의 특성을 고려하여 처리 능력을 향상시킬 수 있도록 설계하는 과정이다.

② 논리적 설계 : 개발에 사용할 DBMS에 적합한 논리적 데이터 모델을 이용하여 개념적 설계 단계에서 생성한 구조를 기반으로 설계하는 과정
③ 개념적 설계 : 요구 사항 분석 단계의 결과물을 개념적 데이터 모델을 통해 표현하는 과정
④ 요구 조건 분석 : 데이터베이스를 사용하여 실제 업무를 처리하는 사용자에게 필요한 다양한 요구 사항을 수집하고 이를 분석한 결과를 명세서로 작성하는 과정

07 정답 ①

개체 무결성(Entity Integrity)에 따라 한 릴레이션의 기본 키를 구성하는 어떠한 속성 값도 널(Null) 값이나 중복 값을 가질 수 없다(정확성 유지). 또한, 하나의 릴레이션으로 삽입되거나 변경되는 튜플들에 대하여 정확한 값을 유지하는 성질로 하나의 릴레이션에 있는 튜플은 중복된 튜플이 있어서는 안 된다.

08 정답 ②

페이징 기법을 사용하게 되면 레지스터나 메모리에 접근하는 횟수가 증가될 수밖에 없기 때문에 페이지 크기가 작을수록 입/출력 전송이 늘어나게 되므로 비효율적이다.

09 정답 ①

FIFO는 복수의 신호나 잡(Job)이 처리 대기로 있을 때 처리의 우선순위를 붙이지 않고, 먼저 도착한 순서대로 처리하는 방식이다. JOB1에 먼저 도착하여 13시간 동안 CPU를 사용하면 JOB1이 끝나므로 JOB1의 반환 시간은 13이다. JOB2는 3시간에 도착하여 JOB1의 13시간 후에 작업을 시작하여 35시간 동안 CPU를 사용하면 48시간 후 작업이 끝나므로 JOB2의 반환 시간은 $48-3=45$ 이다. JOB3은 8시간에 도착하여 48시간을 기다리고 2시간 동안 CPU를 사용하면 50시간 후 작업이 끝나므로 JOB3의 반환 시간은 $50-8=42$이다. 따라서 FIFO의 평균 반환 시간은 $(13+45+42)\div3\fallingdotseq33$이다.

10 정답 ④

환형 대기 부정은 자원을 선형 순서로 분류하여 고유 번호를 힐당하고, 각 프로세스는 현재 점유한 자원의 고유 번호보다 앞뒤 어느 한쪽 방향으로만 자원을 요구한다.

11 정답 ④

다익스트라 알고리즘을 구현할 때, 선형 탐색구조로 알고리즘을 구현할 때의 시간복잡도는 $O(N^2)$이고, 우선순위 큐 구조로 알고리즘을 구현할 때의 시간복잡도는 $O(ElogN)$이다.

12 정답 ④

프로세스 제어 블록(PCB)
- 프로세서 식별자 : 각 프로세스에 대한 고유 식별자(숫자, 색인, 항목)를 지정한다.
- 프로세스 상태 : 생성, 준비, 실행, 대기, 중단 등의 상태를 표시한다.
- 프로그램 카운터 : 프로세스 실행을 위한 다음 명령의 주소를 표시한다.
- 레지스터 저장 영역 : 인터럽트 발생 시 프로그램 카운터와 함께 저장되어 재실행할 때 원상 복구한다.
- 프로세서 스케줄링 정보 : 프로세스의 우선순위, 스케줄링 큐에 대한 포인터, 그 외의 다른 스케줄 매개변수를 가진다.
- 계정 정보 : 프로세서 사용시간, 실제 사용시간, 사용 상한 시간, 계정 번호, 작업이나 프로세스 번호 등을 나타낸다.
- 입출력 상태 정보 : 특별히 입출력 요구 프로세스에 할당된 입출력장치, 개방된 파일의 목록 등을 나타낸다.
- 메모리 관리 정보 : 메모리 관리에 필요한 정보를 나타낸다.

13

정답 ④

A, D, E의 경우 작업이 모두 할당 가능하므로 외부단편화는 발생하지 않는다. B, C는 작업의 크기가 더 커서 작업이 할당되지 못하므로 분할의 크기가 외부단편화의 크기가 된다. 따라서 외부단편화의 크기는 50+120=170K이다.

14

정답 ③

완전 연결은 모든 사이트들 간에 서로 직접 연결되는 구조로 하나의 링크가 고장 나도 다른 링크를 이용할 수 있으므로 신뢰성이 높고, 링크가 다수이므로 기본비용이 많이 드는 반면 통신비용은 적게 든다.

15

정답 ④

프로젝트 작업 사이의 관계를 나타내며, 최장 경로를 파악할 수 있는 것은 CPM(Critical Path Method)에 대한 설명이다.

16

정답 ③

빅데이터 기술을 대량의 데이터를 다루는 기술로 데이터의 양과 다양성으로 인해 정확성을 보장할 수 없다. 따라서 정확한 분석을 위해 추가적인 데이터 전처리나 검증 과정이 반드시 필요하다.

17

정답 ④

원시 코드 라인 수(LOC) 기법
소프트웨어 각 기능의 원시 코드 라인 수의 비관치, 낙관치, 중간치를 측정하여 예측치를 구하고 이를 이용해 노력, 개발 비용, 개발 기간, 생산성 등의 비용을 산정하는 기법이다.
• 추정 LOC : [(낙관치)+4×(중간치)+(비관치)]÷6

18

정답 ③

(월별 생산성)=(KLOC)÷[노력(인 월)] → (월별 생산성)=10,000÷(5×2)=1,000

19

정답 ④

{ } : 자료 반복, ( ) : 자료의 생략 가능, ** : 자료 주석, = : 자료 정의, + : 자료의 연결

20

정답 ④

배경도는 자료 흐름도를 그리는 것이 아니고 문제의 추상적이고 대략적인 그림만 그린다.

21

정답 ③

N-S(Nassi-Schneiderman) 도표는 화살표를 사용하지 않고 박스(Box)로 논리 흐름을 표현한다.

22

정답 ①

공유도(Fan-In)는 얼마나 많은 모듈이 주어진 모듈을 호출하는가의 척도로, 구조적 시스템 설계에서 한 모듈에 대해 모듈을 직접 호출하는 상위 모듈의 수를 의미한다.

23

정답 ②

클래스(Class)는 공통된 특성과 연산을 갖는 객체의 집합(하나 이상)을 뜻한다.

[오답분석]

① 메소드(Method) : 객체가 수행하는 기능으로 객체가 갖는 데이터(속성, 상태)를 처리하는 알고리즘
③ 상속성(Inheritance) : 이미 정의된 상위 클래스의 모든 속성과 연산을 하위 클래스가 물려 받는 것
④ 메시지(Message) : 객체들 간 상호작용을 하는 데 사용되는 수단으로 객체에게 행위 지시를 하는 명령

24

정답 ④

UPDATE는 자료갱신을 위한 명령어로 형식은 다음과 같다.
UPDATE 갱신할 테이블명 SET 필드명＝산술식 WHERE 조건식

25

정답 ③

$n \neq 0$일 때 $k=n(n-1)(n-2) \cdots 2 \cdot 21=n!$이고 $0!=1$이다.
따라서 주어진 순서도의 출력값은 $n!$이다.

| 주관식 |

26	27	28	29	30
10	ㄱ	2	$\dfrac{n+1}{2}$	4,800

26

정답 10

• 페이지 결합(부재)은 참조 페이지가 페이지 프레임에 없을 경우 발생된다. 처음에는 모든 페이지 프레임이 비어 있으므로 '0, 1, 2, 3'페이지 적재 시 부재가 발생한다.
• FIFO 방식은 가장 먼저 들어와서 가장 오래 있었던 페이지를 교체하는 방법이다.

참조 페이지	0	1	2	3	0	1	4	0	1	2	3	4
페이지 프레임	0	0	0	0	0	0	4	4	4	4	3	3
		1	1	1	1	1	1	0	0	0	0	4
			2	2	2	2	2	2	1	1	1	1
				3	3	3	3	3	3	2	2	2
페이지 부재 발생	○	○	○	○			○	○	○	○	○	○

따라서 참조 페이지 4를 참조할 때에는 0을 제거한 후 4를 가져오게 된다. 이와 같은 방법으로 모든 페이지 요청을 처리하고 나면 페이지 부재 발생 총횟수는 10회이다.

27

정답 ㄱ

FORTRAN은 1954년 복잡한 수식 계산을 위해 개발된 과학 기술용 언어이다.

28

정답 2

어떤 릴레이션 R이 1NF이고, 키가 아닌 모든 속성들이 기본 키(Primary Key)에 충분한 함수적 종속일 때 이 릴레이션 R은 제2정규형에 속한다.

29

정답 $\dfrac{n+1}{2}$

선형 검색(Linear Search)의 평균 검색 횟수는 $\dfrac{n+1}{2}$ 회(n은 레코드 수)이다.

30

정답 4,800

트리비트를 사용한다는 것은 1baud의 전송속도가 3bps임을 의미한다. 따라서 1,600보일 경우는 1,600×3=4,800bps가 된다.

2026 최신판 시대에듀 MG새마을금고중앙회 온라인 필기전형 통합기본서

개정3판1쇄 발행	2025년 11월 20일 (인쇄 2025년 10월 17일)
초 판 발 행	2023년 08월 30일 (인쇄 2023년 07월 27일)
발 행 인	박영일
책 임 편 집	이해욱
편 저	SDC(Sidae Data Center)
편 집 진 행	안희선 · 정수현
표지디자인	김지수
편집디자인	최미림 · 장성복
발 행 처	(주)시대고시기획
출 판 등 록	제10-1521호
주 소	서울시 마포구 큰우물로 75 [도화동 538 성지 B/D] 9F
전 화	1600-3600
팩 스	02-701-8823
홈 페 이 지	www.sdedu.co.kr
I S B N	979-11-434-0198-4 (13320)
정 가	24,000원

MG새마을금고 중앙회

정답 및 해설

금융권 필기시험 "기본서" 시리즈

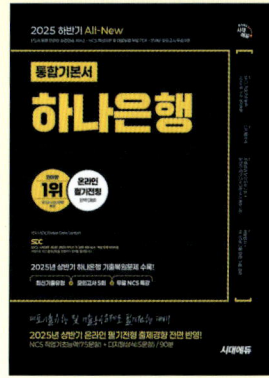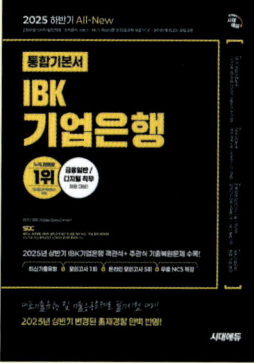

최신 기출유형을 반영한 NCS와 직무상식을 한 권에! 합격을 위한
Only Way!

금융권 필기시험 "봉투모의고사" 시리즈

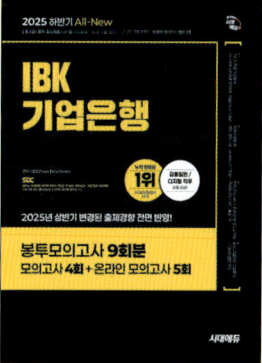

실제 시험과 동일하게 구성된 모의고사로 마무리! 합격으로 가는
Last Spurt!

NEXT STEP

시대에듀가 합격을 준비하는
당신에게 제안합니다.

성공의 기회
시대에듀를 잡으십시오.

시대에듀

기회란 포착되어 활용되기 전에는 기회인지조차 알 수 없는 것이다.
- 마크 트웨인 -